BIBLIOTHÈQUE

DE L'ÉCOLE

DES HAUTES ÉTUDES

PUBLIÉE SOUS LES AUSPICES

DU MINISTÈRE DE L'INSTRUCTION PUBLIQUE

SCIENCES PHILOLOGIQUES ET HISTORIQUES

QUATRE-VINGT-HUITIÈME FASCICULE

LA POLITIQUE EXTÉRIEURE DE LOUISE DE SAVOIE
PAR G. JACQUETON

(2ᵉ livraison)

PARIS

ÉMILE BOUILLON, ÉDITEUR

67, RUE RICHELIEU, 67

EN FACE DE LA BIBLIOTHÈQUE NATIONALE

1892

BIBLIOTHÈQUE

DE L'ÉCOLE

DES HAUTES ÉTUDES

PUBLIÉE SOUS LES AUSPICES

DU MINISTÈRE DE L'INSTRUCTION PUBLIQUE

SCIENCES PHILOLOGIQUES ET HISTORIQUES

QUATRE-VINGT-HUITIÈME FASCICULE

LA POLITIQUE EXTÉRIEURE DE LOUISE DE SAVOIE

PAR G. JACQUETON

PARIS

ÉMILE BOUILLON, ÉDITEUR

67, RUE RICHELIEU, 67

EN FACE DE LA BIBLIOTHÈQUE NATIONALE

1892

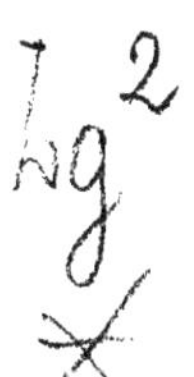

CHALON-SUR-SAÔNE IMPRIMERIE L. MARCEAU.

LA POLITIQUE EXTÉRIEURE

DE

LOUISE DE SAVOIE

LA POLITIQUE EXTÉRIEURE

DE

LOUISE DE SAVOIE

RELATIONS DIPLOMATIQUES

DE LA FRANCE ET DE L'ANGLETERRE

PENDANT LA CAPTIVITÉ DE FRANÇOIS IER

(1525—1526)

PAR

G. JACQUETON

ARCHIVISTE-PALÉOGRAPHE, ÉLÈVE DIPLOMÉ DE L'ÉCOLE DES HAUTES ÉTUDES
CONSERVATEUR-ADJOINT A LA BIBLIOTHÈQUE-MUSÉE D'ALGER

PARIS

ÉMILE BOUILLON, ÉDITEUR

67 RUE RICHELIEU, 67

EN FACE DE LA BIBLIOTHÈQUE NATIONALE

1892

Sur l'avis de M. A. Giry, maître de conférences d'histoire, et de
MM. Ch. Bémont et J. Roy, commissaires responsables, le présent
mémoire a valu à M. G. Jacqueton, le titre d'*Élève diplômé de
l'École pratique des Hautes Études*.

Paris, le 13 juillet 1890.

Le Maître de Conférences,

Signé : A. Giry.

Les Commissaires responsables,

Signé : C. Bémont.
J. Roy.

Le Président de la Section,

Signé : G. Paris.

qu'il les expédiât en Flandre; on dépêcha aussi un courrier pour arrêter l'agent des Fugger et lui enlever les lettres à l'adresse de l'Empereur qu'il avait emportées à son départ de Londres (1).

A la suite de ces mesures, Praet se vit mandé à comparaître devant le Conseil Privé; il y eut à supporter toute la colère du Cardinal, qui lui montra ses dépêches ouvertes et lui reprocha durement d'avoir envoyé à son gouvernement des rapports semblables. L'ambassadeur ne se laissa point déconcerter; il protesta hautement contre l'arrestation de ses courriers, se plaignit du long séjour de J. Joachim à Londres, et déclara qu'avec la permission de l'Empereur, il adresserait un mémoire au roi d'Angleterre pour lui dénoncer les actes dont son ministre s'était rendu coupable durant le dernier mois. La discussion se termina par le congé de Praet et l'ordre exprès que lui intima le Cardinal de ne plus paraître devant lui ni devant le Roi et de ne plus expédier de lettres à l'Empereur et à la Gouvernante des Pays-Bas (2).

Dès lors, toute relation se trouvait interrompue entre le gouvernement anglais et le représentant impérial. Cette situation diplomatique ne nous paraît pas devoir être attribuée au pur hasard et à la découverte fortuite d'une lettre injurieuse; il est difficile de croire, en effet, que Wolsey n'ait pas pris de tout temps connaissance des dépêches que Praet expédiait par l'intermédiaire de Brian Tuke (3), et celles-ci n'étaient pas moins vives que les lettres saisies par l'officier de police (4). Il était donc édifié depuis longtemps sur les sentiments et les appréciations de l'ambassadeur à son endroit. S'il n'en avait encore rien laissé connaître, c'est qu'après un éclat

(1) Praet à Charles V, 25 fév., GAY., III, 20.—Wolsey à Sampson, 13 février, *State Papers*, VI, 389 à 394.

(2) *Id., ibid.*, et HALL, 691-692.

(3) Dans sa lettre du 25 février, Praet dit que cette affaire a permis de voir qu'il n'avait pas tort de croire, ainsi qu'il en avait souvent exprimé le soupçon dans sa correspondance, que le Cardinal et Brian Tuke ouvraient les dépêches qu'il écrivait à l'Empereur aussi bien que celles qui lui étaient adressées par Madame Marguerite.

(4) Dans une pièce intitulée *Justification des Anglais*, nous trouvons le passage suivant tiré d'une lettre adressée au conseiller flamand Ant. de Lalaing, comte de Hoogstraete : « Le Cardinal est de grande partie cause de tout le mal que Sa Majesté a pour le présent et, se j'ay une fois le commandement, je ne fauldray de mettre le tout par escript pour le bailler au Roy et vous asseure que l'ay bien mis en ma mémoire. » B. M. Add. mss. 28173, fos 192 et 193, et 28575, fos 64 ro à 83 ro, et GAY., III, 28 et 29. — On se rappelle que, dès la fin de l'hiver précédent, Wolsey s'était plaint des soupçons et des rapports malveillants de l'ambassadeur. Cf. ci-dessus, p. 44 et *St. Pap.*, II, 277.

de cette sorte l'alliance anglo-espagnole aurait été irrémédiablement ébranlée et qu'il n'avait pas jugé opportun de mettre les choses à ce point. En admettant même que l'arrestation du courrier de Praet ne fût pas préméditée, l'intention du Cardinal de blesser gravement l'ambassadeur reste encore évidente, car il n'eût pas été difficile d'étouffer l'affaire et de réparer l'erreur des hommes de la police : la restitution des lettres interceptées et quelques paroles d'excuse auraient suffi. Tout au contraire, on s'empressa de saisir les lettres remises à Brian Tuke et on accentua cet abus de confiance en infligeant au représentant impérial la honte de comparaître en accusé devant le Conseil Privé et d'y entendre les réprimandes humiliantes de Wolsey (1). A notre avis, de tels actes marquent chez ce dernier la volonté arrêtée de rompre avec Praet.

Poursuivons. Le ton de la lettre citée plus haut du Cardinal à Henri VIII montre que, bien qu'engagé par précaution dans des négociations avec Madame, le roi d'Angleterre aurait préféré la victoire des Impériaux. D'autre part, nous savons que les nouvelles contenues dans les lettres de Pace étaient loin d'être favorables aux Français. Si le ministre eût partagé complètement les sentiments du Roi, il se fût bien gardé de choisir ce moment d'incertitude pour porter un coup semblable au concert anglo-espagnol ; dans cette hypothèse, sa conduite à l'égard de Praet serait absolument inexplicable. Il en est autrement, dès qu'on admet que le Cardinal pouvait avoir des vues différentes de celles d'Henri et qu'au contraire de son maître il estimait l'alliance française meilleure que l'impériale. — Qu'on nous permette, pour l'instant, de regarder comme démontrée cette seconde alternative. Nous y reviendrons plus loin. Faisons observer seulement que ce système a l'avantage de rendre très compréhensible l'attitude prise par Wolsey dans cette affaire.

Inquiet à la fois des nouvelles reçues d'Italie et des dispositions montrées par son maître, Wolsey fit saisir les lettres de l'ambassadeur impérial, afin d'assurer le triomphe de sa politique personnelle (2). Cet acte de violence présentait un double avantage : d'un côté, la connaissance des rapports malveillants de M. de Praet ne pouvait qu'indisposer Henri VIII contre ce diplomate ; de

(1) Praet en fait l'observation dans sa lettre du 25 février, Cf. GAY., III, 20.

(2) BUSCH (69-70) penche de même à croire que Wolsey fit naître cet incident afin de forcer la main à son maître.

l'autre, l'arrestation des courriers impériaux était une grave insulte infligée au représentant de l'Empereur, et partant, à l'Empereur lui-même. Le maintien de l'alliance anglo-espagnole en était donc rendu moins aisé, tandis que, par une conséquence nécessaire, un rapprochement avec la France devenait plus désirable.

N'insistons pas davantage sur une hypothèse encore insuffisamment vérifiée. — Voulue ou non, par l'interruption au moins momentanée des relations anglo-espagnoles et par le refroidissement qui en fut la suite, cette affaire eut certainement pour résultat de favoriser le progrès des négociations alors suivies par Madame en Angleterre (1) ; c'est ce qu'il importe le plus d'en retenir.

Néanmoins, l'injure faite à l'ambassadeur impérial n'avait pu entraver l'exécution déjà commencée des projets du gouvernement hispano-flamand. Avant qu'on eût eu connaissance de cet incident à Bruxelles, Madame Marguerite avait fait partir pour l'Angleterre une ambassade flamande composée de M. de Bèvres, du président Laurent et du secrétaire Jean le Sauch. Ces commissaires avaient pour mission de proposer officiellement à Henri VIII et à son ministre le plan d'invasion de la Picardie, dont Praet avait déjà fait les ouvertures au mois de janvier ; ils devaient, en outre, demander une prompte délivrance de la princesse Marie à son futur époux, enfin, discuter certaines questions qui intéressaient tout spécialement le commerce des Pays-Bas et qui étaient relatives à des sauf-conduits accordés par les Anglais à des marchands français (2).

IV

Cependant, la Régente de France avait répondu à ses envoyés. — Après avoir protesté qu'elle avait eu beaucoup de peine à faire condescendre son fils aux conditions qu'avait offertes le président

(1) Les ambassadeurs français furent d'ailleurs informés de toute l'affaire, et ce n'était pas un des moindres griefs de Praet contre le Cardinal. Cf. lettre du 25 février, GAY., III, 20.

(2) Instructions de Madame Marguerite aux commissaires flamands, 28 janvier, GAY., III, 8.

de Rouen et exprimé l'espoir que le Cardinal s'emploierait de la
même manière auprès de son maître (1), Madame examinait l'un
après l'autre les points discutés dans la conférence du 25 janvier.
Elle ne faisait, d'ailleurs, aucune concession nouvelle et maintenait
sur tous les points les conditions qu'elle avait dès l'abord chargé
ses ambassadeurs de proposer.

Sur la cession des comtés de Boulogne et de Guînes, ses instructions étaient catégoriques : « Au demeurant », écrivait-elle, « direz
audit seigneur Cardinal quant aux contez de Boulogne, Guignes,
avec la ville d'Ardres ce que je vous diz précédemment à vostre
partement, c'est assavoir que, s'il estoit question de bailler terre, si
petite fust-elle, que mon seigneur et filz n'y vouldroit aucunement
entendre, tant pour la conservation de son serement que pour ne
desplaire à ses subjectz, que pour éviter les inconvéniens advenir ;
et, par ainsi, quant à cela, n'entrez en aucune disputacion, ains, si
se vouloit arrester, retournez devers moi (2). »

Quant aux sommes réclamées pour la restitution de Tournay et
le traité de Londres, comme aussi pour leurs arrérages non payés,
Brinon avait eu raison de contester qu'elles fussent réellement dues ;
il semblait qu'offrir de les acquitter à des termes raisonnables, ainsi
qu'on l'avait fait, était « se mettre plus avant que la raison, et qu'on
ne debvroit demander ». Il était donc inutile au Cardinal d'insister
sur le paiement immédiat de la moitié des arriérés et sur celui d'une
annuité de 100.000 écus durant la vie du roi d'Angleterre (3).
D'ailleurs, si François consentait à acquitter le prix de la restitution
de Tournay, qui ne lui appartenait plus, c'était à la condition que
les Anglais s'engageraient à l'aider à recouvrer cette ville. Il y avait
plus : le traité qui stipulait le rachat de Tournay stipulait corrélati-
vement le mariage de la princesse d'Angleterre avec le Dauphin de
France ; il fallait donc qu'Henri VIII confirmât sa promesse sur ce
second point, en même temps que François Ier confirmerait la
sienne sur le premier (4).

---

(1) Cf. Madame à Brinon et Jean Joachim, 16 février 1525, P. J., v. Cette
lettre ne nous est pas parvenue complète; en outre, il nous manque le chiffre
qui l'accompagnait et dont il est parlé dans la lettre que Madame écrivit à
ses ambassadeurs, à la suite de la bataille de Pavie. Cf. P. J., vii.

(2) Lettre du 16 février, P. J., v.

(3) *Id., ibid.*

(4) Ces deux exigences de Madame, l'assistance pour la reprise de Tournay
et la promesse de la main de la princesse Marie, ne se trouvent pas men-
tionnées dans ce qui nous reste de la lettre du 16 février, mais il en
est question comme de prétentions mises en avant par les ambassadeurs

En outre, le Roi ne voulait point consentir à reconnaître l'obligation des Généraux, car elle était usuraire et il n'en avait jamais entendu parler « si ce n'est depuis quelque temps en çà que luy fut donné entendre (1) ».

Enfin, il était illégal de réclamer les joyaux possédés avant la mort de Louis XII par la reine Marie ; celle-ci, en effet, s'était mariée sous le régime de la Coutume de France, aux termes de laquelle le survivant des deux conjoints succède aux meubles, sous réserve de payer les dettes communes ; c'est ce qu'on lui avait remontré à elle et à son conseil, mais elle avait refusé de se charger des dettes et avait ainsi perdu tout droit aux meubles et partant aux joyaux. Il ne lui appartenait donc plus de les exiger. Bien au contraire, c'était le gouvernement français qui se trouvait en droit de lui demander un miroir de diamant, un des plus beaux bijoux de la Chrétienté, qu'elle avait fait passer en Angleterre au décès de son premier mari (2).

La lettre se terminait, comme elle avait commencé, par un appel aux bons offices de Wolsey : « Par ainsi, vous le prierez de ma part », disait Madame, « que se mette en le debvoir envers le Roy son maistre que j'ay faict envers mondict seigneur et filz, affin qu'il ne soict dict que avons commencé une telle œuvre sans la scavoir parachever (3). »

Dans les premiers jours de mars, les ambassadeurs français firent connaître à Wolsey les intentions de leur maîtresse. Lorsqu'ils eurent achevé, celui-ci leur demanda s'ils avaient d'autres instructions, car, dit-il, « s'ils n'en avaient point, il ne leur voulait répondre qu'en leur disant à Dieu et en leur donnant congé » ; l'ambassade de Flandre n'était pas loin et il allait négocier avec elle afin de

français à la suite de la réception de cette lettre, dans la lettre de Brinon et de Jean Joachim du 6 mars suivant. P. J., vi. — Le traité du 4 octobre 1518 déclarait que la ville de Tournay était restituée au roi de France, à cause et en faveur du mariage projeté entre la Princesse et le Dauphin « *ob gratiam igitur et favorem dicti matrimonii conclusi* » (RYMER, *Fœdera*, xiii, 642) ; mais, plus loin, il était dit que si le mariage se trouvait rompu par la faute du roi d'Angleterre, la ville de Tournay resterait néanmoins au pouvoir du roi de France, à charge pour ce dernier d'achever le paiement des 600.000 écus, « *quo casu nichilominus dictus Francorum Rex... summam sexcentorum millium coronarum auri... vel residuum ejusdem tunc non solutum... dicto Regi Angliae... solvere tenebitur et obligabitur.*» (*Id., ibid.,* 645.)

(1) Lettre du 16 février, *ut sup.*
(2) *Id., ibid.*
(3) *Id., ibid.*

« disposer ce qui estoit necessère pour la guerre et aussi lascher la
main à la délivrance de deniers du costé de Italie, qu'il avait close
jusques à présent, et, si elle estoit laschée, il n'y auroit plus de
ordre de traicter ladicte paix ». Le roi de France avait fait son
profit de ce qu'on avait reçu ses envoyés à Londres, et le bruit
qu'il en avait répandu en Italie avait engagé le Pape et les Vénitiens à se tourner de son côté ; mais Wolsey prendrait soin de
faire savoir à ceux-ci l'insuccès de la négociation et les véritables
dispositions du Roi son maître. Et, à ce propos, ajouta-t-il, pour-
quoi parler de la prospérité des armes françaises, ainsi que venaient
de le faire les ambassadeurs de Madame ? Il n'ignorait point ce
qu'il en était réellement, et, poursuivit-il d'une façon presque pro-
phétique, en leur « figurant le lieu », il était convaincu qu'à cette
heure on avait donné la bataille et que François Ier était défait ou
pris (1).

Ensuite, le Cardinal reprocha à Brinon et à J. Joachim d'avoir
« laissé le point principal, qui estoit le faict des terres, sans
lesquelles il ne estoit asseuré de povoir faire la paix ». — Il leur,
affirma aussi que le paiement sans conditions du principal et des
arriérés de la somme due pour Tournay était absolument indispensable à la conclusion de l'accord. L'aide qu'on demandait à
Henri pour recouvrer cette place ne pouvait être accordée, car il
lui en coûterait le double de ce qu'on promettait de lui donner ;
tout ce qu'il était possible de faire, c'était que le roi d'Angleterre
prît l'engagement verbal de s'employer à en obtenir la remise aux
mains de François, mais on ne parlerait pas de cette promesse
dans le traité. Quant au mariage convenu à Londres entre la Princesse et le Dauphin, il n'avait rien de commun avec le rachat de
Tournay : c'étaient là deux conventions tout à fait distinctes et qui
n'avaient entre elles aucun rapport de corrélation. Au reste, et
pour en finir avec cette affaire, le gouvernement anglais détenait
des otages qu'on lui avait livrés en garantie de ce paiement ; s'il
n'était fait, on leur trancherait la tête et on l'enverrait à François Ier (2).

Le Cardinal ne se montra pas moins ferme sur la plupart des
autres questions en litige. Il dit que, sans le paiement comptant de
100.000 écus pour moitié des arriérés, la paix ne se ferait point,
et il insista de nouveau pour que l'annuité de 100.000 écus fût continuée pendant toute la vie de son maître. Quant à l'obligation des

____

(1) Brinon et Jean Joachim à la Régente, 6 mars 1525, P.J.,vi.
(2) Id., ibid.

Généraux, il assura que le roi de France y avait engagé sa parole
et que l'Amiral et le Grand-Maître avaient promis qu'elle serait
acquittée. Sur la question des joyaux de la reine Marie et sur celle
des indemnités pour les déprédations commises pendant la guerre,
il fut plus coulant et déclara qu'il ne s'y arrêterait point (1).

Après qu'il eut ainsi exposé ses conditions, Brinon lui répondit
qu'il le savait trop bien disposé en faveur de la paix pour penser
qu'il voulût laisser échapper une aussi bonne occasion de la
conclure, que Madame avait fort travaillé à vaincre les résistances
de son fils, et qu'il fallait agir lui-même en ce sens auprès du roi
d'Angleterre. Passant ensuite à la discussion de ses exigences, il
soutint que l'équité et la « raison écrite » s'accordaient pour faire
un devoir à Henri VIII de remettre Tournay à François Ier; en
outre, la main de la Princesse était si bien une condition corrélative
au rachat de cette place à prix d'argent que, sans l'espoir de ce
mariage, le gouvernement français n'aurait jamais consenti à
donner un seul écu. Pour ce qui était des 100.000 écus comptant
avant la publication de la paix, son maître avait trop dépensé
durant la guerre pour se trouver capable de disposer aussitôt
d'une pareille somme. D'autre part, quant à l'annuité à payer à
Henri VIII, le temps pendant lequel cette annuité était exigible
était réglé par le traité d'Ardres ; on y avait mis pour condition le
·mariage de la Princesse et du Dauphin, et « la clause y étoit
résolutive » (2). Enfin, l'obligation des Généraux était usuraire et
le Roi, qui n'en avait pas eu connaissance, ne pouvait la ratifier
sans que sa conscience en fût blessée. — Là-dessus, Wolsey fit
observer que les Généraux étaient obligés. Mais Brinon répondit
qu'ils ne l'étaient certainement pas envers le roi d'Angleterre, que
d'ailleurs leur obligation était nulle en droit et que, si on leur in-
tentait une action juridique, ils s'en verraient déchargés par le
tribunal (3).

En résumé, le Cardinal et les ambassadeurs maintenant respectivement leurs prétentions, on ne put s'entendre. A la fin, Wolsey
déclara qu'il voyait bien que le gouvernement français ne voulait
rien faire en faveur de son maître ; celui-ci « avoit tant despendu
en ses guerres, » que ce qu'on lui offrait « oultre le dernier traité
estoit chose loyaulment deue » ; de tout ce que les Français présentaient comme « advancé », il ne croyait pas qu'il y eût « mile livres

<hr>

(1) Brinon et Jean Joachim à la Régente, 6 mars 1525, *ut sup.*
(2) *Id., ibid.* Voy. ci-dessus p. 30.
(3) *Id., ibid.*

de ceste monnoie » et « de ce qui estoit davantaige, il en faisoit moins de estime que de son rochet ». Puis, sur les prières que lui firent les deux ambassadeurs de vouloir bien penser de nouveau à leurs propositions pendant la nuit, il dit qu'il y avait déjà réfléchi longuement et qu'il était assuré que son maître ne se laisserait point décider à la paix, à moins qu'on ne lui accordât les concessions qu'il demandait ; il finit en annonçant aux Français qu'Henri VIII lui avait mandé de se rendre auprès de lui et que, s'ils ne lui faisaient des ouvertures plus avantageuses, il craignait fort de leur rapporter une réponse défavorable (1). — La conférence se termina sur cette menace.

La situation ne laissait pas que d'être critique. Pour y remédier, Wolsey envoya chercher J. Joachim deux jours après et eut avec lui une longue discussion. Comme il se montrait surtout opiniâtre sur le paiement des annuités jusqu'à la mort de son maître et sur l'obligation des Généraux, le maître d'hôtel de la Régente en vint à lui parler, mais seulement en son nom personnel, de compromis que, dit-il, il avait imaginé sur chacun de ces points. Le premier était que le gouvernement français accorderait par acte à part et sans conditions la continuation des paiements, mais qu'en revanche il recevrait une contre-lettre portant que cet engagement ne serait valable qu'autant que la Princesse se marierait dans la maison de France. Le second consistait en ce que la somme de l'obligation des Généraux serait ajoutée au total des dettes françaises, mais qu'elle ne serait acquittée qu'après, et que, s'il arrivait qu'elle ne fût point payée lors du décès d'Henri, elle se trouverait éteinte par là même. C'était, on le voit, une stipulation analogue à celle du traité d'Ardres, mais le chiffre de la pension viagère à payer à Henri était porté de 100.000 francs à 100.000 écus.

Le Cardinal sembla goûter ces ouvertures ; il pria J. Joachim d'en conférer avec Brinon, et, le lendemain, fit appeler ce dernier. Mais cette nouvelle entrevue, cependant fort longue, se passa en disputes sans résultats : on se sépara en promettant de part et d'autre de réfléchir durant la nuit.

Le lendemain, à neuf heures du matin, les ambassadeurs français revinrent : ils déclarèrent qu'ils acceptaient les deux expédients qu'avait mis en avant J. Joachim. Wolsey leur dit alors qu'il s'efforcerait d'obtenir l'assentiment de son maître à ces conditions, mais qu'il n'était pas assuré d'y réussir. A cette réserve, les Français répliquèrent que les concessions auxquelles ils

____

(1) Brinon et Jean Joachim à la Régente, 6 mars 1525, *ut sup.*

venaient de se résoudre dépassaient leurs instructions et leurs pouvoirs, qu'ils couraient le risque d'être désavoués, et que, s'ils n'obtenaient pas dans le plus bref délai une réponse définitive, ils se considéreraient comme dégagés du consentement qu'ils venaient d'y donner. De propos en propos, ils en arrivèrent à une nouvelle ouverture sur l'obligation des Généraux. Ils offrirent d'abandonner au roi d'Angleterre toutes les sommes auxquelles ils pouvaient prétendre du chef de cette obligation, et, en outre, d'en payer 200.000 écus en deux ans, après que les autres dettes auraient été acquittées; toutefois, ces 200.000 écus ne seraient dus que si Henri était encore vivant à cette époque ; s'il décédait auparavant, on n'en paierait rien à ses successeurs (1).

Le Cardinal commença par demander qu'on élevât cette somme à 225.000 écus, qui faisaient à peu près la moitié du total de l'obligation ; puis, quand il eut obtenu cette augmentation, il souleva de nouvelles difficultés, et, en fin de compte, proposa de son côté une troisième combinaison : on réunirait en une masse commune les sommes encore dues par les Français et l'obligation des Généraux ; le tout se paierait à raison d'une annuité de 75.000 écus, et celle-ci durerait autant que la vie d'Henri VIII, même au cas où la somme totale aurait été payée avant son décès; dans le cas contraire, et s'il restait dû quelque reliquat de cette obligation à la mort du Roi, Wolsey acceptait qu'on l'acquittât à raison de 7.000 écus par an (2).

Ce fut alors le tour des Français de faire des objections et de refuser. En effet, ce compromis réduisait d'un quart l'annuité à payer, qui tombait ainsi au-dessous des 150.000 francs dus avant la guerre, mais il assurait à Wolsey le double avantage qu'il poursuivait, c'est-à-dire le paiement intégral de l'obligation des Généraux et une grosse pension annuelle pendant toute la vie d'Henri VIII.

En conclusion, il fut convenu que le Cardinal verrait son maître et que « dedans brief temps, il feroit responce » aux ambassadeurs de Madame. Il les assura, d'ailleurs, « que si la paix ne se faisoit, il ne tiendroit pas » à lui (3).

Voilà où en étaient, au 6 mars 1525, les négociations entre

<hr>

(1) Brinon et Jean Joachim à la Régente, 6 mars 1525, *ut sup.*

(2) *Id., ibid.* — On se rappelle que cette annuité de 7.000 écus était celle qu'avait stipulée l'acte du 13 décembre 1520 pour le remboursement de l'obligation des Généraux.

(3) *Id., ibid.*

Wolsey et Brinon. La veille étaient arrivés à Londres les commissaires flamands envoyés par la Gouvernante des Pays-Bas. Le 7, ils obtinrent une audience secrète du Roi, qui les « recheut moult benignement », écouta leurs demandes et les renvoya au Cardinal pour les discuter plus à loisir. Ce dernier les vit donc le lendemain 8 mars ; il eut avec eux une longue conférence, mais qui n'aboutit à aucune entente définitive sur les points contenus dans leurs instructions. En particulier, les commissaires le trouvèrent inébranlable lorsqu'ils tentèrent d'excuser la conduite de Praet. Quant à J. Joachim et au président de Rouen, sur la mission desquels ils étaient chargés de demander des explications, le ministre anglais leur répondit que « jamais n'avoit rien traité avec ledit Joakin ni conclut avec ledit Président, jaçoit qu'il eust plusieurs fois parlé avec lui » ; il ajouta que Brinon avait offert « la pension de 50.000 escus et les arrairages avec terres... sans toutes fois désigner quelles terres il voudroit bailler (1) ».

Les propositions apportées par les commissaires de Madame Marguerite n'empêchèrent point Henri et son ministre de poursuivre leur accord avec la France ; tout au contraire, ils se disposèrent à faire dans cette voie un pas décisif. On se rappelle que le Cardinal avait promis aux ambassadeurs français de communiquer à son maître les propositions qu'ils lui avaient présentées, et de les instruire sans retard du résultat de cette démarche. Soit qu'Henri ait jugé bon d'accepter purement et simplement ces ouvertures, soit qu'il ait espéré obtenir quelques nouvelles concessions, la réponse qu'il fit rendre aux représentants de Madame fut rien moins que défavorable. Brinon et J. Joachim furent informés qu'une audience royale leur serait accordée le jeudi 9 mars. C'était là un fait d'une importance capitale : les ambassadeurs, qui n'avaient encore eu de rapports qu'avec le ministre, allaient être admis en présence du souverain, jusqu'alors scrupuleusement resté à l'écart des négociations ; cette entrevue découvrirait irrémédiablement Henri VIII, et ce prince ne pourrait plus désormais rejeter sur Wolsey la responsabilité d'une politique qu'il aurait ainsi avouée ; en l'accordant, il manifestait l'intention bien arrêtée de conclure avec la Régente. Il était maintenant permis d'espérer que les pourparlers depuis si longtemps poursuivis à Londres auraient bientôt un heureux dénouement (2).

<hr>

(1) Commissaires à Madame, 9 mars, B. M. Add. ms. 28574, f⁰ˢ 155 r⁰ à 160 r⁰, et GAY., III, 33.

(2) Ce n'est pas une lettre des ambassadeurs français qui nous apprend

V

Ce fut le 9 mars au matin que parvint à Londres la nouvelle de la bataille de Pavie, perdue le 28 février par François Ier. Un courrier du duc de Milan l'apporta sur les sept heures au roi d'Angleterre, en même temps que des tonneaux de vin mis en perce et des feux de joie allumés au-devant du logis de l'ambassade flamande annonçaient cet évènement au peuple anglais (1).

Dès lors, il ne pouvait plus être question de donner suite à l'audience projetée. Le président de Rouen et J. Joachim se trouvaient déjà dans Holborn, sur leur chemin pour se rendre au palais du Roi, lorsque le Lord-Chambellan les joignit et leur apprit la défaite et la prise de leur souverain. Sans pousser plus

qu'une audience royale leur fut accordée ; la seule que nous ayons retrouvée est datée du 6 mars, c'est-à-dire antérieure à la réponse du gouvernement anglais. — Les lettres des commissaires flamands n'en parlent pas davantage, mais il n'y a pas à s'étonner qu'ils n'en aient rien su, le premier soin des Anglais ayant dû être de leur en dérober la connaissance. — En revanche, Hall et Macquereau y font tous les deux allusion : le premier écrit que le 9 mars « the president of Roan and Jhon Jakyn wer goyng to the Court, for thei had not yet spoken with the Kyng » (HALL, p. 693) ; notons que, quelques lignes plus loin, Hall exprime l'opinion suivante, qui était celle des contemporains : « It was thought surely that the Kyng of England would have had peace with the Frenche Kyng. » MACQUEREAU donne des renseignements moins précis que Hall et son témoignage est loin d'avoir la même valeur ; cependant, comme il vient corroborer sur tous les points les assertions de ce dernier, nous ne croyons pas inutile de le citer également : « A cette heure (le 8 mars), il y avoit une ambassade franchoise qui au pays avoit séjourné chinc mois, qui n'avoit riens besoignet avec le Roy d'Angleterre en icelluy temps ; mais il estoit conclud par le conseil du Cardinal que lendemain on debvoit rendre responce à l'ambassade de ce qu'ilz demandoient » (p. 231, liv. vi, chap. 2).

(1) « Ce jourd'hui avons reçu voz lettres du sixiesme de ce mois contenans les grandes et prospères nouvelles d'Itallyie qui en tous endroix excèdent toutes autres que nous eulssent sceu venir et pour lesquelles nous avons rendu loenges à Dieu et fait fere feux de joye devant nostre logiez, fait mettre tonneaux de vin sur bout pour boire à tous venans » (Commissaires à Madame, 9 mars, B. M. Add. ms. 28574, fo 160 ro , et GAY., iii, 33). — « Thursday the ix daie of Marche at vii of the clocke in the mornyng there came a gentleman in poste from the Lady Margaret » (HALL, p. 692). — MACQUEREAU et la lettre des Commissaires du 9 mars nous apprennent que ce courrier était celui que le duc de Milan avait envoyé à Madame Marguerite et que celle-ci avait aussitôt expédié en Angleterre. Voici, d'ailleurs, la suite du récit de ce chroniqueur, qui est curieuse : « Le gentil messagier arrivé où le roy d'Angleterre estoit, envers le minnuict, dit qu'il avoit à parler au roy sans nulz atargementz et qu'il raportoit nouvelle delà les montz fort joïeuse. Le roy le sceult qui se leva, et vestit sa robe de nuict ; sy appella le postz,

loin, ils retournèrent aussitôt sur leurs pas et attendirent les ordres
d'Henri VIII (1).

Ce dernier avait fait parade de la joie la plus vive, à l'annonce
de la victoire signalée des Impériaux. Les Flamands l'étant venus
voir, il leur avait « donné le bon jour d'un visaige le plus joyeux
et chére lie que prince du monde sauroit faire » et leur avait dit :
« Or chà, il est heure de présentement adviser que l'Empereur ait
le sien et moy le myen, et ne fault perdre temps (2). » Le Cardinal
n'avait pas été moins démonstratif. D'accord avec son maître, il
avait sur-le-champ envoyé dans tout le Royaume l'ordre de faire
des feux de joie et des réjouissances publiques. Il avait accordé
sans objections aux Commissaires le renvoi des ambassadeurs
français. Enfin, il avait affirmé que le Roi « voulloit descendre en
personne en la fin du moys de May en Normandye », pourvu que
la Gouvernante des Pays-Bas prît l'engagement de lui « donner
assistance de troys mil chevaux et mil piétons (3) ».

Le samedi 11 Mars, Londres fut illuminé. Le Maire et les
Aldermen parcoururent la ville au son des trompettes ; du vin fut

lequel se approcha du roy et en laissant ses lettres le salua. Le roy demanda
au postz : « Que font mes bons amis delà les montz ? » Le postz reppondit :
« Sire, en lisant ces lettres vous voyerés ce à plain en quel estat ilz sont. »
Le roy luy mesme lut la lettre, lequel ne les scavoit lire sans plorer de joye
qu'il avoit ; et puis se mist en genoulx, disant : « Mon Créateur, je te
regrachie ; tu m'as envoyé ces nouvelles, lesquelles me viennent bien à
point; tu congnois et scés tout. » Disant ces mots, se leva, puis dit au postz :
« Mon ami, vous estes comme saint Gabriel, qui annoncha la venue de Jesu-
Christ ; laquelle nouvelle m'a fait sage de ce que ge debvois respondre aux
Franchoiz sur ce qu'ils me demandoient, qui fort me pesoit; et maintenant
les nouvelles sont telles que nulles responces n'auront de moy ». Sachiés
que le roy fist apporter le vin pour festoyer le postz, lequel il honora
merveilleusement et luy demanda s'il avoit perchut le roy de France en la
main du visce-roy de Naples comme la lettre le tesmoignoit. Le postz luy
respondit qu'il avoit aydet à le désarmer et puis luy compta comment tout
alloit quant il se party de l'armée. Lors le roy demanda au postz s'il estoit
vérité des morts, selon le contenu de la rescription en la journée, et des
prisonniers, et se la Blanche Rose estoit mort en la bataille. Le postz luy
certifia qu'il l'avoit veu mort avec les autres. Le roy pria pour son âme,
disant que tous ses ennemiz d'Angleterre estoient trespassez. Ces parolles
dictes et pour les bonnes nouvelles, le roy, tant pour la mort de la Blanche
Rose que pour la victoire, donna très largement le vin au gentilhomme et
commanda qu'on le festoyat bien » (p. 231). — Cf. aussi *Chron. of Windsor*,
I, 14.

(1) HALL., p. 693, et MACQUEREAU, pp. 231-232.

(2) Commis. à Madame, 9 mars, *ut sup.*, f° 160 r° et n° 33.

(3) Commis. à Madame, 10 mars, *ut sup.*, f° 166 r° et v° et n° 34.

distribué au peuple et un banquet fut offert à la Tour aux ambassadeurs du Pape, de Venise et de Madame Marguerite (1). — Le lendemain, le Cardinal-Légat, assisté d'évêques et d'abbés, célébra dans l'église cathédrale de Saint-Paul une messe solennelle d'actions de grâces, en présence du Roi, de la Reine, des Seigneurs de la Cour et des représentants du Pape, du roi d'Écosse, du duc de Milan et de la Gouvernante des Pays-Bas. Il y eut ensuite de nouveaux feux de joie et de nouvelles distributions de vin. Le Roi donna un grand dîner à Bridewell (2).

Quant au président de Rouen et à J. Joachim, ils ne repartirent pour la France que près de deux semaines après. Ce long délai ne fut pas sans inquiéter les commissaires flamands ; ils en exprimèrent le 16 mars leur surprise à Wolsey ; celui-ci répondit « qu'ilz s'en yroient et que le Roy leur feroit ordonner qu'ilz se partissent, davantaige que leur saulf-conduict estoit sur l'expirer et que le Roy n'estoit délibéré leur en bailler autre (3) ». Mais cette assurance n'empêcha point que leur congé ne fût encore retardé de plusieurs jours.

On voit par là que le gouvernement anglais ne se montra pas fort empressé de rompre définitivement les négociations engagées avec la Régente de France. Obtenir des conditions plus avantageuses et surtout ces cessions territoriales auxquelles Madame s'était jusqu'alors si obstinément refusée, tels étaient sans doute le but et l'espoir d'Henri VIII et de son ministre. Ils autorisèrent Brinon et son collègue à attendre une lettre de France afin de connaître l'étendue des concessions auxquelles se résignerait leur maîtresse sous le coup du désastre de Pavie. Ils ne doutaient pas qu'elles ne fussent grandes. Dans la lettre que J. Joachim écrivit quelques semaines plus tard à son hôte Thomas Lark, il est parlé de « l'espérance née dans les esprits des Anglais à la suite du malheur des Français, qui était, que, privés de leur chef, confondus de leurs pertes, ces derniers devraient consentir à ces grandes et démesurées demandes que les premiers firent *alors* (4) ». Ces lignes, où le mot *alors* ne peut faire allusion qu'à la défaite de Pavie, démontrent à l'évidence que les Anglais firent aux ambassadeurs des ouvertures fort réelles et sur la base desquelles Madame aurait pu dès lors acheter la neutralité de l'Angleterre.

---

(1) Commis. à Madame, 16 mars, *ut sup.*, f° 172 r° et n° 43 ; HALL, p. 693.
(2) *Id., ibid.* et *Chron. of Windsor*, 1, 14 et 15.
(3) Commissaires à Madame, 16 mars, *ut sup.*, f° 172 v° et n° 43.
(4) P. J., VIII.

Ils avaient compté sans l'énergie et le sens politique de Louise de Savoie. — Le *Journal* nous manque pour apprendre d'elle-même quelles furent ses impressions lorsqu'elle reçut l'accablante nouvelle de la prise de son fils. Mais on peut aisément les imaginer. François était toute sa vie : elle l'aimait uniquement ; en lui elle cherchait la raison et la fin de tous ses sentiments et de tous ses actes. Arracher son enfant adoré à sa prison, se le rendre à elle-même, devint, à dater de ce jour, sa pensée de tous les instants. Pour atteindre un tel but, à quelles extrémités sa tendresse n'était-elle pas capable de la porter ? Qu'étaient les sacrifices les plus douloureux au regard de la liberté de son fils, de son « glorieux César »? D'une mère au désespoir, d'une pauvre femme accablée sous la charge écrasante de gouverner la France vaincue, on pouvait tout se promettre. C'était au moins l'avis d'Henri VIII et de Wolsey ; ils espéraient beaucoup de la faiblesse de la femme, de l'anxiété de la mère. Heureusement pour la France, dans ces habiles calculs, ils avaient oublié un élément, le caractère même de Madame. Élevée à la rude école de l'adversité, la Régente savait regarder le malheur en face ; à lutter sans relâche contre la fortune, elle avait appris à ne s'émouvoir de rien. En cette circonstance, comme durant son triste veuvage, « patience ne l'abandonna pas ». Elle montra qu'à un cœur chaud elle joignait une tête froide. D'un coup d'œil, elle jugea la situation et vit qu'il n'y avait pas lieu d'en venir aux partis désespérés. Le Roi était captif et l'armée détruite, mais le Royaume était intact et ses ressources immenses. Personne n'avait contesté son autorité ; tous, gens des villes et grands seigneurs, s'étaient serrés autour d'elle avec une patriotique abnégation ; elle avait le pays entier dans sa main. Sûre de la fidélité des sujets de son fils, elle pouvait envisager sans crainte l'hypothèse d'une invasion ; elle était en état de la repousser victorieusement. Aussi, elle « ne perdit point le cœur » (1) et fut « femme de vertu » (2). Henri VIII et Wolsey l'éprouvèrent à leurs dépens.

La lettre envoyée au lendemain du désastre ne témoigna d'aucun abattement (3). Surtout, la résolution qu'avait formée Madame de

______

(1) Termes employés par elle-même dans les lettres du 10 septembre 1525, *Captivité..*, 311.

(2) Expression de DUBELLAY.

(3) P. J., VII. Le brouillon original qui nous a été conservé ne porte que la date de « Mars v° XXIIII » sans indication de jour. Nous trouvons dans les Registres consulaires de Lyon (Arch. Municip. de Lyon, B B 44, f° 16 r°) que,

ne consentir sous aucun prétexte à des abandons de terre s'y affirma
une fois de plus. De concessions de ce genre, pas un mot ; la
Régente semblait ignorer qu'il en pût être question. Sur les affaires
d'argent même, elle n'était guère moins ferme qu'auparavant.
Ainsi, en ce qui regardait les « deux pointz » auxquels le Cardinal
s'était arrêté « c'est assavoir les cent mille escuz et déprédations »
elle remettait simplement ses ambassadeurs aux instructions qu'elle
leur avait envoyées précédemment : « Pour le présent », disait-elle,
« ne vous en escripray autre chose, si n'est que ensuivez en tout et
par tout le contenu audit chiffre, en ce que porte l'accord et
consentement desdits deux pointz ». A peine **leur** permettait-elle
d'accorder comme concession suprême **le** paiement intégral de
l'obligation des Généraux : « Et de là et quant ne porriez mieulx
faire..., actendu le temps où sommes, combien que la chose soit
si déraisonnable que plus ne pourroit estre, ne demeurez à besoigner
et y consentez, pourveu que le sort principal nous sera baillé et que
la somme sera en la masse des cent mille escuz qui se doyvent
païer par an » (1).

Puis, après avoir raconté brièvement la défaite et la prise du roi,
la Régente ajoutait : « Je ne scay si icelles nouvelles empescheront
l'affaire pour laquelle estes là. Vous me recommanderez bien fort à
Monsr le Cardinal et lui direz de ma part que le zeèle et salutaire
affection qu'il avoit à la paix universelle et de mettre entre mon
seigneur et filz et son maistre une fraternité et amytié indissoluble
ne se doit changer pour la fortune qui nous est advenue, ains par
sa vertu et sa magnanimité y doit estre plus déclairé que jamais,
affin que chascun congnoisse que la craincte de la prospérité de
mon seigneur et filz ne le mouvoit de faire ce qu'il a fait, ains
seulement le repos de la Chrestienté et pour éviter les offenses,
maulx et inconvénients qui viennent de la guerre, et si le pouvez
asseurer, que, là et quant la fortune eust été prospère pour mon
seigneur et filz et que les choses feussent parvenues à son désir en
la Lombardie et à Naples, cela n'eust meu ne changé l'intencion
qu'ay toujours eue et ay encores au bien universel de la Chrestienté

« le Mardi, dernier jour de Février,... Monsr de Montpezat, l'ung des
gentilshommes de la maison du Roy, et le vicomte Adrian, secrétaire de
Madame la Duchesse d'Alençon, venans en poste de l'armée,... vindrent
urter à la porte du pont du Rosne environ la mynuict.»; ils apportaient la
nouvelle de la défaite du 24 Février, que Madame connut donc à Saint-Just
le matin du 1er Mars. Au dessous de cette mention, le rédacteur du registre
a écrit : *Hec fuit atra dies nigro sculpenda lapillo.*

(1) Madame à Brinon et J. Joachim, mars, P. J., VII.

et de veoir paix entre ces princes et mesmement entre mon seigneur et filz et son maistre et que pour rien n'eusse plus ne moins offert qu'ay faict ». Enfin, la lettre s'achevait sur ces fières paroles que l'habileté politique de celle qui les écrivait n'allait pas tarder à justifier : « Et si luy pourrez dire que, là où il ne voudra persévérer en cela, qu'il commance ; que, grâces à Nostre Seigneur, les affaires de ce Royaulme sont en telle disposition que lesdits ennemys d'icelluy trouveront la force pareille ou plus grande pour leur résister que n'ont fait par cy-devant et argent pour la souldoïer ; et espérons que Dieu, avec noz justes et raisonnables querelles, nous préservera et que malheureté en nostre endroit n'aura toujours cours (1). »

Cette attitude n'était pas pour satisfaire le roi d'Angleterre et le Cardinal. Ils n'entendaient accorder la paix qu'à bon escient et contre des compensations lucratives. Le désintéressement que leur prêchait Madame n'était point leur fait. Ils n'avaient pas coutume de se payer de cette monnaie. A l'amitié qu'ils offraient, il fallait mettre le prix. Sinon, ils préféraient en appeler à la guerre ; elle serait peut-être d'un meilleur rapport. — Leurs hésitations cessèrent : ils signifièrent leur congé aux ambassadeurs français ; ceux-ci durent quitter Londres le 21 mars sous l'escorte du Trésorier de Calais (2).

Jean Brinon ne fut de retour à Paris que onze jours plus tard, le lundi 3 avril (3). Il s'était attardé en Picardie afin d'y organiser la défense. A Montreuil, les munitions et l'artillerie étaient suffisantes, mais les hommes manquaient et il n'y avait point d'argent pour payer les soldats improvisés qu'on y avait levés à la hâte. L'ambassadeur prit des mesures en conséquence ; il pria « maistre Jehan de Laforest, Receveur de Picardie, de fournir cinq cents livres, ce qu'il feit et s'obligea ledit Brinon de les luy

---

(1) Madame à Brinon et J. Joachim, mars, *ut sup.*

(2) Commis. à Madame, 24 mars, *ut sup.*, f° 178 r° et n° 46. — HALL ne semble pas avoir remarqué le séjour prolongé des ambassadeurs à Londres après la nouvelle de la bataille de Pavie ; il dit simplement qu'ils retournèrent bientôt auprès de Madame, « within shorte space returned to the Regent of Fraunce (p. 693) ». MACQUEREAU est mieux renseigné ; son récit offre cela de remarquable qu'il y est dit formellement que les Français restèrent à Londres sur l'ordre exprès d'Henri VIII : « Ilz conclurent de faire tout trousser et de partir sans parler au roy ; et bien sceult le roy par son Cambrelaing ce que les Franchois avoient eu vollunté de faire, lequel leur fist defense de partir jusques à son retour ; tous les ambassadeurs s'en contentèrent très mal, qui depuis se partirent par le congié du roy » (p. 232).

(3) *Bourgeois de Paris*, p. 227.

rendre en attendant qu'on peust avertir Madame » (1). — De
tels actes sont caractéristiques. Ils montrent, en même temps
que la décision de Brinon et son zèle pour le bien de l'État, le
crédit et l'autorité dont il avait conscience de jouir auprès de la
Régente. Pour assumer sans mandat une tâche de ce genre, il
fallait qu'il fût assuré d'avance de ne pas être désavoué ; pour être
ainsi obéi des officiers royaux, il fallait que ceux-ci fussent persuadés
qu'il possédait toute la confiance de Madame.

De Paris, le président de Rouen se rendit à Lyon, d'où Louise
de Savoie n'avait pas bougé et qui resta pendant toute la Régence
le siège de son gouvernement. Elle l'y retint et il reprit au Conseil
la place qu'il avait quittée pour aller en Angleterre (2).

(1) Ar. Nat. X1a 1527, f° 298.
(2) Ar. Nat. X1a 1528, f° 467 r°; B. M. mss. Cotton. Calig. D ix, f° (126) 134
et BREWER, iv, 1365.

CHAPITRE III

NOUVELLE MISSION DE JEAN JOACHIM EN ANGLETERRE

I

Le départ des ambassadeurs français laissa le champ libre aux commissaires flamands ; il n'est pas de notre sujet de raconter en détail leurs négociations et d'en analyser les phases successives : qu'il nous suffise de dire qu'elles se poursuivirent sans grands résultats jusqu'à la fin de mai (1).

Les rôles avaient changé depuis la victoire des Impériaux : c'était maintenant Wolsey qui insistait sur la nécessité d'une action énergique dans le Nord de la France et d'une invasion anglo-flamande de la Normandie ; à leur tour, les Flamands se tenaient sur la réserve, ne voulant point s'engager avant de connaître les changements que le succès avait pu apporter dans les intentions de leur gouvernement. Leur attitude resta la même quand ils eurent reçu les ordres de Madame : celle-ci, en effet, conformément aux instructions qui lui parvinrent d'Espagne, leur enjoignit de ne rien conclure au sujet du contingent flamand et de déclarer au Cardinal que cette affaire ne pourrait être décidée que par l'Empereur (2). La mission des commissaires se trouvait terminée : ils prirent, le 20 mai, leur congé d'Henri VIII et s'apprêtèrent à quitter l'Angle-terre (3).

Cependant, Henri VIII et Wolsey n'avaient pas attendu jusque

(1) Cf. Commissaires à Madame, 10 et 11 mars, B. M. Add. ms. 28574, fᵒ 166 et GAYANGOS, III, nᵒ 39 ; *id.*, 16 mars, fᵒ 172 et nᵒ 43 ; *id.*, 24 et 25 mars, fᵒ 177 et nᵒˢ 46 et 48 ; *id.*, 30 et 31 mars, fᵒˢ 183, 185 et nᵒˢ 61 et 62 ; *id.*, 2 et 3 avril, fᵒˢ 194, 198 et nᵒˢ 67 et 70 ; *id.*, 7 et 8 avril, fᵒˢ 204, 205 et nᵒ 73 ; *id.*, 12 avril, fᵒ 207 et nᵒˢ 75 et 76 ; *id.*, 20 avril, fᵒ 208 et nᵒˢ 78 et 79 ; *id.*, 29 avril, fᵒ 215 et nᵒ 83 ; *id.*, 4 mai, fᵒ 216 et nᵒ 86 ; *id.*, 7 et 8 mai, fᵒ 220 et nᵒˢ 89 et 90 ; *id.*, 26 et 27 mai, fᵒ 232 et nᵒˢ 97, 98 et 99.

(2) Cf. Commissaires à Madame, 30 mars, *ut sup.*

(3) Cf. Commissaires à Madame, 26 mai, *ut sup.*

là pour envoyer à Charles-Quint une ambassade chargée de lui porter leurs félicitations sur sa victoire et de lui proposer la conquête et le partage de la France; il semble même qu'il fut alors question pour le Cardinal de se rendre de sa personne en Espagne, et que sa santé seule l'empêcha d'entreprendre ce long voyage (1); à son défaut, les personnages désignés pour cette mission le furent parmi ceux du rang le plus élevé : Cuthbert Tunstall, évêque de Londres (2) et sir Richard Wingfield, chancelier du duché de Lancastre (3), s'embarquèrent le 18 avril à Portsmouth et abordèrent le 30 du même mois à Ribadir, en Galice (4).

Ce ne fut pas tout : le roi d'Angleterre fit en même temps partir pour Malines William Fitzwilliam et Robert Wingfield (5), qui eurent pour instructions de négocier cette invasion avec Madame et le Conseil des Pays-Bas (6).

Tandis qu'on s'efforçait ainsi de s'assurer le secours d'un contingent flamand, on entreprit, en Angleterre, des préparatifs pour la levée d'une armée : le duc de Norfolk (7) fut choisi pour en prendre le commandement, en attendant que le Roi lui-même descendît sur

____

(1) Henri VIII à Charles V, 26 ou 31 mars, BREWER, IV, 1211 et GAY., III, 64. — Instructions à Tunstall et Wingfield, 26 mars, dans *St. Pap.*, VI, 412-436. — Cf. aussi les huit commissions confiées à ces ambassadeurs, BREWER, IV, 1212 (2 à 9).

(2) Cuthbert Tunstall, ambassadeur auprès de Charles V de 1515 à 1520, devint évêque de Londres en 1521 et gardien du sceau privé en 1523; envoyé de nouveau à la cour impériale en 1525, il en revint l'année suivante et accompagna Wolsey en France en 1527; il échangea en 1530 le siège de Londres contre celui de Durham.

(3) Sir Richard Wingfield avait été ambassadeur aux Pays-Bas de 1512 à 1514 et en France en 1515 et en 1520; il mourut au cours de sa mission en Espagne le 20 juillet 1525.

(4) Tunstall et Wingfield à Wolsey, 30 avril, BREWER, IV, 1296.

(5) Sir Robert Wingfield, frère de Richard, avait déjà été ambassadeur aux Pays-Bas, de 1521 à 1523.

(6) Cf. Instructions de Fitzwilliam et Rob. Wingfield, B. M. ms. Cotton. Galba B VIII, f° (140) 161, et BREWER, IV, 1301. — Ces deux ambassades étaient déjà décidées au milieu de mars. « Ledict Sr Cardinal nous a dit, comme aussi avoit fait le Roy mesmes auparavant, qu'il est délibéré lui envoyer une bonne ambassade devers l'Empereur, assavoir ledict Sr de Londres et messire Richard Wingfield, et ung aultre par devers vous, qui seront messire Robert Wingfield, capitaine du château de Calais, et maistre Fitzwillem, capitaine de Guisnes » (Commissaires à Madame, 16 mars, B. M. Add. ms. 28574, f° 173 r°, et GAYANGOS, III, 43).

(7) Thomas, duc de Norfolk, avait été créé duc le 1er février 1513 à la suite de la victoire qu'il avait remportée sur Jacques IV d'Écosse à Flodden; il était auparavant comte de Surrey.

le continent (1) ; quant à l'argent nécessaire, on essaya de se le procurer en demandant aux comtés un subside extraordinaire.

Ainsi, au cours d'avril 1525, tout paraissait annoncer de la part du gouvernement anglais l'intention arrêtée de tenter de nouveau l'invasion et la conquête des provinces du Nord de la France. De l'autre côté du détroit, on s'émut : les commandants des places de Picardie envoyèrent au Parlement de Paris des rapports alarmants. Un avertissement du comte de Brienne, reçu le 13 avril, annonça que douze mille Anglais commandés par Norfolk passeraient la mer « d'icy à trois semaines » et qu'ils seraient suivis du cardinal d'York vers la Pentecôte et du roi d'Angleterre « environ la Sainct Jean ». Brienne ajoutait qu'ils avaient construit pour cette campagne un engin semblable à celui que les Turcs avaient employé contre Rhodes « et à faire ledict engin ont esté soixante hommes besongnant l'espace de demy an » (2). Par une lettre en date du 28 avril, du Biez avisa le Parlement que « le bruyt continue fort que le roy d'Angleterre doit descendre en personne et ay esté aujourduy adverty pour vérité que ce doit estre dedans la fin de may » (3).

Enfin, un nouvel avertissement du comte de Brienne, reçu le 27 mai, contenait les informations suivantes : « Le milor Talebot d'Angleterre doit descendre dedans dix ou douze jours à Calaiz avec l'avant-garde de l'armée du roy d'Angleterre, qui sont en nombre treize mille hommes, et le roy d'Angleterre en personne avec le reste de son armée doit descendre au plus tard à la Sainct Jehan, et fait son compte de amener soixante mille hommes en tout, qui sont trente mille hommes au compte de France, et déjà commencent à descendre à la fille ; et le gouverneur de Guynes, qui estoit allé en Brebant devers Madame Margerite d'Austriche, duchesse douairière de Savoye, tante de l'Empereur, est venu, auquel elle a accordé ce qu'il demandoit, qui est cinq cents hommes de cheval et deux mille chariotz pour conduire les vivres des Angloys, et se amassent lesditz chariotz en Flandres et Arthoys (4). »

Avant la fin du mois de mai, nous nous trouvons en présence de symptômes bien différents ; les actes d'Henri et de Wolsey démon-

---

(1) Wolsey à Tunstall, 7 avril, Rec. Of. BREWER, IV, 1249. — Le même à Norfolk, 11 avril, B. M. ms. Cotton. Caligula E III, f° 4 et BREWER, IV, 1261. — Norfolk à Wolsey, 14 avril, Rec. Of. BREWER, IV, 1265.

(2) Ar. Nat. X¹ᵃ 1527, f°ˢ 379 v° et 380 r°.

(3) *Ibid.*, 1528, f° 438 v°.

(4) *Ibid.*, 1528, f° 495 r° et v°.

trent alors un vif désir de se rapprocher de la Régente de France : vers cette époque, en effet, les ambassadeurs français sont rappelés en Angleterre et des instructions expédiées au représentant anglais à Rome lui ordonnant d'agir auprès du Pape afin qu'il consente à s'entendre avec Henri VIII et les potentats italiens dans le but de prévenir l'accord de Charles-Quint et de François Ier sur le terrain de l'abandon de l'Italie par ce dernier.

Cette brusque évolution dans la politique anglaise, peut-on en déterminer les causes, et, en même temps, peut-on savoir quelles furent après Pavie les véritables dispositions du gouvernement anglais vis-à-vis de la France et vis-à-vis de l'Espagne ? Où chercher la raison des actes contradictoires que nous venons d'enregistrer, d'une part, les témoignages de satisfaction prodigués aux commissaires flamands et les propositions d'invasion faites aux Impériaux, de l'autre, le retard mis au congé des ambassadeurs français et leur rappel quelques semaines plus tard ?

II

La première explication, nous la trouvons dans les lettres de Praet ; elle est en même temps confirmée par ce que nous connaissons de l'opinion publique d'alors (1). C'est que la direction de la politique extérieure du royaume était soumise à deux influences opposées, celle du Roi et celle du Cardinal : Henri VIII tenait pour la guerre contre la France et l'alliance impériale, tandis que Wolsey désirait la paix et un rapprochement avec la France. Il y a plus. D'après le témoignage des contemporains qui croient à cette dualité de vues, c'est à l'insu de son maître que le Cardinal avait entamé des négociations avec la Régente et c'est sans son aveu qu'il avait travaillé à préparer une rupture avec les Impériaux : au temps de la bataille de Pavie, Wolsey se trouvait donc engagé dans une entreprise à laquelle son maître était contraire et dont il ne lui avait vraisemblablement pas découvert toute la portée, mais il s'efforçait de l'amener à un point tel, que celui-

---

(1) Cf. la chronique de HALL, *passim*, celle de MACQUEREAU, *passim*, et aussi Sharon TURNER, qui a adopté cette explication (pp. 167 et 168, 281, 327, 331 à 333, 340, etc...).

ci, lorsqu'il viendrait à en être complètement instruit, ne pourrait l'abandonner et se verrait contraint de l'achever, en dépit de ses répugnances (1).

Ainsi présentée, cette solution ne paraît guère soutenable : une telle dissimulation n'aurait pas été possible ; on ne saurait admettre que Wolsey ait osé risquer un changement complet de politique avant de s'être assuré de l'approbation de son souverain. Et d'ailleurs, il y a des preuves positives qu'il n'agit point ainsi. Qu'il fût à Londres ou en province, Henri recevait très exactement communication de toutes les nouvelles ; il était en correspondance régulière avec son ministre ; les lettres des représentants anglais à l'étranger lui étaient envoyées à leur réception ; un compte détaillé des négociations suivies en Angleterre par le Cardinal lui était rendu. Il n'y eut pas d'exception à ces règles pour les pourparlers engagés avec Brinon et Jean Joachim. Sans parler de plusieurs lettres dans lesquelles il en est question (2), on se rappelle qu'au cours de ses conférences avec les Français, le Cardinal se retrancha plusieurs fois derrière la volonté de son maître ; la manière dont il parlait des intentions de ce dernier et des concessions auxquelles il l'avait pu décider, ne permet pas de douter qu'il ne le tînt au courant de toute l'affaire. De plus, il est acquis que les ambassadeurs devaient avoir le 9 mars une audience royale : voilà un fait qui coupe court à toute controverse sur les sentiments d'Henri VIII à l'égard de l'alliance française. Enfin, il n'est pas vraisemblable 'que ces mêmes ambassadeurs aient pu rester ostensiblement jusqu'au 21 mars à Londres sans qu'Henri VIII ait eu connaissance de ce fait et qu'il y ait donné son aveu.

Mais, s'il est inadmissible que Wolsey ait suivi en secret une politique diamétralement opposée à celle qu'approuvait son souverain, ne semble-t-il pas au moins qu'il représentait au Conseil d'Angleterre le parti de la paix, tandis que le Roi lui-même et les grands seigneurs, tels que les ducs de Norfolk et de Suffolk, y représentaient celui de la guerre ? C'est là l'opinion de M. BREWER dans son *Introduction* au quatrième volume des *Lettres et Papiers*

____

(1) C'est l'opinion que Praet exprime dans presque toutes ses lettres, notamment dans celle du 25 février, GAYANGOS, III, 20.

(2) Cf. Thomas Moore à Wolsey, 29 novembre, *State Papers*, I, 151, et Wolsey à Thomas Moore, sans date, B. M. ms. Cotton. Calig. E II, f° (153) 165 et BREWER, IV, 1018. — De plus, nous lisons dans la lettre du 13 février 1525, qu'Henri VIII avait constamment tenu le nonce du Pape au courant des négociations de son gouvernement avec Jean Joachim. Cf. *State Papers*, VI, 398.

d'État. « La guerre contre la France », écrit cet historien, « ne faisait pas partie du programme politique de Wolsey. Mais il y avait
contre lui au Conseil un parti de la guerre puissant, dont Norfolk et Suffolk étaient les chefs, et, lorsque l'inclination du Roi le
portait de ce côté, toute opposition ouverte devenait impossible. Or,
il n'est pas douteux que la guerre fût un des projets favoris du
Roi. Lorsqu'il fut informé de la prise de François I⁰ʳ, sa figure
s'illumina (1) ». M. BUSCH est du même avis. Après avoir exposé
les conséquences de la bataille de Pavie en Angleterre, il écrit :
« Là, nous voyons l'inspiration de Wolsey succomber complètement. » Et il ajoute : « Mais cependant Wolsey n'était pas dans la
nécessité de donner son jeu comme perdu ; quelles que fussent les
déterminations prises, leur exécution et le tout du gouvernement
restaient après comme avant dans sa main (2). »

Ce système ne laisse pas que d'être assez plausible. Toutefois, il
convient d'y faire quelques réserves et de déterminer dans quelle
mesure il mérite d'être accepté.

Nous n'y contredisons point. Wolsey, que son âge plus mûr et
sa connaissance plus approfondie des ressources de la coalition et
de celles de la France, rendaient moins facile à aveugler, perdit
probablement plus vite que le Roi et les Ducs les illusions qu'avaient
fait naître à Londres la conclusion de l'alliance impériale et l'espoir
d'un succès prompt et aisé. Qu'il en soit résulté chez lui le désir de
mettre fin à la guerre par un traité séparé avec la France et que ce
désir, stimulé peut-être par des mobiles moins avouables que l'intérêt de l'Angleterre (3), ait été assez puissant pour lui faire commettre,
à l'insu de son maître et dans le dessein de forcer son inclination,
des actes tels que la saisie des lettres de Praet, cela nous semble
aussi assez soutenable. Les vues du ministre n'étaient donc pas en
complète conformité avec celles du souverain. Mais il ne faudrait
pas exagérer l'importance de ce désaccord. Surtout, il importe de
ne pas se méprendre sur le caractère des préférences fort réelles,
mais toutes platoniques, d'Henri VIII pour l'alliance de Charles-
Quint : sans doute, ce prince désirait le succès des Impériaux, mais
à la condition qu'il ne lui en coûtât rien, et le point où étaient, au
9 mars, les négociations anglo-françaises, nous montre assez qu'il

____

(1) *Int..* pp. LXIX et LXX.
(2) P. 71.
(3) Il est fort possible, en effet, que Madame ait fait offrir, dès la première
mission de J. Joachim, de l'argent au Cardinal pour prix de ses bons offices.
Voy. plus loin, au chap. VI.

savait, dès qu'il le jugeait nécessaire, imposer silence à ses antipathies gallophobes.

Il n'en fut pas autrement après la bataille de Pavie. La nouvelle de cette victoire ne suffit pas à détourner le roi d'Angleterre de la paix : avant de renvoyer les ambassadeurs français, il attendit une lettre de la Régente ; en dépit de ses tendances antifrançaises, sa première intention fut d'en profiter, non pas pour pousser la guerre avec plus de vigueur, mais bien pour faire acheter sa neutralité à plus haut prix. Quant aux avances faites ensuite aux Impériaux, à la nomination de Norfolk comme général, à la levée du subside, ce sont évidemment là des actes qui marquent un changement de politique et un retour à des desseins belliqueux, mais il ne faut pas aller plus loin : nous n'y voyons rien qui permette de conclure avec M. BREWER (1) que Wolsey, toujours favorable à l'alliance fran·çaise, n'y prit part qu'à contre-cœur et dans l'intention secrète de provoquer une rupture avec l'Empereur dès qu'il serait parvenu à y décider de nouveau son maître. Aucun indice n'autorise à affirmer que ce ministre, au rebours de Henri, ne vit pas ses sentiments modifiés et que les divers événements qui survinrent à cette époque n'eurent pas pour effet de lui donner, ainsi qu'à son maître, des opinions successives. En conséquence, estimant plus prudent de ne pas dépasser les données que nous fournissent les documents à notre disposition, nous nous bornerons à noter les changements de la politique anglaise, sans entreprendre de déterminer la part qu'il y faut faire aux préférences de Wolsey et de deviner les desseins occultes qu'il garda peut-être au fond de son âme, tandis qu'il s'employait ouvertement à en faire réussir de tout opposés.

Nous ne voulons point achever cet examen sans rechercher comment les contemporains ont été amenés à s'imaginer entre Henri VIII et Wolsey une opposition de vues aussi accusée que celle dont on trouve la trace dans les lettres de Praet et dans la *Chronique* de HALL.

Cette méprise s'explique lorsqu'on examine la nature des rapports qui existaient entre le Roi et le ministre. A en croire CAVENDISH, qui, en l'espèce, est très digne de foi, voici de quelle manière Wolsey,

---

(1) Après avoir raconté l'affaire du subside, cet auteur ajoute en effet : « The Cardinal was now at liberty to pursue his own policy without interruption. Probably he regarded the ill-success of the amicable grant rather as an advantage than otherwise; for it stopped the mouths of those members of the Council who were anxious for war and it crushed all their hopes of annexing France. » *Ut sup.*, pp. LXXXV et LXXXVI.

alors simple aumônier, conquit la faveur de son maître. « Le Roi »,
dit ce serviteur familier du Cardinal, « était jeune et amoureux,
tout disposé à s'adonner aux plaisirs et à obéir à ses appétits, peu
soucieux de s'occuper de l'absorbante besogne du gouvernement.
L'aumônier, qui le savait bien, prit sur lui de le débarrasser de
cette lourde charge et de cet ennuyeux travail. Il l'assura qu'il
n'aurait pas besoin de dérober un seul instant à ses amusements,
quelle que fût l'affaire qui viendrait au Conseil, pourvu que lui-
même y étant et y disposant de son autorité et de ses pouvoirs, fût
en état de pourvoir à toutes choses ; d'ailleurs, ajouta-t-il, il le tiendrait au courant de toutes les affaires qui leur passeraient par les
mains au Conseil avant qu'on eût achevé de les expédier, et il
y ferait scrupuleusement respecter ses intentions et ses volontés.
Le Roi goûta beaucoup ces idées ; et, lorsque d'autres conseillers
plus anciens voulaient, ainsi que c'est le devoir de tout bon conseiller, lui persuader d'assister parfois au Conseil pour y prendre
connaissance de ce qu'on y faisait quand il s'agissait de matières
importantes, il en ressentait le plus vif déplaisir, car il n'aimait
rien moins que d'être contraint à faire ce qui était opposé à ses
volontés et à son bon plaisir de Roi. L'aumônier, ayant une secrète
intelligence de ces sentiments, ne l'ignorait pas : autant les autres
conseillers priaient le Roi de s'arracher à ses plaisirs et de mettre
la main aux affaires du royaume, autant l'aumônier lui conseillait
de n'en rien faire, ce qui lui plaisait fort et le portait à avoir pour
celui-ci de plus en plus d'affection et d'amour. Ainsi, l'aumônier
commanda à tous ceux qui lui commandaient auparavant, grâce à
son habileté et à son esprit. Qui fut désormais en grande faveur,
sinon monsieur l'aumônier ? Qui eut tout le pouvoir, sinon monsieur l'aumônier ? Qui conduisit tout sous le Roi, sinon monsieur
l'aumônier ? (1) »

Il résultait de cet arrangement que Wolsey semblait tout conduire ; il épargnait à son maître toute la peine de la discussion au
Conseil Privé en même temps que tous les soucis de l'exécution
des actes gouvernementaux. Les intentions du Roi n'étaient connues
que par son intermédiaire. C'était lui qui présidait le Conseil, lui
qui écrivait aux représentants anglais auprès des cours européennes,
lui enfin qui recevait les ambassadeurs étrangers et négociait avec
eux. Henri n'apparaissait à ces derniers que dans les circonstances
solennelles et dans les audiences d'apparat, alors que tout se trou-

____

(1) Cavendish, *Life of Wolsey*, I, 18 à 20.

vait déjà convenu et que les réponses qu'il leur faisait n'étaient plus
que de pures formalités. Cette manière de procéder offrait d'ailleurs
un grand avantage, celui de permettre au Roi, et partant au gouvernement anglais, de garder jusqu'au dernier moment sa liberté
d'action : en désavouant son ministre et en lui laissant la responsabilité d'actes qu'il n'avait pas encore officiellement approuvés et
auxquels il n'avait pas pris une part ostensible, Henri VIII pouvait toujours se dégager sans péril.

Ajoutons que, pour le cas dont nous nous occupons ici, nous y
voyons un autre avantage. En lisant HALL, en effet, il est facile de
s'apercevoir que la paix avec la France était loin d'être goûtée par
les sujets d'Henri VIII, aux cœurs desquels les longues guerres
qui avaient rempli les derniers siècles avaient fait naître une haine
invétérée des Français. L'effacement du Roi et l'abandon à Wolsey
de toute la conduite des négociations avaient donc pour résultat
de ménager plus longtemps la popularité du souverain : de cette
manière, il ne risquait pas d'encourir sans profit la défaveur
populaire en poursuivant la conclusion aléatoire d'un traité avantageux ; c'était seulement lorsque cette conclusion était devenue
assurée et lorsqu'il était certain de ne point perdre le prix de son
sacrifice qu'il était obligé de découvrir ses véritables sentiments et
de s'exposer à perdre sa popularité. Dans une autre circonstance,
M. BREWER a fait une remarque analogue. Parlant de la séance du
Conseil Privé où Henri VIII prit le parti de décharger ses sujets
de l' « Emprunt Amical », il cite HALL, qui attribue à Wolsey les
paroles suivantes : « Puisque tout le monde entend écarter de soi
la responsabilité, j'accepte de la garder sur moi et de supporter le
mécontentement du peuple ; mais le Dieu Éternel sait tout. » Puis,
il ajoute : « Ces mots découvrent un trait important du caractère
de Wolsey ; en cette occasion comme en d'autres, il acceptait la
responsabilité de mesures proposées soit par le Roi lui-même,
soit par le Conseil, sans se soucier de la haine populaire qu'ils
avaient si grand peur d'encourir (1). » Le procédé était si commode que la disparition de Wolsey n'y changea rien. Henri VIII
continua de s'abriter derrière ses ministres, quitte à les sacrifier
s'il y voyait son avantage. Sa fille Élisabeth fit de même et s'en
trouva bien. A ce prix, qui ne leur coûtait guère, l'un et l'autre
surent conserver, plus longtemps qu'aucun autre souverain anglais
peut-être, la faveur de leurs sujets.

---

(1) BREWER, IV, *ut sup.*, pp. LXXXIV-LXXXV et HALL, p. 700.

Voilà donc quelle était le plus souvent la cause réelle des différences apparentes qu'on pouvait saisir entre la politique du Roi et celle de son ministre : tous deux poursuivaient des desseins identiques, mais Wolsey se trouvait en avance sur son maître, car celui-ci mettait toujours un retard calculé à avouer les nouveaux plans diplomatiques dont il l'autorisait à poursuivre la réalisation. Le souverain continuait de se montrer favorable aux anciennes alliances, tandis que le ministre s'employait à en nouer de nouvelles ; l'on voyait encore l'ambassadeur impérial bien accueilli à la cour que déjà des envoyés français cachés à Blackfriars, et en rapport avec le seul Wolsey, avaient presque détaché l'Angleterre de la coalition et conclu un accord franco-anglais.

En résumé, il nous faut renoncer à expliquer les variations de la politique anglaise après Pavie par l'opposition des opinions d'Henri VIII et de Wolsey, car il nous est impossible d'en trouver la preuve dans les documents que nous possédons. Au lieu de recourir à des hypothèses sans fondement et de prêter au Cardinal des intentions qu'il n'a point manifestées, nous croyons préférable d'admettre ces changements de politique comme l'œuvre commune du souverain aussi bien que du ministre, et d'en chercher l'explication dans l'étude des événements dont l'Europe fut alors le théâtre.

III

Nous avons déjà vu le peu de succès des instances de Wolsey auprès des commissaires flamands. Leurs refus, qui persistèrent même après qu'ils eurent connu les intentions de Madame, et par elle celles de l'Empereur, durent donner à réfléchir au roi d'Angleterre et à son ministre. Maintenant que Charles-Quint tenait entre ses mains un gage suffisant pour lui assurer d'importantes concessions, il ne se souciait point de pousser plus loin des succès incertains et de remettre au hasard d'une nouvelle guerre l'Italie qu'il pouvait conserver sans combat ; ayant François Ier en son pouvoir, il était maître de traiter avec la France au moment où il lui plairait, avec ou sans l'Angleterre à sa volonté ; c'était de lui seul qu'il dépendait de consentir à garder l'Angleterre dans son alliance ou bien de s'accorder à part avec son rival captif et de laisser Henri VIII isolé en face de la France, tandis que lui-même deviendrait le dominateur incontesté de la péninsule italienne. Les périls de cette situation ne purent échapper au gou-

vernement anglais ; il n'est pas permis de supposer que le Roi et
le Cardinal aient tardé longtemps à s'apercevoir qu'il ne leur restait
qu'une voie pour y échapper, celle d'un traité avec la Régente
avant que Charles V se fût décidé à proposer au roi de France
des conditions acceptables.

Une circonstance d'un ordre purement intérieur rendit bientôt
désirable une politique pacifique. Le trésor anglais était vide. —
On sait qu'il n'y avait pas d'impôts permanents en Angleterre :
le Roi n'avait pour toutes ressources que les revenus des biens-
fonds de la Couronne et les subsides accordés par le Parlement
pour un temps déterminé. Réuni en 1523, ce dernier avait octroyé
des subsides répartis sur quatre ans ; mais Henri VIII en avait
levé la totalité dans la première année : aussi était-il fort à court
d'argent en 1525. Dans le but de s'en procurer, et sous couleur
qu'il avait le dessein de passer lui-même sur le continent, il prétendit obtenir de ses sujets l'aide féodale due au souverain au cas où
il faisait la guerre en personne. Cet expédient n'eut pas le succès
qu'on en attendait. L'impôt, déguisé sous les noms de « Don Gracieux » (*Benevolence*) ou d'« Emprunt Amical » (*Amicable Loan*),
mécontenta vivement les populations. Lorsqu'on essaya de le
percevoir au début de mai, il y eut dans plusieurs comtés des
soulèvements d'un caractère si inquiétant qu'Henri se vit dans la
nécessité de déclarer, vers la fin du même mois, qu'il renonçait à
en poursuivre le recouvrement (1).

IV

Tandis que ses projets de guerre rencontraient ainsi des difficultés à la fois auprès de ses alliés et auprès de ses sujets,

---

(1) Sur le Parlement de 1523, cf. HERBERT, 134-136, et l'étude de PAULI,
Cardinal Wolsey und das Parlament von 1523 (*Hist. Zeitschrift*, vol. 21,
pp. 44 et suiv.). — Sur le don gracieux de 1525 et les soulèvements dont il
fut l'occasion, on peut consulter, outre le récit de BREWER (pp. LXVII-LXXV),
les documents suivants : Wolsey à Norfolk, 11 avril, B. M. ms. Cott. Calig.
E III, f° 4 et BREWER, IV, 1261 ; Suffolk à Wolsey, 11 avril, Rec. Of. BREWER,
IV, 1260 ; évêque d'Ely à Wolsey, 19 avril, B. M. ms. Cott. Titus B I, f° (271)
277 et BREWER, IV, 1272 ; Norfolk et Suffolk à Wolsey, 8 mai, Rec. Of.
BREWER, IV, 1319 ; Essex et Fitzwauter à Wolsey, *ibid.*, 1319 ; Norfolk et
Suffolk à Wolsey, 11 mai, Ellis, 3d ser., t. II, p. 3 ; archevêque de Cantorbéry
à Wolsey, *ibid.*, p. 8 ; HALL, pp. 694 à 702. Ce chroniqueur nous apprend,
qu'à la suite de premiers troubles, Henri VIII renonça d'abord à exiger le

Henri VIII n'avait pas été sans recevoir depuis déjà plusieurs semaines des sollicitations à rompre avec l'Empereur et à s'unir à ses ennemis.

Les princes italiens avaient vu avec terreur la victoire de Pavie livrer l'Italie à Charles-Quint : la plupart, qui venaient d'abandonner son alliance pour se tourner du côté de François Ier, avaient à craindre sa vengeance ; tous redoutaient sa domination désormais sans contrepoids ; il n'était pas jusqu'à Sforce, pour lequel les Impériaux avaient pris les armes, qui ne trouvât leur protection trop lourde et qui ne fût prêt à se déclarer contre eux. — L'ambassadeur anglais auprès du Saint-Siège, Clerk, écrivait à Wolsey à la date du 28 février, quatre jours après la bataille, « qu'on était très heureux à Rome de la défaite du roi de France, mais qu'on y craignait fort la domination espagnole ; seul, l'espoir que le roi d'Angleterre contiendrait les Impériaux empêchait encore les princes italiens de se liguer contre ces derniers d'accord avec le Pape et de se mettre activement en état de défense » (1). On donna bientôt suite à ce projet de confédération. Afin de se soustraire à la suprématie impériale et sur l'initiative des Vénitiens, les États de la Péninsule jetèrent les bases d'une « ligue pour la défense et les libertés de l'Italie » ; dès le milieu de mars, l'union italienne était assurée du concours de Clément VII, de Venise, de Florence, du duc de Ferrare, des seigneuries de Sienne, de Lucques, de Mantoue, et même, dès qu'une occasion favorable se présenterait, du duc de Milan (2) ; enfin, on comptait sur le corps d'armée français du duc d'Albany, que la nouvelle du désastre de Pavie avait arrêté dans sa marche et qui était campé non loin de Rome (3).

subside et déclara qu'il se contenterait de ce que ses sujets voudraient lui octroyer de bonne volonté ; mais les gens de Londres et ceux des comtés refusèrent également de rien accorder de cette manière et une insurrection éclata dans le Suffolk. Henri se résolut alors à abandonner tout projet d'impôt. Hall termine par une phrase des plus significatives et qui vient à l'appui de ce que nous avons dit plus haut de la position du Cardinal et des responsabilités qu'il assumait : « Now here is an ende of this commission, but not an ende of inward grudge and hatered that the commons bares to the Cardinall. »

(1) B. M. ms. Cotton. Vitel. B VII, f° (67) 65 et BREWER, IV, 1131. — Cf. aussi Lope de Soria à Charles V, 2 mars, GAY., III, 24.

(2) Clerk à Wolsey, 19 mars, Ellis, 2ᵈ ser., I, 305 et GUICCIARDINI, l. XVI, t. II, 303.

(3) GUICCIARDINI, ut sup. — Effectivement, le duc engagea des pourparlers avec les Italiens, ainsi qu'en témoigne cet avertissement de Venise du 5 mars : « Si diceva che ei (Albany) mandava il Datario a Venetia per intendersibene

Les confédérés n'ignoraient pas que l'accord anglo-espagnol avait été bien près de se rompre ; peut-être même, au moment où ils entreprirent de s'unir, croyaient-ils qu'Henri avait déjà conclu sa paix avec la France ; aussi songèrent-ils dès l'abord à faire des ouvertures au gouvernement anglais (1). Ce fut Clément VII qui se chargea de découvrir l'affaire à Clerk ; celui-ci en avertit aussitôt Wolsey (2), qui fut aussi instruit des desseins des Italiens par le nonce pontifical à Londres (3).

Le Cardinal ne pensait alors qu'à convaincre les Impériaux de l'opportunité d'une invasion de la France. Il n'eut garde de répondre favorablement. Bien plus, espérant sans doute que la connaissance du danger qui les menaçait en Italie les rendrait plus traitables, il révéla le 8 avril aux commissaires flamands le projet

con questa Signora insieme col Duca di Ferrara » (*Lett. Princ.*, i, 153 r°). — Les Vénitiens voulaient qu'on levât un grand nombre d'Italiens et qu'on fît descendre en Italie dix mille Suisses ; c'était le Nonce du Pape auprès des cantons qui devait recruter ces derniers. Cf. Clerk à Wolsey, 28 février, *ut sup.* et GUICCIARDINI, 302.

(1) « A di 6 in Consiglio di Pregadi elessero Ambasciator in Inghilterra con pena di ducati 500, sel rifiutava, M. Lorenzo Bragadino et da Roma se aspettava il Datario ; si che le prattiche andavano secrete attorno ; ma pur si conjietturava che'l Papa, Vinitiani et il Duca de Ferrara con questi altri signori d'Italia temessero molto della potenza de' Spagnuoli et volessero ben' intendersi insieme et volessero abbraciar il Re d'Inghilterra, il quale, come geloso che'l Imperatore non si facesse Signore del Mondo, havesse ad ostar... » (Avertissement de Venise, *Lett. Princ.*, t. i, 154 r° et v°). — De son côté, l'évêque de Bayeux, qui représentait la France à Venise, mais qui était alors à Rome, écrivit à Robertet pour l'engager à presser l'accord avec l'Angleterre. « A me pare, che la miglior via per conservare il Regno et per ricuperare il Re sia di fare ogni partito al Re d'Inghilterra... ; et siati sicuro, che in tal caso tutte le forze che restano in Italia si voltarebbono contra il detto Imperatore » (8 mars, *Lett.Princ.*, i, 158 r°).

(2) Clerk à Wolsey, 19 mars, Ellis, 2d ser., i, 307. — Comme Clerk dissuada vivement le Pape de s'engager dans cette aventure, Clément VII s'empressa de répondre qu'il en voyait tous les inconvénients et qu'il se garderait d'en rien faire ; toutefois, il pria l'ambassadeur d'écrire à Wolsey pour que celui-ci pût connaître sa bonne volonté et les offres qu'il avait rejetées pour rester attaché au roi d'Angleterre (*Ibid.*, pp. 309 et 310).—Clerk avait d'ailleurs un autre motif pour en aviser le Cardinal et il ne manque pas de le faire valoir à celui-ci, c'est que si l'Empereur voulait profiter de sa bonne fortune pour se dégager des promesses faites au roi d'Angleterre, Wolsey connaîtrait l'état des esprits en Italie et les résolutions auxquelles on pourrait aisément amener le Pape (*Ibid.*, p. 310).

(3) Wolsey à Tunstall et Wingfield, 7 avril, Rec. Of. BREWER, iv, 1249. — Il paraît que le Pape avait d'abord dépêché en poste H. Ghinucci, évêque de Worcester et auditeur de la Chambre apostolique en Angleterre, pour

confié à Clerk (1) ; une semaine plus tard, comme le président Laurens refusait obstinément de consentir à ses demandes, il lui déclara qu'il le priait d'y prêter attention, car son maître pouvait en ce moment même conclure une ligue avec le Pape, les Suisses, les princes italiens et les Français ; il ajouta même que, pourvu que le roi d'Angleterre voulût accorder la main de sa fille au Dauphin, les Français n'hésiteraient point à couronner ce prince roi de France et à laisser François Ier finir ses jours en captivité (2).

Lorsqu'Henri VIII et Wolsey eurent perdu tout espoir du côté des Impériaux, ils se souvinrent de cette ligue des princes italiens, dont le dessein semblait avoir été abandonné depuis leur refus (3) : ils s'efforcèrent alors de reconstituer cette union contre Charles-Quint ; dans ce but, ils envoyèrent en Italie le cavalier Grégoire Casal, qui quitta l'Angleterre dans les derniers jours de mai (4).

V

Vers le même temps, ils firent connaître à la Régente de France qu'ils étaient disposés à renouer des négociations avec elle.

avertir Henri et Wolsey que la ligue d'Italie était prête à se conclure et les prier d'y entrer (cf. dans BALAN deux brefs du 3 mars à Wolsey et à Henri VIII accréditant Ghinucci et Casal, n°s 68 et 69) ; mais, ayant ensuite, sur les conseils de l'archevêque de Capoue et peut-être aussi de Clerk, résolu de s'accorder avec les généraux impériaux, il rappela précipitamment Ghinucci, qui était déjà à Bologne ; il se contenta d'envoyer ses Instructions à son nonce à Londres par le cavalier G. Casal qui y retournait et de leur faire écrire par le dataire Giberti de s'efforcer « per via di consiglio et per far bene et senza dispiacere ne a Sua Maestà ne alla Maestà Cesarea... di ridurgli alla via più piacevole et sicura di clemenza et d'accordo » (Giberti aux nonces en Angleterre, 16 mars, *Lett. Princ.*, I, 156 v° à 157 v°). — Clerk à Wolsey, 19 mars, *ut supra*, pp. 312 et 313. — GUICCIARDINI, *ut sup.*, 303, 304.

(1) Commissaires à Madame, 8 avril, B. M. Add. ms. 28574, f°s 204-205 et GAYANGOS, III, 73.

(2) Commissaires à Madame, 20 avril, B. M. Add. ms. 28574, f°. 208 et GAYANGOS, III, 79. — En outre, les ambassadeurs anglais prêts à se rendre en Espagne reçurent l'ordre de tout découvrir à Charles V. Cf. Wolsey à Tunstall et Wingfield, 7 avril, Rec. Of. BREWER, IV, 1249.

(3) Le Pape avait conclu le 1er avril un traité d'alliance et de confédération avec les généraux Impériaux, dans lequel une place était laissée aux Vénitiens et qui stipulait le paiement de grosses sommes d'argent pour la solde de l'armée espagnole. Cf. GUICCIARDINI, *ut sup.*, 304-306.

(4) Dans sa lettre à Wolsey, datée du 10 juin, Sforce remercie le Cardinal des lettres qu'il lui a écrites par G. Casal à la date du 20 mai. Rec. Of. BREWER, IV, 1403.

Cette dernière communication n'était qu'une réponse à une ouverture qui venait de leur être adressée de France; en effet, à une date que nous ne saurions déterminer exactement, mais sans doute pendant la première quinzaine de mai, Jean Joachim avait écrit au confesseur de Wolsey, Thomas Lark, dont il avait été l'hôte à Londres et qui jouissait de toute la confiance du Cardinal. Bien que la lettre de ce diplomate nous soit parvenue dans un état de mutilation regrettable, il est cependant facile de démêler qu'il y demandait instamment à Lark d'engager son maître à s'entremettre pour la paix. Il affirmait que la défaite de Pavie n'avait pas, ainsi qu'on paraissait le croire à Londres à son départ, réduit le royaume à un tel état de faiblesse qu'il ne fût plus capable de résister à ses ennemis; il énumérait avec complaisance les ressources dont la Régente disposait : les troupes qui étaient revenues d'Italie avec Alençon et Albany, les Suisses qui étaient prêts à fournir autant d'hommes qu'en demanderait Madame, le ban et l'arrière-ban qui devaient un service de quarante jours, enfin des sujets obéissants et des finances en bon état ; il protestait que son désir de voir le Cardinal reconnu dans toute la chrétienté comme le promoteur de la paix, l'avait engagé à s'adresser à Lark et à le prier instamment de faire part de tous ces renseignements à Sa Seigneurie Révérendissime, car, ajoutait-il, puisqu'il était assuré que la prise du Roi n'avait point anéanti la puissance de la France, « il était plus que temps que le Cardinal prît de nouveau en main le gouvernail des négociations qu'il avait déjà tenu auparavant et qu'il conduisît la Chrétienté au port de la sainte paix » (1).

Cette lettre décida le gouvernement anglais à reprendre les pourparlers avec la France. Un serviteur de N. Bonvisi fut chargé d'instruire Madame de ces dispositions favorables (2) ; il dut en même temps lui faire part des plans des Anglais pour la formation d'une ligue italienne et la prier de s'y associer et de promettre ses secours aux confédérés. Par là s'expliquent les offres que cette

(1) P. J., VIII.

(2) Cf. le Sauch à Madame, 23 juin, B. M. Add. ms. 28574, f° 226 v° et GAY., III, 120. — HALL dit que les Français « sent a messenger to the kyng of Englande for an ambassadour to be sent into Englande,... whiche to the messenger was graunted and delivered; then came over... John Jokyn » (p. 704).

Voici, en revanche, la version du *Bourgeois de Paris :* « En ce temps là, le roy d'Angleterre manda à Madame la Régente qu'elle lui envoya un Génevoys nommé..., qui est l'un de ses maistres d'hostel, et qu'il vouloit parler à luy pour faire quelque appointement » (p. 247).

princesse fit peu après aux Italiens par l'intermédiaire de l'évêque de Bayeux et de Lorenzo Toscano (1).

Nous possédons une Commission de Madame Louise datée du 9 juin et accordée à J. Brinon et à J. Joachim (2). Le départ du président de Rouen pour l'Angleterre était donc décidé à cette date, mais Jean Joachim y précéda son collègue; il quitta seul Lyon dans les premiers jours de juin (3) et parvint à Londres le 22 du même mois (4).

Le moment était favorable : les Impériaux avaient achevé de s'aliéner Henri VIII par leurs exigences imprudentes. Quinze jours auparavant, le 7 juin, les Commissaires flamands, accompagnés du Commandeur Peñalosa, qui venait d'arriver d'Espagne, s'étaient présentés devant ce prince et lui avaient adressé, au nom de l'Empereur, les propositions suivantes : Charles V priait son allié d'envoyer sans retard en Espagne la princesse Marie, sa future femme, et de lui remettre les 400.000 ducats de sa dot, augmentés d'un subside de 200.000 écus pour l'entretien de l'armée d'Italie; si Henri hésitait à se séparer de sa fille avant l'expiration des délais convenus à Windsor, il lui était demandé de faire l'avance de la dot et de fournir les 200.000 ducats; s'il s'y refusait, c'était à titre de prêt qu'on lui réclamait ces 600.000 ducats, ou du moins, si cette somme lui semblait excessive, 400.000 ducats. En revanche, l'Empereur offrait de s'engager à envahir la France par les Pyrénées, à la tête d'une puissante armée, tandis que ses troupes d'Italie y entreraient par les Alpes ; de plus, et afin que le royaume de France se trouvât assailli de toutes parts, il requérait son futur beau-père de passer lui-même le détroit avec une armée anglaise, que viendraient renforcer les contingents flamands (5).

Ainsi, Charles-Quint ne se déclarait prêt à poursuivre la guerre que si Henri VIII consentait à de nouveaux sacrifices pécuniaires. On comprend que présentées, comme elles le furent, quelques jours

(1) Voy. au chap. VII ci-dessous.

(2) RYMER, XIV, 37. — Dans cette commission, J. Joachim est qualifié de seigneur de Vaulx, nom qu'il porta dès lors officiellement. Nous ignorons à quelle époque et de quelle manière il acquit cette terre de Vaulx; nous ne savons pas davantage où elle était située.

(3) Madame à Wolsey, 7 juin, B. M. ms. Cott. Add. part of Calig. E III, fº 1 et BREWER, IV, 1389. — D'après une lettre reçue à Crème et datée de Lyon, 8 juin, J. Joachim avait alors quitté cette dernière ville (BROWN, III, 1032).

(4) Le Sauch à Madame Marguerite, 23 juin, ut sup., fº 265 rº et nº 119.

(5) Demandes de Peñalosa à Henri VIII, State Papers, VI, 444. — Commissaires à Charles V, 11 juin, GAY., III, 111.

après l'échec qu'avaient rencontré les dernières tentatives fiscales
du gouvernement anglais, de semblables demandes aient disposé
le roi d'Angleterre à considérer avec moins de regrets l'éventualité
d'un accord avec la Régente de France.

Une autre circonstance ne contribua pas moins à assurer le
succès des négociations de Jean Joachim : ce fut le transfert de
François Ier d'Italie en Espagne (1). Ce transfert faisait de Charles-
Quint le maître unique et incontesté de son prisonnier ; il n'avait
désormais à compter avec personne et il pouvait traiter avec lui
aux conditions qu'il lui plairait ; le danger qu'il y avait pour
Henri VIII à voir son allié s'accorder séparément avec la France
se trouvait donc sensiblement aggravé, et il est vraisemblable
qu'un événement de cette importance ne le laissa point indiffé
rent (2).

Il n'existe aucun document qui fasse connaître la suite des pourparlers de Jean Joachim avec le Cardinal ; tout ce que nous en
savons se borne à quelques rares mentions trouvées dans les lettres
du secrétaire flamand Jean le Sauch, ou de l'ambassadeur vénitien
L. Orio ; ces maigres renseignements ne jettent aucune lumière sur
la négociation elle-même et sur ses péripéties intimes ; ils nous en
apprennent seulement les incidents extérieurs et que tout le monde
à Londres pouvait remarquer. C'est ainsi que nous savons que
Jean Joachim eut une audience de Wolsey aussitôt après son arrivée (3), et que le surlendemain 24 juin, il fut conduit à Greenwich,

(1) François Ier avait quitté Pizzighettone le 18 mai pour se rendre à Gênes
et de là à Porto-Fino, d'où il avait mis à la voile le 10 juin pour l'Espagne :
ce fut sans doute J. Joachim qui porta la nouvelle en Angleterre, car on
avait été tenu au courant de toute l'affaire en France. Cf. MIGNET, t. II,
pp. 98 à 101.

(2) Dans ses instructions du 30 mars à Tunstall et Wingfield, Henri VIII
recommande à ses ambassadeurs de travailler à découvrir si l'Empereur
voulait garder François Ier en Italie ou le transférer en Espagne et de régler
leur conduite en conséquence (*State Papers*, VI, 414-415.) — Effectivement,
les représentants anglais demandèrent à deux reprises aux Impériaux, le 27
et le 31 mai, quelle était l'intention de Charles-Quint à cet égard (Tunstall,
Wingfield et Sampson à Henri VIII, 2 juin, B. M. ms. Cotton. Vesp. C III,
fo 158 et BREWER, IV, 1378). — Bourbon ne s'y était pas trompé, et il écrivait à Charles-Quint : « Monseigneur, j'ai grand peur que ceste soudaine
allée vous pourra faire perdre le pape et Vénitiens et aultres potentats
d'Italie ; du roy d'Angleterre, il y est en danger. » Bourbon à Charles-Quint,
10 juin, *Captivité*, 217.

(3) « Prestement qu'il (Jean Joachim) fut arrivé, je désiray veoir se ledit
Brian Tuck ne m'en diroit riens, par quoy je prins mon congié de luy, et,
comme je devoye sortir de sa maison, je retournay disant : « Monsieur, vous

« où il fut avecq le Roy et Monsr le Légat plus de trois heures d'un tenant » (1).

J. le Sauch vit le Cardinal quatre jours après. Celui-ci ne lui cacha pas ses intentions. Qu'on en juge plutôt ; voici la lettre de le Sauch : « Luy deiz : « Monsieur, je puis bien escripre que Jehan Joakin est revenu. » A quoy il me respondit : « Nous l'escripvrons à l'Empereur. » Et je lui deiz : « Monsieur, je n'entends point escripre à l'Empereur pour le présent, car je ne sauroye par qui, mais si je savoye aulcun y allant, sœur je luy escripvroye pour mon devoir, combien que je n'aye riens entendu de sa charge ; mais je l'en laisseroye pencer son bon plaisir. J'en advertiray Madame. » Alors il me dit : « Bien escripvez qu'il est venu et qu'il vient seullement pour avoir ung saulf conduyt pour le chancellier d'Allençon, lequel la Régente envoye icy par l'advis du Pape pour mettre en avant quelconques choses pour bien de paix, attendu qu'elle avoit envoyé une ambassade devers l'Empereur, aussi s'il se traictoit devers luy quelque chose pour parler des affaires qui nous touchent. » En après, lui demanday si ledit chancellier doit venir, à quoy il me respondit que oïl et que le saulf conduyt estoit despesché et porra estre icy dedans huit ou dix jours (2). »

Sur ce dernier point, le ministre anglais ne trompait point le Sauch : la première des lettres de J. Joachim qui nous aient été conservées nous apprend qu'au 23 juin un sauf-conduit au nom de J. Brinon avait déjà été envoyé au gouverneur de Boulogne ; elle

ne me dictes riens que apporte de bon le Sr Jehan Joakin. » A quoy il me respondist : « Certes il ne m'en est souvenu, mais je vous dirai volluntiers ce que j'en scey. Il parla hier à Monsr le Légat ; et comme j'ay entendu, aprez qu'il eult tout dit ce qu'il volloit, mondit Sr le Légat lui demanda : « N'avez-vous aultre charge ? » Sur quoy ledit Joakin lui respondit que non. Lors, mondit Sr le Légat luy dit : « Vous poez bien retourner demain aussi tost que vous estes venu et, dès maintenant, je vous donne le congié et diz l'adieu. » Qui est ce que ledit Brian Tuck dit avoir entendu ; mais il dit aussi que à la foiz ceux qui vont en commission ne déclarent pas du premier coup ny au premier jour tout ce qu'ilz ont de charge. Par quoy il ne scet s'il se partira ainsi ou non. Je mettray payne d'en savoir le plus avant que je porroy pour vous en avertir, mais ce sont estranges termes, car il n'est venu sans saulf conduyt, et, comme j'entendz, il lui a esté envoyé il y a plus de xv jours. » Le Sauch à Madame, 23 juin, B. M. Add. ms. 28574, f° 265 r° et v°, et GAY., III, 119.

(1) Le Sauch à Madame, 30 juin, *ut sup.*, f° 270 r° et n° 122.

(2) Le Sauch à Madame, 30 juin, *ut sup.*, f° 271 r° et n° 122. — Effectivement, lorsqu'Henri VIII et Wolsey écrivirent le 3 juillet aux ambassadeurs anglais en Espagne, ils leur ordonnèrent d'instruire Charles V de la venue de J. Joachim. Cf. Tunstall et Sampson à Henri VIII, 11 août, *State papers*, VI, 451.

nous laisse aussi connaître que Vaulx ne s'était pas borné à solliciter un passe-port pour le président de Rouen ; il avait encore reçu communication des conditions mises par Henri VIII à la paix et il en avait informé Madame (1). Au reste, nous manquât-il cette preuve formelle, nous serions cependant autorisés à affirmer qu'avant l'arrivée à Londres de Brinon les difficultés principales de l'accord se trouvaient écartées en même temps que les points les plus importants en étaient arrêtés. En effet, à la première audience de cet ambassadeur, il n'est point question de cessions territoriales ; les négociateurs entrent dès l'abord en discussion sur le sujet du paiement par la France de deux millions d'écus « qui est la somme », lisons-nous dans la lettre du 29 juillet, « de laquelle avoit esté pourparlé et depuis escript par moy Joachim » (2). Or, durant les pourparlers antérieurs à la bataille de Pavie, on n'avait jamais parlé d'une pareille somme. D'autre part, il est très vraisemblable que Wolsey et Henri VIII, au début des nouvelles négociations, ne manquèrent pas de mettre en avant des prétentions territoriales et que, s'ils consentirent à en faire le sacrifice, ce ne fut qu'au prix d'une concession d'un autre genre accordée par le gouvernement français. Dès lors, il est tout naturel de penser que cette concession consista en une augmentation de la somme précédemment promise au roi d'Angleterre (3) et que ce fut Jean Joachim qui obtint ce résultat pendant son séjour à Londres avant la venue du président de Rouen. Nous avons ainsi l'explication du chiffre de 2.000.000 d'écus. Si nous ajoutons qu'au témoignage de HALL, J. Joachim convint avec le Cardinal d'une trêve de quarante jours à partir du 13 juillet (4), nous reconstituons, sinon dans ses détails, au moins dans ses résultats, le rôle joué à la fin de juin par

(1) J. Joachim à Brinon, 5 juillet, P. J., IX.

(2) P. J., XII.

(3) A la première entrevue, le 27 juillet, Wolsey le dit en propres termes aux ambassadeurs. Cf. ci-dessous, p. 119 et P. J., XII. — Notons que l'ambassadeur vénitien, rendant compte à la Seigneurie des négociations de J. Joachim, écrit qu'Henri VIII a sans doute demandé la cession de Boulogne, mais que, cette ville lui ayant été refusée, il semble qu'à la fin on s'accordera sur le paiement d'une grosse somme d'argent (L. Orio à Seigneurie, 23-29 juin, BROWN, III, 1052).

(4) Cf. HALL, 704. — Ce chroniqueur ajoute que cette trêve permit aux paysans de Picardie de faire leurs moissons sans être inquiétés par les gens de Calais et aux pêcheurs de Dieppe, de Boulogne et du Tréport de vaquer à leurs opérations de pêche en toute tranquillité. Nous savons d'autre part que l'armistice survint à point pour favoriser le ravitaillement de Thérouanne par les Français. Cf. Rob. Wingfield à Wolsey, 12 juillet, B. M. ms. Cotton Galba B VIII, f° (187) 213 et BREWER, IV, 1495.

le maître d'hôtel de la Régente. — Remarquons en terminant que ces négociations furent menées rapidement et que quelques jours suffirent à poser les bases du futur accord anglo-français : arrivé le 22 juin à Londres, J. Joachim instruisit dès le 28 Madame Louise des conditions auxquelles le gouvernement anglais consentait à traiter (1).

(1) Jean Joachim à Brinon, 5 juillet, P. J., IX. — Ce fut sur la lettre du 28 juin que Brinon fut dépêché et nous savons que les conditions contenues dans cette lettre étaient définitives et ne furent pas modifiées, car, le 12 juillet, Robertet écrit à Brinon que depuis son départ, il est venu « lectres de Mr de Vaulx », sans doute celles du 5 juillet, mais que « pour ne contenir que ce que vous avez veu, elles ne vous sont point envoiées ». P. J., X.

CHAPITRE IV

CONCLUSION DE L'ACCORD ANGLO-FRANÇAIS

I

Jean Brinon, dont le départ avait eu lieu dans la première semaine de juillet (1), arriva à Londres le 26 (2). — Ce fut ce même jour que Jonglet et J. le Sauch, sur l'ordre de la gouvernante des Pays-Bas, annoncèrent officiellement à Wolsey que le 14 cette princesse avait conclu à Bréda une trêve avec la Régente de France. Une semblable démarche, qui achevait de montrer le dessein bien arrêté des Flamands d'éviter toute guerre avec leurs voisins de France, n'était pas pour disposer Henri VIII et le Cardinal à recevoir défavorablement le président de Rouen (3).

Dès le lendemain 27, ce dernier se rendit avec Vaulx au château de Richmond, où se trouvait Wolsey. Les deux ambassadeurs furent introduits auprès de lui à deux heures de l'après-midi, et J. Brinon lui présenta ses lettres de créance, dont il accompagna la remise d'une longue harangue latine. Cette formalité accomplie, les pourparlers commencèrent sans plus tarder : on se mit aussitôt à discuter la quotité et le mode de paiement des sommes exigées par le roi d'Angleterre.

(1) Cf. Madame à Henri VIII, s. date, B. M. ms. Cotton. add. part of Calig. E III, fº 10 et BREWER, IV, 1904; Marguerite d'Alençon à Brinon, 8 et 10 juillet, Ar. Nat. J 965, 2,20 (dans J 966) et J 966, s. cote. — Parvenu à Paris le 12, Brinon en repartit le 15 pour Calais, qu'il atteignit le 20. Cf. *Bourg. de Paris*, p. 247, et W. Sandys à Wolsey, 21 juillet, Rec. Of. BREWER, IV, 1508.

(2) « Depuis quatre jours en cha est arrivé le président de Rouen. » Jonglet et le Sauch à Charles V, 30 juillet, B. M. Add. mss. 28574, fº 316 rº, 28173, fº 208 vº et GAYANGOS III, 160.

(3) Trêve de Bréda dans LÉONARD, *Recueil des traités*, t. II, p. 193. — Jonglet et le Sauch à Charles V, *ut sup.*, fºˢ 316 et 208. Cette lettre nous apprend, en outre, que Wolsey se montra très courroucé et dit qu'avoir fait cette trêve sans le consentement des Anglais était avoir notoirement enfreint et rompu les traités.

Les Français s'efforcèrent d'obtenir que le chiffre de 2.000.000 d'écus à la couronne fût réduit; ils demandèrent avec insistance que le gouvernement anglais se contentât d'une somme équivalente au total de ses trois créances, c'est-à-savoir des 462.000 couronnes de l'obligation des Généraux réunies à ce qui restait encore à payer du million de Londres et des 600.000 écus de Tournay; ils offrirent que la masse ainsi obtenue fût acquittée à raison de 50.000 écus à la couronne comptant après la publication de la paix et pour l'avenir d'une annuité de 100.000 écus à la couronne, le tout payable en écus au soleil à 40 sous l'écu; au cas du décès d'Henri VIII avant l'extinction de cette dette, l'annuité serait réduite à 30.000 écus à la couronne, qui représenteraient seulement le paiement du million de Londres et du rachat de Tournay; en effet, l'obligation des Généraux cesserait alors d'être exigible tant que ces deux créances ne seraient pas achevées d'acquitter; elle ne le redeviendrait qu'après leur extinction et au taux primitif de 7.000 écus au soleil par an; enfin, les obligations des marchands, sur lesquelles était fondée celle des Généraux, et tout ce qui était encore dû de ce chef, feraient retour au trésor français.

Tout naturellement, ces offres ne furent point acceptées. Le Cardinal protesta qu'il avait eu beaucoup de mal à persuader son maître de ne point faire la guerre aux Français, et encore plus à le décider à traiter sans exiger de cession territoriale, disant « que pour y parvenir il avait fait fondement de ladicte somme de deux milions de couronnes et qu'il avait estrainct jusques au bout et qu'il ne falloit parler de moindre somme ». Il ajouta que les arrérages échus et non payés du million de Londres et des 600.000 écus de Tournay s'élevaient au moins à 456.000 écus immédiatement exigibles; c'était donc une grande concession que de ne pas réclamer sur ce chapitre plus qu'on ne lui proposait, et d'accorder qu'après avoir versé 50.000 écus comptant on joignît le surplus à la masse de la dette. Quant à la valeur de l'écu au soleil, il soutint qu'elle était de 38 sols et non pas de 40, que les traités précédents en témoignaient, et qu'au reste le trésor français n'était point forcé de se libérer en cette monnaie; il pouvait fort bien le faire en écus à la couronne, ce qui éviterait toute contestation. Enfin, au sujet des sommes qui resteraient à payer après la mort du roi actuel d'Angleterre, il déclara que l'annuité destinée à les acquitter ne saurait être moindre que 50.000 écus à la couronne (1).

Toute cette première conférence se passa en discussions sans ré-

____

(1) Brinon et J. Joachim à Madame, 29 juillet, P. J., XII.

sultats. Le lendemain, après de nouvelles résistances, les ambassadeurs français finirent par accepter les conditions du Cardinal. La question pécuniaire se trouva donc réglée dès le second jour ainsi qu'il suit :

1o Le roi d'Angleterre recevrait deux millions d'écus à la couronne, dont 50.000 un mois après la publication de la paix et le reste à raison de 100.000 écus par an, aux deux termes de mai et de novembre.

2o Ces écus à la couronne seraient évalués à 35 sous, monnaie de France, et les écus au soleil à l'aide desquels s'effectueraient les paiements, à 38 sous.

3o Une fois les deux millions entièrement payés, l'annuité de 100.000 écus serait continuée jusqu'à la mort d'Henri VIII, et on dresserait de cette clause un acte spécial.

4o Si Henri décédait avant la fin du paiement, on l'achèverait entre les mains de ses successeurs, au moyen d'une annuité de 50.000 écus à la couronne (1).

Ce nouvel arrangement était moins avantageux pour la France que celui dont les mêmes commissaires avaient arrêté les termes avant Pavie; mais, ainsi que ne manqua pas de le faire remarquer Brinon dans la lettre où il l'annonça à Madame, il offrait l'avantage de se faire « sans bailler ung paulme de terre », et l'augmentation des charges du trésor français; bien que sensible, n'était cependant pas exagérée; elle ne dépassait guère le huitième de la somme primitive, soit 285.573 écus à la couronne, tandis que les anciennes dettes atteignaient un total de 1.714.427 écus. Encore ne faut-il pas oublier que Wolsey promit de délivrer aux ambassadeurs français les obligations des marchands et aussi celle des habitants de Tournay, si bien que ceux-ci ne craignirent point d'affirmer à la Régente qu'ils pourraient « avec le temps saulver la tierce partie ou environ » de cette augmentation de 285.573 écus (2). Ce n'est donc plus à un huitième, mais à un dixième seulement, soit à peu près 200.000 écus, qu'il convient d'évaluer le sacrifice fait par le gouvernement français pour détacher l'Angleterre de l'alliance impériale.

Après être ainsi tombés d'accord sur ce premier point, qui était le plus épineux, les négociateurs passèrent à l'examen des autres con-

(1) *Id., ibid.*

(2) *Id., ibid.* — Nous devons toutefois faire observer que Brinon compte 25.000 écus au soleil l'obligation des gens de Tournay, qui n'était que de 23.000 livres, ce qui majore d'autant la somme ajoutée au total des dettes françaises.

ventions. Ils décidèrent qu'il serait conclu entre les deux royaumes une ligue défensive, sous la condition que celui des deux contractants qui porterait secours à l'autre serait indemnisé des dépenses encourues à cette occasion. Quant à la clause ordinaire en ces sortes de traités et portant qu'aucun des deux rois ne favoriserait et ne recevrait dans ses États un sujet rebelle à son allié, le cas du duc de Bourbon était embarrassant; on s'en tira en n'en parlant pas et en passant l'article en sa forme accoutumée, sans faire mention du connétable.

La clause concernant les alliés respectifs d'Henri et de François, auxquels on devait offrir d'être compris dans l'accord, souleva plus de difficultés. Wolsey refusa d'abord d'y admettre les Écossais, et, s'il finit par céder, ce fut seulement sous la réserve de deux conventions additionnelles qui avaient, d'ailleurs, leurs précédents aux derniers traités : l'une frappait de nullité cette admission, au cas d'une agression des Écossais; l'autre stipulait que ni le Roi ni Madame n'accorderaient de secours au duc d'Albany pour passer en Écosse. — Quant à l'Empereur et à son frère l'Archiduc, qui possédaient en Italie et en Flandre des terres sur lesquelles la couronne de France prétendait des droits, il fut convenu après de longs débats qu'ils seraient nommés au traité parmi les alliés du roi d'Angleterre, sans que pour cela ce dernier garantît à Charles V et à Ferdinand la possession des territoires occupés depuis le traité de Londres de 1518. Les deux rivaux, et particulièrement François Ier, demeuraient libres d'agir comme il leur plairait pour recouvrer ces provinces (1).

Restait à déterminer la nature et la forme des sûretés et des ratifications. C'était là un point sur lequel la captivité du Roi rendait les Anglais fort scrupuleux : les ambassadeurs français durent se résoudre à en passer à peu près par tout ce que le Cardinal jugea bon d'exiger. Outre la confirmation de Madame, ils promirent que François Ier ratifierait les traités aussitôt après sa délivrance, et qu'en attendant il souscrirait, en Espagne, des lettres autographes « contenant forme de ratification » de ce qui serait fait par sa mère. De plus, la Régente personnellement, le duc de Vendôme, le cardinal de Bourbon, le comte de Saint-Pol, le duc de Longueville, et M. de Lautrec garantiraient le paiement des 2.000.000 d'écus et y engageraient leurs personnes et leurs biens; il en serait de même des villes de Paris, Rouen, Lyon, Amiens et de quatre ou cinq autres dont les noms restèrent encore indéterminés; en outre,

(1) *Id., ibid.*

à ces obligations des Seigneurs et des Villes, les Parlements de Paris, Rouen, Toulouse et Bordeaux joindraient leurs « décrets » d'homologation. — Wolsey demanda aussi que les traités fussent soumis à l'approbation des États Généraux, mais les Français s'y refusèrent catégoriquement; tout ce que le Cardinal put obtenir fut que l'on fournirait « l'obligation et consentement des Estatz de Normandie et de Languedoc qui », dirent-ils, « sont les deux pays tenant forme de Estatz et non aultres ». — Une dernière prétention du ministre anglais fut de réclamer des otages qu'on retiendrait en Angleterre jusqu'à l'accomplissement des formalités que nous venons d'énumérer : Brinon et J. Joachim y opposèrent la même résistance qu'à la réunion des États; ils déclarèrent que, puisque Madame se fiait à la parole du Cardinal, celui-ci pouvait et devait se fier à la sienne. Là-dessus, Wolsey répondit qu'il renonçait à exiger de nouveaux otages et qu'il se contenterait de retenir ceux qui se trouvaient déjà à Londres; mais les ambassadeurs n'y consentirent pas davantage, et l'affaire en resta là (1).

Le moment était venu de donner leur forme aux traités et d'en dresser la rédaction. Le président de Rouen et son collègue, qui en avaient préparé un projet, le communiquèrent au Cardinal. Celui-ci, après l'avoir examiné, leur dit qu'il voulait leur en proposer un autre, qu'il le ferait expédier ce jour même et le leur soumettrait le lendemain ; il ajouta que « ce fait, il envoyeroit quérir des plus graves personnages de Angleterre et des principaux conseillers du Roy son maistre, arcevesques, evesques et aultres pour plus solennellement faire et passer lesditz traictiés ».

Il ne se borna pas à promettre une prompte conclusion de l'accord, il alla plus loin et répéta à plusieurs reprises « que, ces choses faictes, il passeroit plus avant et délibéroit de faire autres grandes choses qui aideroient à la libération du Roy nostre maistre et au grand prouffit et honneur de vous, Madame, et de tout le royaulme et à l'humiliation et dépossession de l'esleu Empereur » ; il espérait, dit-il encore, que son gouvernement se verrait délié, avant qu'il fût six mois, des engagements qu'il avait contractés vis-à-vis de Charles-Quint au sujet du mariage de la princesse Marie ; l'ordre avait déjà été envoyé aux ambassadeurs anglais en Espagne d'essayer de se mettre en rapports avec le Roi captif ou à son défaut avec l'archevêque d'Embrun et le président de Selve, afin de les presser de ne point conclure hâtivement avec l'Empereur et de ne lui céder aucune province, car, « en différant quelque peu, ses

(1) *Id., ibid.*

affaires se en porteroient beaucoup mieux ». Wolsey s'attribua en même temps l'honneur d'avoir dissuadé son maître de faire une réponse favorable aux requêtes présentées par Peñalosa et celui d'avoir rompu « les aultres pratiques qui par après s'étoient dressées sur d'aultres demandes trop plus légières » ; il se plaignit « que le Roy son maistre et luy avoient trouvé les Hespagnolz en leurs propositions plus ingrats et superbes que nation qu'il eut jamais pratiqué ne cogneu » ; enfin, il affirma que si Madame voulait suivre ses conseils, la délivrance de son fils s'obtiendrait en peu de temps et à des conditions avantageuses.

Voilà où en étaient les négociations après deux jours de conférences : l'accord était fait sur tous les points principaux ; il ne restait guère qu'à dresser les instruments des diverses conventions. Les ambassadeurs français s'empressèrent d'instruire Madame de cet heureux et prompt résultat; ne doutant plus désormais du succès, ils lui demandèrent dans la même lettre de faire préparer en diligence « les ratifications et autres choses nécessères (1) ».

II

Un ou deux jours après, ainsi que l'avait promis le Cardinal, il y eut à Richmond une nouvelle conférence, à laquelle assistèrent l'archevêque de Cantorbéry (2), l'évêque d'Exeter (3), le Lord-Chambellan (4), Thomas More (5), Brian Tuke (6) et un autre secrétaire

(1) *Id., Ibid.*

(2) William Warham, qui fut chancelier d'avril 1509 au 22 décembre 1515, où il résigna sa charge en faveur de Wolsey; il mourut le 23 août 1532.

(3) John Voysey, *alias* Harman, évêque d'Exeter de 1519 à 1551.

(4) Charles Somerset, fils naturel d'Henri, duc de Somerset, marié à l'héritière d'Herbert, d'où il prit le nom de Charles Somerset de Herbert ; après avoir été nommé chambellan à temps par Henri VII et confirmé dans cette charge par Henri VIII, il reçut le 1er février 1514 le titre de chambellan à vie et celui de comte de Worcester.

(5) Il fut président (*speaker*) de la Chambre des Communes en 1523, puis chancelier du duché de Lancastre ; il devint chancelier d'Angleterre à la place de Wolsey, le 25 octobre 1529, et fut décapité le 6 juillet 1535. Voyez sa récente biographie par le Rév. T. E. BRIDGETT : *Life and writings of sir Thomas More.* Londres, 1891. Cet ouvrage ne nous apprend rien d'ailleurs sur les négociations que nous analysons ici.

(6) Sir Brian Tuke, maître des postes en Angleterre dès 1516, l'était encore le 6 juin 1527; il joignait à ce titre, depuis le 15 mars 1523, celui de secrétaire du Roi pour la langue française, et depuis le 17 avril 1523, celui de *clerk* du Parlement. Cf. BREWER, III, 2894 et 2965.

de robe longue ; elle ne dura pas moins de cinq heures et on y arrêta la rédaction des traités (1). A propos de l'obligation, Wolsey revint sur ce qui avait été convenu le 28 : il tenta d'obtenir que les deux millions d'écus à la couronne fussent convertis en un nombre égal d'écus au soleil, ce qui aurait entraîné pour le trésor français une perte de trois sous par écu, c'est-à-dire de 300.000 livres au total. Le président de Rouen ne put que refuser de consentir à une modification aussi onéreuse ; en fin de compte, après qu'on en eut longuement disputé, ce fut lui qui eut gain de cause ; les écus à la couronne furent maintenus.

L'article relatif à la continuation de l'annuité durant la vie du roi d'Angleterre n'alla pas non plus sans discussion. Les Français demandèrent qu'on y insérât la clause expresse que cette annuité s'éteindrait par la mort du roi ; mais les Anglais ne voulurent pas entendre parler d'une rédaction ainsi conçue ; « après ung milier d'ouvertures », ils parvinrent à faire décider qu'on mettrait simplement au traité que leur maître recevrait les 100.000 écus « aussi longtemps qu'il vivrait, et sa vie durant, et non autrement (2) ».

Wolsey demandait encore à voir avant de traiter les pouvoirs de régence conférés à Madame. Brinon et J. Joachim furent obligés de céder sur ce chapitre ; ils promirent de lui communiquer cette pièce accompagnée d'un extrait de sa publication et vérification au Parlement de Paris.

Quant aux garanties exigées des Seigneurs et des Villes, on convint que chacun d'eux s'engagerait « par obligation à part à faire accepter au Roy le contenu ès traictés et obligations qui en dépendent » ; en outre, aux Seigneurs et aux Villes nommés plus haut, on joignit le comte de Brienne, le seigneur de Montmorency, le grand sénéchal de Normandie et les villes de Tours, Angers (3) et Toulouse. Faisons aussi remarquer que les Anglais cessèrent d'insister sur les otages et qu'ils se contentèrent en fait d'États de ceux de Normandie et de Languedoc. Sur un autre point, en revanche, ils se montrèrent moins accommodants : ce fut lorsque le président de Rouen leur demanda que l'obligation souscrite par Madame n'eût de force que jusqu'à la délivrance du Roi et que cette princesse fût déliée de ses engagements par le fait même de la ratification du

(1) Lettre du 31 juillet, P. J., xiii.
(2) *Quamdiu vitam aget in humanis, et ejus vita durante, et non aliter.*
(3) Angers ne fut pas conservé, tandis que Bordeaux y fut joint plus tard. Voy. ci-dessous, au chap. vi.

traité par son fils ; là dessus, toutes les instances de l'ambassadeur demeurèrent inutiles (1).

III

Nous voici maintenant en présence d'une lacune dans la correspondance des ambassadeurs français ; nous ne possédons aucune lettre du 31 juillet au 18 août, et la première mention que nous rencontrons dans la lettre du 18 se rapporte au 11. Il ne nous est donc pas possible de connaître quel fut le progrès des négociations pendant les dix premiers jours d'août. Tous nos renseignements se réduisent à quelques lignes d'une lettre de Jonglet et le Sauch : elles nous apprennent que le 7, les Français et, avec eux, le Cardinal, le duc de Norfolk, l'archevêque de Cantorbéry et les autres membres du Conseil d'Angleterre se trouvaient auprès du Roi dans le château de Moore, qui appartenait à Wolsey (2).

Peut-être serait-il possible de remédier à cette pénurie de documents à l'aide des lettres de Madame et de Robertet en date des 28 et 29 août : il y est dit qu'on avait déjà envoyé par le neveu de J. Joachim « le pouvoir refformé avecques le dupplicata de la Régence de Madame expédié par la Court » et que, par le présent porteur, « suyvant le contenu » aux lettres des ambassadeurs, on leur expédiait « le povoir pour traicter avec la royne Marie et duc de Suffolc pour le fait du douaire de ladite royne » (3). Les dépêches confiées au neveu de J. Joachim sont en conformité rigoureuse avec la lettre du 31 juillet; elles en étaient donc la réponse ; mais l'envoi du pouvoir pour traiter du douaire, dont il n'est pas parlé dans la lettre du 31 juillet, devait avoir pour cause une lettre

(1) A ne considérer que la lettre du 31 juillet, il semblerait que Brinon demanda que la ratification du Roi eût pour effet de décharger non seulement Madame, mais encore les Seigneurs et les Villes signataires des obligations ; toutefois, lorsqu'on rapproche le texte de cette lettre de celui de la lettre du 18 août (P. J., xv), on reconnaît qu'il ne s'agissait sans doute là que de l'obligation souscrite par la Régente.

(2) « Le président de Rouen et J. Joakin ont esté par aulcuns jours à Richemont devers mondit S^r le Légat où s'est tenu ung conseil auquel se sont trouvez le duc de Norfort, archevesque de Cantorbéry et aultres et aujourdhuy tous vers le Roy à More, qui est une maison qu'est à mondit S^r le Légat, mais nous n'avons encores rien sceu entendre. » Jonglet et le Sauch à Charles V, *p. s.* du 7 août, B. M. Add. mss. 28574, f° 316, 28173, f° 213, et GAY., iii, 160.

(3) P. J., xviii et xx.

postérieure, aujourd'hui perdue; par conséquent, durant le temps pour lequel manquent les dépêches des ambassadeurs, il avait été question du douaire. Il n'est guère à croire qu'on se soit occupé d'autre chose : apparemment, personne ne se souciait de s'engager davantage avant de savoir si la Régente approuverait ses mandataires. Notons toutefois que, dans sa lettre du 16 août, Madame fait allusion à une conférence de ses ambassadeurs avec le roi d'Angleterre (1) ; mais il est probable qu'à cette entrevue, ceux-ci se bornèrent à lui communiquer les résolutions arrêtées d'accord avec le Cardinal sans entrer dans de nouvelles discussions.

Ce fut le 11 août à Moore que les traités furent définitivement mis en forme. Le président de Rouen obtint ce jour-là un avantage qu'il n'avait pu emporter le 29 juillet; il fut assez heureux, en effet, lorsqu'on dressa l'instrument de l'obligation de Madame, pour arracher au Cardinal la concession que l'engagement souscrit par cette princesse se trouverait annulé « en fournissant la ratification du Roy après sa délivrance ».

Quant aux autres conventions, elles furent peu modifiées. C'est ainsi qu'outre la délivrance des otages, Brinon obtint celle des prisonniers de guerre des deux nations, sous la réserve toutefois que le prince d'Orange et les autres personnages de semblable qualité n'y seraient pas compris. Il réussit encore à empêcher les Anglais d'aggraver la convention relative au duc d'Albany en y joignant une clause dont il n'avait pas été parlé dans le premier projet, mais dont on pouvait justifier l'insertion par sa présence dans le traité de 1518. En revanche, il ne fit point difficulté d'ajouter aux obligations des Seigneurs et des Villes un article portant que « chacun d'eux procurera que le Roi parvenu à la la liberté baillera deux mois après nouvelles lettres obligatoires au Roy d'Angleterre ou à ses hoirs » (2).

La revision des traités une fois achevée, le Cardinal dit aux Français que leur pouvoir principal était insuffisant : ceux-ci en tombèrent d'accord et promirent d'en demander un autre de même date, rigoureusement semblable à la commission qu'avaient reçue les négociateurs de 1518, Bonnivet, l'évêque de Paris et Villeroy (3).

Ils furent moins conciliants à propos d'une autre exigence du

(1) *Cabinet historique*, II, 144.
(2) Brinon et J. Joachim à Madame, 18 août, P. J., XVI.
(3) *Id., ibid.* — Cf. RYMER, XIII, 629 pour le pouvoir de 1518 et XIV, 55 pour celui de 1525.

ministre anglais. Ce dernier demandait que la confirmation des traités par Madame ne fût pas renfermée en un acte unique et qu'on en distribuât les diverses clauses en cinq actes distincts :

1º Confirmation du traité de paix ;

2º Confirmation du traité de l'obligation des deux millions ;

3º Promesse de faire ratifier et observer par le Roi le traité de paix ;

4º Promesse et obligation de faire payer par le Roi les deux millions ;

5º Promesse engageant Madame et ses successeurs à payer ces deux millions, sous la condition que Madame en serait déchargée quand le Roi aurait ratifié le traité de l'obligation.

C'était là un changement de pure forme et la manière dont les ambassadeurs en parlent dans leur lettre du 18 août nous montre qu'ils n'y attachaient au fond qu'une médiocre importance : ils s'y refusèrent cependant à la conférence du 11 et la question fut laissée indécise (1).

Cette conférence du 11 août marque la fin des négociations et la conclusion de l'accord anglo-français : avant de se séparer, en effet, les plénipotentiaires rédigèrent, sous forme de *memoranda*, tous les actes qui composaient cet accord ; le Cardinal et les ambassadeurs y apposèrent leurs signatures. Il y a mieux : dès cette date, le roi d'Angleterre s'engagea à peu près irrévocable-ment ; nous lisons dans la lettre du président de Rouen que, « pour obvier à toutes mutations et changemens de propos qui pourroient intervenir par offres nouvelles de l'Empereur ou aultrement, a esté trouvé le moyen que le Roy d'Angleterre, le Cardinal, les ductz de Norfolc et Suffolc, l'arcevesque de Cantorbéry et aultres ont signé les deux principaulx traictés (ceux de la paix et de l'obligation des deux millions), ce que nous avons promis tenir et faire tenir secret jusques après les choses passées et du tout parfaictes (2) ».

IV

Le projet de traité du 11 août stipulait que la publication de l'accord anglo-français ne se ferait qu'après l'échange des ratifica-tions. Il fallait donc négocier au préalable une trêve d'une durée égale au temps pendant lequel les traités devaient rester secrets. Il

(1) *Id., ibid.*
(2) *Id., ibid.*

existait déjà, il est vrai, une convention de cette sorte que J. Joachim avait conclue avec Wolsey avant l'arrivée du président de Rouen. Mais cette suspension d'armes n'avait point été publiée en Angleterre, et, bien qu'elle l'eût été en France, on l'y avait peu observée; plusieurs vaisseaux anglais avaient été capturés par des corsaires français sur les côtes de Normandie (1). De plus, sa durée n'était que de quarante jours, dont la plus grande partie était déjà écoulée. Il importait donc d'en conclure une nouvelle plus longue et mieux respectée. C'est ce qu'on fit dans une seconde conférence, qui eut lieu le 14 à Moore : l'évêque d'Ely (2) et Thomas More au nom du roi d'Angleterre, J. Brinon et J. Joachim au nom de la Régente y signèrent une trève et abstinence de guerre dont la durée fut étendue jusqu'au 1er décembre 1525. La discussion ne semble pas avoir été longue; il n'y eut de contestations que sur un point et encore les Français ne tardèrent pas à céder : ce fut à propos du dernier article qui donnait au gouvernement anglais la faculté de faire passer en toute liberté par la France ses courriers et ses ambassadeurs (3).

Le lendemain 15 août, la trève fut promulguée à Moore, et à Londres le 18. Brinon manda au gouverneur de Boulogne d'en faire incessamment la publication sur la frontière. De son côté, le Cardinal donna l'ordre de licencier tous les navires de guerre réunis à Douvres et dépêcha le capitaine de Guînes sur le Continent, afin de congédier « l'extraordinaire de la garnison de Guisnes et du Pont-de-Nyeullant » (4).

(1) Une lettre des ambassadeurs français à Wolsey, en date du 19 août nous apprend que les Anglais n'avaient pas mieux observé cette première trève que les Français (BREWER, IV, 1579).

(2) Nicolas West, évêque d'Ely du 7 octobre 1515 au 28 avril 1533.

(3) Brinon et J. Joachim à Madame, 18 août, P. J., XVI. — Quant à la trève cf. B. N. ms. Brienne 31, fos 331 ro à 334 vo.

(4) Id., ibid. — La trève fut proclamée le 22 août à Calais. « Yesterday, in accomplishing the Kinges Grace comm[aundement] and yours, the abstinence of warr was proclaimed within this towne of Calais.» W. Sandys à Wolsey, 23 août, B. M. ms. Cott. Calig. E II, fo (122) 129 vo et BREWER, IV, 1580. — Quant à la publication en France, on lit dans les Registres consulaires de Lyon (Arch. de Lyon, BB 44, fo 117 vo) : « Le XIIIe septembre MVcXXV a esté publiée ès carreffours de ladicte ville la trève faicte entre ma Dame Régente en France d'une part et le Roy d'Angleterre d'autre jusques au premier jour de janvier prochain. » Le Bourgeois de Paris (p. 259) et Versoris (p. 176) parlent de la publication d'une trève de trois mois à Paris le 16 septembre; mais il s'agit de la trève de Tolède du 11 août. N'en serait-il pas de même de la publication faite le 13 à Lyon et ne se serait-il pas glissé une confusion entre les deux trèves dans les Registres consulaires? Une publication aussi

V

Le mois d'août n'en était pas encore à sa fin, lorsque parvint à Londres la réponse de Madame aux premières communications de ses ambassadeurs (1). Elle était accompagnée d'une lettre du Chancelier Duprat, qui avait été chargé d'examiner les projets des traités et qui appelait l'attention du président de Rouen sur certains points qu'il lui semblait expédient d'y modifier.

Cette lettre du Chancelier est perdue, mais la réponse des ambassadeurs, datée du 28 août, nous permet de connaître quelles étaient ses observations :

1º La première était relative à la rédaction de l'obligation de deux millions ; Duprat aurait voulu qu'on y expliquât les origines de la dette de la France. Or, il paraît que les ambassadeurs ne lui avaient pas envoyé la minute de cette pièce, mais seulement celle du pouvoir pour la passer; sa critique portait donc à faux, d'autant que les origines et les causes des créances anglaises se trouvaient exposées tout au long dans le véritable projet d'obligation.

2º Le Chancelier demandait que, dans les obligations imposées aux Princes et aux Villes, on supprimât le mot *facient* et qu'on y laissât que *curabunt ratificare*, etc... On lui répliqua que *facere*, lorsqu'il s'agissait d'autrui, ne signifiait pas autre chose que *curare*, qu'au reste c'étaient les ambassadeurs eux-mêmes qui avaient rédigé le modèle de ces actes, auxquels les Anglais n'avaient rien changé, et que, s'ils l'avaient fait ainsi, c'était afin que ces derniers n'exigeassent pas une rédaction plus serrée, ainsi que l'opinion d'Arctinus au Digeste leur en donnait le droit.

3º Une troisième observation avait trait à la forme des homologations des Parlements et des États provinciaux. Brinon et J. Joachim répondirent simplement qu'ils avaient déjà accordé

tardive serait bien extraordinaire, d'autant que nous savons que Madame connut et ratifia le traité de trêve avant la fin d'août. Cf. let. du 31 août. P. J., xxi.

(1) Cette dépêche, datée du 16 août, arriva à Londres avant le 28, car nous trouvons à cette date la lettre adressée de Moore au Chancelier Duprat en réponse à ses observations transmises par le même courrier qui avait apporté la lettre de Madame. Elle a été imprimée dans le *Cabinet historique*, ii, 144, d'après l'original des Archives Nationales coté J 965, 4, 11 ; il y a aussi au Musée Britannique (ms. Cott. Add. part of Calig. E i, ii and iii, fº (224) 65) une copie du xviᵉ siècle d'une partie de cette lettre ; cette copie, fort mutilée, diffère en quelques points de l'original.

cette forme et qu'elle consisterait dans l'inscription au repli de chacun des traités des mots *lecta, publicata, registrata* (1).

4° Au sujet de la clause de l'interdit encouru au cas du non-paiement des deux millions, Duprat affirmait que, sauf à la paix de Dijon, on n'en avait jamais inséré de semblable en aucun traité antérieur. Les ambassadeurs se justifièrent en lui envoyant la copie du pouvoir accordé au dernier traité aux commissaires français où se trouvait cette clause ; ils ajoutèrent qu'ils avaient fait tous leurs efforts pour l'éviter, et que, n'y pouvant parvenir, ils avaient du moins pris le soin de faire supprimer la réserve de la confirmation et soumission apostolique, ce qui rendait l'interdit nul.

5° La nécessité de soumettre les traités à l'approbation des États de Normandie et de Languedoc ne plaisait pas au Chancelier ; il craignait que les États des autres provinces ne s'en montrassent jaloux. Mais Brinon et Joachim protestèrent qu'il ne leur avait point été possible de refuser cette concession ; à grand'peine avaient-ils obtenu qu'il fût seulement question des États particuliers de ces deux provinces, car on exigeait d'abord la réunion des États généraux.

6° Enfin, en réponse aux objections qu'il faisait à la convention relative au duc d'Albany, Duprat fut informé que le Cardinal et l'évêque d'Ely avaient affirmé par serment aux ambassadeurs que cette convention n'était que la reproduction de celle qu'avait consentie à Ardres le roi François Ier (2).

On le voit, les critiques de Duprat, ainsi relevées et réfutées, ne semblaient pas au président de Rouen et à son collègue de nature à empêcher la conclusion de l'accord. Leur portée, en effet, était singulièrement diminuée par les déclarations contenues dans la lettre de Madame. Celle-ci s'avouait en somme fort satisfaite des résultats obtenus par ses envoyés. Il est vrai qu'il lui semblait pénible d'être obligée de céder sur l'obligation des Généraux. « Toutefois », ajoutait-elle aussitôt, « puisqu'elle est accordée, il n'en fault plus parler. » « Après avoir le tout veu », disait-elle ailleurs, « il m'a semblé, considéré le temps tel qu'il est, que vous avez très bien faict d'avoir conclud et dressé les choses le mieulx que vous avez peu. » Quant aux observations du Chancelier, elle en faisait assez bon marché. « S'il y a moyen de gaigner et rabiller les difficultez dont il vous escript, vous le ferez », écrivait-elle ; « sinon vous passerez oultre et y mettrez fin. » Ce qu'elle désirait

(1) On verra ci-dessous (chap. vi) qu'il y fallut ajouter *approbata*, terme inusité qui souleva des réclamations.

(2) Brinon et J. Joachim à Duprat, 28 août. P. J., xix.

surtout, c'était une prompte conclusion. « Reste de les parfaire (les choses de la paix) et en tout mettre finalle conclusion, car oultre ladicte conclusion de paix, la publication d'icelle est très nécessaire, comme je suis seure que vous l'entendez assez, et, pour ce, je vous prie que vous y aiez regart et y tenez main, en sorte que le tout se parface le plus tost que faire se pourra (1). » — A ces instances, Robertet joignait les siennes dans une dépêche de même date. « Vostre plaisir sera tant faire », mandait-il à Brinon, « que la publication soit faicte le plus tost que faire se pourra, car elle est nécessaire ; ce fait beaucoup aux affaires du Roy, comme je suis seur que vous le savez assez (2). » — En conséquence, Madame envoya avec sa lettre un pouvoir pour passer l'obligation des deux millions rigoureusement conforme à la minute que Brinon lui en avait adressée. Ajoutons que cette rédaction ne lui agréait pas complètement et qu'elle expédiait en même temps une seconde commission un peu différente avec l'ordre de ne rien négliger pour que Wolsey s'en contentât ; mais elle n'y voyait pas une difficulté sérieuse. « Si vous le povez faire passer et vous en ayder en ceste sorte, vous le ferez ; sinon, vous vous ayderez de l'autre où il n'y a nulle mutacion ni discrépance de ladicte minute (3). » En quoi consistait le léger changement dont parle Madame ? Nous l'ignorons, car nous ne connaissons que l'un de ces deux pouvoirs, daté du 16 août et imprimé deux fois dans RYMER (4). Ce pouvoir est le « réformé » ; la lettre au Chancelier du 28 août nous apprend que les ambassadeurs avaient réussi à le faire passer et avaient retenu « l'autre formel » en leur possession (5).

Enfin, Madame recommandait au président de Rouen et au seigneur de Vaulx d'assurer Henri VIII et Wolsey des bonnes dispositions de son fils. Elle leur écrivait : « Je vous envoye des lettres que le Roy escript au roy d'Angleterre et à Monsieur le cardinal d'Yorc, lesquelles vous leur baillerez et leur direz et assurerez que cy après ledit seigneur envoyera celle dont vous avez icy envoyé la forme, car, en cela et toutes autres choses, je désire satisfaire à tout ce qui sera requis et necessère pour l'exécution et perfection de ce traité sans riens y laisser (6). »

C'était là une autorisation formelle de conclure sur les bases

---

(1) Madame aux ambassadeurs, 16 août, *Cabinet historique*, II, 144.
(2) Robertet à Brinon, 16 août, P. J., XV.
(3) *Cab. hist., ut sup.*
(4) RYMER, XIV, 45 et 58.
(5) P. J., XIX, *ut sup.*
(6) *Cab. hist., ut sup.*

arrêtées dans les conférences de la fin de juillet. Les négociateurs
français ne s'y trompèrent point : ils retournèrent aussitôt à Moore
auprès du Roi et du Cardinal (1), et voyant qu'ils n'arracheraient
pas aisément les concessions réclamées par le Chancelier, ils ne
s'y arrêtèrent pas et se déclarèrent prêts à signer l'accord (2).

Dès lors, tout était fini : on se hâta de mettre en forme les
diverses conventions et, le mardi 29 août, il y eut une dernière
conférence où on les relut toutes et où on les reçut « de mot à mot ».
Enfin, le lendemain, mercredi 30 août, on se réunit de nouveau
pour échanger solennellement les signatures et les pouvoirs. — Il
paraît qu'à la signature du traité de paix et de confédération,
le pouvoir des commissaires anglais se trouva plus ample que
celui des plénipotentiaires français ; on ne laissa pas cependant de
passer outre, mais, lisons-nous dans la lettre du 3 septembre,
« le Cardinal nous pria, et soubz vostre bon plaisir fust ainsi
accordé, que nous ferions réformer le nostre de semblable date et
le rendrions conforme et de semblable autorité et amplitude que
le sien, adjoustée une clause de povoir requérir et recepvoir le
serment et la ratification du roy d'Angleterre (3). » Effectivement,
ce pouvoir, qui se trouve dans RYMER à la suite du traité, est daté
du 9 juin et contient la clause ci-dessus. Celui des Anglais porte
la date du 28 août (4). — Cette légère difficulté ayant été ainsi
écartée et toutes les formalités usitées en pareil cas accomplies,
l'accord franco-anglais connu sous le nom de paix de Moore se
trouva conclu (5).

Au moment où la négociation allait s'achever, le 29 et peut-être
même le 30, le président de Rouen et son collègue avaient été assez
heureux et assez habiles pour arracher au Cardinal une concession
de la plus haute importance, nous voulons parler de la publication
immédiate de la paix. Aux termes du projet du 11 août, les traités
ne devaient être publiés qu'à la suite de l'échange des ratifications,
c'est-à-dire trois mois au moins après leur conclusion. D'autre part,
Madame avait enjoint à ses envoyés de réclamer instamment que
l'accord fût rendu public dans le plus bref délai ; et, en effet, si la

---

(1) Après les conférences du 11 et du 14, les ambassadeurs étaient revenus
à Londres et leur lettre du 18 est datée de cette ville ; en revanche, celle
du 28 l'est de Harefly près Moore.

(2) Cf. lettre du 28 août, P. J., xix. — Les deux lettres que les ambassadeurs écrivirent à cette date à Madame ayant été perdues, nous manquons
de détails sur les pourparlers qui eurent alors lieu à Moore.

(3) P. J., xxii.

(4) RYMER, xiv, 56.

(5) P. J., xxii.

Régente poursuivait des négociations en Angleterre et se résignait à payer de grosses sommes à Henri VIII, c'était non seulement afin d'être assurée de la paix de ce côté, mais encore et surtout parce qu'elle espérait que la crainte de voir les Anglais s'unir à ses ennemis rendrait l'empereur plus traitable et hâterait la délivrance de François Iᵉʳ. Or, à ce dernier dessein, qui était certainement celui que Madame avait le plus à cœur, un traité secret n'était d'aucune utilité; la publicité seule de la paix de Moore et sa prompte connaissance par Charles-Quint présentaient tous les avantages que recherchait la mère du roi de France.

Brinon et Joachim exécutèrent les ordres qu'ils avaient reçus; jusqu'au dernier jour ils ne cessèrent de solliciter une prompte publication des traités. Leurs efforts furent à la fin couronnés de succès : le Cardinal, d'accord avec le Conseil d'Angleterre, accorda que la paix serait publiée huit jours après sa conclusion, soit le mercredi 6 septembre. Au reste, en renonçant ainsi à faire de la remise des ratifications françaises la condition préalable de la publication, Wolsey exigea une garantie : ce fut de retenir les ambassadeurs comme otages jusqu'à ce que Madame ait délivré ces ratifications, qui comprenaient, en même temps que sa confirmation des traités, les obligations des Princes et des Villes, et les approbations des Parlements et des États. Il fut convenu en outre que réciproquement la publication de la paix serait faite en France dans le même délai qu'en Angleterre, et, pour que cette condition sortît effet, les négociateurs français durent prendre sur eux, sans en référer à la Régente, d'ordonner cette publication aux gouverneurs de Picardie et de Normandie (1).

Quant à l'Angleterre, tout s'y passa ainsi qu'il avait été convenu : les traités furent publiés à Moore le mercredi 6 septembre (2) et trois jours après, le samedi 9, on les promulgua au son des trompettes dans la ville de Londres (3).

(1) Lettre du 3 septembre, P. J., xxii.

(2) Le procès-verbal de cette publication se trouve au B. M. ms. Harleian 442, fᵒ 57.

(3) Brinon et J. Joachim à Madame, 9 septembre, P. J., xxvi. — HALL (p. 705) rapporte cette proclamation à Londres au 8 septembre. — M. BREWER (iv, 1633) donne sous la date du 8 septembre le cérémonial de la ratification du traité de paix à Greenwich; cette pièce, fort mutilée, ne porte aucune date, mais on ne peut l'attribuer au mois de septembre; on sait, en effet, que la ratification du roi d'Angleterre ne devait être donnée que contre la remise préalable des confirmations et obligations françaises, et, en fait, nous verrons qu'elle n'eut lieu que le 28 avril 1526. C'est donc à cette dernière date, et non au mois de septembre 1525, qu'il convient de la rapporter.

CHAPITRE V

LES TRAITÉS DU 30 AOUT

I

La première des conventions de Moore portait le titre de *traité de paix et amitié* (1). Outre la cessation des hostilités, il y était stipulé une ligue défensive entre le roi de France et celui d'Angleterre (2). Les sujets de ces princes obtenaient en même temps toute liberté de voyager, de séjourner et de trafiquer dans les deux royaumes ; toutes les taxes et charges spéciales qui avaient été mises sur eux durant la guerre étaient abolies et il était défendu de leur en imposer désormais de nouvelles (3). Quant aux otages retenus pour garantir le paiement du rachat de Tournay, on les devait remettre aux ambassadeurs de Madame dès que le traité aurait été ratifié (4). Enfin, il était expressément déclaré qu'Henri VIII s'emploierait auprès de l'Empereur en faveur de François Ier et s'efforcerait d'obtenir qu'il le délivrât promptement et à des conditions raisonnables (5).

Les derniers articles réglaient les conditions des ratifications.

(1) RYMER, XIV, 48 à 56. — Pour ce traité pas plus que pour les autres, Wolsey n'est nommé parmi les commissaires anglais chargés de le conclure au nom du roi d'Angleterre. Ces commissaires sont l'archevêque de Cantorbéry, le duc de Norfolk, le marquis d'Exeter, le comte de Winchester, l'évêque d'Ely et le sous-trésorier Thomas More.

(2) Cette ligue comportait une garantie réciproque de leurs domaines respectifs et une promesse de secours au profit de celui des deux qui serait attaqué. — *Ibid.*, 49 et 50.

(3) *Ibid.*, 50.

(4) *Ibid.*, 51. — Ces otages étaient : Louis de Sercus, Jean Gérard de Bazoges, Louis du Bellay de la Forest et Jacques de Haultôt, qui avaient été livrés aux Anglais à la date du 4 février 1521. Cf. *ibid.*, XIII, 732 et 738.

(5) « Procurabit et amice operam dabit apud charissimum fratrem consanguineum et nepotem suum Carolum, imperatorem electum, pro celeriori restitutione et liberatione ejusdem Christianissimi Regis bonis, honestis et rationabilibus conditionibus. » *Ibid.*, XIV, 52.

François Ier devait jurer le traité de paix et avec lui les autres conventions de Moore dans un délai de trois mois et les ratifier par lettres patentes; si sa détention s'y opposait, il les confirmerait dans sa prison par lettres de sa main. Quant à la Régente, elle n'avait que deux mois pour jurer les traités et en fournir ses lettres de ratification; elle s'engagerait par ces dernières à faire ratifier la paix par son fils dans les deux mois de sa délivrance, ou s'il mourait, par son successeur dans les deux mois de son avènement. En outre, huit seigneurs et neuf villes de France souscriraient des obligations aux termes desquelles ils promettraient d'observer les traités et de travailler à obtenir le serment et la ratification du Roi; un délai de trois mois était accordé pour la remise de ces obligations (1). Les huit princes étaient : le cardinal de Bourbon (2), les ducs de Vendôme et de Longueville (3), les comtes de Saint-Paul (4), de Maulevrier (5) et de Brienne (6), les seigneurs de Lautrec (7) et de Montmorency (8); les neuf villes : Paris, Lyon,

---

(1) *Ibid.*, 52 à 54.

(2) Louis de Bourbon, fils puîné de François de Bourbon, comte de Vendôme, né le 2 janvier 1492, évêque de Laon en 1510, cardinal en 1517, archevêque de Sens en 1536, mourut le 11 mars 1556.

(3) Louis d'Orléans, né à Blandy le 5 juin 1510, succéda en novembre 1524 aux titres et dignités de son frère aîné Claude d'Orléans, qui fut tué devant Pavie; devenu ainsi duc de Longueville, souverain de Neufchâtel, marquis de Rothelin, comte de Dunois et de Tancarville, pair et grand chambellan de France, il obtint encore de Madame, en juillet 1525, l'érection de son comté de Dunois en duché-pairie.

(4) François de Bourbon, fils puîné de François de Bourbon, comte de Vendôme, né à Ham le 6 octobre 1491, comte de Saint-Paul et de Chaumont, duc d'Estouteville et gouverneur de l'Ile-de-France et du Dauphiné, fut fait prisonnier à Pavie, mais réussit à s'évader et à regagner la France; mis quelques années plus tard à la tête des armées françaises en Lombardie, il fut battu et pris à Landriano le 20 juin 1529. Il mourut le 1er septembre 1545.

(5) Louis de Brezé, fils de Jacques de Brezé, avait succédé en 1495 à son père comme sénéchal de Normandie, comte de Maulevrier et de Mauny, baron du Bec, seigneur de Nogent-le-Roi, etc... (cf. B. N. *Pièces Orig.*, dos. Brezé, pièce 70); il avait épousé en 1514 la célèbre Diane de Poitiers; il mourut en 1531.

(6) Charles de Luxembourg, comte de Brienne, de Ligny et de Roussy, baron de Ramery et de Piney, vicomte de Machant, seigneur de Warneton, de Ghistelles et de Pouzy, chevalier de l'Ordre du Roy, était Lieutenant général du gouvernement de Paris et de l'Ile-de-France; il mourut le 10 décembre 1530.

(7) Odet de Foix, comte de Comminges et vicomte de Lautrec, chevalier de l'Ordre du Roy, fut gouverneur et amiral de Guyenne; il devint maréchal de France en 1515, et mourut devant Naples le 15 août 1528.

(8) Guillaume, seigneur de Montmorency, Écouen, Chantilly, Damville,

Orléans, Toulouse, Amiens, Rouen, Bordeaux, Tours et Reims. Dans le même délai de trois mois, les traités seraient enregistrés et approuvés par les États de Normandie et de Languedoc et par les Parlements de Paris, Toulouse, Rouen et Bordeaux (1).

Enfin, lorsque toutes ces formalités auraient été remplies et toutes ces pièces délivrées, le roi d'Angleterre jurerait et ratifierait à son tour les traités (2).

II

Par le *traité de l'obligation* (3) François Ier se reconnaissait débiteur envers Henri et ses successeurs d'une somme de deux millions d'écus à la couronne à 35 sous chaque écu, augmentée des *épingles* calculées à raison d'un sou tournois par écu à la couronne. Nous ne trouvons aucune mention de ces *épingles* dans les discussions qui précédèrent la paix. Dans le traité lui-même, la somme qui les représente n'est désignée ni sous le nom d'*épingles* ni sous aucun autre. Après qu'il a été parlé des deux millions, il est dit simplement que J. Brinon et J. Joachim promettent en outre au nom de François et de Madame à Henri et à ses successeurs une somme de 52.631 écus et 22 sous tournois. Il n'est donc marqué expressément aucun rapport entre ces deux sommes, mais un calcul fort simple démontre qu'il en existe un : 52.631 écus de 38 sous plus 22 sous donnent exactement 2.000.000 de sous, soit un sou par écu à la couronne. Un rapport semblable se retrouve dans les paiements partiels : les 1.315 écus de 38 sous plus 30 sous ajoutés aux 50.000 écus de chaque terme équivalent de même à 50.000 sous tournois. Ce rapport constant ne laisse aucun doute sur le caractère qu'il convient d'attribuer à ces 52.631 écus et 22 sous. Cette somme constituait de véritables *épingles*, analogues à celles qu'on exigeait

Conflans Sainte-Honorine, La Rochepot, Thoré, etc..., premier baron de France, fut conseiller et chambellan des rois Charles VIII, Louis XII et François Ier, chevalier de l'Ordre du Roy, chevalier d'honneur de Louise de Savoie, gouverneur et bailli d'Orléans, capitaine de la Bastille, du Bois de Vincennes et de Saint-Germain-en-Laye ; il avait succédé à son père Jean II, seigneur de Montmorency, pour le titre et la baronnie de Montmorency, bien qu'il ne fût que son troisième fils et au détriment de ses deux aînés ; il mourut le 24 mai 1531. Cf. P. ANSELME, III, 602 et 603.

(1) RYMER, XIV, 54.
(2) *Ibid.*, 54 et 55.
(3) *Ibid.*, 58 à 68.

jadis dans la plupart des paiements et dont l'usage s'est encore conservé jusqu'à nos jours dans les campagnes. Ajoutons que ces *épingles* étaient une véritable nouveauté : aucun des trois traités d'obligation de 1475, de 1492 ou de 1514 ne contient de stipulation semblable ; aux sommes principales énoncées dans ces conventions, il n'est jamais joint de sommes annexes. Quelle en était donc la raison ? Le silence gardé par nos documents et par le traité même du 30 août 1525 sur l'origine de cette majoration d'un sou tournois par écu à la couronne est assez embarrassant. Toutefois, qu'on se rappelle qu'à la conférence du 29 ou du 30 juillet, Wolsey avait demandé la conversion des écus à la couronne en écus au soleil, soit une aggravation de dette de 3 sous par écu. Les ambassadeurs français avaient alors réussi à écarter cette prétention. Mais il est à croire que le Cardinal revint à la charge, sans doute à la dernière heure, et que Brinon et J. Joachim ne crurent pas devoir persister dans leur attitude ; ils firent des concessions, sinon totales, au moins très appréciables : ils accordèrent un sou par écu, imposant ainsi au Trésor français un nouveau sacrifice de 100.000 l. t.

Les deux millions étaient payables en écus au soleil à 38 sous chaque écu, soit 1.842.105 écus et 10 sous, ce qui, avec les 52.631 écus et 22 sous d'épingles, donnait un total de 1.894.736 écus au soleil et 32 sous tournois. Cette dette devait être acquittée par annuités de 100.000 écus à la couronne exigibles par moitié à Calais aux deux termes de mai et novembre : chaque terme évalué en écus au soleil s'élevait donc à 46.052 écus et 24 sous plus 1.315 écus et 30 sous d'épingles, soit en tout 47.368 écus au soleil et 16 sous tournois. Par exception, un premier terme serait payé quarante jours après la conclusion du traité, c'est-à-dire le 8 octobre 1525, sans préjudice de celui qui écherrait quelques semaines plus tard au mois de novembre de la même année (1).

Si Henri VIII mourait avant le complet paiement des deux millions, les versements annuels seraient réduits de moitié, soit à 50.000 couronnes de 35 sous, plus les épingles.

En revanche, s'il survivait à l'extinction de cette dette, on continuerait de lui payer jusqu'à sa mort l'annuité de 100.000 écus à la couronne avec ses épingles (2).

En garantie de ces paiements, la Régente et son fils devaient comparaître en personne devant le tribunal du juge ecclésiastique ordinaire, y reconnaître la validité du traité de l'obligation et

(1) RYMER, XIV, 58 à 60.
(2) *Ibid.*, 60 et 61.

requérir une sentence d'excommunication au cas où ils négligeraient d'en accomplir les conditions. Pour s'acquitter de cette formalité, Madame avait un délai de deux mois à compter de la date de la convention et François Ier un délai semblable à compter du jour de sa délivrance. Le même temps leur était laissé pour souscrire des lettres patentes portant obligation de ces deux millions. Lorsque l'obligation du roi aurait été remise au gouvernement anglais et que son serment aurait été prêté, Madame se trouverait déliée des engagements pris auparavant (1).

Enfin, les obligations des Seigneurs et des Villes viseraient le traité de l'obligation comme celui de la paix et les approbations des États et des Parlements y seraient aussi indispensables (2).

Ce traité ne parle pas des sommes dues au Trésor français par les marchands italiens du chef de l'obligation des Généraux, qui s'élevaient à 57.000 écus au moins. Cette créance fit l'objet d'un règlement à part. Comme le gouvernement anglais était resté redevable envers les marchands de 17.000 l. st., correspondant précisément aux 57.000 écus encore impayés, et comme, d'autre part, il était possesseur d'une assez grande quantité de papier à recouvrer sur ces mêmes marchands, Wolsey consentit à un compromis qui libérait son maître sans bourse délier, tout en donnant satisfaction aux Français. Ceux-ci, en effet, se trouvaient dans un grand embarras. P. Corse, un de ceux avec lesquels les Généraux avaient traité en 1520 « estoit décedé pouvre et indigent et bonnement l'on ne povoit à qui s'adresser ne prandre de ladicte somme »; ses collègues, sans doute assez mal en point et dont plusieurs avaient, semble-t-il, fait banqueroute, se dérobaient de leur mieux (3). Pour parer à cette difficulté, il avait été convenu, dès la reprise des négociations que « les cessions des obligations des marchans, qui font l'obligation des Généraulz », seraient délivrées par les Anglais aux ambassadeurs de Madame (4). Wolsey avait promis de fournir « certaines cédulles et obligations de plusieurs partyes deues au roy d'Angleterre jusques à la somme de dix sept mil livres d'esterlain tant pour ladicte somme de LVII^m escuz d'or soleil deue de reste que pour récompense de l'interest et dommage » apporté par « le retardement et faulte de paiement d'icelle ». Il paraît même que Henri VIII se montra généreux : il abandonna des créances sur les marchands pour une valeur nominale bien supérieure. « Nous aurons », écrivent Brinon et J. Joachim, « pour plus de deux cent cinquante mille escuz de obligations (1). » Le malheur était que tout ce papier, ou plutôt tout ce parchemin, ne valait pas cher en réalité. Les obligations cédées avec tant de prodigalité étaient à peu près irrécouvrables. « Ce sont toutz marchans faillis », ajoutaient les ambassadeurs, « et qui ont fait banc roupt, dont à peine se pourra recouvrer argent. » Dans ces conditions, il aurait été « fort malaisé et dificille » aux agents français de faire rentrer « par le menu » ces créances, dont la plupart des débiteurs étaient, pour employer les termes des lettres du 5 avril 1526, « résidens et demourans au pays d'Angleterre, plusieurs décédez et autres non solvables (2) ». Aussi, s'arrêta-t-on au biais de vendre en bloc pour un prix déterminé tout le papi , bon ou mauvais, des Anglais. On trouva sans peine des acquéreurs. L'acte de cession est passé au nom du seul Antoine Cavallari, mais il est à croire que ce personnage n'était que le prête-nom d'un *parti*, nous dirions aujourd'hui d'un syndicat, de banquiers italiens, heureux de dégager à bon marché des obligations qui portaient sans doute les signatures d'un grand nombre d'entre eux. Au premier rang de ces *partisans* devaient être les marchands intéressés dans l'affaire des Généraux. Nous savons qu'à la date du 9 septembre 1525, ceux-ci avaient offert « soixante deux mil escuz, dont est cinq mil escuz oultre les cinquante sept mil, dont vous povez estre du tout asseurée », disaient Brinon et J. Joachim, « mais l'argent ne sera pas si prompt que nous l'espérions (3) ». Quoi qu'il en soit, par lettres du 5 avril 1526, le Sr de Vaulx fut autorisé à conclure et à céder les « cédulles et obligations », moyennant le paiement « comptant ou à certain terme préfix de 63.000 escuz d'or soleil pour le moings (4) ». Ces 63.000 écus ne constituaient, on le voit, qu'un minimum et J. Joachim devait s'efforcer d'obtenir de meilleures conditions; il n'y manqua pas et le contrat définitif, daté du 22 mai 1526, fut, en somme, assez avantageux pour le Trésor français. Les Anglais avaient fait délivrance de « cent quinze cédulles et obligations de plusieurs et diverses personnes qui estoient obligez envers le roy d'Angleterre en la somme de dix sept mil livres d'esterlains ». Ces créances furent cédées à Antoine Cavallari pour 68.000 écus

(1) Lettre du 9 septembre, P. J., xxvi.
(2) Ms. fr. 10385, f° 3 r°.
(3) Lettre du 9 septembre, *ut sup.*
(4) Ms. fr. 10385, f°ˢ 2 à 5.

d'or au soleil, payables les deux tiers à la Saint-Michel 1526 et le surplus à la Chandeleur 1527. C'était une majoration de 5.000 écus du minimum fixé dans les lettres du 5 avril 1526 et de 11.000 écus de la somme due aux Généraux. Ce fut l'ami de J. Joachim, Ant. Bonvisi, qui traita au nom de Cavallari. On stipula dans l'acte que « lesdictes cédulles et obligations » seraient acceptées par Cavallari « pour bonnes et pour telles qu'elles estoient à son dangier et dommage, combien que d'aucunes, c'est assavoir de la plus grande partye, le temps de payer les sommes en icelles contenues feust passé de deux, troys, quatre, six et huit ans et plus et que d'aucunes autres les principaux obligez fussent mors ou eussent faict bancqucrotte et des autres le temps et terme feust lors escheu ou devoit escheoir ung an après ou plus et que les débiteurs peussent estre mors ou avoir faict bancqucrotte comme dessus et non obstant lesdictes exceptions et toutes autres ». Ce fut aussi Bonvisi qui effectua le versement des 68.000 écus entre les mains de J. Joachim « c'est assavoir le quatrième jour de novembre oudit an 1526 pour le premier terme la somme de 45.000 escuz soleil et le vingt septième jour d'avril ensuivant 1527 pour le second paiement la somme de 23.000 escuz soleil (1) ».

Ces opérations furent les dernières auxquelles donna lieu l'obligation des Généraux, désormais confondue avec la masse des dettes françaises.

III

Pendant les trois ans qu'avait duré la guerre, de nombreux vaisseaux marchands, anglais ou français, avaient été capturés par les corsaires et les navires de guerre des deux nations. De là beaucoup de difficultés et de procès auxquels il importait de mettre fin rapidement (2). Ce fut l'objet d'une convention spéciale, le

______

(1) Ms. fr. 10385, s. foliotation (première partie de la recette). — Cf. aussi let. du 30 octobre 1525, P. J., xxxiv. On y voit que l'affaire était déjà réglée avec Cavallari à cette date, mais que Wolsey ne voulut pas livrer les obligations avant que toutes les ratifications n'eussent été échangées. Voy. également P. J., xxiv et lxiii.

(2) Il est à supposer que les procès dont il s'agit ici ne concernaient pas les prises faites au cours des hostilités, dont la légitimité ne pouvait être contestée, mais seulement celles qui avaient été opérées durant les diverses trêves intervenues entre les deux royaumes. Nous savons en effet que la suspension d'armes conclue par Vaulx à son arrivée en Angleterre n'avait pas été bien observée. On comprend que les déprédations ainsi commises en temps de trêve aient pu donner lieu à des réclamations et à des procès.

traité des déprédations (1), qui institua pour le jugement de ces différends un tribunal et une procédure extraordinaires. Tous les procès qui avaient pour cause des dommages commis au cours de la guerre purent désormais être enlevés aux tribunaux ordinaires, bien qu'ils y eussent été déjà introduits, et portés devant un tribunal dont les juges étaient Jean Brinon et l'évêque de Londres : il suffit pour cela que l'une des deux parties en fît la demande. Ces juges étaient compétents pour décider, *de plano*, en appel et en dernier ressort les causes sur lesquelles les tribunaux ordinaires s'étaient déjà prononcés ; ils l'étaient aussi pour juger de la même manière sommaire en premier et dernier ressort celles sur lesquelles il n'avait pas encore été statué. Dès qu'elles avaient été rendues, leurs sentences devenaient exécutoires dans les deux royaumes ; il ne restait à la partie qui se prétendait lésée qu'une seule voie pour les faire réformer, celle d'en appeler sous caution aux Grands Conseils de France et d'Angleterre ou à l'un d'entre eux (2).

En même temps, la procédure à suivre pour les ajournements devant le nouveau tribunal était fort simplifiée ; les parties pouvaient être citées dans la même forme où l'on proclamait les ordonnances royales, c'est-à-dire à son de trompe et par affiches ; une citation ainsi faite et renouvelée après un délai de quinze jours avait force péremptoire comme une citation personnelle (3).

Le traité contenait encore des clauses destinées à prévenir de nouvelles déprédations et à assurer leur répression : c'est ainsi, par exemple, qu'avant de quitter leurs ports d'attache, les navires anglais et français devaient fournir caution qu'ils ne causeraient aucun dommage aux nationaux de l'autre royaume ; de même, il était défendu des deux côtés du détroit de vendre ou d'acheter des marchandises enlevées à des Anglais ou à des Français. Enfin, au regard des procès qui pourraient naître à l'avenir entre Anglais et Français, il fut permis de les soumettre indifféremment à deux tribunaux, l'un siégeant à Rouen et composé de l'amiral de France, du vice-amiral et du premier président du Parlement, l'autre siégeant à Londres et composé de l'amiral d'Angleterre, du vice-amiral et du Maître des rôles : ces juges devaient statuer dans les cinquante jours sur les causes qui étaient portées devant eux ; on ne pouvait appeler de leurs sentences qu'aux Conseils des deux rois et sous caution (4).

(1) RYMER, XIV, 70 à 74.
(2) *Ibid.*, 71 et 72.
(3) *Ibid.*, 72.
(4) *Ibid.*, 71 à 73.

IV

Nous avons vu que l'admission du roi d'Écosse dans l'accord anglo-français n'avait pas été obtenue sans peine. Les Anglais ne l'avaient accordée que sous certaines conditions contenues dans un instrument à part (1). Il y était dit que la compréhension des Écossais serait considérée comme non avenue si, passé le 25 décembre 1525, le roi d'Écosse ou un de ses lieutenants faisait une incursion à main armée sur le territoire anglais, ou bien encore si une bande d'Écossais, au nombre de trois cents au moins, ayant commis une agression, les autorités écossaises dûment requises ne se préoccupaient pas de punir cette violation de la paix. A cette convention en était jointe une autre relative au duc d'Albany : elle portait que ni le roi de France, ni Madame, ni personne en leur nom ne permettrait au duc de se rendre en Écosse durant la minorité du roi ni ne l'aiderait à entreprendre ce voyage (2).

Le 3 novembre, Brinon et J. Joachim écrivirent aux seigneurs du Conseil d'Écosse pour leur annoncer la conclusion des traités de Moore et leur demander d'y donner leur adhésion dans les quatre mois (3). Ils écrivirent en même temps à l'ambassadeur français en Écosse, P. de la Garde, seigneur de Saigne, et le prièrent d'agir en ce sens auprès du gouvernement écossais (4). La paix entre l'Écosse et l'Angleterre fut signée le 15 janvier suivant à Berwick et ratifiée le 12 février par le roi Jacques V (5).

V

Outre les traités que nous venons d'analyser, l'accord franco-anglais comprenait des conventions accessoires passées avec la douairière de France, Marie, duchesse de Suffolk.

Dès les premières ouvertures faites au gouvernement anglais, la Régente avait offert d'indemniser la duchesse des pertes qu'elle

(1) RYMER, XIV, 74 et 75.
(2) *Ibid.*, 76.
(3) B. M. ms. Cott. Calig. D IX, f° (86) 94 et BREWER, IV, 1739.
(4) Même ms., f° (79) 87 et *ibid.*, 1738.
(5) RYMER, XIV, 115.

avait éprouvées durant la guerre par l'arrêt mis sur les revenus de son douaire. Nous avons trouvé l'offre de payer les arriérés du douaire dans les Instructions données à Brinon en décembre 1524 ; il est fort probable que J. Joachim avait déjà dû faire connaître au Cardinal les intentions du gouvernement français à ce sujet. Lorsque ses ambassadeurs revinrent à Londres après Pavie, Madame les chargea de conclure avec le duc de Suffolk un arrangement relatif au remboursement des termes échus depuis 1522 (1). Les bases de ce traité particulier furent arrêtées pendant les derniers jours des négociations générales et on le signa le 30 août à Moore en même temps que les autres instruments de l'accord. Il y était stipulé que la somme à laquelle s'élevaient les arriérés du douaire serait acquittée par le Trésor français et que la duchesse en serait payée au moyen d'une annuité de 10.000 écus à la couronne qu'elle recevrait par moitié aux deux termes de mai et de novembre jusqu'à complète libération ; on y ajoutait qu'un premier versement de 5.000 écus serait effectué quarante jours après le 30 août, c'est-à-dire à la même date où il devait être payé 50.000 écus au roi d'Angleterre (2). Au contraire du traité de l'obligation, le *traité du douaire* ne déterminait pas la valeur des écus au soleil destinés au paiement des termes de 5.000 couronnes, ce qui devait permettre au Trésor français de les compter à la duchesse quarante sous tournois au lieu de 38 (3). En outre, il n'était pas question d'épingles.

Quant à la ferme du douaire, dont il était nécessaire de renouveler le bail, la Régente autorisa J. Joachim à s'en rendre concessionnaire. « Si vous en povez appoincter et traicter avec monsieur de Suffort et la royne Marie », lui écrivit-elle, « je l'auray très agréable, demeurant l'auctorité et gouvernance dudit douaire au Sénéchal d'Armaignac (4). » En conséquence, cet ambassadeur entra en pourparlers à ce sujet avec les agents du duc de Suffolk. Dans une conférence qui eut lieu le 30 septembre, ceux-ci lui proposèrent de traiter aux mêmes conditions qu'avant la guerre, mais ils demandèrent que le chiffre de la redevance annuelle fût porté à 60.000 livres : c'était là, assuraient-ils, la somme dont leur

---

(1) Le pouvoir authentique de Madame pour traiter sur le fait du douaire ne fut envoyé à ses ambassadeurs que le 29 août (cf. let. des 28 et 29 août, P. J., XVIII et XX), et lorsqu'il arriva en Angleterre, la convention du 30 août était déjà signée. Ce retard ne semble d'ailleurs avoir donné lieu à aucune difficulté de la part des intéressés.

(2) RYMER, XIV, 69 et 70.

(3) Cf. comptes de J. Joachim, B. N., ms. fr. 12158, *passim*.

(4) Madame aux ambassadeurs, 16 août. *Cab. hist.*, II, 146.

maître était d'abord tombé d'accord avec Bonnivet et c'était seulement lorsqu'on avait signé l'acte à Dijon que ce dernier l'avait fait réduire à 55.000 livres. Jean Joachim, qui craignait qu'un refus de sa part n'entrainât un retard dans la publication de la paix en Angleterre, consentit à transiger. On s'arrêta au chiffre de 58.000 livres (1).

Plusieurs pièces d'une date postérieure nous apprennent que la duchesse eût préféré administrer directement son douaire à l'aide d'agents nommés par elle et qu'elle en fit solliciter le gouvernement français ; nous ne savons pas si elle obtint gain de cause (2).

VI

Les deux pensions de Wolsey avaient cessé d'être payées, en même temps que les annuités dues à Henri VIII, à partir du terme de novembre 1521. En comptant le prochain terme de novembre 1525, il était donc dû au Cardinal quatre ans et demi, soit 54.000 livres ou 30.857 écus pour l'indemnité de Tournay et 12.000 livres ou 7.200 écus pour la pension ordinaire. Sur ce dernier point les ambassadeurs lui représentèrent qu'il n'était pas d'usage en France d'acquitter les termes non payés de pensions de cette sorte, qui n'étaient pas des dettes, mais de simples libéralités du Roi. Wolsey se rendit à ces raisons et par là le Trésor français ne lui resta redevable que des 30.857 écus de Tournay (3). Au reste, lorsqu'il consentit ainsi un sacrifice de quelques milliers de livres, le ministre anglais était assuré d'en recevoir un ample dédommagement. En effet, nous lisons dans une lettre des ambassadeurs à Madame, qu'ils ont « semblablement accordé avec mondict seigneur le Cardinal pour son faict, tant pour les 100.000 couronnes que pour les arréraiges de la récompense de Tournay, le tout montant 130.000 couronnes (4) ». Voilà une somme de 100.000

(1) J. Joachim à Robertet, 3 septembre 1525, P. J., xxiv. Ce n'est pas cette lettre qui nous apprend la quotité de la ferme acceptée par J. Joachim. C'est une dépêche de L. Orio, du 22 octobre (Brown, iii, 1141), où nous lisons que cet ambassadeur avait traité au prix de 29.000 ducats par an ; le ducat étant l'équivalent de l'écu d'or, nous l'avons évalué à 40 sous tournois,

(2) Cf. Instructions de Taylor et de Fitzwilliam, B. M. ms. Cott. Calig. D ix, f° (88) 96 et Brewer iv, 1705. — Cf. aussi les lettres de J. Joachim des 30 décembre, 30 janvier, 17 avril et 17 mai (P. J., xlviii, liv, lxi, lxiii).

(3) Brinon et J. Joachim à Madame, 3 septembre 1525. P. J., xxii.

(4) *Ut sup.*, P. J., xxii.

écus qui n'a son explication dans aucune convention antérieure à la guerre et dans laquelle on ne peut voir qu'un don de la Régente à Wolsey, un véritable courtage payé à ce ministre en reconnaissance de ses bons offices durant la négociation de l'accord. Les termes dont se servent Brinon et Vaulx pour désigner ces 100.000 écus sont significatifs ; Brinon écrit à Robertet qu'il lui envoie « l'estat du don de monseigneur le Cardinal (1) », et J. Joachim, après avoir dit qu'on lui doit 30.857 couronnes pour les arriérés de l'évêché de Tournay, ajoute qu'on lui doit « cent mille autres couronnes à cause de la promesse de Madame (2) ». Cette grosse somme de 100.000 écus était donc un cadeau que la mère de François Ier avait promis à Wolsey s'il réussissait à rétablir la paix entre les deux royaumes. A quelle époque remontait cette promesse ? Il est impossible de le déterminer rigoureusement. Nous savons qu'à son second voyage en Angleterre le président de Rouen était porteur de certaines lettres secrètes de Madame au Cardinal et qu'il les remit à part à ce dernier le 27 ou le 28 juillet ; la même lettre qui nous instruit de ce fait nous apprend que Wolsey chargea les ambassadeurs de remercier leur maîtresse de ses secondes lettres, mais, ajoutait-il, « il ne vouloit mesler ses choses avec celles du Roy son maistre, ne parler de affaire qui le touchast qu'il ne eust parfaict l'affaire de sondict maistre (3) ». Il ressort de là qu'il s'agissait dans ces secondes lettres d'affaires personnelles au ministre anglais ; nous ne croyons pas trop nous avancer en pensant qu'il y était question des 100.000 écus. D'ailleurs, ce n'est pas là une preuve qu'il n'en ait point été parlé auparavant ; il est fort possible que, lors des premières démarches qu'elle tenta en 1524 et dans les premiers mois de 1525 auprès du gouvernement anglais, Madame ait recouru à des moyens de cette sorte pour se concilier la bienveillance du tout puissant ministre.

Ce présent de Madame, joint aux arriérés de Tournay, portait à

(1) Brinon à Robertet, 3 septembre 1525, P. J., XXIII.

(2) « Centomillia simille corone per la promessa di Madama » (J. Joachim à Robertet, 3 septembre 1525, P. J., XXIV). — Dans la reconnaissance accordée par Madame à Wolsey (RYMER, XIV, 100), les motifs de ce don de 100.000 écus sont ainsi donnés : *plus dicto Reverendissimo Domino Cardinali Legato ex aliis magnis et rationabilibus causis, quibus de nobis et Christianissimo Rege Domino et filio nostro ejusque regno bene et egregie meritus est, debetur summa coronarum auri centum millium.*

(3) J. Joachim et Brinon à Madame, 29 juillet 1525, P. J., XII. — Cf. aussi J. Joachim au Grand Maître Montmorency, 5 mars 1530, B. N. ms. fr. 3014, f° 78.

130.857 écus à la couronne le total des versements à effectuer entre les mains du Cardinal. Il fut d'abord question d'acquitter cette dette dans un délai de cinq ans, mais les Français obtinrent qu'on l'étendît à sept ans (1). Dès lors, il convenait d'y ajouter la somme qu'atteindraient durant ces sept ans les 12.000 livres de l'indemnité de Tournay et les 2.800 de la pension ordinaire, soit 103.600 livres ou 59.200 écus à la couronne; on arrivait ainsi à 190.057 écus à la couronne qui, répartis sur sept exercices, donnaient des annuités de 27.151 écus à la couronne ou 25.000 écus au soleil. Ces 25.000 écus étaient payables (comme les 100.000 écus du roi d'Angleterre et les 10.000 de la reine Marie) aux deux termes de mai et novembre, le premier terme étant celui de novembre 1525 (2). On ne passa pas de convention à ce sujet; mais, Wolsey ayant demandé des sûretés (3), Madame confirma par ses lettres patentes du 17 décembre 1525 les engagements qu'avaient pris en son nom les ambassadeurs français (4). D'ailleurs, afin de se conserver quelque moyen d'action sur Wolsey, ces derniers ne lui délivrèrent pas cette pièce avant que le roi d'Angleterre eût ratifié les traités (5).

VII

Il en fut des pensions des seigneurs anglais comme de celle du Cardinal : on n'en acquitta point les termes échus depuis 1521. Les ambassadeurs promirent simplement que leur gouvernement les servirait de nouveau de la même manière qu'il faisait avant la guerre; encore faut-il ajouter qu'ils déclarèrent qu'il n'en serait ainsi qu'à

(1) Brinon et J. Joachim à Madame, 3 septembre, P. J., xxii.

(2) *Ut sup.*, P. J., xxii et xxiv.

(3) P. J., xxiv.

(4) RYMER, xiv, 100. — Il y a entre les chiffres fournis par cette pièce et ceux que nous avons donnés plus haut d'après les lettres des ambassadeurs des différences sensibles; elles doivent être attribuées à ce qu'on n'y a pas tenu compte des termes de l'indemnité de Tournay et de la pension ordinaire qui devaient échoir pendant les sept ans. Il ne s'agit en effet dans cette reconnaissance que des termes arriérés de l'indemnité et des 100.000 écus. En fait, Wolsey reçut chaque année 25.000 écus au soleil (cf. B. N. ms. fr. 12.158, *passim*). Il est à remarquer que ces écus ne lui furent comptés que 38 sous tournois, comme ils l'étaient au roi d'Angleterre, tandis que leur cours légal en France était plus élevé. — Sur les paiements faits à Wolsey, cf. aussi Joachim au Grand Maître, 5 mars 1530, *ut sup.*

(5) Cf. Brinon et J. Joachim à Madame, 30 octobre, P. J., xxxiv.

partir du 1er mai 1526 et que, de cette façon, ils épargnèrent au Trésor français le terme de novembre 1525. Quant aux noms de ces pensionnaires, ce fut Wolsey qui en dressa le rôle et on l'envoya en France avec les autres pièces relatives à l'accord franco-anglais (1).

(1) Brinon et J. Joachim à Madame, 3 septembre 1525, P. J., XXII. — Sur le paiement de ces pensions, cf. B. N. ms. fr. 12.158, *passim*, jusqu'à 1527, et, pour une époque postérieure, mss. fr. 2.997, fo 54 ro, et 20.433, fo 41 ro. — Cf. aussi : les lettres relatives à la pension du marquis de Dorset (Dorset à Wolsey, 1er septembre 1525, Rec. Of. BREWER, IV, 1611, et le même au Grand Maître, 10 juillet et 6 décembre 1526, B. N. mss. fr. 3.010, fo 24, et 3.082, fo 75); enfin, une lettre de Thomas Cheyney à Montmorency, où ce diplomate réclame la pension de 600 l. t. qu'on lui avait promise à son départ de Cognac et dont il n'avait encore rien reçu (5 janvier 1527, B. N. ms. fr. 3.070, fo 101 ro).

CHAPITRE VI

ACCOMPLISSEMENT DES FORMALITÉS DE GARANTIE

I

Ce fut sans doute le 13 ou le 14 septembre que Madame connut la signature des traités. Nous trouvons aux dates du 14 et du 15 des lettres où elle annonce cet événement à Montmorency et à plusieurs des villes intéressées (1), mais nous n'avons pas mis la main sur les lettres de félicitations qu'elle dut écrire alors au roi d'Angleterre, au Cardinal et à ses ambassadeurs. La première dépêche qui nous ait été conservée est du 28 septembre. La Régente y charge ses représentants de remercier « bien fort » le Cardinal de ce qu'il a fait pour elle et de l'assurer que, pour sa part, elle observerait rigoureusement tout ce qui avait été convenu; « et, pour finalle conclusion », écrit-elle, « je vueil, entens et désire entretenir et entièrement satisfaire à ce qui a esté traicté, conclud, promis et arresté par vous sans aulcune chose faillir, dissimuler ne faire faulte, et ainsi le trouverez (2) ».

Le plus pressé était de publier la paix, conformément à la promesse faite à Wolsey par le président de Rouen et le seigneur de Vaulx. On y pourvut sans tarder. De Roussillon en Dauphiné où elle était alors. Madame dépêcha à Lyon le maréchal de Trivulce (3) qui ordonna aux Conseillers de la ville de faire « proclamer « solempnellement » la paix suivant une « forme de cryé et

(1) *Captivité*, 318; Arch. de Lyon, BB 44, fᵒ 118 vᵒ; Arch. de Tours, Délib. du Conseil de ville, xviii; Arch. de Toulouse, Délibérations, fᵒ 11 vᵒ; Arch. de Rouen, A 12, fᵒ 377 rᵒ, etc.

(2) P. J., xxvii.

(3) Théodore Trivulce, cousin de Jean-Jacques et Maréchal à la place de La Palice tué à Pavie, était gouverneur de Lyon où il mourut en 1531. A cette date, il n'était proprement que Maréchal désigné ; ce fut seulement au retour du Roi qu'il eut sa nomination officielle. Dans la *Chronologie des Maréchaux*, etc., pub. par le Ministère de la Guerre, il est indiqué (p. 8) comme Maréchal de la promotion du 23 mars 1526.

publication » qu'il leur remit (1). Effectivement, le jour même de cette communication, 22 septembre, la paix fut « publiée ès deux boutz du pont de Saône et en la Grenette par deux héraulx d'armes et cry des trompettes, où estoient assistans Messrs les officiers du Roy et Messrs les Conseillers de la ville, et, ce mesme jour, de seoir, furent faitz les feuz de joye parmy la ville, et, le dimanche ensuivant, la procession généralle (2) ». Les comptes de la ville nous apprennent qu'on offrit à boire et une collation « à l'Ostel Commun » et que, pour les feux allumés « sur le pont de Saône et devant l'Ostel Commun », on consomma 250 fagots, 2 quarterons de bois de hêtre, etc. Le tout coûta 9 l. 10 s. 8 den. t. (3). Cette dépense est sensiblement supérieure à celles qu'occasionnèrent les autres traités de cette époque. Ainsi, la paix du 12 décembre 1524 fit débourser aux Lyonnais 5 l. 16 s. t. (4), et pour celle de Madrid, bien plus importante cependant, la ville s'en tira avec 4 l. 9 s. 2 den. t.; en cette dernière occasion, on ne brûla que 150 fagots (5). Faut-il mesurer à leur générosité la satisfaction des gens de Lyon?

Il importait aussi de réunir promptement l'argent nécessaire au premier paiement, dont l'échéance avait été fixée au quarantième jour après la signature des traités, c'est-à-dire au 8 octobre. Il s'agissait de 51.743 écus d'or au soleil et 16 sous tournois, soit 46.052 écus et 24 sous de principal plus 1.315 écus et 30 sous d'épingles pour Henri VIII, et 4.375 écus pour la reine Marie, ces derniers comptés, on le voit, 40 sous au lieu de 38 ainsi que les premiers. Madame avait d'abord espéré que ce premier versement pourrait être effectué le jour même de la publication de la paix en Angleterre et elle avait autorisé ses ambassadeurs à traiter avec un marchand de Londres pour qu'il en fît l'avance (6). Malheureuse-

_____

(1) Cette « forme » datée de Condrieu, 17 septembre, se trouve insérée dans le Registre des Arch. de Lyon BB 44, f° 119 r° et v°. Une expédition formant procès-verbal de la publication à Lyon est conservée au B. M. ms. Cott. Vespasien C III, f° 128 (BREWER, IV, 1659). Enfin, le texte de la forme de publication envoyée aux Parisiens, qui est, sauf quelques légères variantes, identique, est publié dans BONNARDOT, 294-295. — Sur la publication à Paris, cf. archevêque d'Aix à Montmorency, 25 septembre (B. N. ms. fr. 3083, f° 49 r°); et sur la publication dans les autres villes, voy. ci-dessous au § v du présent chapitre.

(2) Arch. de Lyon, BB 44, f°s 118 r° et 121 r°.

(3) *Ibid.*, CC 734, n° 17.

(4) *Ibid., loc. cit.,* n° 3.

(5) *Ibid.*, CC 743, n° 16.

(6) « Vous priant que si vous povez trouver moyen que ce premier paye-ment se face au jour de la publication de ladicte paix et que le marchant

ment le roi d'Angleterre s'y opposa dès qu'il en eut connaissance ;
il déclara « ne vouloir pour riens souffrir le premier payement luy
estre faict de ses deniers, disant que ce luy seroit mocquerie (1) ».
Force fut donc de trouver l'argent en France. La Régente, qui s'était
attachée depuis le désastre de Pavie à remettre les finances en ordre
et qui y avait réussi, n'en fut pas embarrassée (2). Dès le 21 septembre, les 50.000 écus étaient prêts (3), et le 25, Robertet écrivait
à Brinon que Madame les expédiait « présentement par delà (4) » ;
aussi, la première quinzaine d'octobre n'était pas encore écoulée
lorsque cette somme parvint à Calais (5).

C'était à Jean Joachim qu'il appartenait d'en opérer le versement
entre les mains des agents anglais. Par lettres patentes du 6 août,
Madame l'avait commis au soin de faire tous les paiements
stipulés par les traités alors négociés entre la France et l'Angle-

---

dont vous m'escripvez en face la première advance, vous ne me ferez petit
plaisir et service de le conclure et m'en asseurer. » Madame à Brinon et
J. Joachim, 16 août. *Cab. hist.*, II, 146-147.

(1) J. Joachim et Brinon à Madame, 3 septembre, P. J., XXII. Les termes
employés par Henri VIII montrent que cette avance consentie par le marchand n'était autre chose que l'escompte de la créance de 17.000 liv. sterling
que les Français avaient acquise en endossant l'obligation des Généraux.

(2) Duprat écrivait le 13 octobre au Roi que les Anglais venaient de recevoir 120.000 liv. tourn. et qu'ils en recevraient autant en novembre ; il
ajoutait : « Madame mesnage si bien qu'elle a fait pourvoir à tout avec l'ordinaire du Royaume, sans crue ni empruntz, et se fait payer les charges
acoustumez estre percheuz en l'estat et beaucop de debtes et parties du
passé. » *Captivité*, 377. — Cette lettre était un peu trop optimiste : la vérité
est qu'on augmenta la taille de 1526 de 261.000 livres « pour fournir à la
partie qu'il fault payer en ceste année au roy d'Angleterre » et que, sur
cette taille portée ainsi de 2.400.000 livres à 2.661.000 livres, on perçut 600.000
livres « par manière d'anticipation, au premier jour de novembre » 1525 ; il
est vrai qu'on ne donna pas à cette augmentation le nom de crue et Madame
déclara qu'elle n'avait pas voulu en imposer une « pour la pitié et compassion que avons du peuple », mais on leva simplement les 261.000 livres
avec le corps même de la taille. Cf. lettres patentes du 10 septembre dans
Captivité, 311 à 318, Registre des Élus de Lyonnais, B. N. ms. fr. 2702, fᵒˢ 113
vᵒ à 121 vᵒ et Remontrances des États de Normandie, P. J., LIX.

(3) « Madicte Dame fit bien reguarder ou faict de vos finnanses, de
sorte que l'on satisfaict à la partie des Souysses... et pareillement à selle
d'Angleterre, qui est toutte preste. » Brinon au Roi, 21 septembre, *Captivité*,
325.

(4) Robertet à Brinon et J. Joachim, 25 septembre, *Cab. hist.*, II, 148.

(5) Telle était du moins l'espérance de Robertet, qui écrivait le 16 octobre
aux ambassadeurs : « Au regart du premier payement, je tiens qu'il soyt
desjà à Calais, comme je croy que vous avez de ceste heure peu savoir. »
P. J., XXX.

terre (1). En conséquence, M. de Vaulx quitta Londres dans les derniers jours d'octobre, se rendit à Calais et y livra les 50.000 écus aux commissaires du roi d'Angleterre (2).

Il en fut de même du second paiement, qui était celui du terme de novembre et qui comprenait, outre une somme égale à celle versée en octobre, 12.500 écus au soleil dus à Wolsey ; mais on y apporta quelque retard : le neveu de J. Joachim, Luc d'Ansalde, et le receveur d'Avranches, qui furent chargés d'escorter l'argent à Calais, n'arrivèrent dans cette ville qu'à la fin de décembre (3).

(1) B. N. ms. fr. 12.158, fᵒˢ 4 rᵒ à 5 rᵒ. — « Monsʳ de Vaulx, ayant mémoire et congnoissance de voz services passez et de la paine que vous avez prise en la conduicte de ceste paix, je vous ay donné la charge et commission du payement des deniers ordonnez estre paiez par ledit traicté de la paix, comme vous verrez par ladicte commission que je vous envoye. » Madame à Brinon et J. Joachim, 16 août, *ut sup.*, 146. — Vaulx était chargé non seulement des paiements à faire au roi d'Angleterre, mais aussi de toutes les autres affaires d'argent à négocier en Angleterre, des paiements des arriérés du douaire, de ceux des sommes dues à Wolsey, des pensions accordées aux seigneurs anglais, des indemnités allouées aux otages du rachat de Tournay, du recouvrement des obligations des marchands remises par le Cardinal. Enfin, on se rappelle que la Régente l'avait autorisé à traiter avec Suffolk pour le douaire de la reine et qu'il avait pris à ferme la levée des revenus de cette princesse. C'était donc par ses mains que passaient tous les fonds envoyés de France en Angleterre et il en retirait de gros profits, tant à titre de gages ou de dons qu'à titre de commission. Cf. B. N. mss. fr. 12.158, fᵒˢ 65 rᵒ à 69 vᵒ, 10.385, chap. des *Dons et Récompenses* et des *Gaiges et Tauxacions*, et Clair. 1215, fᵒ 63 vᵒ.

(2) L. Orio écrit à la date du 22 octobre que J. Joachim est parti pour Calais et à celle du 27 qu'il en est revenu (BROWN, III, 1141 et 1151). Le 27, Jonglet annonce de son côté à Mᵐᵉ Marguerite que « Jehan Jocquin est retourné de France puis III ou IIII jours et entends que c'est pour les deniers que l'on a apportés par deçà » (B. M. Add. ms. 28.574, fᵒ 420 rᵒ et GAYANGOS, III, 241). Le 30 octobre, Brinon écrit que J. Joachim est revenu à Londres le 26 (P. J., XXXIV). — Le mandement de Madame à J. Joachim d'avoir à effectuer ce versement, daté du 30 septembre, est à la B. N. ms. fr. 12.158, fᵒ 7 ; l'état de ce premier paiement se trouve dans le même ms., du fᵒ 5 vᵒ au fᵒ 7 vᵒ ; enfin, la quittance d'Henri VIII, datée du 7 octobre, est au fᵒ 30 rᵒ, et celle de la reine Marie et du duc de Suffolk, datée du 12 octobre, au fᵒ 31 vᵒ.

(3) Pour ce second paiement, les Français avaient espéré, comme pour le premier, pouvoir faire usage de la créance de 17.000 liv. sterl. acquise du chef de l'obligation des Généraux, mais Wolsey déclara que son gouvernement n'en accorderait pas le transport que les ratifications et obligations françaises ne lui eussent été délivrées. Cf. Brinon et J. Joachim à Madame, 30 octobre, P. J., XXXIV. — Ce ne fut pas J. Joachim qui effectua le versement du second terme ; car il était alors sur son chemin pour se rendre à Lyon auprès de la Régente ; le jeudi 21 décembre, comme il allait en diligence de Boulogne à Paris, il rencontra à Abbeville et à Breteuil son neveu

II

En revanche, Madame n'attendit point pour confirmer l'accord de Moore l'expiration du délai de deux mois auquel elle avait droit. Le 25 septembre, elle ratifia par lettres patentes les cinq traités de la paix, de l'obligation des deux millions, du douaire de la reine Marie, de la compréhension des Écossais et du duc d'Albany. Le même jour, elle souscrivit les deux obligations exigées d'elle : par l'une, elle promettait que son fils ratifierait authentiquement les traités dans les trois mois, ou, si sa captivité s'y opposait, qu'il les approuverait par lettres de sa main dans le même délai ; par l'autre, elle s'engageait à ce que non seulement le Roi ratifierait le traité spécial de l'obligation des deux millions, mais encore en fournirait de nouvelles lettres obligatoires signées de sa main et scellées de son sceau (1).

Quant aux formalités à remplir devant le juge ecclésiastique et au serment solennel d'observer les traités, qui devaient avoir lieu dans le même délai de deux mois, la présence des commissaires anglais y était nécessaire. — Ceux-ci avaient été désignés aussitôt après la conclusion de l'accord : c'étaient notre ancienne connaissance sir W. Fitzwilliam, capitaine de Guînes et trésorier de la maison du roi, et le docteur Taylor (2).

Ils avaient pour mission de recevoir les serments de la Régente. — En outre, ils étaient chargés de lui dire que, même au cours de la guerre qu'il avait soutenue contre lui, Henri VIII avait toujours gardé de l'amitié pour François Iᵉʳ et que, lorsque ce dernier avait

Luc d'Ansalde et le receveur d'Avranches. Cf. P. J., XLVIII. — Ce neveu de J. Joachim, Luc d'Ansalde, est qualifié dans les Comptes de son oncle de commis sous J. Joachim à faire les paiements d'Angleterre (ms. fr. 12.158, fᵒˢ 70 vᵒ-71 rᵒ). — L'état du second paiement occupe les fᵒˢ 8 rᵒ à 10 rᵒ du ms. fr. 12.158 ; le mandement de Madame qui l'autorise est du 26 octobre ; il comprend, outre les sommes payées au Roi, à la reine Marie et à Wolsey, un présent de 400 écus au soleil alloué « à messire Willaume Fitzwilliam, trésorier de la maison dudit roy d'Angleterre, tant par manière de pension que en don pour recongnoissance des services qu'il a faiz à la conclusion de ladicte paix » (fᵒ 9 vᵒ). — Quant aux quittances, celle d'Henri VIII (25 octobre) est au fᵒ 32 vᵒ, celle de Marie et Suffolk (1ᵉʳ novembre) au fᵒ 34 rᵒ, celle de Wolsey (1ᵉʳ novembre) au fᵒ 35 rᵒ, et celle de Fitzwilliam (novembre) au fᵒ 35 vᵒ.

(1) Ces sept actes sont imprimés dans RYMER, XIV, 77-88.

(2) Brinon et J. Joachim à Madame, 3 septembre, P. J., XXII.

été fait prisonnier, loin d'en profiter pour mettre en avant des prétentions excessives, il avait au contraire modéré ses exigences afin de lui procurer plus promptement la paix et la liberté; c'était aussi dans le même but qu'il avait donné à ses ambassadeurs à Rome et en Espagne l'ordre de s'employer à assurer sa délivrance à des conditions honorables.

Leurs instructions portaient encore qu'ils devaient s'efforcer de découvrir où en étaient les négociations entamées avec Charles-Quint pour l'élargissement du roi de France. A ce propos, il leur faudrait recommander instamment à Madame de ne pas se montrer trop impatiente d'obtenir cette délivrance, car il était probable qu'avec l'aide du roi d'Angleterre, il lui serait possible d'y parvenir sans qu'il en coûtât rien à son honneur ni à ses intérêts. Surtout, ils s'attacheraient à combattre tout projet d'alliance matrimoniale entre François Ier et Charles-Quint : ils remontreraient à la Régente que le mariage de son fils avec la reine de Portugal augmenterait la puissance de l'Empereur, découragerait les amis de la France en Italie et préjudicierait à son ascendant sur le Roi.

Enfin, pour sa part, le Cardinal leur enjoignait de déclarer à Madame qu'il était fermement résolu à prendre peine d'entretenir la bonne entente entre les deux couronnes et en même temps de la remercier pour la promesse qu'elle lui avait faite de lui laisser connaître toutes ses affaires (1).

Fitzwilliam et Taylor quittèrent Calais à la fin d'octobre (2) et se rendirent à Paris où ils firent un séjour d'environ une semaine; ils y furent logés « ès hostelleries de la rue de la Calende » et entretenus avec leur suite, qui comptait plus de vingt chevaux, « aux dépens du Roy » (3). Ils en partirent le 6 ou le 7 novembre et gagnèrent Lyon à petites journées, empêchés qu'ils étaient par

---

(1) Instructions de Fitzwilliam et Taylor, B. M. ms. Cott. Calig. D IX. f° (88) 96 et BREWER, IV, 1705. — Les envoyés anglais devaient aussi s'occuper du douaire de la reine Marie et demander à Madame qu'elle lui en laissât la disposition exclusive et qu'elle n'y nommât pas de surintendant, car Marie avait l'intention de le faire gérer par ses propres trésoriers et fermiers : pour obtenir cette concession, ils avaient ordre de dire que le Roi et Wolsey en éprouveraient une satisfaction particulière et ils devaient faire valoir que la reine douairière s'était toujours montrée sympathique à la France. *Ibid.*, *in fine*.

(2) Fitzwilliam et Taylor à Wolsey, 28 octobre, Rec. Of. BREWER, IV, 1724. Taylor passa le détroit le 24 octobre pour rejoindre son collègue, qui était déjà sur le continent en sa qualité de capitaine de Guines ; partis de Calais le 28, les ambassadeurs arrivèrent le soir même à Boulogne.

(3) *Bourgeois de Paris*, 265-266.

la mauvaise santé de Fitzwilliam ; ils n'y arrivèrent que le 24 (1).

Le surlendemain 26, deux gentilshommes les vinrent chercher à leur logis et les conduisirent au palais de Saint-Just. Après qu'ils eurent délivré à la Régente les lettres du roi et qu'elle en eut pris connaissance, Taylor prononça un discours en latin sur les avantages de la paix et le chancelier Duprat lui répondit dans la même langue (2).

Le 27, qui était un lundi et non pas un dimanche, ainsi que le prétend HALL, fut choisi pour jurer les traités. — La Régente et les ambassadeurs anglais, suivis de toute la cour, se rendirent solennellement du palais de Saint-Just à l'église cathédrale de Saint-Jean. Après la messe, Madame, ayant à ses côtés les deux commissaires d'Henri VIII, s'avança jusqu'au maître-autel, étendit sa main droite sur le livre des Évangiles et prêta serment d'observer les traités. De la sorte, ainsi qu'elle l'écrivit à la duchesse d'Alençon, on put « dire qu'en ce mesme lieu où fut faite la défiance pour ladite Angleterre audit Sire que la paix a esté renouée et conclute (3) ». La cérémonie fut terminée par un sermon de l'évêque de Vence, aumônier de Louise, qui loua fort le roi d'Angleterre et aussi le Cardinal qu'il appela le Légat de Dieu, et par le chant du *Te Deum* (4).

---

(1) *Ibid.*, 265 et HALL, 706. — Ils furent forcés de s'arrêter quelques jours à Montargis, car Fitzwilliam y fut saisi d'un accès de son ancienne maladie, la colique. Cf. Rec. Of. BREWER, IV, 1758. — Madame, dans sa lettre du 26 (P. J., XLI), dit que les Anglais sont arrivés « ceste après-disnée », mais elle ne parle sans doute que de leur venue auprès d'elle et non de leur arrivée à Lyon.

(2) HALL, *loc. cit.*

(3) Cette lettre, sans date, a été publiée dans *Notes and Queries*, IVth *Ser.*, t. II, p. 345.

(4) HALL, *loc. cit.* — Le serment de Madame prononcé par elle en français est dans RYMER, XIV, 102. — Une copie du sermon de l'évêque de Vence se trouve au B. M. ms. Cott. Calig. D IX, f° (114) 122 et est mentionnée par BREWER, IV, 1634. — Les extraits du ms. Clair. 1215 (f° 64 v°) nous apprennent que R. Talon et N. Boucher, clercs, reçurent 171 l. 10 s. t. pour avoir écrit et fait écrire sous M° Jehan Gedoyn, Secrétaire des Finances, les doubles des traités d'Angleterre. — Ils nous font aussi savoir que le héraut d'Angleterre, Jehan de Narbon, dit Rysbank, fut gratifié par Madame de 200 l. t. et que l'ambassadeur Fitzwilliam, outre les 400 écus dont il a été parlé ci-dessus (p. 151, note 3), eut un cadeau de pièces d'argenterie du poids de 100 marcs et d'une valeur de 1500 l. t. (*ibid., loc. cit.*). — L'évêque de Vence était Robert Ceneau (Cenalis), qui fut successivement évêque de Vence (1523), de Riez (1530), et d'Avranches (1532). On lui doit une *Historia Gallica*, dont la première édition parut en 1559. Il mourut à Paris le 27 avril 1560.

Ce fut le lendemain que Madame, en présence des Anglais et de plusieurs témoins, comparut devant l'official du diocèse de Lyon, séant en son tribunal : elle s'y engagea sous peine d'excommunication à ne jamais contester la validité de l'obligation des deux millions. Acte en fut dressé par les notaires du tribunal et copie délivrée aux ambassadeurs (1).

III

Restaient les obligations des Princes et des Villes, les homologations des Parlements et des États provinciaux ; ces pièces, pour l'obtention desquelles la Régente et son Conseil avaient à compter avec les résistances des intéressés ne purent être délivrées aussi promptement. On n'avait cependant point mis de retard à les solliciter. Près de deux semaines avant la conclusion des traités, les ambassadeurs français en avaient envoyé les « formes », telles qu'elles avaient été arrêtées à la conférence du 11 août; dans les instructions qu'ils avaient données alors à dom André Bonvisi, ils avaient recommandé qu'on se hâtât de les expédier et qu'on les fît signer incessamment en prenant soin d'y laisser en blanc la date du jour et celle du mois (2); leurs instances redoublèrent après le 30 août et ils ne cessèrent de réclamer dans toutes leurs lettres qu'on donnât ordre sans délai à cette affaire (3).

(1) Ce procès-verbal est dans RYMER, XIV, 103 à 113; fort long, il contient dans le détail les questions adressées par l'Official à Madame et les réponses faites par celle-ci; nous y voyons que cette formalité fut accomplie, non pas à l'église cathédrale comme la prestation solennelle du serment, mais dans le palais même de S¹-Just, *in villa sancti Justi, contigua civitati Lugdunensi* (p. 112). — Les Français élevèrent d'abord quelques difficultés sur le « formulaire » apporté par les ambassadeurs anglais pour cette « soumission »; ils objectèrent qu'il n'était pas conforme à celui dont on était convenu à Moore; mais, comme ils n'en purent présenter le double et que les Anglais déclarèrent « qu'ils n'avoient puissance de changer un A pour ung B », Madame passa outre et accomplit sa soumission dans la forme qu'ils exigeaient, contre une promesse sous seing privé des ambassadeurs de vérifier les points contestés et de les faire modifier, s'il y avait lieu. Cf. Duprat à Brinon et J. Joachim, 30 novembre, P. J., XLIV.

(2) Brinon et J. Joachim à Madame, 18 août, P. J., XVI, et Instructions de dom André, P. J., XVII.

(3) Brinon à Robertet, 3 septembre, P. J., XXII; J. Joachim au même, même date, P. J., XXIV; Brinon et J. Joachim à Madame, 30 octobre, P. J., XXXIV.

De son côté, Madame ne perdit point de temps : le 21 août, elle écrivit au Parlement de Paris pour lui apprendre que ses envoyés étaient sur le point de conclure la paix et qu'il était exigé par le roi d'Angleterre que cet accord fût enregistré en Cour de Parlement (1) ; elle fit sans doute parvenir un avis semblable aux autres Parlements, aux Seigneurs et aux Villes. Le 5 septembre, Robertet annonça au président de Rouen « qu'on estoit après à faire depescher les seuretez tant des Princes que des Villes et toutes autres choses qui deppendent du traicté (2) ».

Il ne semble pas que les princes et les seigneurs auxquels il était demandé de souscrire des obligations aient fait difficulté d'y consentir. Il est vrai que la Régente eut soin de promettre à chacun d'eux par lettres patentes « en vertu de nostre povoir et régence de faire et procurer envers nostre filz qu'il aura agréable et approuvera ce que par luy sera faict et le gardera indempne de sa promesse et obligacion et de ce luy baillera telles lettres qu'il sera advisé pour sa seureté, et, nous, comme Régente, de le relever de toute indempnité et dommage qu'il pourroit avoir (3) ». Aussi bien, avant la fin du mois de septembre, elle avait obtenu les signatures de tous les princes qui se trouvaient auprès d'elle : l'obligation du duc de Longueville est du 17 septembre, celle du cardinal de Bourbon du 27, celle de Lautrec du 28, enfin celle du duc de Vendôme et de son frère le comte de Saint-Pol du 29 (4). Les seigneurs qui habitaient les provinces ne marchandèrent pas davantage leur consentement : le seigneur de Montmorency donna le sien le 26 septembre à Écouen, Maulevrier le 1er octobre en Normandie, Brienne le même jour à Montreuil (5). Ainsi, Madame avait à sa disposition toutes les obligations des Seigneurs dès le commencement d'octobre, c'est-à-dire bien avant l'expiration du délai de trois mois fixé par les traités pour leur remise aux Anglais.

(1) Procès verbal du 28 août. Ar. Nat. X1a 1528, fos 722 ro à 723 ro.

(2) P. J., xxv.

(3) Lettres du 17 septembre en faveur de Montmorency dans *Captivité*, 319. Nous ne connaissons que celles-là, mais il y a tout lieu de croire que des garanties identiques furent données aux autres signataires de l'obligation. Trois jours auparavant, Madame avait écrit au même Montmorency une lettre missive où elle le priait de souscrire l'obligation (*Captivité*, 318). Les deux lettres, celle du 14 et celle du 17, furent expédiées dans le même paquet le 19 et arrivèrent à Paris le 25. Cf. Robertet à Montmorency, 19 septembre, B. N. ms. fr. 2976, fo 111 ro, et archevêque d'Aix au même, 25 septembre, ms. fr. 3083, fo 49 ro.

(4) RYMER. xiv, 76. 90, 92, 93 et 94.

(5) *Ibid.*, 91, 94 et 95.

IV

Il y avait une première difficulté à l'enregistrement des Parlements : c'était alors le temps des vacances judiciaires, qui ne devaient prendre fin que dans la première quinzaine de novembre. La Régente y pourvut, et le 20 août elle prorogea par lettres patentes la session du Parlement de Paris (1) ; ceux de Rouen, de Bordeaux et de Toulouse, qu'on ne devait consulter qu'après, ne semblent pas avoir été l'objet de mesures semblables.

Il fallut ensuite attendre que le texte des conventions de Moore fût arrivé d'Angleterre et que Madame y eût donné sa confirmation. Ce ne fut donc qu'après le 25 septembre que le secrétaire Commacre put partir pour Paris avec les trois lettres patentes portant ratification des traités de la paix, de l'obligation et du douaire de la reine Marie (2).

Commacre était en outre muni d'une lettre de la Régente à son chevalier d'honneur Montmorency, enjoignant à ce seigneur de l'accompagner au Parlement et de requérir de la Cour un prompt enregistrement. Le 6 octobre au matin, Montmorency et le secrétaire se présentèrent devant la Cour, dont toutes les chambres avaient été assemblées. Après qu'ils eurent délivré la lettre de la mère du Roi qui les accréditait auprès de la compagnie et qu'on en eut donné lecture, Montmorency prit la parole et dit que Madame priait la Cour de procéder sans retard à la publication et à l'enregistrement des traités ; les Anglais, « qui sont gens difficiles, »

(1) Procès-verbal du 28 août. Ar. Nat., *ut sup.*

(2) Les lettres de Madame au Parlement portent la date du 28 septembre. Cf. procès-verbal du 6 octobre, Ar. Nat. X¹ᵃ 1523, fᵒ 797 vᵒ. et *Captivité*. 349. — Les traités d'Angleterre furent d'ailleurs connus du Parlement dès le 26 septembre. Le 25 en effet étaient arrivées des lettres de Madame ordonnant aux Parisiens de passer l'obligation. Aussi, le mardi 26, le président Guillart, qui en avait eu connaissance, annonça la conclusion des traités à la Cour, et, à ce propos, prononça un long discours sur la situation intérieure de l'Angleterre et la politique d'Henri VIII ; il finit en exposant les exigences de ce prince et en rappelant que la Régente ayant prorogé la Cour, celle-ci avait décidé de siéger « tout ainsi qu'elle faisoit auparavant ladicte prorogacion, et néanmoins, » fit-il observer, « la pluspart s'en sont allez et les autres ne demandent que à desloger. » Cette remarque amena la mise en délibération de la matière : la Cour arrêta que les congés désormais accordés ne pourraient l'être que jusqu'au jour où les traités d'Angleterre lui seraient présentés et qu'on rappellerait à leurs dépens les conseillers absents. Cf. procès-verbal du 26, Ar. Nat., *ut sup.*, fᵒˢ 766 vᵒ à 758 vᵒ.

exigeaient en effet l'accomplissement de cette formalité par les
quatre Parlements du royaume et l'état des affaires ne permettait
pas de leur opposer un refus ; il importait de se hâter, car il fallait
envoyer les traités en Angleterre à la fin du mois et on ne le
pouvait faire qu'après les avoir soumis aux Parlements de Toulouse, de Rouen et de Bordeaux et aux États de Normandie et de
Languedoc. Aussi, Montmorency suppliait-il la Cour de vouloir
bien les publier en diligence et d'y apposer la mention *lecta, publicata, registrata et approbata* : ce dernier mot était inusité dans
les enregistrements, mais son adjonction était indispensable; Jean
Brinon avait écrit au Chancelier (1) que s'il était omis, on ne ferait
rien avec les Anglais et que ce serait assez pour rompre la paix,
« pour ce que lesditz Angloys sont gens qui, si on ne fait ce qu'ilz
demandent, ilz ne tiennent riens de ce qu'ilz promectent »; la
Cour ne devait donc point manquer de l'apposer, d'autant que son
exemple entraînerait les autres Parlements qui règleraient sans
aucun doute leur conduite sur la sienne, « et non sans cause, »
ajoutait habilement Montmorency, « veu que c'est la souveraine, la première et capitalle et de laquelle les autres ont été
extraictes (2) ».

A cette harangue, le président Guillart répondit en reconnaissant
que la paix était fort nécessaire et que les Anglais étaient « une
nation suspecionneuse et qui veulent que les choses se passent
comme ils les ont traictées et désirées, et, sans cela, on ne les
peult contanter »; il termina en déclarant que la Cour ferait tout
ce qui serait en son pouvoir « pour l'entretènement de la paix »,
qu'elle désirait satisfaire Madame et lui obéir comme au Roi lui-
même, et que, « toutes choses laissées », on procéderait à la vérification et à la publication des traités (3).

Ce fut ensuite le tour de Commacre qui donna livraison des trois
lettres patentes du 25 septembre. Puis il se retira avec Montmorency et la Cour employa le reste de l'audience à entendre la lecture
de ces lettres (4).

Cette opération occupa encore toute l'audience du lendemain (5);
le mardi 10 octobre seulement, les gens du Roi purent être entendus

(1) Cette lettre à Duprat est perdue ; voy. ci-dessus pp. 129-130.
(2) Procès-verbal du 6 octobre, Ar. Nat., *ut sup.*, f⁰ˢ 797 v⁰ à 799 r⁰ et
Captivité, 349-352.
(3) *Id., ibid.*
(4) *Id., ibid.*
(5) Procès-verbal du 7 octobre, *ut. sup.*, f⁰ 801 v⁰ et *Captivité*, 356.

et la matière fut mise en délibération (1). — La discussion qui
s'ouvrit alors fut longue ; le Parlement comptait plus de soixante
membres et chacun d'eux devait donner son opinion : le 17, elle
n'était point terminée, bien qu'on y eut consacré six audiences (2).
— Il fallut pour hâter la conclusion un nouvel ordre de la Régente.

Celle-ci, qui avait espéré que les traités seraient enregistrés
incontinent, s'émut des tergiversations de la Cour. A peine en fut-
elle instruite qu'elle s'empressa de notifier au Parlement son
désir d'être obéie sans délai Le 14 octobre, elle lui écrivit qu'on
avait fourni aux Anglais 120.000 francs, qui seraient perdus en cas
de rupture, et que la paix avec l'Angleterre avait déjà eu pour effet
de « modérer » l'Empereur, en même temps que de favoriser la
formation d'une ligue franco-italienne : « Si par vostre longueur
cela se rompt », ajoutait-elle, « advisez, oultre la perte de l'argent,
le gros dommaige qui en adviendra, qui sera irréparable. A ceste
cause, ces présentes veues, toutes disputacions et longueurs cessans,
faictes ce que vous avons escript par noz premières lettres et gardez
que en ce n'y ait faulte (3). »

Cette lettre fut confiée aux agents des postes, et, afin que sa
transmission fût assurée, il fut enjoint au maître de la poste de
Paris d'en retirer un reçu de la Cour et de mander à Madame par
un courrier exprès le jour et l'heure de son arrivée à Paris (4).

Ce ne fut pas tout. Le même jour, la Régente fit partir pour
Paris le sieur d'Agez qu'elle chargea d'instruire le Parlement de ses
volontés. A ce messager fut aussi confiée une lettre des députés
que le Parlement avait alors auprès de Madame, Jacques de la
Barde, François Tavel et Jean Ruzé : ces magistrats y rapportaient
une conversation qu'ils avaient eue avec le chancelier Duprat et le
seigneur de Brion au sujet des traités, des avantages qui en pouvaient résulter et des inconvénients qu'entraînerait leur inobser-

(1) Procès-verbal du 10 octobre, *ut sup.*, f° 804 v°.
(2) Cf. procès-verbal du 10, *ut sup.*, *loc. cit.* — *Id.* du 12, *ut sup.*, f°ˢ 806 v°
et 807 r° ; à cette audience, la Cour décida que, l'affaire requérant célérité,
elle ne vaquerait pas le lendemain à l'occasion de la foire de Saint-Denis,
ainsi qu'elle l'avait décidé précédemment et que cette vacance serait remise
au samedi 14, si toutefois la matière se trouvait dépêchée ce jour-là. — *Id.*
du 13, *ut sup.*, f° 808 r°. — *Id.* du 14, *ut sup.*, f° 809 r° et v°; la Cour n'eut
donc pas de vacance ce jour-là. — *Id.* du 16, *ut sup.*, f° 810 r° et v°. — *Id.*
du 17, *ut sup.*, f° 811 v°.
(3) Procès-verbal du 19 , *ut sup.*, f°ˢ 814 r° à 815 v° ; ces lettres sont imprimées dans *Captivité*, 378.
(4) *Ibid.*, f° 814 r°.

vation ; ils ajoutaient qu'il leur avait été commandé au nom de
Madame « escripre ces présentes à ce que suyvant son vouloir
n'eussiez plus à y faire aucune difficulté et vous advertir que, si
ledit affaire estoit délayé, n'en seroit contente et montreroit qu'elle
est Régente (1) ».

La lettre de Madame fut délivée par le maître de la poste,
P. Audebert, au président Guillart le 18 à six heures du matin. —
De son côté, d'Agez parvint à Paris quelques heures après. Il requit
aussitôt le Président d'assembler la Cour le jour même qui était un
mercredi, mais Guillart lui objecta que la coutume était de vaquer
ce jour-là et le remit au lendemain (2).

Le jeudi 19, à l'audience du matin, on donna lecture au Parlement de la lettre remise au Président par P. Audebert. Le seigneur
d'Agez fut ensuite introduit et présenta la lettre de créance de la
Régente en même temps que celle de la Barde, Tavel et Ruzé. On
les lut sur le champ. Puis, d'Agez dit que lorsque Madame avait
envoyé à la Cour les traités d'Angleterre, elle pensait qu'on les
aurait enregistrés aussitôt et sans discussion ; le président de Rouen
la pressait d'expédier en Angleterre les ratifications promises à
Moore et elle priait les gens du Parlement de dépêcher incessamment cette affaire ; d'ailleurs, elle ne pouvait que trouver fort
étranges les retards qu'on y avait mis, car elle n'avait conclu les
traités que de l'avis des grands du royaume et des conseillers du
Roi ; quand de semblables conventions avaient été précédemment
portées devant la Cour, celle-ci n'en avait point délibéré, mais les
avait incontinent enregistrées ; ce n'était pas en effet « aux particuliers de faire et traicter la paix et d'en prendre aucune cognoissance, ains seullement aux princes ». D'Agez dit encore que le
seigneur de Brion n'attendait que son retour à Lyon pour se rendre
en Espagne et apprendre au Roi ce que les Cours de justice, les
Seigneurs et les Villes avaient fait pour les traités d'Angleterre. Il
conclut en demandant au Parlement de procéder immédiatement à
leur enregistrement, afin qu'il pût repartir le jour même et retourner à Lyon en avertir Madame (3).

Ce langage énergique, que confirmaient la lettre de la Régente et

____

(1) *Ibid.*, f⁰ˢ 814 v⁰ à 815 v⁰. — D'Agez était Sous-Maire de Bordeaux. Cf.
Journal de Métivier, II, 255.

(2) *Ibid.*, f⁰ 814 r⁰ et v⁰. — Le 19, sur l'ordre de la Cour, le greffier Séra-
phin du Tillet donna à P. Audebert le reçu demandé par Madame (*Ibid.*, f⁰
818 r⁰ et v⁰).

(3) *Ibid.*, f⁰ˢ 814 r⁰ à 815 v⁰ et 816 r⁰ à 817 r⁰.

celle de leurs députés, coupa court aux hésitations des magistrats : dans la même audience du 19, ils décidèrent que le lendemain on tiendrait une audience publique et à portes ouvertes et qu'on y publierait en jugement les trois lettres patentes du 25 septembre, sur lesquelles on mettrait *lecta, publicata, registrata et approbata* (1).

Conformément à cette délibération, on procéda le samedi, 20 octobre, à la lecture et à la publication des traités et le greffier de la Cour y apposa les mentions requises. — Le même jour les gens du Parlement répondirent à la mère du Roi : ils protestèrent que depuis la venue de Commacre, ils ne s'étaient point occupés d'autre chose que de l'enregistrement de la paix et qu'il leur avait été impossible d'y faire plus grande diligence. A ces excuses, ils joignirent un conseil ; ils prièrent Madame de fournir « aux villes et autres qui se obligent des lettres de indemnité et descharge pour l'advenir (2) ».

Nous avons déjà vu, au moins en ce qui regarde les Seigneurs, que la Régente n'avait pas attendu cette remontrance pour garantir les signataires des obligations contre les conséquences possibles de ces actes.

L'enregistrement obtenu à Paris assurait la docilité des autres Parlements. Il ne semble pas en effet qu'après un tel exemple ces Cours aient mis le moindre retard à obéir à Madame. Envoyés à Rouen dans le double but d'y être soumis au Parlement et aux États de Normandie, les traités, présentés, croyons-nous, au premier de ces corps la veille du jour où on comptait assembler le second, c'est-à-dire le 9 novembre, furent sur le champ *lus, publiés, enregistrés et approuvés* par lui (3). Ils furent ensuite rapportés à Lyon, d'où on les expédia « en toute dilligence » vers la fin du mois à Toulouse et à Bordeaux (4). La Cour de Toulouse les reçut sans observations, ainsi qu'en fait foi le procès-verbal suivant : « Jeudi viie jour de décembre, les Chambres assemblés jusques à huit heures. La Court, les Chambres assemblées, veues trois lettres patentes de Ma Dame, Régente en France,.. données à Lyon le xxve jour de septembre dernier passé,.. contenans les accordz et traictez de paix faiz entre Madicte Dame et le Roy d'Angleterre, a ordonné et ordonne qu'elles seront leues et publiées en jugement et sur le ply de chacune d'elles sera mis *lecta, publicata,*

(1) *Ibid.*, f° 817 v°.
(2) Procès-verbal du 20 octobre, *ut. sup.*, f°s 819 v° à 820 v°.
(3) RYMER, XIV, 78 et 80.
(4) Madame à Brinon et J. Joachim, 26 novembre, P. J., XLI.

registrata et approbata. Ce que a esté fait à Tholose en Parlement aujourduy viie jour de décembre l'an mil v^c et xxv (1). » Celle de Bordeaux ne fut pas moins expéditive; quatre jours après, le 11 décembre, elle homologua de même les conventions de Moore (2).

V

On n'eut pas besoin de convoquer spécialement les États de Languedoc à l'occasion des traités d'Angleterre. Le vote de la Taille de 1526, ordonné par les lettres du 10 septembre (3), ayant nécessité leur tenue en octobre, l'affaire fut portée devant eux à cette session par les commissaires de Madame, le duc d'Albany, le président Nicolaï, le trésorier de la province, Jean Testu, et le gouverneur de Montpellier, Jean de Mazis.

Aussitôt les États ouverts à Montpellier le lundi 16 octobre, Albany leur présenta les traités. On lui répondit que « les Gens des Estatz verroient lesdits contracts pour après y porveoir ainsi qu'ilz verront estre affaire ». Effectivement, les traités furent lus « de mot à mot » à la séance de l'après-midi et une commission nommée « pour les veoir plus amplement et élicer les doubtes et en faire ung résultat du contenu ausdits trectez et du tout en faire leur raport ausditz Estatz au lendemain (4) ».

En conséquence, le 17 au matin l'homologation de l'accord anglo-français vint en discussion; après avoir entendu le rapport de leur commission, les représentants languedociens n'osèrent pas se prononcer sur le champ : « Lesdits Gens des Estatz », dit le procès-verbal, « ont trouvé chose dure de ratiffier et approuver entièrement les trectez : premièrement, pour la grande somme promise au roy d'Engleterre..; *item,* de ce que ledit roy d'Engleterre se dit roy de France ausdits trectez; *item,* de ce que ausdits trectez les obligations ne sont réciproques pour ce que les ambaxadeurs d'Engleterre ne obligent les princes, villes et subgectz dudit Engleterre à tenir et

---

(1) Arch. Dép. de la Haute-Garonne, B 21, f°s 22 v° et 23 r°.

(2) RYMER, *ut sup., loc. cit.*

(3) Voy. ces lettres pour l'élection de Périgord dans *Captivité* 311-318. On sait que les États de Languedoc étaient convoqués toutes les fois qu'on voulait demander à la province sa part dans les tailles et dans les crues.

(4) Arch. Nat. H 748 11, f°s 2 v° et 3 v° du cahier des sessions de la taille et des crues de 1526.

gardez lesdits trectez comme font obliger ceulx de France ; *item*, de l'obligation qui y est aux censures ecclésiastiques soubz clausule de *nisi*, par laquelle le Roy, Ma Dame, les princes, prélatz et tous les subgectz de France sont obligez ausditz censures universellement et particulièrement ; *item*, de ce que, à faulte de paiement des sommes accordées, les biens particulièrement de tous les subgectz sont obligez et seront prins en défaut de ladicte paie quelque lieu qu'ilz soient trouvez. A cette cause, a esté conclud que Monsr le Président, avec une partie des gens desdits Estatz, ira devers nos Srs Commissaires pour leur remonstrer ce que dessus et en communicquer avec eulx et adviser quelque moien honneste et prouffitable à la chose publique et en scavoir leur advis pour après par lesdits Estatz y estre procédé ainsi qu'ilz verront estre afaire par raison. » — La plupart des députés accompagnèrent chez les commissaires royaux leur président l'abbé d'Aniane ; d'accord avec lui, ils arrêtèrent « de leur bailler par escript les points dessus espécifiez pour mieulx y penser, ce qui a esté faict (1) ».

Quelles furent les raisons opposées par les commissaires aux scrupules des gens des États ? Nous ne le savons, mais elles furent jugées bonnes, car le procès-verbal du mercredi 18 porte simplement « que lesdits gens des Estatz ont advisé qu'il est nécessaire de ratiffier et approuver les trectez, tout ainsi que madicte Dame la Régente a mandé estre faict ». Ce ne fut pas toutefois sans supplier qu'il fut « pourveu de asseurance et relievement de indempnité aux habitans (du pays de Languedoc) en forme deue que, le cas advenant, les intéressez soient dédommagez des biens dudit S^r (le Roi) »... Le lendemain 19, les traités furent ratifiés et « l'ung desdits Estatz », P. le Blanc, procureur du pays en la sénéchaussée de Beaucaire, fut dépêché en poste à Lyon afin d'y solliciter de la Régente des lettres d'indemnité (2). Celle-ci les accorda incontinent et ses commissaires purent les remettre à l'assemblée avant sa dissolution le 26 du même mois (3).

En Normandie, la chose n'alla pas aussi simplement. D'abord, pour des raisons difficiles à déterminer exactement, on ne put ou on ne voulut pas soulever la question à la session ordinaire des

_____

(1) Arch. Nat. H 748 11, f°s 4 v° à 6 v°.

(2) *Ibid.*, f°s 8 v° à 10 r°.

(3) *Ibid.*, f° 14 v°. — Ces lettres furent approuvées le 3 février 1527 par le Roi. Cf. B. N. ms. fr. 5502, f° 57 v°. — Cette affaire est racontée dans l'*Histoire du Languedoc*, xi, 219-220.

États, consacrée à l'octroi de la Taille annuelle, qui s'ouvrit le 10 octobre à Rouen. Ce n'est pas qu'on n'y eût pensé cependant. Le Parlement de Paris dut s'en inquiéter et, par arrêt du 7, ordonna que les traités, déposés la veille à sa barre, seraient « doublez » et les « originaulx renduz et baillez » au secrétaire Commacre « pour les porter aux Estats de Normandie.., lesquelz se doivent assembler et tenir mardi prochain et tiendront deux ou trois jours seulement (1) ». Aussi, dans sa lettre du 14 à la Cour, Madame paraît croire les États déjà saisis de l'affaire : gourmandant les magistrats de leurs lenteurs, elle exprime la crainte que « si les gens des Estatz de Normandie en sentent quelque chose, ilz se y porront arrester (2) ». Ne faut-il pas attribuer à ces lenteurs le silence des commissaires de Madame à la session d'octobre? N'est-il pas permis de supposer qu'embarrassés par l'attitude du Parlement, ceux-ci estimèrent le moment inopportun, et, en dépit des ordres gouvernementaux, prirent sur eux de ne pas exécuter pour l'instant leurs instructions? Quoi qu'il en soit, il est certain qu'en octobre les États n'eurent à s'occuper que de la Taille (3).

Un mois plus tard, peu après l'enregistrement des traités au Parlement de Paris et à la date même où on les présenta à celui de Rouen, les « délégués » de la province furent convoqués de nouveau au seul effet formellement spécifié dans le mandement de Madame d'approuver ces conventions.

Ces « délégués », au nombre d'une cinquantaine environ, appartenaient aux trois ordres. Il y avait un délégué du Tiers-État par vicomté, à l'élection duquel concouraient non seulement les mandataires des diverses paroisses, mais aussi les nobles et les ecclésiastiques de la circonscription; quant aux délégués nobles et ecclésiastiques, on n'en comptait qu'un de chaque état par bailliage, et à leur choix étaient appelés à prendre part dans chaque bailliage, avec la noblesse et le clergé, les députés élus des vicomtés. A Rouen, par exception, les deux délégués noble et ecclésiastique du bailliage, ainsi que des délégués roturiers pour la ville et la vicomté, étaient élus tous ensemble à l'Hôtel de Ville par une assemblée où les « gens d'Église, Vingt-quatre du Conseil de l'Ostel Commun, Carteniers, Centeniers, Cinquanteniers et Dixeniers et autre grant nombre de personnes, tant nobles, gens de justice, marchans que autres », sans oublier les députés des quatre vicomtés

<hr>

(1) Ar. Nat. X¹ᵃ 1528, f° 804 r°, et *Captivité*, 356.
(2) *Ibid.*, f° 814 v° et p. 378.
(3) Arch. de Rouen, A 12, f°ˢ 379 v° à 383 v°.

rurales, confondaient leurs votes. Par une seconde singularité, dans ce collège électoral, le clergé de la ville n'avait d'autres représentants que deux mandataires du Chapitre métropolitain, tandis que les curés des paroisses suburbaines y étaient tous régulièrement appelés (1).

Comme dans la plupart des provinces du centre et du nord, pays de Taille personnelle, les États en Normandie ne représentaient proprement que le Tiers État, seul intéressé à l'octroi de la Taille, qui était l'unique raison d'être de ces assemblées. Pour employer l'expression d'un *Mémoire* dont nous parlerons plus loin, l'Église aussi bien que la Noblesse n'y figuraient « sinon que par forme de conseil et pour donner confort et ayde au Tiers Estat (2). » Les traités devant être homologués par les trois États et leur important à tous également, il y avait dans cette organisation matière à difficultés. Les Normands, gens experts en chicane, s'en aperçurent aisément et en tirèrent bon parti. — A Rouen, lorsqu'on voulut choisir des délégués le 10 novembre, la question se posa, et de deux côtés à la fois, à l'Hôtel de Ville et au Chapitre. Les Chanoines en effet députèrent comme de coutume à la Maison Commune leurs deux « Ordinaires de semaine », mais en leur donnant mission d'y lire et d'y faire enregistrer la protestation suivante : « Le Chappitre de Rouen n'a pouvoir d'esluyre ou constituer procureur pour et en nom du clergié du Diocèse ayant pouvoir de consentir et émologuer le traicté et obligacions faiz avec le roy d'Angleterre ainsi qu'il est contenu en mandement (3). » Le Chapitre reconnaissait donc que son privilège électoral habituel n'était plus de mise dès lors qu'il s'agissait de désigner un mandataire qui représentât réellement le Clergé. Tel fut aussi l'avis des gens de tout état appelés en qualité d'électeurs à l'Hôtel de Ville. Voici les résolutions auxquelles ils s'arrêtèrent : « Pour passer la procuracion, sera signiffié à Monsr de Rouen ou à ses Vicaires qu'il face assembler le Clergé

(1) Ce mode si particulier d'élection s'était fixé à la fin du règne de Charles VII et il persista jusqu'à la suppression des États deux siècles plus tard. Cf. les travaux de M. de BEAUREPAIRE, *Les États de Normandie sous Charles VII* (Précis analytique des travaux de l'Académie de Rouen, année 1874-5, vol. 77, pp. 301-303), *Les Derniers États de la province de Normandie (ibid., an. 1873-4, vol. 76, pp. 269 et suiv.) et la préface (pp. 8 et suiv). du troisième volume des *Cahiers des États de Normandie sous Louis XIII et Louis XIV*, à rapprocher des *Remontrances des États*, P. J., xxv.

(2) P. J., xxxv. Sur le caractère purement roturier des États Provinciaux de la France centrale sous Charles VII, cf. THOMAS, *États Provinciaux de la France centrale sous Charles VII.*

(3) Arch. de la Seine-Inférieure, G 2152, f° 194 v°.

de ceste viconté de Rouen pour nommer et esluyre gens ayant
pouvoir de comparestre en ceste Ville pour constituer procureurs
aux fins contenues endit mandement ; mesmes aussi a esté trouvé
qu'il estoit nécessaires y convoquer et appeller les nobles de ceste
dite Ville et Viconté ; et, pour ce faire, l'assemblée est différée à
lundi deux heures de rellevée (1). »

Cette délibération eut pour première conséquence de retarder la
tenue des États d'abord annoncée pour le 11. Quant aux démarches
à l'archevêché, l'archevêque, Georges d'Amboise (2), étant absent,
ce fut chez ses deux vicaires que le lendemain au matin le
Procureur de la Ville, P. le Gouppil, se présenta successivement
pour leur signifier qu'ils eussent à faire assembler le Clergé. Le
premier requis, Me Ric. du Fay, répondit « qu'il estoit bien tart »
mais « que Monseigneur devoit venir le lendemain auquel sera
parlé dudit affaire ». L'autre vicaire, Rebourset, que le Gouppil vit
ensuite, fut moins prudent : il dit qu'il se trouverait à l'assemblée.
Bientôt d'ailleurs, éclairé sans doute par les observations de son
collègue, il se ravisa : « environ une heure aprez », il demanda
« derechef veoir l'ordonnance » de la Ville « ce qui lui fut fait,
consenty et laissé ladite ordonnance, et, à une autre heure, le
Prévost de Conches comme vacant ou entremettier a dit que le
temps baillé est trop bref et qu'il convenoit temps compétent pour
assembler le Clergé et qu'il ne a esté acoustumé de convoquer le
Clergé de la viconté seullement (3) ».

L'assemblée décidée le 10 n'en eut pas moins lieu dans l'après-
midi du lundi 13. Le Chapitre, réuni le matin même au grand
complet, avait chargé ses Ordinaires de déposer une seconde protestation portant que les Chanoines n'avaient « pouvoir de constituer
procureur pour et ou nom du Clergé, et, à ceste cause, entendoient
que ledit Clergyé feust assemblé pour ensemble délibéré sur ledit
affaire, ce qui n'a esté fait, et pourtant ne scauroient autre chose délibérer pour le présent (4) ». Sur la lecture qu'ils en donnèrent à
l'Hôtel de Ville, l'évêque *in partibus* de Berrhoë (5), délégué ecclé-

<hr>

(1) Arch. de Rouen, A 12, fᵒ 387 vᵒ à 390 rᵒ.

(2) Fils de Jean de Bussy d'Amboise, neveu du ministre de Louis XII ;
il était devenu archevêque à vingt-trois ans à la mort de ce dernier ; il fut fait
Cardinal en 1545 et mourut en 1550.

(3) Arch. de Rouen, *ut sup.*, fᵒ 394 vᵒ.

(4) *Ibid.*, fᵒˢ 390 vᵒ et 391 rᵒ, et Arch. de la Seine-Inférieure, *ut sup.*, fᵒ
195 vᵒ.

(5) « Evesque de Verience, *episcopus Veriensis* »; la ville actuelle de
Veria ou Kara-Veria, *la Verre* de Villehardouin, est située non loin de

siastique aux précédents États, déclara « qu'il n'entendait assister esdits Estatz pour l'Église s'il n'a charge et procuracion du Clergié en ensuivant le mandement de Madame et ayant povoir accordé y assister ». Là-dessus, l'homme du Roi, l'avocat Mᵉ Nicole Caradas, de protester à son tour ; il le fit « de tous dommaiges et interestz contre ceulx qui seront treuvez en cause de délay ou dommage qu'il adviendra pour la dillation de passer la procuracion et de nommer personnages pour assister ausdits Estatz ». Bref, quand tous eurent opiné, on tomba d'accord que les « délégués » scraient les mêmes qu'aux États d'octobre, mais sous la condition expresse qu'ils ne voteraient rien sans en référer au préalable à l'Hôtel de Ville « et ce sans préjudice de la derraine délibération par laquelle il fut dit, pour le reffus des Doyen et Chappitre de Rouen de nommer personnaiges pour l'Esglise, que Très Révérend Père en Dieu l'archevesque de Rouen seroit inthimé et sommé de faire assister le Clergé de ladicte Viconté et se trouver au jourduy heure présente à la nomination, ce qui n'a peu estre fait pour raison de la breveté de temps, et aprez a esté proposé par Rebourset, vicaire, sur quoy a esté par nous dit derechef à la requeste des Gens du Roy que ledit archevesque fera deue dilligence de faire assembler le Clergé d'icelle Viconté pour passer procuracion à autres gens d'Église ayans puissance de nommer pour assister ausdits Estatz, consentir ou dissentir au contenu du mandement de Ma Dame en promectant tenir et sur la paine au cas appartenant et sauf les raisons et protestacions desdits officiers du Roy (1) ».

Somme toute, ces réserves de droit mise à part, les électeurs de Rouen ne procédèrent pas autrement que d'ordinaire. Il en fut de même dans le reste de la province ; il n'y eut nulle part « aucunes convencions de l'Estat de l'Église ne de l'Estat de Noblesse, mais seullement... seulle eslection des trois Estats en la manière accoustumée (2) ». L'assemblée enfin réunie le 14 à Rouen n'avait donc pas plus de valeur représentative que les États auxquels on demandait chaque année la Taille.

L'archevêque de Rouen et les présidents du Parlement (3) y

Salonique sur l'emplacement de l'antique Berrhoë de Macédoine ; c'est le siège d'un évêché suffragant de l'archevéché de Thessalonique, métropole de l'Illyrie orientale. Quant au nom du titulaire de ce siège en 1525, nous l'ignorons. Il n'est pas donné dans GAMS, *Series Episcoporum*, p. 429.

(1) Arch. de Rouen, *ut sup.*, fᵒˢ 390 vᵒ à 392 vᵒ.

(2) P. J., xxv.

(3) Le registre nomme Coulonces, Villy et Feu. Le premier, François de Bordeaux, baron de Coulonces, était président depuis 1519 et le second.

étaient Commissaires royaux; ce fut le premier qui porta la parole :
« L'on doit poursuyvre le pays », dit-il en substance, « et myeulx
vault la quérir par argent que par effusion de sang, et, là où nous
aurons paix, les povres seront en repos, et il convient craindre la
guerre pour ce [que] la marchandise n'a point de cours; par guerre,
les femmes demeurent veufves, les petits enffans mendres d'ans
tombent en tutelle; et, à ceste cause, il est requis ratiffier les traictez pour éviter aux grans maulx qui chacun jour adviennent par la
guerre. » Ce discours, que les autres commissaires appuyèrent de
leur mieux, ne convainquit personne. « Aprez, » rapporte le registre
de la Ville, « a esté requis ausdits Commissaires troys choses : la
première, que l'en baillast les articles des Estatz derrainement expé-
diez ; la seconde, que les contractz feussent communiquez ; et la
tierce, que les remonstrances qu'ilz soient estre à faire aux Estatz
segrètement leur feussent déclarez. A quoy a esté respondu que de
rellevée ilz assembleront pour ordonner sur le tout. »

Conformément à leurs instructions, les délégués rouennais profitèrent de cette suspension de séance pour rendre compte du tout
aux Vingt-quatre du Conseil. Ils en reçurent pleins pouvoirs. « A
esté trouvé.. que les nommez sont personnes scavans et qu'ils sçau-
ront bien eulx assemblez ensemble conclure avec les autres Bailliages de ce que sera à faire. » En même temps, à l'instigation
de Caradas, les Vingt-quatre engagèrent les hostilités contre l'administration archiépiscopale ; sur les réquisitions de cet officier
royal, ils l'autorisèrent « attendu le reffus d'assembler le Clergé...
faict par Mons' de Rouen », à saisir « le temporel » de l'archevêque (1).

Quant à la reprise de séance de l'après-midi et aux incidents qui la
marquèrent, il n'en est parlé ni dans le registre de la Ville ni dans
celui du Chapitre, mais nous savons que le succès ne couronna pas
les efforts des commissaires de Madame : les États refusèrent la ratification sollicitée. Ils justifièrent d'ailleurs, et savamment, leur
désobéissance. A cette session de novembre, en effet, il convient de
rapporter le curieux Mémoire « pour Monseigneur le Chancelier »,
imprimé dans nos Pièces Justificatives, qui contient « les difficultez
que peuvent faire les Gens des trois Estatz de Normandie ». Le
point de droit, fondement juridique des résistances des délégués,

Robert de Villy, depuis 1522; le troisième, Jean Feu, n'était encore que
conseiller; il devint président deux ans plus tard (*Histoire de la ville de
Rouen*, 1, 2ᵉ part., 50).

(1) Arch. de Rouen, *ut sup.*, fᵒˢ 392 vᵒ à 393 vᵒ.

c'est à savoir l'insuffisante valeur représentative des États, y est minutieusement établi et rigoureusement commenté ; sur lui repose toute l'argumentation, très serrée, encore qu'un peu subtile, soumise au Chancelier. Nous n'essaierons pas d'analyser ce factum, d'une habileté procédurière achevée : il vaut qu'on le lise d'un bout à l'autre ; c'est un modèle du genre (1).

Est-il besoin de dire que ces raisons de procureur, toutes spécieuses qu'elles étaient, ne touchèrent ni Madame ni son Conseil? A peine connut-on l'évènement à Lyon que l'ordre fut expédié de convoquer d'urgence d'autres États. Une semaine n'était pas écoulée que les Gens de Rouen étaient sommés de procéder à de nouvelles élections pour une session à ouvrir le 29 novembre. Mais les mêmes difficultés s'élevèrent.—Tout d'abord, les Chanoines renouvelèrent leurs déclarations du 10 et du 13. « Les Estas dont à présent est question », affirmèrent-ils, « ne sont de la qualité et sorte des autres pour ce qu'il est question de l'obligation des troys Estatz, et, à ceste cause, il est requis le consentement de chacun desdits troys Estatz, pour quoy le Chapitre est d'opinion que le clergié du Diocèse soit assemblé par Monseigneur l'Archevesque ou ses Vicaires pour constituer de leur part procureur ès fins contenus en mandement ou faire ce qu'il appartiendra par raison, car le Chapitre n'a pouvoir ne puissance de obliger l'Estat de l'Église (2). » — L'assemblée tenue le 21 à l'Hôtel de Ville se prononça dans le même sens; il y fut décidé que l'Archevêque « serait requis de la part du Commun de réunir le Clergé de la Vicomté afin que procureur fut constitué pour assister aux États au nom de toute l'Église et avec pouvoir d'homologuer les traités ». Le Lieutenant-Général du bailliage dut porter l'antienne à l'Archevêque. Il lui fut répondu qu'il était impossible de donner satisfaction à la Ville dans le délai trop court de la convocation des États. Toutefois, ce n'était pas une fin de non-recevoir absolue; l'Archevêque, naturellement désireux de voir l'affaire se terminer sans encombres, sut trouver un terrain de conciliation. Il se rendit de sa personne à une assemblée que les gens de Rouen eurent le 25 et fit entendre qu'il consentirait à paraître aux États en qualité de représentant du Clergé. Le compromis fut accepté; lui, ou ses Vicaires à son défaut, et l'évêque de Berrhoë furent aussitôt élus délégués ecclésiastiques. Le Chapitre

(1) P. J., xxv.
(2) Arch. de la Seine-Inférieure, *ut sup.*, f° 198 r°.

transigea également : il désigna deux de ses membres pour assister aux États (1).

Tout ainsi réglé tant bien que mal, les États eurent lieu au jour fixé. Mais ils ne furent pas de meilleure composition que les précédents ; pas plus qu'eux ils ne se prêtèrent à approuver les traités. A en croire le texte officiel de leur réponse aux commissaires de Madame, deux considérations les poussèrent à se conduire de la sorte : ce fut en premier lieu « en consideracion et regard à ce qu'il ne leur est aucunement apparu que Messeigneurs les Princes et Seigneurs de France ne mesmes les neuf Villes capitalles et principalles de ce royaulme premièrement nommez ès traictez aient aucunement ratiffié, auctorisé ne approuvé lesditz traictez » ; et, en second lieu, « attendu l'importance dudict négoce, affaire qui touche et concerne viscérallement en général et particullier tout l'estat du royaulme et sans la générallité duquel ne pourroient lesdictes ratifficacions estre faictes (2). »

Ces scrupules étaient-ils sincères? Il ne nous appartient pas de le rechercher. Qu'il nous suffise de constater qu'après ce double échec, bien des semaines s'écoulèrent avant qu'on songeât à le réparer. Le mauvais état de santé du Grand Sénéchal, Maulevrier, dont on croyait désormais la présence à Rouen indispensable, et aussi la considération des dépenses entraînées par ces réunions répétées des délégués, empêchèrent qu'on ne provoquât une troisième assemblée extraordinaire. Dans ses lettres des 13 et 19 janvier, J. Joachim affirme, il est vrai, qu'on va tenir incessamment les États et que les commissaires déjà désignés sont sur leur départ. Mais, le 28, la régente avoue que les délégués normands ne seront pas appelés « que ce ne soit le moys de mars prouchain », c'est-à-dire à la date même où on avait à obtenir d'eux leur part d'une crue de 600.000 l. t. On comptait donc profiter de cette session ordinaire pour requérir derechef l'homologation des traités. Cette épreuve fut épargnée aux Normands. Le gouvernement anglais semblant se soucier assez peu de leur approbation, Madame ne jugea pas à propos d'insister davantage auprès d'eux ; ses commissaires ne soulevèrent pas la question aux États du premier mars (3).—Nous verrons

(1) *Ibid.*, f°s 198 r° et v° et 199 v°.

(2) *Ibid.*, f° 200 v°. Une expédition authentique de cette réponse contresignée par le procureur le Gouppil est conservée à la B. N. ms. DUPUY 462, f° 85 r°.

(3) P. J., XLIX, LII et LIII.—Les lettres du 16 février 1526 portant convocation des États de Normandie pour le 1er mars sont dans *Captivité*, 490-496. Il

plus loin quelle fut la sûreté qu'Henri VIII et Wolsey exigèrent
pour suppléer à cette formalité de garantie.

VI

Les obligations demandées aux neuf principales Villes du
royaume étaient semblables à celles des Seigneurs. Aux termes de
la minute envoyée d'Angleterre par les ambassadeurs, leurs représentants devaient s'engager sous hypothèque des biens communs de
la ville et aussi des propriétés privées de chacun de ses habitants à
s'employer et à prendre soin afin que le roi de France ratifiât et
observât les deux traités de la paix et de l'obligation des deux millions (1). — C'était une garantie expresse qui rendait caution des
conventions de Moore non seulement les corps municipaux des
cités signataires, mais encore et solidairement les bourgeois qui y
résidaient.

Dans le dessein d'imposer silence aux réclamations que ne pouvaient manquer de soulever des actes susceptibles d'entraîner d'aussi
dangereuses conséquences, Madame accorda aux Villes les mêmes
sûretés qu'aux Seigneurs : elle promit par lettres patentes aux gens
des neuf Villes « de les relever de toute perte, dommaige et indempnité qu'ils pourroient avoir » et de leur faire obtenir du roi
son fils de nouvelles lettres de décharge (2).

Toutefois, il est à remarquer qu'au contraire de ce qu'elle fit pour
les Seigneurs, la Régente n'offrit pas ces garanties aux Villes dans

n'y est pas question des traités, pas plus que dans le registre de la Ville,
soit à l'assemblée du 28 février où on élut des délégués, soit à celle du
2 mars où ces derniers rendirent compte des États (Arch. de Rouen, *ut sup.*,
f°s 396 r° à 397 r°.

(1) « Nos prepositus et scabini... omnes et singulos tractatus et obligaciones exinde sequutas... ratifficamus, approbamus et confirmamus, ratos, gra-
tos et acceptos habemus; promittimusque sub ypotheca omnium bonorum
mobilium et immobilium presentium et futurorum dicte civitatis, omnium et
singulorum civium et incolarum ejusdem ac quorumcunque habitancium
in eadem, ubicunque locorum fuerint reperta, quod omnes et singulos tractatus et obligaciones... curabimus et faciemus per dictum... regem Christia-
nissimum... ejusque illustrissimam matrem in Francia Regentem eorumque
heredes et successores observari et perimpleri realiter et cum effectu. »
BONNARDOT, 293-294 (forme d'obligation envoyée aux Parisiens par Madame).

(2) Cf. lettres du 24 octobre 1525 aux gens de Reims, imp. dans *Cab.
hist.*, II, 149.

le temps même qu'elle les requit de passer l'obligation. Elle leur
envoya d'abord des lettres closes en date du 14 septembre contenant
simplement l'injonction de fournir cette pièce : ce furent des ordres
ainsi libellés que les Lyonnais reçurent le 22 septembre, les Parisiens le 25, les Tourangeaux le 28, les Toulousains le 30, les
Rémois le 2 octobre, etc.... (1) Puis, cette première mise en demeure
n'ayant pas suffi auprès de la plupart des Villes, elle prit le parti de
leur fournir, en leur intimant derechef ses volontés, des garanties
en forme authentique propres à les rassurer : le 24 octobre des lettres
patentes d'indemnité furent expédiées en faveur de toutes les
Villes (2).

Ces tardifs ménagements n'eurent pas le succès qu'on s'en promettait. Trois villes, Toulouse, Lyon et Amiens avaient passé l'obligation sur le vu des premières lettres ; une seule, Reims, dont les
habitants avaient décidé en principe d'obéir dès le 3 octobre, souscrivit cet acte à la réception des secondes lettres ; les cinq autres,
Paris en tête, s'y refusèrent aussi énergiquement après qu'avant.
Ainsi, des neuf villes, quatre seulement satisfirent aux exigences
des traités dans le délai de trois mois convenu à Moore.

La plus docile de toutes fut sans contredit Toulouse. Les lettres
du 14 septembre y parvinrent aux Capitouls le 30. Une assemblée
fut aussitôt décidée pour le lendemain : elle devait comprendre,
outre les notables bourgeois, des représentants du Clergé et de
l'Université. Cette dernière, sous prétexte que les Capitouls ne
l'avaient pas convoquée, n'envoya pas de délégués, et, des ecclésiastiques, il ne vint que le Vicaire de l'Archevêque ; quant aux bourgeois, ils se rendirent à la Maison de Ville au nombre d'une
trentaine environ.

Un des Capitouls, M. de Villion, exposa le cas à ces quelques
assistants. Madame, par une habileté dont elle usa aussi à l'égard
des autres Villes, avait écrit que « desjà la ville de Paris » avait
accordé l'obligation, et, à l'appui de cette assertion, elle avait
envoyé « ung doble de la émologation faicte par ceulx de Paris ».
Villion en informa ses auditeurs, mais il fit observer en même
temps que ce double n'était « pas signé ny en forme deue ».

(1) BONNARDOT, 292 ; Arch. de Lyon, B B 44, fᵒˢ 118 rᵒ et vᵒ ; de Tours,
Délibérations, XVIII, et de Toulouse, Délibérations de 1524-1543, fᵒˢ 11 vᵒ-
12 rᵒ ; de Reims, Conclusions, VI, p. 579, etc...

(2) BONNARDOT, 301 ; Arch. de Lyon, inv. Chappe, 1ʳᵉ partie, titre IV, nᵒ 10 ;
de Toulouse, *ut sup.*, fᵒ 17 rᵒ ; de Reims, *ut sup.*, pp. 585-587, etc...

De son côté, le Vicaire de l'Archevêque s'éleva contre l'absence des gens de l'Université et demanda que l'affaire fût remise à une seconde assemblée où leur présence serait exigée. Mais les bourgeois passèrent outre à ces réserves. Sans hésiter, ils votèrent sur le champ qu'ils approuveraient « lesdits articles et accord, *obligando bona civitatis et civium ejusdem*, tout ainsi que a esté faict par ceulx de Paris, auctrement non » (1).

Il avaient compté sans les Capitouls. Bien qu'ils eussent promis d'exécuter la décision prise par l'assemblée, ceux-ci, « pour ce que l'Université n'estoit présente et que l'Eglise ne vouloit oppiner » arrêtèrent de ne pas despescher ladicte délibération sans plus grande délibération de Conseil ». Pour triompher des scrupules du Clergé et de l'Université, ils eurent recours au Parlement : sur leur requête, la Cour rendit le 2 octobre un arrêt enjoignant au Vicaire de l'Archevêque et aux Syndics, Recteurs et Régents de l'Université d'obtempérer à leurs convocations (2).

La nouvelle assemblée, qui eut lieu le mardi 3 octobre, fut beaucoup plus nombreuse que celle de l'avant-veille ; outre les gens de l'Église et de l'Université, il y parut plus de soixante bourgeois. Le résultat ne fut d'ailleurs pas différent : à l'unanimité, les assistants confirmèrent le vote du 1er octobre. — Les Capitouls, agissant au nom de la Ville, passèrent en conséquence l'obligation à la date du 3 octobre, c'est-à-dire quatre jours seulement après la réception des ordres de la Régente ; ils prirent toutefois la précaution d'y spécifier que les Toulousains entendaient ne s'obliger que « *modis et formis et sub obligationibus... quibus civitas Parisiensis et communitas illius fecit et obligavit, et non aliter neque alias* (3) ». — Ajoutons que Madame, s'étant décidée trois semaines plus tard à l'expédient des lettres d'indemnité, eut l'attention d'en faire tenir une ampliation aux habitants de Toulouse (4).

Lyon, où résidait la Régente et qu'elle avait pour ainsi dire sous sa main, ne la fit guère attendre non plus.

(1) Arch. de Toulouse, *ut sup.*, f°s 11 v° à 12 v°. — Avec les lettres du 14 septembre étaient arrivées des lettres du 17 « touchant la publication de la paix de laquelle envoyoit la forme ». En conséquence, les Capitouls s'était entendus avec le Parlement et avait fait faire cette publication « à voix de trompe » ainsi que « la procession généralle ».

(2) *Ibid.*, f°s 12 v°-13 r°. — L'arrêt du 2 octobre figure en original sur les registres du Parlement aux Arch. de la Haute-Garonne, B 20, f° 656 r° et v°.

(3) *Ibid.*, f°s 14 v°-16 v°, et RYMER, XIV, 97-98.

(4) *Ibid.*, f° 17 r°.

On se rappelle que le Maréchal de Trivulce avait apporté le 22 septembre aux Conseillers de Ville la nouvelle de la paix ; il leur avait remis aussi les lettres closes du 14 septembre avec la « forme » de l'obligation. « C'est celle que la ville de Paris a tenue en faisant ladite obligation, » avait-il affirmé, « laquelle il est requis que les autres villes facent toute pareille et sans aucune mutacion et changement fors de l'intitulation et commencement d'icelle (1) ». La chose souriait assez peu aux Conseillers ; s'ils mirent un grand empressement à publier la paix, ils montrèrent beaucoup moins d'ardeur à s'occuper de l'obligation. Pendant près d'un mois, jusqu'au 20 octobre, le registre de leurs délibérations est muet sur cette ennuyeuse affaire.

Ce jour-là seulement, nous voyons qu'ils sont pressés par le Chancelier et par Trivulce « de faire et leur bailler la ratifficacion du traicté de paix ». Mais, ajoute le registre, « après que ladite forme de ratifficacion a esté veue, pour ce qu'elle contient obligacion des citoiens et biens de ladite Ville en général et particulier pour observer et acomplir ce qu'a esté acourdé par lesdits Embassadeurs et à paier les sommes de deniers ès termes et lieuz memes nommez esdits traictez et acord, se sont trouvez mesdits S[rs] les Conseillers fort perplex de ce que ladicte forme de ratifficacion contient ratiffier lesdites promesses et acordz et obligacion de paier certaines sommes de deniers sans savoir quoy ne comment, car les articles de ladite paix ne sont communiquez, et, par ainsi, sera ratiffié une chose sans savoir quoy, aussi qui refusera faire ladite ratifficacion l'en pourra irriter madite Dame et Conseil et pourroit l'en dire que ladite paix seroit cessée par faulte de faire ladite ratifficacion et pourroit retarder le relache du Roy estant prisonnier en Espagne, dont s'en pourroit ensuivre à ladite Ville quelque indignacion et gros inconvénient irréparable, à ces causes et autres à ce les mouvans a esté ordonné faire dès demain assemblée des Notables et Maistres des Mestiers pour faire ladite ratifficacion (2) ». En même temps, pour dégager complètement leur responsabilité, les Conseillers firent dresser par le notaire Jacques Colland un acte authentique portant qu'en dépit de cette convocation, ils protestaient « de ce qu'ilz ne savent le contenu aux articles de la paix (3) ».

Le lendemain vendredi, 21 octobre, se réunit l'assemblée des « Notables et Maistres des Mestiers représentans le corps commun

---

(1) Arch. de Lyon B B 44, f°s 118 r° et v° et 120 r° à 121 r°.
(2) *Ibid.*, f° 126 r° et v°.
(3) *Ibid.*, f°s 126 v° et 127 r°.

de la Ville ». On y appela soixante-deux Notables du quartier
« devers Feurvière », soixante-quatre du quartier « devers le
Rosne » et soixante-huit Maîtres de Métiers, en tout près de deux
cents personnes ; mais, au vote, on ne trouve que quatre-vingt-sept
suffrages exprimés ; la moitié au moins des habitants semons à la
Maison de Ville s'abstint donc d'y paraître (1).—Le premier opinant
fut Jean du Peyrat, lieutenant du Sénéchal de Lyon ; fonction-
naire et homme du Roi, il ne lui était pas permis d'hésiter ; il
déclara qu'il fallait « passer et faire ladicte ratifficacion selon la
forme envoyée. » Après lui, François des Champs émit un vote
moins gouvernemental ; il dit qu' « il seroit bon y penser et faire
autre assemblée, mais, s'il est forcé faire dès aujourdhuy la ratifficacion, qu'on la doit passer parmy ce que ceulx de Paris aient
passé ladite ratifficacion et selon et en la forme qu'ilz l'auront
passé et non autrement (2) ». A l'une ou à l'autre de ces deux
opinions, on peut rattacher toutes celles qui furent formulées ensuite. La motion de J. du Peyrat obtint cinquante-deux voix, sans
compter trois votes douteux. En faveur de celle de Fr. des Champs
ne se prononcèrent que vingt-cinq voix, dont une assez peu franchement ; en outre, cinq des assistants proposèrent qu'on fît comme
les autres villes et un sixième déclara adopter la première partie de
l'opinion de F. des Champs, le renvoi à une assemblée ultérieure ;
enfin, six autres ouvrirent l'avis qu'on appelât le clergé et qu'on
le contraignit à s'obliger : au total, cela faisait à peine une qua-
rantaine de votes défavorables (3). La majorité était acquise à
Madame ; les partisans des opinions mises en minorité ne s'en-
têtèrent pas dans leur opposition ; ils se rallièrent sur le champ à
celle qui avait triomphé : « Depuys, en celles mesmes assemblée,
lesdits des Champs, Odoyn et autres qui ont opiné califficément

---

(1) *Ibid.*, f⁰ˢ 128 v⁰ à 131 v⁰. — Avant l'énumération des habitants convoqués, le registre porte « desquelz sont comparuz ceux qui sont cotez au
dos. » Ce système d'émargement, d'un usage constant dans les registres
lyonnais, fonctionna mal dans le cas présent : il n'y a que vingt et un noms
cotés, à savoir ceux de dix-sept notables « devers Feurvière », d'un seul
« devers le Rosne » et de trois « Maistres des Mestiers », tandis qu'en fait
on compta quatre-vingt-sept votants ; vérification faite, beaucoup de personnages dont l'opinion est expressément rapportée ne sont pas émargés. De
plus, assez fréquemment, le même nom figure sur les deux listes des
Notables et des Maîtres de Métiers ; le porteur n'opinant cependant qu'une
fois, ce fait réduit notablement l'écart entre le chiffre des inscrits et celui
des votants, et partant le nombre des abstentions.
(2) *Ibid.*, f⁰ˢ 135 v⁰ et 132 r⁰.
(3) *Ibid.*, f⁰ˢ 132 r⁰ à 135 r⁰.

ont tous retraicté lesdites opinions califiées et ont avec tous les autres unanimément consenty et voulu, veullent et consentent passer ladite ratifficacion et obligacion faite purement et simplement selon ladite forme envoyée par madite Dame sans riens adjouxter ne diminuer (1). » Effectivement à la suite de ce vote, l'obligation fut souscrite par les Conseillers avec l'assistance de deux notaires (2).

Comme Toulouse, pour avoir donné satisfaction à Madame, Lyon ne fut pas sacrifiée ; peu de jours après, les Conseillers reçurent les lettres d'indemnité du 24 octobre (3).

De même qu'à Toulouse et à Lyon, à Amiens on s'inquiéta de la conduite que tiendrait les Parisiens, et, comme la capitale n'était pas très éloignée, on leur écrivit pour demander conseil. Mais on n'en eut pas de réponse : le Prévôt et les Échevins de Paris, en gens prudents, craignant que les Amiénois « ne facent quelque excuse sur eux » gardèrent le silence (4). Les gens d'Amiens s'adressèrent alors au Parlement. « Nous avons sceu, » lui écrivirent-ils le 27 octobre, « qu'ils (les Parisiens)ont remis le négoce par devers vous ; à ceste cause, envoyons le présent porteur pour savoir se aucune chose en a par vous esté expédié, dont il vous plaira nous advertir. » La Cour, qui avait fait son devoir, n'avait rien à cacher ; elle envoya aux Amiénois copie de sa délibération du 19 octobre (5). Ainsi encouragés à l'obéissance, ceux-ci se décidèrent à passer l'obligation ; ils le firent le 3 novembre, c'est-à-dire le jour même ou le lendemain du jour où leur parvint la réponse du Parlement (6).

Le Conseil de Ville de Reims eut connaissance le 2 octobre des lettres closes du 14 septembre. Il convoqua immédiatement l'assemblée générale pour le lendemain au matin. Mais les habitants qui se trouvèrent à l'heure indiquée aux Cordeliers étaient en si petit nombre qu'ils durent se séparer après avoir décidé qu'il y aurait une nouvelle réunion « à heure du premier cop de none » ; une amende de 40 s. p. fut prononcée contre ceux qui négligeraient d'y assister. Cette menace amena huit à neuf cents personnes aux Cordeliers à deux heures de l'après-midi. On lut les lettres de Madame, et il fut arrêté, sans contestation, semble-t-il, que les

---

(1) *Ibid.*, f⁰ˢ 135 r⁰ et v⁰.
(2) *Ibid.*, f⁰ˢ 135 v⁰ à 137 r⁰, et RYMER, XIV, 99.
(3) *Ibid.*, Inv. Chappe, 1ʳᵉ partie, tit. IV, n⁰ 10 (p. 345 du t. II).
(4) BONNARDOT, 299.
(5) Arch. Nat. X¹ᵃ 1528, f⁰ˢ 832 v⁰ et 833 r⁰.
(6) RYMER, XIV, 99-100.

délégués du Conseil dresseraient l'obligation qui serait passée sous les sceaux de l'Échevinage (1).

Cette louable résolution une fois prise, il ne paraît pas qu'on se soit beaucoup inquiété de la mettre à exécution. Tout un grand mois se passa avant que le Conseil de Ville s'en occupât. Encore ne fut-ce qu'après avoir reçu le 3 novembre les lettres patentes du 24 octobre, accompagnées de lettres closes du 26 réclamant avec instance l'obligation. — Au lieu de faire simplement ce que leur avait ordonné l'assemblée du 3 octobre, les membres du Conseil allèrent aux informations comme les Échevins d'Amiens. Ils dépêchèrent à Paris un certain Jean Brillet pour « savoir la forme comment les habitans ont promis et passé le traicté ou obligacion requis par Madame ». De retour le 11 novembre, leur messager leur apprit que les Parisiens n'avaient encore rien décidé. Là-dessus, les Conseillers se résolurent à fournir l'obligation « en la forme et manière qu'il a esté conclud en l'assemblée dernièrement faicte aux Cordeliers ».

Toutefois, ils voulurent envoyer auparavant le lieutenant de la Ville vers le Gouverneur de Champagne, Claude de Lorraine, pour prendre son avis. — Sur sa réponse, apportée le 19 novembre, une assemblée générale fut provoquée par le Conseil et tenue le 20 à huit heures du matin (2). Plus nombreuse que celle du 3 octobre, elle compta de mille à douze cents assistants; dans deux séances, avant et après midi, on y vota pour la seconde fois qu'on accorderait l'obligation telle que la demandait la Régente et que cet acte, signé par le Greffier du Conseil et scellé des sceaux de l'Échevinage, serait confié au lieutenant pour le « porter à Madame à Lyon ou ailleurs où elle sera ». — Couverts par ces nouvelles déclarations, les Conseillers n'hésitèrent plus ; l'obligation fut dressée le jour même (3).

A dix jours de là, le 30, expirait le délai de trois mois. A cette date, Louise de Savoie n'avait encore rien obtenu des cinq villes de Paris, Rouen, Bordeaux, Tours et Orléans. De ce côté, elle n'était pas au bout de ses peines. Les municipalités récalcitrantes ne s'engagèrent que beaucoup plus tard, lorsque la capitale leur eut

(1) Arch. de Reims, Conclusions, VI, pp. 578 à 582.
(2) *Ibid.*, pp. 585 à 594.
(3) *Ibid.*, pp. 594 à 599, et RYMER, XIV, 101-102. — L'obligation est au nom des trois ordres de la Ville, au nom desquels stipulent pour le clergé les hauts dignitaires du Chapitre, pour la noblesse trois gentilhommes et pour le tiers l'échevinage et les marchands.

enfin donné l'exemple de la soumission. Assurément, ce n'est pas dans l'opposition des bourgeois parisiens qu'il convient de chercher la première cause de ces résistances ; les répugnances fort naturelles que devaient éprouver les villes à courir les risques des obligations d'Angleterre suffisent à expliquer leur conduite ; mais elles n'auraient vraisemblablement pas osé persister aussi longtemps dans leurs refus, si elles ne s'étaient senties soutenues et encouragées par l'attitude insubordonnée des gens de Paris.

L'organisation municipale de Paris est connue. Son rouage le plus important était le Bureau de la ville, composé d'un Prévôt des marchands et de quatre Échevins élus pour deux ans. Jean Morin, lieutenant de la Prévôté de Paris, avait été nommé Prévôt en août 1524 ; il avait pour Échevins Cl. Lelièvre, P. Lormier, Jean Turquan et Ch. Foucault. A côté de ce corps élu, on trouvait des Conseillers de ville, au nombre de vingt-quatre, choisis par le Prévôt et les Échevins pour un temps indéterminé, inamovibles et jouissant d'une rétribution annuelle ; parmi eux figuraient toujours des membres du Parlement et des autres Cours souveraines ; ainsi, Ch. Guillard, Ant. le Viste et Cleutin, présidents au Parlement, étaient entrés au Conseil en 1500, Jean Hurault, président aux Aides, et Denis de Bidant, président aux Comptes, en 1503. Seize Quarteniers, un par quartier, ayant sous eux des Cinquanteniers et des Dizainiers, représentaient dans les diverses parties de la Ville l'autorité centrale municipale : chefs militaires des bourgeois de leurs quartiers, ils veillaient au maintien de l'ordre et faisaient exécuter les décisions du Bureau que leur transmettait le Prévôt. C'était donc le Bureau qui gouvernait avec l'assistance du Conseil et par l'intermédiaire des Quarteniers. Mais il n'expédiait de la sorte que les affaires courantes ; lorsqu'il survenait quelque événement extraordinaire, qui nécessitait des résolutions graves et de nature à compromettre les finances de la Ville, le Prévôt et les Échevins, sur l'avis du Conseil, recouraient le plus souvent à la réunion d'Assemblées plénières auxquelles ils soumettaient le cas. La composition de ces assemblées est assez difficile à déterminer ; elle n'était pas constante et dépendait des convocations lancées par le Bureau ; ce qui suit fera mieux connaître qu'un exposé théorique leur caractère et leur rôle (1).

(1) Cf. LEROUX DE LINCY et ROBIQUET, *passim*. — Au sujet des noms des Échevins en exercice en 1525, nous devons noter que VERSORIS (p. 176) indique comme quatrième Échevin au lieu de Foucault un certain Maudétour, élu d'après lui en août 1525 ; mais la liste du registre KK 1009 reproduite par LEROUX DE LINCY (p 224) et BONNARDOT (p. 314) lui donne tort.

Les lettres par lesquelles Madame ordonnait aux gens de Paris de s'obliger en garantie des traités d'Angleterre furent présentées le 25 septembre au Bureau par l'archevêque d'Aix, lieutenant du Roi à Paris (1). Il en fut référé le lendemain aux Conseillers. Ceux-ci décidèrent que la matière étant « de grosse importance » on convoquerait pour en délibérer « grosse et notable assemblée en la Grant Salle » où seraient « appellez gens notables de tous estatz, tant d'Église et de l'Université que de la Court de Parlement, Chambre des Comptes, Généraux de la Justice et d'autres cours et jurisdictions de Paris, les Conseillers de la ville, les Quarteniers avec bon et gros nombre de bourgeois et marchans de chascun quartier (2) ». Cette manière de procéder, qui impliquait des délais assez longs et laissait tout en question, fut loin de plaire, semble-t-il, au messager qui avait apporté les lettres de la Régente. Lorsqu'il sut « que on avoit délibéré en la Maison de Ville d'assembler autres que ceux qui sont du Conseil d'icelle, » il dit au prévôt Morin « par une, deux et trois foiz qu'il regardast bien quelles gens il prendroit (3). »

L'assemblée avait été fixée au 4 octobre. L'avant-veille, le Prévôt se rendit au Parlement et pria fort humblement la Cour de vouloir bien députer à l'Hôtel de Ville quelques-uns de ses membres ; mais le président Guillart lui répondit que la Cour était « ung corps séparé de la Ville, supérieur et de plus grosse auctorité, » qu'elle devait de son côté approuver les traités et qu'ainsi elle n'entendait pas se faire représenter à l'assemblée (4). La Chambre des Comptes, la Cour des Aides et les autres juridictions déclarèrent qu'elles n'agiraient pas autrement que le Parlement ; enfin l'Église et l'Université n'obéirent pas davantage à la convocation de l'Échevinage et du Conseil (5).

Néanmoins, l'assemblée se réunit le mercredi 4 octobre. L'archevêque d'Aix y exposa l'objet des lettres de Madame ; il termina

---

(1) Pierre Filleul, évêque de Sisteron en 1504 et archevêque d'Aix depuis 1508, était devenu lieutenant à Paris en 1522 : il mourut en 1540.

(2) BONNARDOT, 292-295.

(3) Disc. de Morin au Parlement, Arch. Nat. X1a 1528, f° 788 r° et *Captivité*, 335.

(4) Ar. Nat. X1a 1528, f°˙ 788 r° à 789 r° et *Captivité*, 335-337.

(5) Il n'y a rien là-dessus dans les Mémoriaux reconstitués des Comptes non plus que dans les divers recueils d'extraits des Registres secrets des Aides que nous avons consultés (Ar. Nat. Z1a 155, B. N. ms. fr. 23879, etc.). — Pour l'Église, les Registres capitulaires de Notre-Dame nous apprennent que le Chapitre fut semons le 3 octobre par le Greffier de la ville et que le 4, après délibération, « conclusum est pro causis hic allegatis et omnibus consideratis quod non mitteretur ex parte Capituli dicte congregacioni ». Ar. Nat. LL 239, p. 121.

son discours en exaltant les avantages de la paix et en faisant
remarquer qu'elle était l'œuvre d'un ambassadeur né à Paris ;
puis il se retira pour permettre aux assistants de délibérer. Malheureusement, les bourgeois et les marchands venus seuls à l'Hôtel
de Ville refusèrent de rien conclure dans ces conditions. Trois
avocats au Parlement, Jean Bouchard, Jean Dugué et François
Boileau, appuyés « par autres plusieurs des mandez par la ville,
obvièrent qu'ilz trouvoient la chose bien estrange de soy obliger et
qu'il convenoit que la Cour de Parlement y fust et qu'ilz ne s'obligeroient point ». — De ces avocats, le premier est bien connu. Il
avait déjà eu maille à partir avec l'autorité. En 1518, à l'occasion du
Concordat, chargé, avec plusieurs de ses confrères, entre autres un
Versoris, de soutenir l'opposition formée par l'Université et les
Églises conventuelles, il avait remontré « avec une hardiesse admirable » et « avait plaidé si vertueusement » qu'il avait couru risque
de la prison ; PASQUIER dit même qu'il avait été enfermé au Louvre,
mais le *Bourgeois* affirme qu'il évita d'être arrêté en s'éloignant de
Paris ; au moins, avait-il été poursuivi devant une Commission
royale. En 1523, servant de second à Montholon dans sa défense
des droits de Bourbon, il avait déployé en faveur de l'adversaire de
François et de sa mère « le plus beau de son scavoir ». Jean Dugué n'avait pas un passé aussi chargé ; oncle du poète Ch. Fontaine, il aimait à taquiner la Muse ; il y a de ses vers dans les
Ruisseaux de son neveu et il en avait, à son aveu même, commis
beaucoup d'autres. Nous ne savons rien de François Boileau. —
Les observations ainsi présentées émurent l'assemblée. « Il y eust
ung merveilleux murmure » et on arrêta d'abord qu'avant d'opiner
sur l'obligation on exigerait communication des traités ; cette satisfaction obtenue, on procéderait à une seconde assemblée et on y appe-
lerait, ainsi qu'on avait fait à la première, les gens d'Église et de
Justice ; à ce propos, on enjoignit formellement au Prévôt et aux
Échevins de se présenter devant le Parlement et de requérir derechef son concours. Somme toute, pour parler comme VERSORIS, des
lettres de la Régente « l'on ne teint pas grant compte » (1).

(1) BONNARDOT, 296-297 ; Arch. Nat. X¹ᵃ 1528, fᵒ 799 rᵒ ; *Bourgeois*, 261-262 ;
VERSORIS, 177. — Bouchard, Dugué et Boileau figurent sur la liste des
avocats en 1524 donnée par LOYSEL dans le *Dialogue, ut sup.*, 574-575. Sur
Bouchard, on peut consulter : LOYSEL, *op. cit.*, 501, PASQUIER, *Recherches*,
l. IV, chap. 27 ; *Bourgeois*, 64, 65, 69, 70, 151 ; enfin, Ant. de LAVAL, *Desseins
de professions nobles et publiques*, Paris, *1612*, in-4ᵒ, fᵒˢ 282 vᵒ et 286 rᵒ et vᵒ
(Mémoire de MARILLAC sur le procès de Bourbon). Sur Dugué, cf. les *Ruisseaux* de Ch. FONTAINE, pp. 298-302.

Conformément à cette délibération, Jean Morin et ses Échevins allèrent le surlendemain au Palais. Ce fut pour s'entendre renouveler par Guillart les déclarations du 2 octobre ; le Président conclut en leur faisant défense d'adresser dorénavant aucune convocation « générallement ne particulièrement » aux membres du Parlement « et qu'ilz ne y reviennent plus sur peine de encourir l'indignacion de ladicte Court » ; mais, ajouta-t-il, ils avaient « d'autres pour les conseiller et de grans et de gros personnages en ceste ville, et qu'ilz les appellent, et ne fault qu'ilz empeschent un si grant bien que le bien de la paix. » Là-dessus, le Prévôt dit qu'il n'ignorait pas que la Cour était « souveraine et que jamais elle ne fut appellée pour se trouver à l'assemblée de la Ville » ; mais il y avait « d'autres corps qui se veullent exempter soubz umbre de ladicte Court, comme la Chambre des Comptes et les Généraulx de la Justice » ; il désirait donc savoir si le Parlement trouverait bon qu'on les y contraignît. Guillart répondit que la Cour ne s'y opposerait pas et que les gens de la Ville feraient bien d'en user de la sorte (1).

Cependant, il s'écoula près de trois semaines sans qu'il fût donné suite au projet de réunir une nouvelle assemblée. Il semble bien qu'on ouvrit dans les premiers jours des négociations avec les compagnies récalcitrantes, mais tout donne à croire qu'on n'y mit pas beaucoup de zèle (2) ; de plus, soit embarras, soit mauvais vouloir, la municipalité parisienne négligea de communiquer à l'archevêque les résolutions prises le 4 octobre. Aussi, vers le milieu du mois, Madame, « esbahye qu'elle n'avoit eu nouvelles de la Ville, » dépêcha le seigneur de Jonas à ce prélat avec l'ordre de presser les Parisiens. Malgré le silence gardé à son endroit, celui-ci n'avait pas été sans être instruit de ce qui s'était passé à l'assemblée plénière ; en particulier, il savait que les bourgeois avaient manifesté le désir d'être informés des conditions de l'accord ; aussi prit-il soin d'apporter une copie des conventions de Moore, lorsqu'il accompagna le 28 M. de Jonas devant le Bureau de la ville ; là, il fit connaître quelle était la mission de ce gentilhomme et remit les traités au Prévôt (3).

(1) Ar. Nat. X¹ᵃ 1528, fᵒˢ 799 rᵒ à 800 rᵒ et *Captivité*, 351.

(2) Nous savons qu'au 11 octobre l'échevin Lormier fit dire à la Cour des Aides « qu'il estoit envoyé de la Ville pour parler à ladicte Court », et que Mᵒˢ Benoist Larcher et Cleradius de la Rosière furent « députez et déléguez pour parler à luy et scavoir ce qu'il vouloit dire ». (B. N. ms. fr. 23879, fᵒ 61 vᵒ). Mais c'est là tout. Il n'y a rien dans les Registres capitulaires.

(3) Bonnardot, 297-298. — L'archevêque alla prendre cette copie des traités

Le résultat de cette démarche fut que l'on convoqua pour le lundi 30 octobre une seconde assemblée plénière. Comme à la précédente, on y appela, avec les bourgeois et les marchands, le clergé, l'Université et les gens des Cours de Justice ; mais aucun de ces corps privilégiés ne s'y fit représenter (1). L'archevêque d'Aix et le seigneur de Jonas y parurent et requirent les assistants d'accorder l'obligation ; le Prévôt des marchands ayant dit qu'il serait bon d'avoir des garanties, l'archevêque répliqua que la Régente avait déjà accordé des lettres d'indemnité au seigneur de Montmorency et qu'il ne faisait nul doute qu'elle n'accordât « seureté » à la Ville « telle que on vouldra. » Jean Morin prit ensuite la parole. Son discours fut embarrassé : en effet, s'il partageait comme bourgeois de Paris les sentiments des membres de l'assemblée, comme lieutenant de la Prévôté il était officier royal et sa qualité de Prévôt des marchands le rendait responsable aux yeux de Madame de tout ce qui se passait. Il montra la copie des traités et en analysa sommairement les principales dispositions. Puis, il fit observer que, « quelque chose que aucuns ayent voulu dire », il ne voyait point pour sa part « que la ville de Paris soyt obligée, sur peine d'interdict ou d'excomuniment ou prinse de corps ; et, pour ce », dit-il, « pour bien oppiner en cest affaire, fault considérer le bien qui nous peult advenir au royaume par le moien de la paix et du dommaige au contraire ; et ne pevent les particuliers faire difficulté d'obliger les biens du Corps de la ville ; et, sur la difficulté de leurs biens qu'ilz craignent estre exécutez à faulte de paiement ausdits termes, ne croyt pas ledit Prévost qu'il y ayt deffault aux paiemens et termes, ne que lesdits particuliers y puisssent avoir cy-après perte ou dommaige ; et, néantmoins, pour en oster la suspicion, seroit bon d'aviser que Madame leur baillast seureté d'indempnité, et que sur ce chascun y advise et en oppine ». En terminant, il supplia ses administrés « que, en oppinant, soient prudens et saiges de ne dire chose qui puisse et doibve desplaire au Roy, à Madame et à Messrs du Conseil, et que, s'il y avoit

au Parlement sur les registres duquel ils avaient été transcrits. Procès-verbal du 24 octobre, Ar. Nat., *ut sup.*, fᵒ 823 rᵒ.

(1) Bonnardot, 298. — Les gens du Parlement ayant été convoqués individuellement par l'Échevinage, la Cour en délibéra et, après avoir ordonné qu'aucun de ses membres ne se rendrait à l'assemblée, elle manda J. Morin et lui signifia « inhibicions et défenses que doresnavant il n'eust à donner ses mandatz pour semondre ladicte Court généralement ne aucuns d'icelle particulièrement ». Procès-verbal du 30, *ut sup.*, fᵒ 832 rᵒ et vᵒ et *Captivité*, 388.

quelc'un faisant le contraire, il ne luy seroit pas souffert, mais en seroyt reprins comme il appartient, et qu'on ne rapporte point autrement que ainsy qu'il a esté dit et fait (1) ».

Ces conseils circonspects ne furent pas suivis. De même qu'au 4 octobre, l'assemblée se déclara insuffisante; le sentiment général fut qu'il fallait adresser une troisième sommation aux gens de l'Église, de l'Université et des Cours de Justice ; on décida aussi que chacun des Quarteniers recevrait un double des traités et en donnerait connaissance aux habitants de son quartier. Bientôt d'ailleurs l'assemblée devint fort tumultueuse : on ne s'entendit pas sur la manière dont on tiendrait la nouvelle réunion ; plusieurs systèmes furent mis en avant, et, chacun parlant à la fois pour soutenir le sien, le désordre fut au comble et on dut lever la séance. Le procès-verbal porte « que se sont confusément gettées et proférées diverses voix et opinions sans ordre, lesquelles n'ont peu estre entendues ne rédigées par escript, et, sans y mettre fin ne conclusion, s'est départie l'assemblée (2) ».

A la suite de ces fâcheux incidents, la municipalité, forte de l'approbation donnée le 6 octobre par Guillart, se mit en devoir de recourir à la justice pour réduire les corps privilégiés. Elle requit le Parlement qu'il fût adressé commandement à ceux-ci et spécialement aux gens des Comptes et des Aides de se trouver à la prochaine assemblée.

La Cour manda aussitôt deux Conseillers des Comptes et deux Généraux des Aides à venir expliquer devant elle les raisons alléguées par leurs compagnies. — Les premiers prétendirent qu'ils ne savaient si les traités s'adressaient à la Chambre « pour y estre vériffiez ou si par le moyen d'iceulx il y aura quelques autres lettres qui se pourront adresser à ladicte Chambre ». Ces excuses, analogues à celles que le Parlement avait fait valoir pour son propre compte, furent agréées. — Celles des Aides n'étaient pas aussi sérieuses. « Par lesdits deux Conseillers des Généraux de la Justice a esté dit qu'ils n'ont jamais esté refusans de se trouver en ladicte assemblée, si ce n'est par raison des obligations que madicte Dame demande, esquelles ilz ne veulent estre compris, et, si aucuns d'eux estoient sommés, ilz n'estoient en ceste ville ; toutefois, si on les mande et appelle, ils se trouveront à ladicte assemblée ». C'était un véritable acquiescement. Par arrêt du 4 novembre, le

<hr>

(1) BONNARDOT, 298-301.
(2) BONNARDOT, 301 et *Bourgeois de Paris*, 266.

Parlement ordonna que la Cour des Aides se ferait représenter à l'Hôtel de Ville (1).

Le même jour, l'Échevinage reçut les lettres patentes d'indemnité du 24 octobre. Le Prévôt des marchands en ayant donné lecture à une réunion du Bureau, des Conseillers et des Quarteniers, qui se tint le mardi 7 novembre, il fut jugé nécessaire de les porter devant une assemblée plénière qui en délibérerait. Les Conseillers furent d'avis que les convocations ne seraient pas autrement faites qu'elles l'avaient été pour celles des 4 et 30 octobre. — En revanche, personne ne se préoccupa de fixer la date de cette assemblée et on ne voit pas que la municipalité parisienne ait essayé de mettre ce projet à exécution (2).

Cependant, le seigneur de Jonas était retourné à Lyon et y avait appris à Madame le mauvais succès de sa mission. Anxieuse d'enlever aux Parisiens tout prétexte à tergiversations, celle-ci usa de son autorité souveraine pour trancher en leur faveur le différend soulevé entre la Ville et les corps ecclésiastiques et judiciaires. Jonas fut renvoyé incontinent et dut porter au Parlement des lettres où la Régente enjoignait à la Cour de laisser ses membres assister aux assemblées de la Ville ; en même temps que cet ordre intimé à la compagnie tout entière, des lettres particulières furent adressées à quelques-uns des Présidents et des Conseillers pour les prier individuellement de ne plus opposer de refus aux convocations des Quarteniers (3). — Quant au Prévôt et à ses Échevins, ce fut au seigneur de Montmorency, au comte de Brienne et à M. de Braine qu'incomba la charge de leur remontrer qu'il fallait en finir (4).

(1) Procès-verbal du 4 novembre, imp. par M. de BOISLISLE au nº 27 de ses *Pièces justificatives pour servir à l'histoire des premiers présidents de la Chambre des Comptes*, d'après le journal de la Chambre ; il est là un peu moins endommagé que dans les Registres du Parlement (Ar. Nat. X¹ª 1528, fº 841 rº et vº), où toute la fin a disparu. L'*Histoire de Paris* de FÉLIBIEN et LOBINEAU (II, 972), dont les auteurs avaient sans doute à leur disposition un procès-verbal complet, permet de combler à peu près cette lacune.

(2) BONNARDOT, 301-302. — Les Quarteniers, auxquels on voulut ordonner d'assembler leurs gens par dizaines pour délibérer sur l'octroi de l'obligation, déclarèrent que c'était là une chose nouvelle et que, s'ils la tentaient, ils ne seraient pas obéis ; on arrêta en conséquence qu'ils convoqueraient simplement à l'assemblée trente ou quarante de leurs gens dans chaque quartier : comme il y avait seize quartiers, le nombre des bourgeois et marchands appelés à l'Hôtel de Ville devait s'élever à plus de 500.

(3) Procès-verbal du 14 novembre, Ar. Nat. X¹ª 1529, fºˢ 6 vº à 7 rº.

(4) BONNARDOT, 302. — Anne de Sarrebruch, comte de Braine, était lieutenant du comte de Saint-Paul, gouverneur de Paris depuis le mois de juin 1525.

Le Parlement obéit. Par arrêt du 14 novembre, il décida que ses membres pourraient se rendre à l'Hôtel de Ville, s'ils le jugeaient bon (1). Les deux présidents qui étaient Conseillers de ville, le Viste de la Grand Chambre et Cleutin des Enquêtes, allèrent annoncer le 17 cette résolution à l'Échevinage : ils déclarèrent qu'il convenait d'appeler à la prochaine assemblée dix ou douze magistrats, outre ceux qui étaient déjà Conseillers ordinaires de la Ville, et aussi des délégués des autres juridictions et du Clergé tant régulier que séculier (2).

Le Parlement ayant consenti à aller à l'Hôtel de Ville, personne ne s'y refusa plus ; il n'y eut pas d'abstentions à l'assemblée plénière que convoquèrent une troisième fois les Échevins et qui se réunit le lundi 20 novembre (3).

Brienne et Montmorency y parlèrent. — Le premier s'étendit sur les avantages de la paix. « Vous povez considérer », dit-il, « que la désassemblée du roy d'Angleterre et de l'Empereur sera cause de la grande utillité du Roy et du royaume ; et est grâce de Dieu que l'argent que l'on demande, combien qu'il soyt deu dès piéça, se fera à plusieurs paiemens et longues années, et que c'est peu de charge en ce royaume ; que les autres villes prendront exemple sur vous, car vous estes le myroer de toutes et a le Roy une merveilleuse fyance en ceste ville. » — De son côté, Montmorency fit un pressant appel aux sentiments patriotiques des Parisiens. « La cause pour quoy nous sommes icy venuz », déclara-t-il, « est pour ce qu'il est question du bien de la paix et de la délivrance du Roy. J'ay mys et obligé mon bien pour la délivrance du Roy et pour acquérir ceste paix. Je me répute bourgeois de Paris. Et, si je me povoye mettre en mil pièces, je m'y mettroie volontiers pour le bien de paix et délivrance du Roy. Nous avons en ce royaulme en noz dictz : ung Dieu, ung Roy. A ceste cause debvrons tendre à ceste bonne paix et confédération et par conséquent à la délivrance du Roy. J'ay eu lettres, puis n'a guères, de mon filz Monsr le Mareschal que le Roy a une singulière fiance en vous, et, luy délivré, est délibéré de venir veoir les sainctes reliques du Palais et de Sainct Denis. » — Ce fut alors le tour du Prévôt des marchands. Il constata d'abord qu'il y avait à l'assemblée « gens notables et

(1) Procès-verbal du 14 novembre, Ar. Nat., XIa 1529, *loc. cit.*
(2) BONNARDOT, 302.
(3) Il est à remarquer que les Registres capitulaires, où se trouve rapporté avec soin le refus du 4 octobre, ne parlent en aucune façon des instances postérieures de la ville et surtout de la capitulation finale du Chapitre. Cf. Ar. Nat. LL 239, pp. 122 et suiv.

en souffisance » et qu'ainsi il semblait que l'on y dût « mettre fin » ;
il exposa ensuite les traités en français « avec les considérations du
personnaige envoyé embassadeur en Engleterre, Monsr le président
Brinon, qui est natif de ceste ville de Paris et personnaige de
preudhommye et savoir, tel que chacun scet, qui ne vouldroit le
dommaige de la Ville. aussy que ce qu'il en a fait a esté bien et
auctorizé par Madame et le Conseil du Roy et vériffié en la Court
de Parlement, qui sont toutes choses pour oster suspicion de mal et
dimynucion contre l'onneur et auctorité du Roy et de ceste
ville (1) ».

Après ces discours, on recueillit les votes. Cette opération, fort
laborieuse à cause du grand nombre des assistants, qui opinaient
tout haut les uns après les autres, ne fut achevée ni ce jour-là ni le
lendemain bien qu'on eût prolongé les séances jusqu'à la nuit. Il
fallut tenir une troisième séance le mercredi 22, mais il y eut
beaucoup d'absents, et sur l'observation d'un des assistants,
l'assemblée reconnut qu'on devrait convoquer de nouveau ces
membres négligents et appeler à tour de rôle à l'Hôtel de Ville les
délégués des quartiers qui n'avaient pas encore voté (2).

Le procès-verbal officiel gardant sur ces scrutins un silence voulu,
les documents font défaut pour connaître dans leurs détails les
débats dont ils furent l'occasion. Le résultat seul est certain, c'est
à savoir que « finalement, après gros débat et murmurerie audict
Hostel, les bourgeois et habitans déclarèrent tous qu'ilz n'en
feroient rien et que jamais ilz ne s'obligeroient » (3). — En effet,
malgré les officiers royaux, « qui n'estoient guiéres contant, car ilz
estoient contrainctz *metu officii* ce passer », l'opposition, nous
apprend VERSORIS, ne désarma pas. Elle était menée par la corpo-
ration des avocats du Parlement. Le *Livre de Raison* de N. VER-
SORIS laisse voir quel était l'état d'esprit de ses confrères du Palais.
Parlant de l'homologation des traités au Parlement, il l'estime
accordée par « les Srs de la Cour trop indiscrétement, de ligier et
sans raison ». Cette appréciation peu respectueuse fut, on peut
l'affirmer, celle de l'ordre des avocats tout entier. Ce n'est pas d'hier
que date la mauvaise intelligence de la magistrature et du barreau.
Au 4 et au 30 octobre, des avocats s'étaient faits les porte-parole des
opposants ; sans aucun doute, ils agirent de même aux assemblées
des 20, 21 et 22 novembre. Ils durent prendre un malin plaisir à

(1) BONNARDOT, 303-304.
(2) IBID., 304.
(3) *Bourgeois de Paris*, 267.

montrer « par vraye évidence », comme le rapporte VERSORIS, « que Mess. de la Court n'estoient que ignares d'avoir tant ligérement et imprudemment ratifié l'obligation » (1). L'adjonction du clergé leur avait amené un auxiliaire qui n'était pas à dédaigner en la personne du Grand Pénitencier du diocèse, le chanoine Jacques Merlin. D'une érudition prodigieuse, auteur de la première collection imprimée des Conciles, éditeur d'Origène, de Durand de Saint-Pourçain, de Richard de Saint-Victor, de Pierre de Blois, Merlin avait en même temps une réputation d'orateur. C'était lui qu'on chargeait d'ordinaire des sermons d'apparat à Notre-Dame, accompagnement obligé des prières publiques ordonnées par le gouvernement (2). Il mit son influence, qui devait être considérable auprès des gens de son état, au service de l'opposition ; il fit chorus avec les avocats et se signala parmi ceux qui opinèrent contre l'obligation. Les opposants se sentaient d'ailleurs en nombre ; il paraît que plus de soixante des assistants n'hésitèrent pas à se compromettre franchement. Les noms de quatre d'entre eux, dont les déclarations furent sans doute du pire exemple, nous ont été conservés : l'un, Jean de Thamereau, exerçait la profession de notaire au Châtelet, les trois autres, Jean Godefroy, Jean le Riche et Jean de Gastine étaient des marchands (3). — Bref, dès le premier jour, la discussion prit mauvaise tournure ; aussi le lendemain, à l'ouverture de la séance, le Prévôt crut-il devoir prévenir l'assemblée « que l'on eust à faire silence, en prenant les oppinions des particuliers, meilleure que l'on n'avoit fait le jour d'yer et que le négoce duquel est question se puisse traicter et parachever amyablement, sans aucun murmure, noyse ou irrévérence , mesmement attendu l'assistance qui est grande (4) ». En dépit de cette admonestation, la surexcitation des membres de l'assemblée ne fit que s'accroître les 21 et 22, si bien qu'en désespoir de cause on prit le parti de ne pas achever le dépouillement des votes et de tout laisser là.

On renonça dès lors à s'adresser à ces grandes assises des gens de Paris. Le gouvernement de Madame essaya encore d'obtenir l'obligation, mais ses agents ne la demandèrent qu'aux magistrats municipaux. Le président le Viste réunit les Quarteniers le

(1) VERSORIS, 179-180.

(2) Cf. sur Merlin : du PIN, *Histoire de l'Église et des Auteurs ecclésiastiques du XVI siècle*, IV, 545-546 ; *Bourgeois*, 215, 220 ; *Cronique de François Ier*, 37 ; et surtout les Registres capitulaires de Paris, Arch. Nat. LL 239, *passim*.

(3) *Bourgeois de Paris*, 317.

(4) BONNARDOT, 304.

28 novembre et leur présenta au nom de la Régente « aucunes ouvertures de seureté ». Celle-ci ne reculait pas à se soumettre aux conditions les plus humiliantes. Elle offrait de souscrire en faveur de la Ville une contre-obligation garantie par les Princes, de fournir « pleiges et respondens, gens notables à Paris ou dans le voisinage », enfin de permettre qu'on déposât les deniers des Aides et des Tailles dans une caisse dont le Prévôt des marchands et un des Échevins garderaient une clef et deux marchands une autre, pour n'être « délivrez sinon après qu'il apparestroit à chacun terme du paiement fait ausdits Engloix et par obstencion de leur quittance pour le terme, et ainsy des autres termes ensuyvans, et, en deffault de ce, les deniers desdites Aydes et Tailles seroient employez à faire ledit payement ». Ajoutons qu'en communiquant ces propositions aux Quarteniers, le Viste les assura qu'il était prêt à s'obliger personnellement, ainsi que son collègue Guillart et d'autres, « ce qu'ilz ne feroient », fit-il observer, « sy doubtoient qu'il y deust avoir faulte ». Cette énumération de garanties n'était d'ailleurs pas limitative. « Et oultre », dit le Viste, « que l'on s'advise de telz autres moyens que l'on vouldra et que Madame est délibérée d'y entendre pour le bien qu'elle entend procedder de ceste paix et qu'ilz le remonstrent chacun aux habitans de leurs quartiers (1). »

Tant de sacrifices furent en pure perte. Les Parisiens s'obstinèrent à ne rien entendre (2), et il devint nécessaire de recourir à quelque autre moyen pour se procurer l'obligation de la Ville.

L'affaire eut un épilogue. François Ier, de retour dans son royaume, régla ses comptes avec les hommes qui avaient soufflé l'insubordination aux assemblées plénières. La veille de son entrée à Paris en avril 1527, il fit procéder à l'incarcération de « plusieurs bons et honnestes bourgeois », dit Versoris. On mena au Louvre, avec Merlin, Bouchard, Dugué et Boileau, le notaire au Châtelet, R. de Thamereau, et les trois marchands, Godefroy, le Riche et Gastine. « On dit », rapporte le *Bourgeois*, « qu'il en avoit dedans l'escripteau pour estre prins prisonniers des bourgeois de Paris plus de soixante, mais néantmoins ne fut prins que les dessusdictz. »

Le notaire et les marchands ne tardèrent pas à être relâchés « parce qu'ilz disoient pour leur défence n'avoir parlé qu'après » le Grand Pénitencier et les avocats. Ceux-ci en revanche furent gardés en prison préventive en attendant qu'il plût aux commis-

(1) Bonnardot, 304-305.
(2) *Bourgeois*, 267. Cf. aussi P. J., xliii et xliv.

saires désignés pour leur procès de prononcer sur leur sort (1).
Ce ne fut pas avant deux ans pleins. L'arrêt, enfin prononcé en
avril 1529, porta que Merlin serait « banny pour un an du royaume
où plairait au Roy l'envoier », que Bouchard paierait une amende
de quatre cents livres et serait « privé pour ung an de non pusteller
en la Cour de Parlement et de non jamais avoir office en l'Hostel
de la ville de Paris », enfin, que Dugué et Boileau, ainsi que les
quatre inculpés déjà mis en liberté, acquitteraient « chacun dix
escus pour les espices, sans nulle autre amende » (2).

Passons maintenant aux villes qui suivirent le mauvais exemple
donné par Paris. Les registres municipaux de deux d'entre elles,
Bordeaux (3) et Orléans, n'existant plus, force nous sera de les
passer sous silence. Ceux de Tours sont dénués d'intérêt (4).. La
ville de Rouen nous arrêtera seule.

A Rouen, nous trouvons les 5 et 6 octobre deux délibérations
des Vingt-quatre du Conseil relatives à l'obligation. Le premier
jour, on ne fit rien, les conseillers présents étant trop peu nom-

(1) *Bourgeois*, 317-318, et Versoris, 196.

(2) *Bourgeois*, 376-378. — On peut croire que le prononcé de l'arrêt fut provoqué par une intervention de la municipalité parisienne. Jean le Riche, en
effet, n'avait pas oublié ses codétenus ; accompagné du marchand P. Billard,
il s'était présenté le 13 janvier 1529 au Bureau de la ville et y avait « remontré
aux Prévost et Échevins que leur plaisir soit avoir en recommandation les
prisonniers Bouchard, du Guey, Merlin et Boyleau et supplyer le Roy et
Madame pour la délivrance d'iceulx » (*Délibérations du Bureau*, ii, 51). Il
est aussi à supposer que le Chapitre s'était employé en faveur de Merlin.
La sentence rendue contre ce dernier fut d'ailleurs assez doucement exé-
cutée ; on lui assigna comme résidence hors du royaume la ville de Nantes ;
il en revint en juin 1530, fut nommé ultérieurement Grand Vicaire de Paris
et passa fort paisiblement ses dernières années au collège de Navarre ; il y
mourut le 2 octobre 1541 et légua ses livres à la bibliothèque de l'établissement ; de là, plusieurs ont passé à la bibliothèque de l'Arsenal ; ce sont en
général de fort beaux ouvrages.

(3) M. Brutails a reconnu dans les fragments informes des « Délibérations
de la Jurade » : *a*) partie des lettres de Louise de Savoie, datées, dit une note
récente, du 24 octobre 1525 ; *b*) partie d'une délibération non datée, où il est
parlé des lettres patentes de la Régente « que puys ung moys en ça ladicte
Dame [a] envoyé à la ville » ; l'assemblée des Trente décide de convoquer
le peuple ; au surplus, on souscrira l'obligation en réservant les privilèges
de Bordeaux ; *c*) lignes incompréhensibles se rapportant à une délibération
du 5 mars 1526.

(4) Arch. de Tours, t. xviii des « Délibérations de la Ville ». Il y eut le
9 octobre une grande assemblée des « eschevins, pers et conseillers, bourgeois, manans et habitans » qui remit simplement l'affaire à une date indé-
terminée afin de voir ce que feraient les autres Villes.

breux ; eu « esgard à la conséquence et importance de l'affaire », on remit « le négosse » au lendemain. La seconde séance n'avança pas beaucoup plus celui-ci. Non moins anxieux que les autres corps municipaux de se régler sur la capitale, les Vingt-quatre décidèrent simplement « que pour estre certains de ce que a esté fait à Paris, Nicolas Osmont, conseillier moderne de la ville, se transportera audit Paris pour soy instruyre et informer de la forme et comment ladicte ville auroit sur ce fait et passé (1). » Cette résolution prise, ils estimèrent avoir assez fait et attendirent. Le registre est muet sur le retour d'Osmont et sur le compte qu'il dut rendre de sa mission.

Il faut pousser au 10 novembre pour voir les Conseillers se préoccuper de nouveau de l'obligation. A cette date, en effet, leur parvinrent les lettres d'indemnité du 25 octobre. Il fut alors arrêté par les Vingt-quatre, « eu esgard à la quallicté de l'affaire, que dimence prochain une heure aprez mydi sera faicte congrégacion et assemblée de l'Église, nobles et commun de ladicte ville en plus grant nombre que faire se pourra pour traicter, adviser et délibérer qu'il sera affaire sur ce au bien et veillice du Roy et de ladicte ville, *et, à ce, seront appellez comme habitans, présidens, conseillers de la Court, des Généraulx et autres officiers demeurans à ladicte ville* (2) ».

Effectivement, le dimanche 12, eut lieu une assemblée générale. — Les chanoines, expressément convoqués, avaient rédigé le matin même une protestation que leurs Ordinaires de semaine y apportèrent ; en voici le passage caractéristique : « Messrs nous ont donné charge vous dire et déclarer que par appellacion de la ville de Rouen n'est comprins ny entendu le chapitre de l'Église de Rouen en ce cas lequel est restringible et onéreux, et pour tant que, quelque obligacion qui se face et concoyne soubz le nom de ladite ville n'y estre en riens comprins ny entendus ne en ce entendent aucunement soy submectre ny obliger (3). » — De telles déclarations n'étaient pas pour encourager à l'obéissance les gens de Rouen venus à l'Hôtel de Ville. Aussi n'y a-t-il pas à s'étonner s'ils prirent le parti de tirer encore la chose en longueur. « Lesdites ratifficacions et obligacions, » porte en conclusion le procès-verbal, « seront différez et délayez quant à présent, et lesdits traictez, portez présen-

____

(1) Arch. de Rouen, A 12, f°s 377 r° à 379 v° et 384 v°. Voy. aussi Arch. de la Seine-Inférieure, G 2152, f° 186 v°.

(2) Arch. de Rouen, *ut sup.*, f°s 385 r° à 386 v°. Les mots en italiques sont soulignés dans le registre.

(3) Arch. de la Seine-Inférieure, *ut sup.*, f° 195 r°.

tement *latinis*, à ce que la communaulté de la ville feust plus amplement certifiée de la teneur des traictez et termes qu'il estoit requis pour faire ladite ratifficacion et obligacion, seront translatez de latin en françoys, et, ce pendant, inquisicion sera faicte de ce que par la ville de Paris, tenue à faire ladite ratifficacion et obligacion par lesdits traictez, a sur ce esté fait, ratiffié et obligé, pour à la prochaine assemblée venir résouldre comme il appartiendra par raison (1). »

Deux jours après, le 14, arrivèrent d'autres lettres de Madame, datées du 7, priant une fois de plus les Conseillers rouennais de passer l'obligation et les avisant qu'il leur était adressé « ung mémoire et advertissement des causes et raisons pour lesquelles ladite ratifficacion se doit bailler avec le grant inconvénient que autrement en pourroit advenir ». Les Vingt-quatre s'informèrent aussitôt auprès des commissaires royaux aux États s'ils avaient reçu le mémoire annoncé (2).

Ce sont les derniers renseignements fournis par le registre de la ville. L'obligation de Rouen, imprimée dans RYMER sous la date du 7 mars 1526, est au nom des « Conseillers, gouverneurs et bourgeois de la cité » (3). A la suite de quelles négociations fut-elle arrachée aux Rouennais ? Nous ne saurions le dire ; faisons observer seulement que le registre, bien qu'il semble sans lacunes pour le mois de mars, ne contient pas une ligne sur cette obligation ; il en est de même des procès-verbaux capitulaires (4).

VII

Au 30 novembre, dernier jour du délai de trois mois, la Régente avait à sa disposition les obligations des Seigneurs, celle de quatre villes, les approbations des Parlements de Paris et de Rouen et celle des États du Languedoc ; mais il lui manquait, outre les approbations des Parlements de Bordeaux, de Toulouse et des États de Normandie, les obligations de Paris, Orléans, Tours, Rouen et Bordeaux et aussi la ratification autographe que le Roi

(1) Arch. de Rouen, *ut sup.*, f⁰ˢ 386 v⁰ à 387 v⁰.

(2) *Ibid.*, f⁰ 394 r⁰ et v⁰.

(3) RYMER, XIV, 126.

(4) Arch. de Rouen, A 12, f⁰ˢ 396 r⁰ à 397 r⁰ et Arch. de la Seine-Inférieure, G 2152, f⁰ˢ 233 v⁰ et suiv.

son fils devait donner dans sa prison. — Elle se vit donc contrainte à solliciter en Angleterre une prolongation de délai.

Dès le 17 novembre, Robertet avait écrit à Brinon et à Vaulx qu'on avait fait « depuis la conclusion des traictez toute la plus grande et extresme dilligence », mais que, « à cause des censures », on y avait trouvé « de la difficulté et longueur », et que Paris surtout s'était « très mal acquitté »; cependant, il avait ajouté encore, comme dans ses lettres précédentes, qu'il ne doutait point que le tout ne fût « bien tost expédié (1) ». — Quelques jours après, le 26, la Régente fut plus explicite. Elle avoua franchement ce que la lettre de son Secrétaire avait laissé entrevoir, que le tout ne se pourrait « bonnement faire dedans le temps préfix et contenu au traicté »; et elle chargea ses ambassadeurs d'en instruire le Cardinal et de réclamer la remise du terme des délais au 15 ou du moins au premier janvier 1526; en même temps, afin qu'ils pussent montrer à Wolsey ce qui avait été fait, elle leur envoya les obligations et les approbations déjà recueillies et les autorisa à en donner livraison au gouvernement anglais; enfin, elle leur recommanda expressément d'assurer aux Anglais que l'argent du paiement de novembre était prêt « qui est le principal », faisait-elle observer, « et ce qui pour l'eure présente importe le plus (2). »

Le surlendemain, nouvelles lettres. Ce n'est plus maintenant au 15 janvier que Madame et Robertet bornent leurs exigences; ils ne regardent cette date que comme un pis-aller à accepter faute de mieux, et c'est sur celle du 15 février qu'ils ordonnent au président de Rouen et au seigneur de Vaulx d'insister auprès d'Henri VIII (3).

Brinon fit mieux : non content d'obtenir la prolongation *maxima* de délai (4), il réussit à faire modifier la rédaction des obligations

---

(1) Robertet à Brinon et J. Joachim, 17 novembre, P. J., XXXVII.

(2) Madame à Brinon et J. Joachim, 26 novembre, P. J., XLI.

(3) La même aux mêmes, 28 novembre, P. J., XLII et Robertet aux mêmes, 28 novembre, P. J., XLIII.

(4) Il y a deux actes, tous deux au nom de Wolsey, portant prolongation, l'un à la B. N. ms. Dupuy 462, fᵒ 36, expédition sur papier et sans sceau, mais avec la signature de Wolsey, sous la date du 20 novembre, l'autre au B. M. ms. Cott. Calig. D IX, fᵒ (84) 92, absolument identique au précédent et daté du 20 octobre. Le premier accorde la prorogation au 15 février 1526 et le second, de date antérieure cependant, au 30 avril. Il y a là une contradiction que le système suivant peut expliquer. 1ᵒ La prorogation au 15 février fut obtenue par Brinon vers le 20 décembre (arg. de la lettre du 30 décembre, P. J., XLVIII, rapprochée de celle du 30 janvier, P. J., LIV), mais elle fut antidatée du 20 novembre pour une raison inconnue, sans

des Villes (1). Le gouvernement anglais lui accorda la suppression de la clause qui portait engagement des biens des particuliers ; il ne se réserva comme garantie que celle qui concernait les biens communs des Corps de ville. Pour se rendre un compte exact des changements apportés à la teneur de ces actes, que l'on compare dans RYMER les obligations de Toulouse, Lyon, Reims et Amiens à celles de Paris, Tours, Rouen, Orléans et Bordeaux : on n'y remarquera pas seulement la modification dont nous venons de parler, mais aussi la disparition d'un mot important, le verbe *facere*, dans la phrase constatant la promesse des Villes d'agir auprès du Roi pour qu'il ratifie les traités ; il ne reste que le second verbe, *curare*, beaucoup moins expressif. On se rappelle que ce *facere* avait déjà éveillé l'attention de Duprat ; il lui fut ainsi donné un peu tard satisfaction.

Le président de Rouen profita d'un voyage que fit alors en France son collègue Jean Joachim pour le charger de porter, en même temps que la nouvelle de ces concessions, ses lettres et ses conseils au Prévôt des marchands et aux Échevins de Paris. — M. de Vaulx arriva dans cette ville le matin du 23 décembre et y passa toute la journée à conférer avec J. Morin, le président le Viste et M. de Villeroy. Le Prévôt se montra fort bien disposé : il lui dit que l'affaire avait été mal engagée et qu'il ne fallait attribuer qu'à cela tout ce qui s'en était suivi ; quant à tenter d'y procéder de nouveau, on n'y pouvait songer en l'état actuel des choses à moins d'en recevoir de nouveau commission de Madame ; aussi pria-t-il l'ambassadeur de parler en ce sens à cette princesse. Les renseignements que fournirent le Viste et Villeroy confirmèrent pleinement ces

doute pour qu'elle parut antérieure à l'expiration du délai de trois mois. 2° La prorogation au 30 avril ne fut pas accordée réellement et ne fut jamais qu'un simple projet ; en effet, dans sa lettre du 30 janvier (*ut sup.*), J. Joachim demanda une prorogation au 10 avril, ce qui eût été inutile s'il en eût déjà existé une au 30 avril, et nous savons par la lettre de Brinon du 2 avril (P. J., LIX) que cette prorogation au 10 avril fut effectivement obtenue par cet ambassadeur. Ajoutons que l'acte daté du 20 octobre se trouve en Angleterre et non en France, où il eût dû être envoyé s'il eût été destiné à avoir quelque effet. 3° On pourrait admettre que la prorogation au 30 avril fut d'abord obtenue ou simplement sollicitée par Brinon à la même époque que celle au 15 février ; mais, le Cardinal s'étant ravisé ou l'ayant refusée, l'instrument qui en avait déjà été dressé resta en Angleterre et un autre de même teneur *mutatis mutandis* portant prorogation au 15 février fut seul délivré au gouvernement français.

(1) Robertet parle de ces modifications dans sa lettre du 27 décembre, P. J., XLVII.

déclarations : à leur avis, c'était aussi le malheureux commencement donné à l'affaire qui en avait amené l'échec ; ils ne doutaient pas qu'une nouvelle injonction de la Régente suffît à obtenir des gens de Paris leur consentement à l'obligation d'Angleterre réformée ainsi qu'elle venait de l'être (1).

Sur le rapport que J. Joachim en fit à Madame, le trésorier de Rhodes Charpaigne fut dépêché le 14 janvier de Roussillon à Paris pour y porter les ordres nécessaires (2). — A ce coup, il ne fut plus question de réunir les bourgeois de Paris et les délégués du Clergé et des juridictions de la Ville : les dernières assemblées plénières de l'Hôtel de Ville avaient assez montré qu'il n'était pas possible d'arriver ainsi à un résultat pratique ; d'ailleurs, les biens communs de la Ville étant désormais seuls en cause, il devenait inutile de consulter directement les habitants ; le consentement des membres du Corps de ville suffisait.

En conséquence, l'assemblée qui se tint le 20 janvier au Bureau de la ville ne fut composée que du Prévôt, des Échevins, des Conseillers et des Quarteniers : le comte de Saint-Paul, le seigneur de Montmorency et l'archevêque d'Aix y parurent en qualité de commissaires de la Régente et y exhortèrent les assistants à souscrire l'obligation. Après leur départ, J. Morin exposa qu'aux assemblées précédentes il avait « esté fait ung gros injure à la maison de céans par aucuns particuliers », qui y avaient excité « grans troubles » et que, pour apaiser les inquiétudes des habitants de la Ville, on avait distribué aux Quarteniers le texte des traités et des obligations d'Angleterre ; il conclut en disant que, sur les prières de la Cour de Parlement, Madame avait renoncé à exiger des Parisiens un engagement formel et qu'elle en avait « apaisé le roy d'Angleterre au myeulx qu'elle avoit peu » ; elle se tiendrait satisfaite d'une obligation passée au nom de la ville par le Prévôt des marchands et les Échevins ; elle avait du reste offert de fournir à ce sujet « telle seurté d'indempnité que mestier sera ».

<hr>

(1) J. Joachim à Brinon, 30 décembre, P. J., XLVII.

(2) J. Joachim à Brinon, 13 janvier, P. J., XLIX, et le même au même, 19 janvier, P. J., LII. — Charpaigne venait d'arriver de Bordeaux, où il était allé presser sans succès la signature de l'obligation de la ville. Cf. les deux lettres ci-dessus et celle du 30 décembre, P. J., XLVIII. — Ce Charpaigne, qui fut aussi employé à recouvrer les approbations des Parlements de Bordeaux et de Toulouse (cf. Madame à ambassadeurs, 26 novembre, P. J., XLI), et à diverses autres missions du même genre, reçut, pour indemnité des dépenses qu'elles lui avaient occasionnées, d'abord 690 écus et demi (B. N. ms. fr. 5502, fº 96 vº), puis 150 l. t. (B. N. ms. Clairambault 1215, fº 63 rº).

Les membres du Corps de ville ne se rendirent qu'avec difficulté à ces raisons. La discussion de l'obligation n'occupa pas moins de deux séances, et, lorsque le 24 janvier, les Échevins se résignèrent à la signer, ce ne fut qu'après avoir apporté une nouvelle modification, fort légère, il est vrai, à la dernière minute expédiée par Brinon. Charpaigne, qui repartit sur le champ pour Lyon, reçut la mission de la faire agréer de Madame ainsi que de retirer les lettres d'indemnité et de garantie promises à la Ville (1).

La Régente ne crut pas opportun de se montrer trop exigeante : elle accepta la rédaction des Échevins et en donna, le 1er février, ses lettres patentes de sûreté (2). — Toutefois, sur les observations de Jean Joachim, le Chancelier eut soin de dresser ces lettres en double exemplaire, les unes contenant une obligation exactement conforme à la minute anglaise, et les autres contenant cette obligation telle qu'elle avait été réformée à Paris. C'était dans le but de tenter auprès de la municipalité parisienne un suprême effort et de présenter d'abord les premières, quitte à délivrer sans plus différer les secondes au cas d'un refus (3). Hâtons-nous d'ajouter que ce plan échoua et que les deux assemblées qui eurent lieu le 8 et le 10 février à l'Hôtel de Ville maintinrent la rédaction arrêtée le 24 janvier (4).

En revanche, il eut l'inconvénient de laisser incertaine jusqu'au milieu de février la résolution définitive du Corps de ville de Paris et de retarder d'autant les démarches du gouvernement de Madame auprès des villes de Rouen, Tours, Orléans et Bordeaux (5). De plus, si on avait obtenu en décembre les approbations des Parlements de Bordeaux et de Toulouse, on n'avait pas encore réuni les États de Normandie et on ne pensait pas les tenir avant les premiers jours de mars. Enfin, la ratification autographe que le Roi devait donner par lettres missives manquait également. — Force fut donc de demander une seconde fois à Henri VIII une prolongation de délai. Jean Joachim en écrivit le 30 janvier à Brinon et

(1) BONNARDOT, 305. — J. Joachim à Brinon, 30 janvier, P. J., LIV.

(2) Ces lettres, imprimées dans les Preuves de l'*Histoire de Paris* (I, 583 à 585) sont aussi dans BONNARDOT, 396.

(3) J. Joachim à Brinon, 30 janvier, P. J., LIV.

(4) BONNARDOT, 306. — L'obligation de Paris, en date du 24 janvier, est dans RYMER, XIV, 120.

(5) On comptait en effet sur l'exemple de Paris pour les décider à souscrire l'obligation. Cf. les lettres de J. Joachim des 30 décembre, 13, 19 et 30 janvier, *ut sup.*

le pria de solliciter une prorogation au 30 mars ou du moins au
10 du même mois (1).

VIII

De son côté, le président de Rouen s'occupait d'assurer la ratification des traités par le roi d'Angleterre. Il eut le 10 février
une entrevue avec le Cardinal et lui communiqua une lettre de
Madame où celle-ci annonçait qu'elle enverrait les obligations des
Villes « dedans le terme prorogé ou peu après, fors celle des Estatz
de Normandie ». Wolsey dit alors qu'il s'emploierait à retenir son
maître pendant quelques jours encore à son château de Greenwich,
qu'il était sur le point de quitter, et qu'ainsi, dès que les obligations seraient arrivées de France, on pourrait procéder à « la solennité du serment ». L'ambassadeur saisit cette occasion pour
faire observer que la réunion des États de Normandie était une
opération fort longue et que MM. de Maulevrier et de Lisieux,
désignés pour les tenir, ne pourraient se rendre « si tost » dans la
province. Il en profita pour demander au ministre anglais que son
gouvernement voulût bien se contenter pour le moment de la
remise des autres obligations et approbations en échange de la
ratification et du serment du Roi. Celui-ci y consentit : il fit
même une autre concession, qui était que, si l'on n'apportait point
de France la confirmation autographe de François Ier, il suffirait
d'en fournir « le blanc emply » (2). — Quelques jours après, le 13,
le président de Rouen fut mandé à Greenwich. Il y obtint du Roi
lui-même des promesses analogues ; Henri prit fort bien ce qui
avait été fait à Paris pour l'obligation de la ville et promit de ne
pas différer « la sollennité des sermens de ne fournir et bailler ses
ratifications » à cause du retard apporté à la tenue des États de
Normandie (3).

Il ne s'agissait donc plus que d'attendre les obligations des Villes
et les approbations des Parlements qui n'étaient pas encore parvenues à Londres.

(1) J. Joachim à Brinon, 30 janvier, P. J., LIV. Vaulx recommanda d'ailleurs
à son collègue de ne pas souffler mot en France de la prorogation qu'il obtiendrait : ce silence devait avoir pour effet de rendre les agents français
plus diligents.

(2) Brinon à Madame, 11 février, P. J., LVI.

(3) Le même à la même, 14 février, P. J.. LVII.

A la date du 19 janvier, il était décidé à la cour de France que M. de Vaulx serait dépêché en Angleterre dès que ces pièces auraient été réunies (1). Elles ne le furent qu'après le 7 mars, lorsque Bordeaux, Tours et Rouen eurent enfin souscrit l'obligation réformée qu'Orléans avait consentie le 3 du même mois (2). — Cependant, Madame, suivie de toute la cour, s'acheminait à petites journées vers la frontière d'Espagne où devait s'effectuer la délivrance de son fils. J. Joachim faisait partie de sa suite ; la Régente, après lui avoir donné son congé vers le milieu de février, se ravisa et le retint auprès d'elle jusqu'à l'élargissement du Roi ; en attendant, on expédia par un autre messager les actes de ratification et d'obligation réclamés par Brinon (3).

Ce dernier avait réussi à faire reculer au 10 avril le terme des délais de livraison, mais le silence gardé sur les traités aux États de Normandie du 1er mars faillit créer de sérieuses difficultés : revenant sur ses promesses du 10 février, le Cardinal déclara le 2 avril à l'ambassadeur que, si on ne fournissait pas la ratification de ces États, les traités ne seraient ni confirmés ni jurés par son maître ; pour la remplacer, il n'exigea rien moins que la ratification de François Ier lui-même et le président de Rouen fut dans la nécessité d'écrire à son gouvernement qu'on lui fît parvenir en toute diligence cette dernière pièce (4).

Ce fut deux semaines après que Jean Joachim arriva enfin à Londres. Sa dépêche s'était trouvée retardée par les fêtes de Pâques et une indisposition de la Régente ; du 17 mars, où François Ier était entré dans son royaume, elle avait été remise de jour en jour jusqu'au 7 avril où Vaulx reçut définitivement son congé du Roi et de sa mère. Il apportait avec lui deux pièces très importantes. L'une était la promesse autographe de François Ier et l'autre une obligation en forme de lettres patentes par laquelle ce souverain s'engageait à payer au gouvernement anglais les deux millions

(1) J. Joachim à Brinon, 19 janvier, P. J., LII.

(2) Obligation d'Orléans, 3 mars, RYMER, XIV, 123 ; de Bordeaux, 7 mars, *ibid.*, 124 ; de Tours, 7 mars, *ibid.*, 125 ; de Rouen, 7 mars, *ibid.*, 126 ; — Madame accorda le 16 février des lettres patentes d'indemnité aux gens d'Orléans, qui furent enregistrées le 14 mars au Parlement (Ar. Nat. X1a 1529, f° 181 r° et v°), et le 13 mars des lettres semblables à ceux de Tours, qui furent enregistrées le 14 mai, (*id.*, *ibid.*, f°s 181 v° et 233 r° et v°).

(3) Dans sa lettre du 2 avril, Brinon écrit en effet que toutes les « ratifications sont entre ses mains, fors la ratification de la ville de Bordeaux, que M. de Vaulx a retenue ». Brinon à Robertet, 2 avril, P. J., LIX.

(4) *Id.*, *ibid.*

d'écus d'or (1). Cet acte, qu'il lui eût été loisible de ne passer que dans un délai de deux mois, portait la date du 17 mars, c'est-à-dire du jour même où il avait franchi la frontière de ses États ; si les Anglais nourrissaient quelques appréhensions au sujet des sentiments du roi de France à l'égard de l'accord conclu par sa mère, cet empressement dut les dissiper et leur montrer qu'il était bien résolu à ne pas se soustraire aux engagements pris durant sa captivité ; on peut d'ailleurs supposer que tel avait été son dessein et qu'en acceptant aussi promptement la plus onéreuse des charges imposées à la France, il n'avait d'autre but que de rassurer aussitôt ses nouveaux alliés et d'affirmer par un acte formel que, même après avoir recouvré sa liberté, il n'estimait pas que leur alliance eût été payée un trop haut prix.

(1) J. Joachim à Brinon, 17 avril, P. J., LX. — La lettre autographe de François Iᵉʳ, datée du 27 décembre 1525, est imprimée dans RYMER, XIV, 113 ; on s'explique qu'elle n'ait pas été envoyée plus tôt en Angleterre par le fait qu'à partir du 18 décembre jusqu'au traité de Madrid, toutes communications furent rompues entre le Roi et sa mère. Cf. lettres de J. Joachim du 19 et du 30 janvier, *ut sup.*, et de Madame du 26 janvier, P. J., LIII. — L'obligation du 17 mars est aussi dans RYMER, XIV, 129.

CHAPITRE VII

NÉGOCIATIONS ANGLO-FRANÇAISES EN ITALIE

I

On se rappelle quelle avait été l'attitude d'Henri VIII et du cardinal Wolsey lorsque le Pape s'était ouvert à eux du projet de confédération formé en Italie à la suite de la défaite du roi de France; ils avaient répondu à ces avances par une trahison. Tout changea lorsque le roi d'Angleterre prit le parti de se rapprocher de la France; au rappel de Jean Joachim correspondit l'envoi d'un agent anglais à Milan et à Rome.

Comme le serviteur de Bonvisi, qui fit connaître à la Régente les intentions pacifiques du gouvernement anglais, cet agent, qui était le cavalier Grégoire Casal, quitta Londres à la fin de mai. Dans les premiers jours de juin, il vit à Milan le duc François Sforce(1); sans avouer qu'il fût chargé d'aucune mission officielle, il lui dit qu'il trouvait fort blâmables les agissements des Impériaux en Italie et qu'il prendrait soin d'en instruire son maître qui les ignorait et qui ne saurait manquer, assura-t-il, d'en être fort mécontent. Sforce, dont les troupes impériales ruinaient les États et qui désespérait d'obtenir de Charles-Quint l'investiture de son duché, n'eut garde de

(1) G. Casal arriva à Milan le 3 juin (cf. Russel à Wolsey, 11 juin, B. M. ms. Cott. Vit. B vi, f° (149) 144 et BREWER, iv, 1410); mais il dut ne voir Sforce que plusieurs jours après son arrivée et il ne partit sans doute pour Rome que vers le 10 juin : en effet, les lettres de Sforce à Henri VIII et à Wolsey relatives à cette entrevue sont datées du 10 juin et il est à croire qu'elles furent écrites aussitôt après; de plus, Clerk, annonçant qu'il a reçu de Milan une lettre de Casal, ajoute : « [The] sayd master Gregorye semythe to tarye ther a[bout a]nother commission frome Your Grace. » Clerk à Wolsey, 20 juin, B. M. ms. Cotton. Vitel. B vii, f° (162) 158 et BREWER, iv, 1440.

rester sourd à ces insinuations; il approuva fort l'agent anglais et jura qu'il mettrait au hasard sa vie et ses domaines plutôt que de permettre à l'Empereur de devenir le maître de l'Italie (1).

De Lombardie, Casal se rendit à Rome. Le 22 juin, il se présenta devant le Pape accompagné de l'ambassadeur anglais Clerk, auquel il s'était ouvert du secret de sa charge (2). D'ailleurs, ainsi qu'à Sforce, il fit au Souverain Pontife des ouvertures assez vagues. Il avait été dépêché, prétendit-il, dans le but de décider à une nouvelle invasion de la France les généraux de Charles-Quint et les princes italiens; mais il avait reconnu à son passage en Lombardie que la faiblesse de l'armée impériale ne permettait pas de songer à une semblable entreprise et la conduite des Espagnols lui avait inspiré les plus vifs soupçons. Le Milanais était traité en pays conquis et le duc François n'avait pas reçu son investiture; le bruit courait que Bourbon craignait de se voir refuser la main de la reine Éléonore et que Lannoy pressait l'Empereur de traiter avec le roi de France sur la base de l'abandon de l'Italie. Aussi, comme il savait que les vues du roi son maître étaient très différentes, il s'était empressé de l'informer de tout et il ne doutait pas qu'il s'opposât à la réalisation des desseins de l'Empereur contre l'indépendance de la Péninsule. Le duc François, avec lequel il s'en était expliqué, lui avait promis son concours, et, s'il prenait sur lui de tenter auprès du Pape une démarche analogue, c'était

(1) Nous ne connaissons cet entretien que par le récit que Casal en fit au Pape quelques jours plus tard : « He (G. Casal) had bade large communication withe the duke of Milan who greathy complaynythe and saythe that he hathe off'yrd on milion off golde and ii or iii^c mil crowns for his investiture and cowdnott gett it... The sayd master Gregory sayd allso that he had declaryd this his opinion off the Kinges mynd and intent unto the duke off Mylan and howe that he dyd greatly rejoyse, laude and alowe the same, saying that rather than th' Emperour shold so deceyffe them, he wold jeopard lyff, statt and goodes and all that he shold be habill to make. » Clerk à Wolsey, 22 juin, *ut supra*, f° (167) 163 et n° 1443. — Cf. aussi Sforce à Henri VIII, 10 juin, RYMER, XIV, 38, et Sforce à Wolsey, 10 juin, R. O. BREWER IV, 1403.

(2) « The xxi daye [of] June is arryved heir Master Gregory Casalis, and, immediatlye apon his aryvall, we tooke go[ode] deliberacion betwene us apone the contentes as wel off his secrett as off his opyn instructions. » Clerk à Wolsey, 22 juin, *ut supra*, f° (165) 161 et n° 1443. — Casal n'avait pas montré la même confiance à Russell, qu'il avait vu à Milan et qui représentait le roi d'Angleterre auprès du duc de Bourbon : sans lui découvrir le véritable objet de sa mission, il lui avait dit simplement qu'il avait pour charge de s'assurer des dispositions de Bourbon à l'égard d'Henri VIII. Cf. Russel à Wolsey, 11 juin, *ut supra*.

afin de pouvoir instruire Henri VIII de ses sentiments en même temps que de ceux du duc (1).

Clément VII se montra hésitant (2) ; il se souvenait des révélations intéressées de Wolsey aux commissaires flamands et redoutait que les Anglais, après avoir provoqué ses confidences, en fissent de nouveau leur profit auprès des Impériaux ; ce ne fut que sur les instances répétées des agents anglais et sur les assurances expresses de n'en rien découvrir aux gens de l'Empereur qu'il consentit à sortir de sa réserve (3). Il finit toutefois par avouer qu'il n'était pas impossible que Charles-Quint écoutât les mauvais conseils de Lannoy et qu'en ce cas, si Henri VIII avait vraiment les intentions que lui prêtait Casal, il serait aisé de trouver des moyens propres à tout remettre dans l'ordre ; en ce qui le regardait, ajouta-t-il, son appui ne ferait pas défaut au Roi ; quant aux Vénitiens, ils n'auraient pas de peine à imaginer quelque prétexte pour se dégager des traités qu'ils avaient avec l'Empereur (4).

II

Cependant, la Régente de France n'était pas restée inactive. — En dépit du traité conclu par le Pape avec les Impériaux et du

(1) Clerk à Wolsey, *ut sup.*, f⁰ˢ (166) 162 à (168) 164 et n° 1443.

(2) Le Pape avait la plus grande peur des Impériaux et les ambassadeurs anglais, en tentant auprès de lui cette démarche, ne se faisaient aucune illusion sur ses dispositions : « We doo nott see the Pope nowe in no soche trayn ne disposition that we thynke he will as yett medill withe any newe practise other withe Fraunce or agaynst France that maye be in any maner prejuditiall to the Emperour whome he nowe fearithe above alle erthlye thing..; His Holynes is off late fallyn in soche feare and so discoragyd, incowardyd and wax in so vyll off stomach that the world marvelithe therat. » Lettre du 22 juin, f⁰ (165) 161 r⁰ et v⁰.

(3) *Id., ibid.*, f⁰ (168) 164 r⁰ et v⁰.

(4) *Id., ibid.*, f⁰ (169) 165. — L'ambassadeur impérial à Rome, le duc de Sessa, avait eu connaissance de la mission secrète confiée à Casal avant même que ce dernier fût arrivé dans cette ville ; il écrivait à son maître à la date du 19 juin : « Se de cierto que el Cardenal de Inglaterra tienta quanto puede porque el Papa entre en nuevas negociaciones y remueve humores. » Et il ajoutait, comme pour marquer le rapport qu'il y avait entre ces tentatives faites par Wolsey en Italie et ses négociations en France : « He entendido de buena parte que de los XIIII del presente se escrive de Leon come de Inglaterra havian pedido a la madre del Rey de Francia que enbiasse un embaxador, el qual es ydo in diligencia. » B. M. Add. ms. 28574, f⁰ 261 v⁰, et GAYANGOS, III, 118.

découragement où semblaient tombés les Italiens après l'échec
du projet de ligue en mars 1525, cette princesse n'avait jamais
cessé d'entretenir des intelligences dans la Péninsule. A son instigation, le duc dépossédé de Milan, Maximilien Sforce, avait dépêché Luc de Charpaigne à son frère François, afin de l'engager
à conclure un arrangement avec le gouvernement français : en
échange de son alliance, la Régente devait renoncer en sa faveur
aux droits de la couronne de France sur le Milanais, lui garantir
la possession de ce duché et lui accorder la main d'une princesse
française. Des négociations s'étaient alors engagées (1). François
Sforce et son chancelier Morone, qui, sur ces entrefaites, étaient
entrés en pourparlers avec le Pape par l'intermédiaire du génois
Domenico Sauli, homme de confiance du dataire Giberti, et avec
les Vénitiens, avaient exigé que Madame se mît en rapports avec
les cabinets de Rome et de Venise (2). Bien qu'elle affectât d'abord
de s'y montrer assez peu disposée, ce qui n'était qu'une feinte,
celle-ci n'avait eu garde de s'y refuser. Elle avait fait savoir au duc
qu'elle donnerait à ses agents en Italie des instructions pour négocier avec Clément VII et la seigneurie de Venise (3).

(1) Confess. de Morone dans C. T. DANDOLO, *Ricordi inediti...*, p. 152. —
Le nom du messager de Maximilien nous est fourni par une phrase de ce
document où il est dit qu'en France un marchand du nom de *Lucas de
Carpanis*, le même qui avait été auparavant envoyé à Milan par le duc
détrôné, était chargé de correspondre avec François Sforce; ce Luc de
Charpaigne était sans doute le frère du trésorier de Rhodes Jean de Charpaigne dont il a été question ci-dessus.

(2) Sur ces négociations, voy. G. MUELLER, *Documenti* .., pp. CIII-CIV et
p. 342, pièce CLXXVII, lettre du 17 [mai] des Dix à leur ambassadeur à Milan,
contenant que les ouvertures faites par Morone d'une ligue à conclure avec
le Pape et la France valent qu'on les écoute et qu'on suive l'affaire, mais
dans le plus grand secret.

(3) Conf. de Morone, pp. 152 à 158. — Sauli fit au Duc et à son chancelier Morone
les mêmes ouvertures que l'envoyé de Maximilien : « Venit ad me prefatus
Saulus de jussu Ducis; habere magna mecum communicare dixit narravit-
que Pontificis et Datarii dispositionem pro stabilimento Ducis et pro libertate
Italiæ et quod etiam Veneti idem sentiebant et si Dux vellet se cum ipsis
unire facile fuisset Pontifici et Venetis conciliare sibi Regentes in Gallia et
operare quod sibi cederent et renuntiarent juribus Status Mediolani et fœdus
secum facerent et uxorem a sanguine Regis sibi darent » (p. 153). L'analo-
gie que présentent ces offres avec celles de Madame semble démontrer que
celle-ci avait communiqué au préalable ses intentions au Pape et aux Vénitiens en les priant d'agir de concert avec elle auprès du duc de Milan. —
A la suite de ces pourparlers, le secrétaire milanais Robbio fut dépêché à
Madame avec la réponse du Duc, Sauli fut renvoyé à Rome pour conférer
avec le Dataire et le Pape, et Morone s'aboucha avec le provéditeur des

On en était là, lors de la mission de Grégoire Casal : la Régente se trouvait donc prête à appuyer les démarches du gouvernement anglais auprès des États italiens. Aussi, dès le milieu de juin, l'évêque de Bayeux (1), qui représentait la France à Venise avant la bataille de Pavie et qui depuis s'était retiré à Vérone, sa ville natale, se rendit à Rome et y eut le 14 une longue audience du Pape (2) ; de là, il gagna Venise où vint le joindre peu de jours après un envoyé de Madame, le milanais Lorenzo Toscano (3), que celle-ci

Vénitiens et avec leur ambassadeur. Peu de temps après, le cavalier Bilia, expédié à l'Empereur pour solliciter de ce prince l'investiture du Milanais pour Sforce, eut l'ordre de parler à son passage à Lyon à Madame et à Robertet ; ceux-ci n'affectèrent pas alors les hésitations qu'ils avaient laissé voir à Robbio : ils affirmèrent qu'ils étaient fort désireux de conclure une ligue avec les Italiens et de contracter avec le duc une alliance matrimoniale (pp. 158-159). — Il ne sera peut-être pas sans intérêt de noter qu'au temps où se tramaient tous ces projets contre les impériaux, le Pape, ainsi qu'en fait foi un bref du 6 juin publié par BALAN (n° 110), dépêcha Mich. Machiavel au commandant militaire des Romagnes, Fr. Guichardin, avec la charge de transmettre à ce dernier certaines instructions que rendait nécessaires, dit le document, l'état troublé de la Péninsule.

(1) Louis, comte de Canossa, né à Vérone vers 1474, fut un des agents diplomatiques de Jules II, qui le nomma, en 1512, son représentant auprès de Louis XII. Léon X le confirma dans cette charge et le créa évêque de Tricarica en Thessalie. En 1515, il négocia avec l'aide du duc de Savoie la paix de Bologne entre le Pape et François Ier. Nommé à la suite de ce traité légat apostolique en France, il reçut du roi l'évêché de Bayeux, puis une pension annuelle de 4.000 l. t. Il entra alors au service de la France et fut son ambassadeur à Venise jusqu'en 1530 où sa santé le força d'abandonner ce poste. Il mourut peu après à Vérone. Cf. *Gall. christ.*, xi, col. 385-386 et du PIN, *Hist. des aut. ecclés. au XVIe s.*, I, 83-100.

(2) Une lettre non datée de Bayeux à Madame nous apprend qu'arrivé à Rome le samedi, il vit le Pape le dimanche, « al quale io dissi quello che m'occorse per beneficio di Sua Santità e del Re Cristianissimo ; fui benignamente ascoltato da Sua Beatitudine, la quale mi par tanto desiderosa della pace quanto si conviene ad un buon Papa. » *Lett. Princ.*, I, fo 163 vo. — La date que nous avons assignée à cette entrevue résulte du rapprochement de la lettre de Bayeux et de celle que Giberti écrivit le 1er juillet au nonce en Suisse, Ennio Philonardo : dans cette dernière, en effet, le Dataire se réfère à sa dépêche du 14 juin au même Philonardo dans laquelle, dit-il, il lui aurait parlé plus clairement, s'il eût eu alors quelque certitude, « ma la speranza, che io ho, era alhora solamente concetta » (*ibid.*, fo 164 vo). Or, le 14 juin était précisément un dimanche : c'est donc à cette date qu'il convient de rapporter la mission de Bayeux, qui fit naître au cœur de Giberti l'espoir que réalisa celle de L. Toscano.

(3) L. Toscano était de Milan (cf. BANDELLO, ii, ép. déd. de la 2e Nouvelle). Nous le voyons nommé chancelier du préteur de Brescia par lettres royales du 26 mai 1509. L'année suivante le préteur, qui était Jérôme Morone, étant

avait chargé de porter aux Italiens des ouvertures formelles (1). Il s'agissait d'une ligue franco-italienne destinée à chasser les Espagnols de la Péninsule en même temps qu'à contraindre l'Empereur à l'élargissement du roi de France ; pour prix de l'alliance des États italiens, Madame offrait de leur payer un subside mensuel de 40.000 écus et de renoncer à toutes les prétentions de la maison de France sur le Milanais (2).

Arrivé à Venise le 24 juin, L. Toscano s'y acquitta aussitôt de sa mission auprès de la Seigneurie. Celle-ci, sans se prononcer catégoriquement, laissa entendre que les propositions de la Régente ne lui déplaisaient pas : la conclusion fut qu'après en avoir délibéré, le gouvernement vénitien déclara s'en remettre au jugement du Pape (3).

---

devenu sénateur de Milan, François Tavel, qui le remplaça à Brescia, prétendit que l'office de chancelier était à sa discrétion et inquiéta L. Toscano. Celui-ci porta l'affaire devant le Sénat qui lui donna gain de cause et des lettres du Roi, duc de Milan, en date du 14 novembre 1510, le confirmèrent dans sa charge. (B. M. Addit. charters 18106). L. Toscano étant entré ensuite au service de Paul de Caretto, ce dernier, nommé évêque de Cahors en 1524 et ne pouvant prendre possession de son siège, l'y délégua en qualité de Vicaire. Il administra cet évêché jusqu'en 1528 où il fut lui-même élevé au siège de Lodève qu'il céda plus tard à Lilio Orsini. Le poète latin Jean-Mathieu Toscan, qui publia divers ouvrages de poésie et de prose de 1575 à 1578, était de sa famille et composa pour lui une épitaphe rapportée par la Monnoye dáns le *Ménagiana* (i, 55-56 de l'édit. de 1715). Cf. *Gall. christ.*, i, col. 848 et vi, col. 564-566.

(1) L'abbé de Najera écrit à Charles V à la date du 5 juillet que l'évêque de Bayeux était « il y a quelques jours à Vérone et qu'il était parti pour aller à Rome ; il était ensuite venu à Venise pour s'y rencontrer avec un gentilhomme de Madame ; celui-ci n'étant pas encore arrivé lorsqu'il parvint dans cette ville, l'évêque ne s'en rendit pas moins devant la Seigneurie qu'il sollicita de s'employer en faveur de son maître ; le messager de la Régente atteignit d'ailleurs Venise quelques jours après et en repartit pour Rome ». Gayangos, iii, 124. — De son côté, Sessa mande le 12 juillet : « De nuevo es ydo de aqui el obispo de Bayoso, que es tambien de Tricarica, y el partir suyo fue harto dissimulado, diziendo que si iva a Verona a su casa... ; partido tomo otra via y en un mismo tiempo fue en Venecia con el Sormano que ya se debe conocer por este nombre, y despues es venuto otro. » B. M. Add. ms. 28574, fᵒ 279 rᵘ et vᵘ et Gay., iii, 134. — Cf. aussi la lettre de Pace à Wolsey (B. M. ms. Cott. Vitel. B vii, fᵒ (172) 169 et Brewer, iv, 1456), qui s'accorde avec celle de Najera. — G. Mueller a publié dans les *Documenti* (p. 345, nᵒ clxxix) des lettres patentes de Madame en date du 9 juin accréditant à Venise pour négocier une ligue les deux protonotaires apostoliques L. Toscano et A. de Fiorenza.

(2) Giberti à Philonardo, 1ᵉʳ juillet, *Lett. Princ.*, i, fᵒ 164 vᵒ.

(3) *Id., ibid.*, fᵒ 164 vᵒ. — Ce fut sans doute le 25 que Toscano présenta les propositions de Madame à la Seigneurie, car l'évêque de Bayeux écrivit

La résolution de ce dernier ne pouvait être douteuse. Tout se réunissait pour le disposer à écouter favorablement les ouvertures de Madame : l'Empereur avait refusé de ratifier certains articles additionnels au traité que Clément VII avait signé le 1er avril avec Lannoy et qui étaient précisément les points de cette convention auxquels le Saint-Père attachait le plus d'importance (1) ; en outre, le récent transfert du roi de France en Espagne avait fort effrayé le Pape. Comme les Vénitiens et les autres États italiens, ce qu'il redoutait le plus, c'était un accord franco-espagnol qui aurait mis l'Italie à la discrétion de l'Empereur et personne n'ignorait que c'était dans le but de décider son rival à un arrangement de ce genre que le roi de France s'était prêté à passer en Espagne. Aussi bien, le départ de François Ier avait jeté l'alarme dans la Péninsule (2). Madame, qui connaissait ces méfiances des Italiens,

ce jour même à Giberti, et ce fut le 27 que les Vénitiens déclarèrent remettre la décision de l'affaire au Pape, car la lettre par laquelle ils annoncèrent cette décision à leur représentant à Rome portait la date du 27. Cf. Giberti à Bayeux, 1er juillet, *ut supra*, f° 166 v°.

(1) Au traité du 1er avril étaient en effet annexés trois articles additionnels relatifs : 1° aux bénéfices du royaume de Naples, dont la collation devait être laissée au Pape ; 2° à la fourniture du sel du duché de Milan, qui devait être assurée aux salines pontificales à l'exclusion de toutes autres ; 3° enfin à la restitution au Saint-Siège de Reggio, de Rubiera et des autres villes que lui avait enlevées le duc de Ferrare. Cf. GUICCIARDINI, l. XVI, t. II, p. 305. L'empereur ratifia le traité lui-même, mais il différa d'en faire autant pour les articles additionnels ; il éleva surtout des difficultés sur la restitution des places usurpées par le duc de Ferrare, qui était ce que le Pape avait le plus à cœur. Ce dernier avait été instruit de ces atermoiements de Charles V dans la seconde quinzaine de juin et il en avait été fort mécontent. Cf. Sessa à Charles V, 19 juin, B. M. Add. ms. 28574, f° 257 et GAYANGOS, III, 118 ; Caracciolo au même, 5 juillet, GAYANGOS, III, 125 ; et GUICCIARDINI, *ut supra*, p. 321.

(2) « Vicerex præter omnium voluntatem et nullo ex potentatibus Italiæ sciente, regem Gallorum in Hispaniam duxit, quæ res et Principem et potentatuum Italiæ animos majori suspitione ac etiam indignatione replevit. » Confess. de Morone, p. 159. — Les lettres des agents impériaux en Italie sont unanimes sur ce point : « Al principio que se supo la yda del Visorrey en España con la persona del Rey de Francia hizo uno ruido grand...; yendo del momento que es Su Santidad, en aquel primer golpe estava admirado. » Sessa à Charles V, 19 juin, B. M. *ut sup.*, f° 258 v° et GAY., III, 118. — Sessa ajoute le 12 juillet que depuis le départ du vice-roi, le Pape se montre fort soupçonneux et fort craintif. *Id., ibid.*, f° 279 v° et n° 134. — Dès le 11 juin, Ant. de Leyva avait écrit que le transfert du Roi avait troublé toute l'Italie. GAY., III, 112.— Le 5 juillet, Najera dit que le voyage de François en Espagne avait fait une telle impression et donné naissance à de telles méfiances en Italie qu'il convenait de le considérer comme la source de toutes

n'avait pas manqué d'en manifester bien haut son mécontentement et Toscano avait reçu l'ordre de déclarer à Venise et à Rome que ce voyage n'avait été approuvé ni de la Régente ni de son Conseil (1).

Les nouvelles dispositions du Pape se marquèrent par un changement de conseiller. Depuis le traité du 1er avril, la direction de la politique pontificale avait été confiée à l'allemand Nicolas Schomberg, archevêque de Capoue et impérialiste avéré; toutefois, bien que premier ministre avoué, il n'était pas sans avoir à lutter contre le dataire Giberti, qui appartenait au parti français et qui jouissait d'un grand crédit auprès de son maître (2). L'influence du Dataire devint prépondérante lorsque Clément VII prêta l'oreille aux avances des Anglais et des Français. Ce fut lui qui eut la charge de conduire les négociations destinées à amener la conclusion d'une

les intrigues italiennes. *Ibid.*, 124. — A la même date, Caracciolo dit comme Sessa que le Pape en a été très effrayé. — Enfin, le 7 juillet, Leyva écrit que le départ de Lannoy a ému tous les cœurs italiens et que c'est par crainte d'un arrangement franco-espagnol ruineux pour la Péninsule que tous ses princes essaient de former une union défensive. *Ibid.*, 128.

(1) Giberti, parlant des offres faites par Madame, ajoute : « Et questo dopo che sapevano l'andata del Christianissimo in Spagna, quale è stata contra il consiglio et volontà di Sua Excellenza et di tutto il Regno. » Let. du 1er juillet à Philonardo, *ut sup.*, f° 164 v°.

(2) Guichardin trace de ces deux ministres les portraits suivants : « Di questi ministri furono appresso Clemente in somma potenza Nicolò Scombergh, germano, et Giammateo Giberto de Genova, quello riverito et quasi temuto dal Pontifice, questo gratissimo et molto amato de lui... Fra Nicolò, affectionatissimo, per il vincolo della natione o per qualunque altro rispetto, al nome di Cesare et per natura fisso nelle opinioni proprie., favoriva tanto immoderatamente le cose di Cesare che spesso venne in sospetto al Pontefice..; l'altro non conoscendo in verità ne altro amore ne altro padrone, ma per natura ardente nelle cose sue, sebbene nel tempo di Leone fusse stato inimico acerrimo de Francesi et fautore delle cose di Cesare, morto Leone, era diventato tutto l'opposito. » GUICCIARDINI, l. XVI, t. II, p. 340.— Quant à la part prise aux affaires par Capoue et par le Dataire après le traité du 1er avril, les lettres de Sessa en rendent un compte très exact : « El Datario no se entremete en ninguna natura de negocios de Estado ; esta en manos del arçobispo de Capua que siempre hace buen officio. » Let. du 4 mai, *ut supra*, f° 218 r° et v° et n° 87. « Los negocios en esta corte van de presente por otro termino que en el pasado ; en lo que toca a Estado, no se empacha otro que el arçobispo de Capua de lo menos a lo mas y el Datario solo en lo que haze a su Dataria ». Let. du 10 mai, *ibid.*, f°s 225 v° et 226 r° et n° 94.— « Todos los negocios de Estado estan en su mano (de Capoue) y el Datario no se empacha en otro que en su Dataria como ya escrevi ; però sobra a quanto ay en la parte de amor que le tiene Su Santidad que me parece que vence al filial. » Let. du 19 juin, *ibid.*, f° 260 r° et n° 118.

ligue franco-italienne (1). D'ailleurs, comme le succès de l'entreprise exigeait qu'on la gardât secrète, il n'y eut dans le gouvernement aucune modification apparente ; Schomberg, auquel on eut grand soin de cacher toutes ces menées, fut laissé à la tête des affaires et parut conserver toute la confiance de son souverain. Mais ce n'était là qu'une feinte pour mieux dérober aux Impériaux les nouveaux desseins de la cour de Rome. Tandis que l'archevêque et le Pape lui-même protestaient en toute occasion de leur dévouement aux intérêts de Charles-Quint, le Dataire ne cessait de négocier sous main avec les agents français, anglais ou vénitiens et arrêtait de concert avec eux tout un plan de campagne qui n'allait à rien moins qu'à chasser les armées impériales de la Péninsule (2).

(1) Toutes les communications du gouvernement pontifical relatives à cette affaire émanent de Giberti ; c'est lui qui écrit à l'évêque de Bayeux, au nonce en Suisse E. Philonardo, au nonce en Angleterre H. Ghinucci, à Sigismondo Santo, à Domenico Sauli, etc... Cf. *Lett. Princ.*, I, *passim*.

(2) Sessa, qui avait eu bien vite vent de l'intrigue, en ayant fait des observations au Pape, celui-ci lui donna de belles paroles et lui dit qu'il ne désirait rien autant que de rester l'ami de l'Empereur ; il répéta les mêmes assurances quelques jours après à la suite d'une nouvelle démarche de l'ambassadeur impérial. Cf. Sessa à Charles V, 12 et 14 juillet, *ut sup.*, f°s 279 v° et 286 r° et n°s 134 et 140. — D'ailleurs, toutes ces précautions ne trompaient pas le duc, qui restait très méfiant à l'endroit de Giberti. « El Datario platica con estos todos, » écrivait-il, « y en palacio es publico entre ellos que el Duque de Milan esta temeroso y que de nuevo envia a Venecia al cavallero Landriano de manera que parece que hablan entre si como Italianos. » Let. du 12 juillet, *ut sup.*, f° 279 v° et n° 134. « Para mi tengo que el arçobispo de Capua no entiende esta platica...; a mi juzgio y a lo que alcanzo, por via del Datario se trama todo. » Même date, f° 278 r° et v^o et n° 135. « Los negocios van por el mismo estado que he avisado : el arzobispo de Capua tiene todos los de Estado, aunque sufre algunas grupadas por la difficuldad que allà se ha tueto en la confirmacion y execucion de los capitulos...; el Datario entiende en su Dataria y credo que a mano cubierta tracta con los que vienen a poner las platicas delante que ya he dicho, bien que el dissimula el possible publicando que en nada se empacha, però esto no lo juraria yo ; que V. Ma^d puede tener por cierto que ninguna cosa hay grande ni pequeña que el Papa entierablement no comunique con el que este es el unico y amado hijo. » Même date, f°s 281 v° et 282 r° et n° 134. — Comme E. Philonardo, sur ses sollicitations, avait été autorisé par Capoue à quitter la Suisse, Giberti le pria d'objecter à ce dernier le mauvais effet que ce rappel produirait dans les Cantons, afin de pouvoir rester dans ce pays sans éveiller les soupçons de l'archevêque ; il lui recommanda aussi de continuer à lui écrire « all' usato e avertendo che ne lettere per Sua Signoria venghino con le mie, ne mie sotto le sue ». Giberti à Philonardo, 1er juillet, *ut sup.*, f° 166 v°. — La correspondance secrète du Dataire manqua du reste d'être saisie dès le début par Schomberg ; nous lisons en effet dans la lettre de Giberti à Bayeux du 1er juillet : « Voglio anco ricordare a V. Signoria

On n'attendit pas la venue de L. Toscano à Rome pour tout discuter et tout conclure. A la vérité, l'ambassadeur français auprès du Saint-Siège, le comte de Carpi (1), était absent de Rome. A la suite du traité du 1er avril, qui obligeait le Pape à expulser de ses États les sujets de l'Empereur qui avaient fait acte de rébellion contre lui, — ce qui était le cas de Carpi, à cause de ses fiefs de mouvance impériale dans la Haute-Italie, — ce diplomate, sous prétexte d'une saison aux eaux de Viterbe, avait couru se réfugier dans cette ville (2). Mais il était, semble-t-il, parti seul ; il avait laissé à Rome tout le personnel de l'ambassade, en particulier les deux secrétaires, Nicolas Raince (3) et Sigismondo Santo (4), qui jouaient le rôle de chargés d'affaires. A côté de ces agents subalternes, le cardinal de Côme, Scaramouche Trivulce (5), protecteur

che averta come manda le lettere che mi scrive, perche quella dell' altro di, dove mi scriveva la venuta del Toscano poco manco che non mi fu data da M. Sisto in presenza del Signor Arcivescovo, et V. Signoria sa quanto poco segno basteria a far comprendere qualche cosa a chi ha la prattica che ha Sua Signoria. » *Ibid.*, fº 167 vº.

(1) Alberto Pio, comte de Carpi, était un cadet de la maison de Savoie. On le trouve en 1508-9 ambassadeur de Louis XII auprès de l'Empereur Maximilien avec l'évêque de Paris, Ét. Poncher (Desjardins, ii, 259) ; mais, dès 1510, il était chargé de représenter la France auprès du Saint-Siège (*ibid.*, 462-517). Il paraît être resté sans interruption ambassadeur à Rome pendant les quinze années qui suivirent. Il mourut à Paris en janvier 1531 et voulut être enterré revêtu de l'habit de cordelier ; c'est à cette circonstance que fait allusion Marot dans sa *Seconde lettre du Coc à l'Ane*, où il dit :

> Témoin le comte de Carpi
> Qui se fit moine après sa mort.

Sur ses funérailles auxquelles le Roi donna un grand éclat, cf. *Délibérations du Bureau de la Ville*, ii, 102.— Il recevait 10.000 l. t. de pension annuelle (Ar. Nat., J 964,66).—Sa statue couchée en bronze due à maître Ponce est conservée au Louvre dans la salle des Michel-Ange.

(2) V. ci-dessous en note les lettres de Sessa, des 24 juillet et 1er août.

(3) Raince servit longtemps la France à Rome. Beaucoup de ses lettres, surtout des années 1526 à 1530 sont à la B. N. mss. fr. 2984, 3009, 3040, etc.

(4) Ce Sigismond, qui avait accompagné le Roi en Italie dans l'hiver de 1524-5 en qualité de secrétaire, avait été dépêché par ce prince au comte de Carpi le 13 février 1525. (Cf. let. de cette date de François Ier au légat Salviati, citée d'après les archives de Florence par M. Perret dans ses *Notes sur les actes de François Ier*, p. 46).

(5) Fils de Jean-Firme Trivulce, conseiller du duc de Milan et neveu du maréchal Jean-Jacques Trivulce. D'abord professeur de droit à Pavie, il devint sous Louis XII conseiller du Roi et évêque de Côme. A la promotion de 1517, il fut fait cardinal-prêtre du titre de Saint-Cyriaque et reçut ensuite la charge de protecteur de France. On ne doit pas le confondre avec son cousin Augustin Trivulce, cardinal-diacre de la même promotion et connu

de France près la Cour de Rome, soutenait de son mieux les intérêts français. Il est à croire qu'il s'entremit activement, d'accord avec Raince et Santo, dans ces négociations préliminaires. Les ambassadeurs vénitiens et anglais firent de même. Le représentant de la seigneurie, Marco Foscari, pressa le Pape de se déclarer en faveur de la Ligue et lui montra son gouvernement tout disposé à prendre les armes, pourvu que Sa Sainteté lui en donnât l'exemple (1). De leur côté, à la suite d'une lettre de Wolsey, les Anglais prirent une attitude plus décidée ; ce ne fut plus seulement en leur nom personnel qu'ils parlèrent, comme ils avaient fait à la première audience de Casal, ce fut au nom de leur maître. Dans les premiers jours de juillet, ils n'hésitèrent pas à déclarer que le roi d'Angleterre avait éprouvé beaucoup de mécontentement des manœuvres de l'Empereur et qu'il n'était pas éloigné de se résoudre à traiter avec la France (2).

sous le nom de cardinal de Trivulce, tandis que lui-même était toujours appelé le cardinal de Côme. — Le gouvernement français l'avait commis en 1522, de concert avec le cardinal d'Auch, Jean de la Trémouille, pour suivre les négociations engagées à Rome en vue d'arriver à une pacification générale. Cf. leurs instructions aux Ar. Nat. J 964,17 et 18, et J 965, 21 et 23.— Son dévouement aux intérêts français avait entraîné la perte de ses biens confisqués avec ceux de toute sa famille par François Sforce. Aussi voyons-nous François Ier, réconcilié avec ce dernier, lui écrire à la date du 13 décembre 1527 pour le prier de restituer leurs fiefs aux Trivulce et en particulier au cardinal de Côme « eu regard aux bons et grans services que mondit cousin le Cardinal a faictz et faict ordinairement pour le bien commun de ladicte ligue (de Cognac) et le grant travail qu'il a pris pour la conclusion et perfection d'icelle ». [PERRET, *ut sup.*, p. 32.]

(1) Le 2 juillet, Foscari fit connaître au Pape les intentions de son gouvernement sur les propositions de L. Toscano et lui demanda quelles étaient les siennes ; Clément VII lui répondit « haver' il medesimo animo che sempre ha detto alla liberatione et quiete d'Italia ». Giberti à Bayeux, 1er juillet, *ut sup.*, f° 166 v°.

(2) « I have receyved your lettres of the xıııth of June and taking Master Gregory with me went unto the Poopes Holynes and declared unto hym the contynue of your said lettres, aswel of the Kinges displeasure taken with th' Emperour for his unkind demeanour as also o[f what] towardnes was in the Kinges Highnes to conclude with France on suche reasonable condicions as sholde be by theym offerd, and that to as large maner as neaded [as I] towght I myzt now boldly do, not neading to... dought any thing in the Poopes Holynes who hathe now to farre disclosed his own counsail to us to d[eceive] ours. » Clerk à Wolsey, sans date, B. M. ms. Cotton. Vitel. B vıı, f° (175) 172 r° et BREWER, ıv, 1493. — Cette démarche décisive des Anglais auprès du Pape ne fut pas postérieure au 5 juillet, car Giberti écrivit ce jour-là à Bayeux : « Ci sono dopoi avisi d'Inghilterra de' 14 del passato, che mostrano gli animi di là et massime Eboracense non dico inclinati, ma accesi di desiderio di concordia con Francia. » *Lett. Princ.*, *ut sup.*, f° 167 v°.

Aussi bien, à cette époque, le Pape avait pris sa résolution et son dataire Giberti avait pourvu à toutes les mesures propres à assurer le succès de la Ligue. Ce dernier s'était en effet informé des dispositions du duc de Milan (1), et le 1er juillet, il avait écrit à Ennio Philonardo, évêque de Veruli et nonce pontifical auprès des Cantons, de ménager secrètement la levée de huit ou dix mille Suisses qui se tiendraient prêts à descendre en Lombardie au premier signal (2).

III

Tout était donc décidé lorsque Lorenzo Toscano parvint à Rome dans la seconde semaine de juillet (3). — Le Pape aurait peut-être signé sur le champ le traité de la Ligue, si cet envoyé avait été porteur d'une commission de Madame autorisant le comte de Carpi ou l'évêque de Bayeux à conclure en son nom. Malheureusement, bien qu'il eût été bruit de pouvoirs formels envoyés par la Régente à ces deux ambassadeurs (4), Toscano leur apportait seulement, avec l'ordre de reprendre officiellement leur rang de représentants de la France à Rome et à Venise, des instructions pour négocier les bases d'une ligue franco-italienne sans qu'il leur fût permis d'en passer aussitôt le traité (5).

(1) « Qualche altro lume che aspetta da Milano. » Giberti à Bayeux, 5 juillet, *ut sup.*, fᵒ 168 rᵒ. « A Milano si farà il debito di apparecchiarsi. » *Ibid.*, 9 juillet, fᵒ 169 rᵒ. — Ce fut sans doute D. Sauli qui apporta à Rome l'assurance du concours de François Sforze, car ce fut vers cette date qu'il revint de Milan. Cf. Confes. de Morone, *ut sup.*, pp. 165 à 167 et Sessa à Charles, 12 juillet, *ut sup.*, fᵒ 281 vᵒ et nᵒ 134.

(2) Giberti à Philonardo, 1er juillet, *ut sup.*, fᵒˢ 164 vᵒ et 165 rᵒ. Cf. aussi le même au même, 26 juillet, *ibid.*, fᵒ 170 rᵒ. — Le soin que prend Giberti de marquer que ces Suisses pourront servir dans le royaume de Naples nous porte à croire que le Pape avait le dessein de les mettre sous les ordres du marquis de Pescaire, dont Morone négociait en ce moment la défection, de concert avec D. Sauli, qui avait offert de la part de Clément VII les Deux-Siciles au capitaine impérial. Cf. Confes. de Morone, pp. 159 à 165.

(3) Toscano n'était pas encore arrivé à Rome le 5 juillet; ce fut sans doute le 9 qu'il atteignit cette ville. Cf. Giberti à Bayeux, 5 et 9 juillet, *ut sup.*, fᵒˢ 167 vᵒ et 168 vᵒ.

(4) Cf. Giberti à Philonardo, 1er juillet, *ut sup.*, fᵒ 164 vᵒ et Clerk à Wolsey, s. d., *ut sup.*, fᵒ 172 vᵒ.

(5) Giberti se plaint à l'évêque de Bayeux de ce manque de pouvoirs dans sa lettre du 9 juillet, *ut sup.*, fᵒ 168 vᵒ. — Quant à la rentrée en scène officielle de Carpi et de Bayeux, les lettres des Impériaux en font foi. « Subese por cierto que (el obispo de Bayoso) esta alli (a Venetia) con faculdad de

Il fallut dépêcher en diligence à Lyon, afin de solliciter de Madame une commission en forme. Ce fut Sigismondo Santo qu'on chargea de cette mission. Il quitta Rome le 10 juillet (1) avec un projet de traité qu'il avait l'ordre de soumettre à l'approbation du gouvernement français. Voici quelles en étaient les clauses : Madame devait s'engager au nom de son fils à reconnaître François Sforce comme duc de Milan et à permettre au Pape de disposer à son gré de Naples et de la Sicile; de plus, elle servirait aux confédérés italiens, pendant toute la durée de la guerre, un subside mensuel de 50.000 ducats, dont elle fournirait, d'avance et avant aucune entreprise, deux termes, soit 100.000 ducats; enfin, elle mettrait à leur disposition 600 lances, 4.000 fantassins, de l'artillerie et des galères, le tout aux dépens du Trésor français. En retour, les Italiens s'uniraient à la France par une ligue défensive et offensive; ils promettraient de fournir à leurs alliés, dès que les Impériaux auraient été expulsés de l'Italie, un contingent de 1.000 chevaux et de 1.200 fantassins destinés à concourir au-delà des monts à la délivrance de François Ier. Un dernier article stipulait que, si le roi d'Angleterre se joignait à la confédération, les Français lui laisseraient l'honneur d'en être le chef (2).

On voit que ces conditions différaient assez notablement de celles qu'avait proposées L. Toscano lors de son arrivée à Venise. Les sacrifices faits par la France aux princes italiens se trouvaient

enbaxador. » Sessa à Charles V, 12 juillet, *ut sup.*, f° 279 v° et n° 134. « El obispo de Bayos ya es descubierto embaxador de Francia... Quatro dies despues (le départ de Sigismond, soit le 13) es venido Alberto del Carpio, el qual era en Viterbo con mas de xxx dias con color del estar a los baños, pero la verdad fue por la liga hecha con V. M^{ad}, para no salir vergonçosamente, yde alli tomar la derrota que le conviniese que por el capitulo que tracta de los rebellos no puede estar en Roma ni en otra tierra de la Yglesia. » *Ibid.*, 24 juillet, *ut sup.*, f° 301 r° et v° et n° 150.

(1) « Dimane ispediremo M. Sigismundo con risolutione che, venendo di Francia mandato d'accordar le cose che si domandano, la cosa sarà per conclusa » Giberti à Bayeux, 9 juillet, *ut sup.*, f° 168 v°. — « Se que un dia antes que el cavallero Casal partiese fue tambien en diligencia Gismundo, secretario del rey de Francia, à Madama la Regente. » Sessa à Charles V, 14 juillet, *ut sup.*, f° 286 r° et n° 140. Or, Casal partit le 11. — Une lettre de la Seigneurie du 18, pub. par MUELLER (*Documenti*, 353, n° CLXXXI) s'accorde avec celle de Giberti du 9; il y est dit que le gouvernement vénitien a répondu au représentant de Madame que pour venir à conclusion on n'attendait plus « che valido mandato dalla Francia ».

(2) Giberti à Bayeux, 9 juillet, *ut sup.*, f° 168 v°, et G. MUELLER, *Documenti*, 435-437 (n° CCXI), traduction espagnole des Instructions de Sigismond.

aggravés : les prétentions sur Naples étaient abandonnées en même temps que les droits sur Milan ; à l'obligation de payer le subside grossi de 10.000 écus venait se joindre celle de lever une armée de terre et d'armer une flotte. Toutes ces modifications avaient d'ailleurs été consenties par les agents français, car nous savons par une lettre de Giberti à l'évêque de Bayeux que le projet de convention confié à S. Santo ne s'éloignait que fort peu des offres de Toscano (1). Les Français s'étaient donc résignés à des concessions au cours des pourparlers, et on doit supposer que les instructions de L. Toscano comportaient des « degrés », que les agents de Madame avaient épuisés successivement pour accorder aux Italiens ces nouveaux avantages (2).

La clause qui a trait à l'entrée éventuelle du roi d'Angleterre dans la coalition mérite, d'être remarquée. Elle montre que G. Casal et Clerk ne s'étaient pas bornés à de simples sollicitations et qu'ils avaient laissé entendre, sinon formellement promis, que leur maître ne refuserait pas de devenir un des membres de la ligue dont il avait été l'instigateur, pourvu qu'on ne lui disputât pas l'honneur de la diriger.

Dans ces conditions, l'agrément du gouvernement anglais importait autant que celui de Madame. Aussi, S. Santo était à peine parti depuis vingt-quatre heures que Casal s'éloignait de Rome à son tour et prenait en toute hâte le chemin de l'Angleterre (3).

(1) È el medesimo quasi che hanno mandato ad offerire, anzi è più presto meno che più di quello ha detto el Toscano ». Let. du 9 juillet, f⁰ 169 r⁰. — Ces assurances données à un ambassadeur français étant suspectes, il convient de les vérifier à l'aide de témoignages moins intéressés, nous voulons parler de la lettre de Giberti à H. Ghinucci et des instructions de Grég. Casal : or, la première de ces pièces parle « des secours considérables que Madame avait promis en hommes, en vaisseaux et en argent » (*ut sup.*, f⁰ 169 r⁰), et, dans la seconde, il est dit formellement que la Régente offrait « pro defensione ac libertate statuum et potentatum Italie se daturam quinquaginta millia ducatorum in singulos menses et eas copias terrestres ac maritimas que necessarie videbuntur » (Ar. Nat. J 965, 5, 10 et BREWER, IV, 1491).

(2) Nous avons fort peu de renseignements sur le détail de cette négociation : nous savons seulement qu'aussitôt qu'il eut connaissance des premières propositions de Toscano, Giberti demanda des conditions plus favorables à l'Italie ; il s'agissait d'un secours de gendarmerie et d'infanterie française à fournir aux confédérés (cf. Giberti à Bayeux, 1ᵉʳ juillet, *ut sup.*, f⁰ 167 v⁰) ; quant à l'élévation du chiffre de la contribution mensuelle, nous ignorons quand et par qui elle fut exigée.

(3) Clerk à Wolsey, 28 juillet, B. M. ms. Cotton. Vitel. B VII, f⁰ (176) 178 et BREWER, IV, 1521. — « El cavallero Casal es partido y se me emvia a disculpar no avermi visto porque se me da por amigo ; va en diligencia, y,

Il était chargé par le Pape de renrercier le Roi et Wolsey et de les prier instamment de lui continuer leurs bons offices : « Il ne reste plus qu'à conclure sans retarder », lisons-nous dans ses Instructions, « et pour cette conclusion, il est indispensable que Sa Majesté Sérénissime nous accorde sa faveur et son appui qui assureront la délivrance et la sécurité de l'Italie ; il faut que Sa Majesté s'unisse à la France et à l'Italie par une ligue perpétuelle dont elle sera le chef et aux termes de laquelle les puissances alliées conviendront de se soutenir dans le malheur aussi bien que dans la prospérité (1) »

L'accession d'Henri VIII à la confédération était en effet une espérance dont le gouvernement pontifical et avec lui tous les États italiens désiraient ardemment la réalisation. Ils s'en promettaient les plus merveilleux effets et Giberti en écrivait avec enthousiasme au nonce en Angleterre, Hieronimo Ghinucci : « Si, comme on l'espère », disait-il, « Sa Majesté et Sa Seigneurie Révérendissime se rendent à nos vœux, il me semble que je vois se renouveler le monde et que d'une extrême misère l'Italie s'élève à la plus pure félicité (2). »

Telle était au 10 juillet 1525 la situation diplomatique en Italie. C'est dans l'appui du gouvernement anglais qu'il convient de chercher la cause de ce prompt succès des négociations (3). Les Italiens en effet n'avaient qu'une médiocre confiance en Madame (4),

---

como tengo escrito, esta su yda es muy fuera de razon y de proposito. » Sessa à Charles V, 12 juillet, *ut sup.*, f° 285 v° et n° 135. — Casal passa par Milan, où il vit de nouveau Sforce et lui dit que son maître était fort mécontent de Charles V. Cf. Caracciolo à Charles V, 28 juillet, GAYANGOS, III, 152. En revanche, à son passage à Novare, où étaient alors Pescaire et Bourbon, il évita de leur rendre visite, ce qui les étonna fort. Cf. Russel à Wolsey, 30 juillet, B. M. ms. Cotton. Vitel. B VII, f° (180) 178 et BREWER, IV, 1528. Il avait fait de même à Milan pour les autres commandants Impériaux. Cf. Najera à Charles V, 21 juillet, GAY., III, 146.

(1) Ar. Nat. J 965, 5, 10.

(2) Giberti à Ghinucci, 10 juillet, *Lett. Princ.*, I, f° 169 v°.

(3) Henri VIII et Wolsey ne s'étaient pas bornés aux promesses faites en leur nom par Clerk et Casal ; ils avaient aussi pris le soin d'agir auprès du nonce pontifical à Londres. Cf. Let. de Gilberti du 9 juillet, *ut sup.*, f° 169 r° et v°.

(4) « Guardate che siamo ingannati, » écrivait Giberti à Sigismond, « et poi che ci haranno scoperti, Francesi non ci manchino et vagliansi di questo in facilitare le lor conditioni con Cesare. Non vorrei haveste parlato del Pescara et se pur sete a tempo tacetelo... Guardatevi massime del dare in scrito cosa che rivelata potese nuocerci. » Let. du 15 juillet, *ut sup.*, f° 170 r°.

— Les Anglais ne se faisaient d'ailleurs pas faute d'exciter les méfiances des

et on ne saurait les en blâmer. Il était assez apparent que cette
princesse n'avait qu'un seul but, la délivrance de son fils, et que,
pour y atteindre, elle ne reculerait pas devant l'abandon de ses
alliances italiennes. La situation n'était plus la même dès que le
roi d'Angleterre joignait ses sollicitations et ses promesses à celles
de la mère de François Iᵉʳ. Les Italiens pouvaient espérer qu'ainsi
garantis par Henri VIII les traités seraient plus respectés de la
Régente ; c'était là une sûreté qui, pour n'être pas absolue, n'en
était pas moins très réelle, et il y avait lieu de croire que la conclusion, qui semblait prochaine, d'un accord entre les deux royaumes
la rendrait plus effective encore (1). Qu'on ajoute à cela les insinuations de Casal et de Clerk sur l'entrée probable du Roi dans la
Ligue et l'on comprendra l'importance du rôle que joua la diplomatie anglaise dans les négociations de juin et de juillet 1525 (2).

En attendant de connaître la résolution de Madame et celle du

Italiens : « Gli Inglesi temono che Francesi mandino più per intertener et dar
pasto et conseguetamente sdegnandosi Cesare con Anglia facilitar tanto più lo
accordo col Christianissimo. » Giberti à Bayeux, 5 juillet, *ut sup.*, fᵒ 168 rᵒ.

(1) Les Italiens attachaient la plus grande importance à la signature de
cette paix. « The Poopes Holynes and the Venecians ben bothe resolutely
concludyd to joyn unto France, if France and you do conclude herapon, the
matters here be in pendent to see whether this practise bitwene you and
France take effecte or no ». Clerk à Wolsey, sans date, *ut sup.*, fᵒˢ 172 vᵒ et
173 rᵒ et nᵒ 1493. Cf. aussi le même à Wolsey, 28 juillet et 26 août, *ut sup.*,
fᵒˢ (178) 176 et (184) 182 et nᵒˢ 1521 et 1589. — Aussi le Pape n'épargna rien
pour en hâter le succès : il sollicita instamment les deux gouvernements de
se montrer accommodants. « Por l'amor di Dio attendasi a concordar con
Inghilterra hora..., et sopra tutto diasi a quel Re et cardinale Eboracense
tutta quella gloria et fumo che cercano..., et s'io sapessi di quà che cosa
Madama si contentasse fargli offerire, potriano farsi mille buoni effetti, pur
così non manco et credo haver fatto qualche frutto con questi ministri di quel
Re. » Giberti à Bayeux, 1ᵉʳ juillet, *ut sup.*, fᵒ 167 rᵒ. « Penso si da fare ogni
estrema opera che li trattati con Inglesi si stringhino. » Let. du 5 juillet, *ut
sup.*, fᵒ 168 rᵒ. Cf. aussi Instructions de G. Casal, *ut sup.*

(2) Les agents impériaux et spécialement le duc de Sessa ne s'y trompèrent pas. « Venecianos... non confian paro de Inglaterra..., ; el embaxador
de Inglaterra... publicamente mustra discontentamiento y una admirabile
sospecion de qualquier novedad que sab y ahun de las que non son verdad. »
Sessa à Charles V, 12 juillet, *ut sup.*, fᵒ 279 rᵒ et vᵒ et nᵒ 134. « Quanto bay
nace del descontentamiento que muestran en Inglaterra y este despierta los
que devrian estar reposados en los sepulcros. » Let. du 14 juillet, *ibid.*,
fᵒ 286 vᵒ et nᵒ 140. « Hazen grand fundamento en el descontentamiento de
Ingleses de que se habla a la descubierta. » Let. du 24 juillet, *ibid.*, fᵒˢ 300 vᵒ
et 301 rᵒ et nᵒ 150. — Cf. aussi Najera à Charles V, 16 juillet, GAYANGOS, III,
142, le même au même, 21 juillet, *ibid.*, 146 ; Caracciolo au même, 28 juillet,
ibid., 152.

roi d'Angleterre, les Italiens se préparèrent à la guerre. Tandis que les Vénitiens assemblaient des troupes derrière l'Adda (1) et que le nonce en Suisse levait des soldats au compte du Pape (2), le chancelier du duc de Milan, Hieronimo Morone, enhardi par le mécontentement qu'affichait le marquis de Pescaire, tenta d'acheter sa défection au prix du royaume de Naples. On sait quelle fut l'issue de cette intrigue et comment Pescaire, qui en avait paru goûter l'ouverture, découvrit l'affaire à l'Empereur ; le 15 octobre, Morone fut arrêté et les troupes impériales, dont l'effectif avait été augmenté sans bruit, s'établirent fortement en Lombardie et assiégèrent le duc dans le château de Milan (3).

(1) Le duc d'Urbin était allé à Venise recevoir les instructions de la Seigneurie et s'était ensuite rendu à Brescia où il avait réuni dans le château un grand nombre de pièces d'artillerie. Cf. Najera à Charles V, 21 juillet, *ut sup.*, 146.

(2) Cf. Giberti à Philonardo, 1er et 26 juillet, *ut sup.*, f°s 164 v° et 170 r°.

(3) Nous n'avons pas entrepris de raconter cette affaire dans le détail, car c'est seulement au point de vue de l'action commune des deux gouvernements anglais et français auprès des princes de la Péninsule que nous nous occupons des négociations italiennes. — Le document fondamental pour étudier la conjuration de Morone est la confession de ce personnage (*Ricordi inediti*, pp. 169 à 180, et *Documenti*, pp. 474-496). — GUICCIARDINI (l. XVI, pp. 327 à 333) donne un récit très circonstancié ; on trouve quelques renseignements intéressants dans la *Vie de Pescaire* de Paul JOVE (pp. 367-378 de l'édit. de 1551) et dans SANDOVAL (chap. XXIII et XXIV du liv. XIII, t. IV, pp. 297-304).—Dans GAYANGOS, la pièce la plus intéressante est une lettre de l'abbé de Najera du 27 octobre (III, 239).— Les *Lettere de'Principi* contiennent une lettre à consulter, celle de Giberti à Sauli du 19 septembre, I, f°s 174 r° à 175 r°. — C'est chez MUELLER (*Documenti*, n^{os} CLXXXIV, CLXXXV, CXC, CXCI, CXCI *bis*, CXCIII, etc...) qu'il faut chercher les lettres de Pescaire et de Leyva à l'Empereur.—MIGNET consacre à la conjuration les pp. 121-131 de son second volume. Il est à noter qu'il ne semble pas s'être servi des lettres du ms. Dup. 452 que nous donnons dans nos Pièces Justificatives. Il ressort de ces derniers documents que le cardinal de Côme et le comte de Carpi n'eurent jamais de Pescaire « aultre opinion que maulvaise »; mais les avertissements qu'ils prodiguèrent, paraît-il, au Pape et au Dataire ne furent pas écoutés (P. J., XXXIII). Une dépêche de l'évêque de Bayeux nous apprend encore qu'après la découverte de la conjuration l'opinion générale à Venise était que Morone avait « esté toujours d'accord avec les Impériaux et que luy mesmes avoit pourchassé de se faire prendre » (P. J., XXXIX). — En Italie on s'est beaucoup occupé de Morone, que les historiens d'outre-monts considèrent volontiers comme un de leurs grands patriotes. Nous citerons surtout la préface des *Documenti* de MUELLER, pp. CII et suiv., et les chap. VII et VIII (pp. 227-282) du récent ouvrage de M. GIODA, *Gir. Morone e i suoi tempi*. Ces auteurs se sont d'ailleurs surtout aidés des sources italiennes; en particulier, ils n'ont pas connu les dépêches françaises du ms. Dupuy 452.

IV

La réponse du gouvernement anglais aux propositions du Pape fut connue en Italie avant celle de la Régente (1). Le protonotaire Jean Casal, frère de Grégoire, l'apporta à Rome dans les premiers jours de septembre (2).

Il y trouva Clément VII mis en défiance par le silence qu'avait gardé Madame et effrayé par les menaces des Impériaux (3). Aux assurances qu'il prodigua de la bonne volonté du Cardinal et de son désir de voir s'achever la conclusion de la

(1) Pendant cet intervalle, les pourparlers continuèrent entre Rome, Venise et Milan. D'abord assez actifs, ils le devinrent bientôt beaucoup moins à cause de l'incertitude où on était des résultats des négociations alors suivies en Angleterre et en Espagne. « Venecianos levantan quanto pueden las tramas y aquí pocos son los diaz que dos vezes su embaxador no sea en palacio y despache estafetas. » Sessa à Charles V, 24 juillet, *ut sup.*, f° 300 v° et n° 150. « A lo que alcanço, el Papa esta esperando lo que viene de V. Mad y tambien lo que traheran estos otros... Tuve dos letras del embaxador de Venecia do me avisara de como allí se estrechavan las platicas... en la ora me fuy a palacio y alle que el embaxador de la Señoria estava con el Papa y duro su audiencia poco menos de dos oras y vile gran numero de papeles y leherlos duplicado y al prefato embaxador con mas alteracion y prisa de la que suele traher por el ordinario.» Let. du 1ᵉʳ août, *ibid.*, fᵒˢ 309 v° et 312 r° et n° 153. « Hasta agora ninguna respuesta es venida ni del cavallero Casal ni de Gismundino y parece segun este otro dia escrivi que las platicas de las tramas que andavan se han mucho resfriado despues que se entiende y se cree por cierto que el acuerdo de V. Mad con el rey de Francia sera infalible, que asi se juzga generalmente. » Let. du 25 août, *ibid.*, f° 338 r° et n° 186. — Cf. Clerk à Wolsey, 28 juillet, 12 août et 26 août, B. M. ms. Cotton. Vitel. B VII, fᵒˢ (178) 176, (182) 180 et (184) 182 et BREWER, IV, 1521, 1563 et 1589 ; Caracciolo à Charles V, 28 juillet, GAYANGOS, III, 152; Sanchez au même, 10 et 26 août, *ibid.*, 166 et 187; Doge à Orio, 26 juillet, 4 et 26 août, BROWN, III, 1081, 1085 et 1101 ; B. Sanga à Bayeux, s. date, *Lett. Princ.*, I, f° 171 r°.

(2) Clerk à Wolsey, 7 septembre, B. M. ms. Cott. Vitel. B VII, f° (190) 187 r° et BREWER, IV, 1624.

(3) Charles-Quint avait en effet dit au nonce en Espagne, le comte B. Castiglione, que ses négociations avec François Iᵉʳ étaient en bon train et qu'il lui était loisible de traiter à son gré sur la base de la cession de la Bourgogne ou sur celle de l'abandon de l'Italie. Si la ligue italienne ne se déclarait pas contre lui, il prendrait le premier parti ; sinon, il s'attacherait au second et ferait la paix aux dépens des Italiens. Il paraît même que l'Empereur, incapable de maîtriser sa colère, s'était emporté jusqu'à dire : « Comment Dieu peut-il inspirer au Pape de se laisser toujours guider par ce lâche traître de Giberti ? » Cf. Clerk à Wolsey, 7 septembre, *ut sup.*, f°(191) 188, et Navagero aux Dix , 21 août, BROWN, III, 1099.

Ligue, le Souverain Pontife répondit en déclarant que les États italiens étaient tout décidés à s'unir contre l'Empereur, mais qu'ils différeraient la signature de la publication du traité jusqu'au moment où ils ne pourraient plus conserver de doutes sur le concours de la France et de l'Angleterre. La Régente, ajouta-t-il, s'était contentée de les payer de belles paroles et on attendait encore qu'elle mît à exécution ses promesses ; il semblait qu'elle ne se fût servie de la ligue italienne et de la rumeur qui en avait couru que pour rendre moins difficiles les négociations qu'elle poursuivait en Espagne. Ces atermoiements suspects lui paraissaient préjudiciables au dernier point. Il alla jusqu'à dire que la confédération en avait perdu toutes ses chances de succès, car les Vénitiens étaient fort pressés par l'Empereur et il ignorait s'il leur serait possible de différer plus longtemps de s'accorder avec lui (1).

Sur ce dernier point au moins les craintes de Clément VII étaient vaines. La Seigneurie n'écouta pas les ambassadeurs impériaux, A. Sanchez et M. Caracciolo (2). Le 14 septembre, elle leur intima son refus catégorique d'accéder à d'autres conditions que celles qu'elle avait fixées elle-même dans ses pourparlers avec Bourbon et Lannoy ; c'était une rupture et les négociations en restèrent là (3).

Quant au retard que mit Madame à faire connaître sa résolution, il faut sans doute l'attribuer surtout au désir qu'elle avait de conclure avec Charles-Quint, auprès duquel elle venait de dépêcher la duchesse d'Alençon (4). Toutefois, il serait injuste de méconnaître qu'il pût tenir à d'autres causes. Ainsi, le meurtre de S. Santo dans les environs de Brescia retarda la transmission des nouvelles dont il était porteur (5). En outre, lorsque la Régente

(1) Clerk à Wolsey, 7 septembre, *ut sup.*, f° (190) 187 r° à (192) 189 r°.

(2) Le protonotaire Marino Caracciolo, qui avait été nonce du Pape en France était un Milanais entré au service de l'Empereur. Il quitta Milan le 30 août 1525 et arriva le 5 septembre à Venise où se trouvait déjà son collègue Alonzo Sanchez, qui représentait Charles V auprès de la Seigneurie depuis 1521.

(3) La réponse courte et décidée des Vénitiens, si contraire aux habitudes de ces cauteleux politiques, excita l'étonnement et les soupçons des ambassadeurs impériaux : aussitôt qu'ils l'eurent reçue, jugeant inutile d'insister davantage, ils quittèrent la salle et se retirèrent chez eux. Cf. Caracciolo et Sanchez à Charles V, 14 septembre, GAYANGOS, III, 205, 206 et 208.

(4) Partie de France le 27 août, Marguerite d'Alençon parvint à Madrid le 20 septembre.

(5) « A Sismundo, criado de Alberto del Carpio, que los dias pasados se desparescio yendo en Francia, an hallado que lo mataron en una tierra de Venecianos por robarlo y an traido el despacho que llevava, de manera que

eut été enfin avertie des dispositions des Italiens vers la fin du mois d'août, elle jugea expédient de soumettre l'affaire au Cardinal et de lui demander son sentiment sur la réponse qu'elle leur devait faire (1) : c'était une marque de confiance dont celui-ci ne pouvait être que flatté ; c'était en même temps un biais pour reculer d'autant le moment d'une résolution définitive.

Quoi qu'il en soit, au commencement de septembre, les méfiances et les craintes du Pape étaient à leur comble (2). Les encouragements de Jean Casal finirent cependant par lui rendre quelque assurance. Il semble même qu'il en vint à envisager sans trop de terreur l'éventualité d'une défection de la France et à former le

se an clarificado que no estava en poder de los ministros de V. M^{ad}, de que avia gran sospecha, y fuera harto mejor para el. » Sessa à Charles V, 12 novembre, B. M. Add. ms. 28575, fº 17 rº et vº, et GAYANGOS, III, 258. — Lorsqu'ils apprirent la disparition de Sigismond, le Pape et les Vénitiens dépêchèrent en France d'autres courriers (cf. Confession de Morone, 169) ; ainsi, vers le milieu d'août, Clément VII fit partir pour Lyon le florentin Leonardo Spina (cf. Doge à Orio, 26 août, BROWN, III, 1101, Foscari à Seigneurie, 1er octobre, ibid., 1126, et Seigneurie à Foscari, 17 [septembre], MUELLER, p. 333, nº CLXXXIX). — Cf. aussi sur cette affaire Giberti à Philonardo, 7 septembre, Lett. Print., I, fºs 172 vº et 173 rº.

(1) Madame à Brinon et J. Joachim, 28 août, P. J., XVIII. — Sur les informations que Madame reçut d'Italie en juillet et en août, cf. P. J., X, XI, XIV, XV.

(2) « Avisado tengo a V. M^{ad} como desde la ora que se començo a verificar el acuerdo de V. Mad con Francia se fueron aliviando las platicas de los tramas que se trayan y despues he entendido de muy buena parte que Venecianos han usado extrema diligencia pensando que pudieran conduzir a Madama la Regente, madre del Rey, la qual los havia entretenido por conservar en reputacion la platica con V. Mad, de que ellos se han clarificado y estan temerosos y con mayor duda que fasta aqui. La respuesta de Inglaterra de lo que llevo el caballero Casal no deviera ser muy calda, porque son oy quatro dias que es venida y no se alcança lo que es. El Papa se esfuerça grandissimamente con dezir que mayor servicio ha fecho a V. Mad en acordarse con el despues de la batalla de que puede considerar, porque aquello ha relevado de no haver nueva guerra. No veo contentos a los unos de los otros ni assegurar se. » Sessa à Charles V, 10 septembre, B. M. Add. ms. 28574, fº 360 vº et GAY., III, 201. — Les sentiments où étaient alors le Pape et ses conseillers secrets se laissent apercevoir dans une lettre que Giberti écrivit le 4 septembre à l'évêque de Bayeux : l'Empereur ne semble pas mal disposé, disait le Dataire, et il a déclaré qu'il laisserait à l'Italie sa liberté ; aussi, ajoutait-il, « qui attenderemo a vivere come si potrà et goderci la pace presente, che facendo fondamento in gente così varia potria rovinarsi ». Lett. Princ., I, fº 172 rº et vº. — Le 7 septembre, après que le Pape eut vu J. Casal, le même Giberti manda au nonce en Suisse de ne pas s'avancer plus qu'il n'avait fait et de ne pas dépenser un écu pour entretenir l'affaire de la levée des Suisses. Ibid., fºs 172 vº et 173 rº.

dessein de résister en ce cas à l'Empereur avec les seules forces de l'Italie ; c'est du moins ce qui ressort d'une lettre que Giberti écrivit à la date du 10 septembre au nonce Philonardo ; il y pria ce diplomate de s'enquérir des dispositions des Suisses et de lui faire savoir s'ils consentiraient à fournir des secours à la ligue italienne, même au cas où il ne serait plus possible de compter sur l'appui de la France (1).

Au reste, quelques jours plus tard, on apprit une nouvelle qui produisit sur l'esprit de Clément VII le plus heureux effet ; ce fut celle du traité de Moore, qui parvint à Rome le 19 septembre (2). Elle dissipa tous les soupçons conçus sur la sincérité de Madame. Dans une lettre moqueuse qu'il écrivit alors à l'évêque de Bayeux, le Dataire protesta qu'il ne songeait plus à s'étonner de la conduite dilatoire tenue par les Français ; il lui suffisait de les connaître pour les en excuser (3) ; au sû de la paix de Moore, ajouta-t-il, l'ambassadeur anglais avait parlé au Pape avec beaucoup de décision et lui avait déclaré que son maître ne manquerait à rien de ce qu'on pourrait désirer de lui ; et, là dessus, le Souverain Pontife avait rassuré l'ambassadeur de Venise et l'avait prié d'écrire à la Seigneurie de persévérer avec constance dans l'entreprise qu'elle n'avait pas hésité à commencer avant même d'être certaine de l'amitié du roi d'Angleterre (4) ; ainsi, conclut

(1) Cf. Giberti à E. Philonardo, 10 septembre, *Lett. Princ.*, I, f° 173 r° à 174 r°. — Il est aussi question d'une ligue purement italienne dans la Confes. de Morone, mais le marquis de Pescaire et le duc Maximilien, auxquels le nonce pontifical en fit l'ouverture, s'y montrèrent opposés (pp. 174 et 175).

(2) « Questro pare à Nostro Signore un gran contrapeso a ritener Francesi, che non precipitino ad accordar con Cesare et un freno per potergli voltare a pensare alle pratiche cominciate di quà. » Giberti à Domenico Sauli, 19 septembre, *Lett. Princ.*, I, f° 175 r°.

(3) « Come dilettano i libri di romanzi et l'altre poesie, cosi sono molto belle a vedere le lettere di V. Sig^ria, nelle quali dice N. Sig^re che Francesi devono havergli molto obligo ; perche non potendo fargli accorti con effeto, se li finge almanco pensando con le chimere che lei chiama, ch'essi procedano astutamente ; et certo credo havra una gran fatica, disegnando V. Sig^ria fargli aveduti, già che ne la buona fortuna mai, ne hora l'aversa gli ha potuti trarre del natural suo, horamai io ci ho l'animo si confirmato che di ciò che faccino non mi maraviglio ; assai sarà havergli conosciuti per non lasciarsi trapportare dalla poca prudenza loro. » Lett. du 26 septembre, *ut sup.*, f° 175 v°.

(4) *Ibid., loc. cit.* — Effectivement, M. Foscari écrivit ce même jour à son gouvernement que Sa Sainteté exhortait la Seigneurie à ne pas s'accorder avec les Impériaux. BROWN, III, 1121. — Cette démarche du Pape auprès de l'ambassadeur vénitien avait sans doute pour cause des soupçons qu'avaient alors les confédérés de voir Venise les abandonner pour

Giberti, « comme les pêcheurs auxquels Dieu laisse de longs délais
pour se repentir de leurs fautes, les Français auront encore le temps
de se corriger, mais ils ont si bien refroidi ceux qui avaient cru en
leurs promesses qu'il leur faudra s'enflammer afin de les réchauffer
et fournir plus de sûretés qu'on ne leur avait d'abord demandé, car
sans cela ils ne trouveraient personne qui veuille courir le danger
d'être abandonné ou dès le commencement de l'aventure ou au
milieu de la danse (1). »

V

Soit que la conclusion de l'accord avec l'Angleterre eût décidé
Madame à se prononcer, soit pour toute autre cause, la réponse du

se rapprocher de l'Empereur ; un secrétaire de la Seignerie eut en effet une
conférence avec A. Sanchez à peu près vers cette époque, mais la paix de
Moore ayant été connue à Venise sur ces entrefaites, cette tentative de rapprochement n'eut pas de suites. Cf. Caracciolo et Sanchez à Charles V,
28 septembre, GAY., III, 216, et Sanga à Bayeux, 4 octobre. *Lett. Princ.*,
I, f° 176 v°.

(1) *Ibid.*, f° 175 v°.—Le ton peu diplomatique de cette lettre s'explique assez
par l'étroite amitié qui unissait l'évêque de Bayeux et le Dataire ; on sait en
effet que ce dernier était évêque de Vérone. Mais J.-B. Sanga, qui n'avait
pas les mêmes raisons que Giberti pour se mettre à l'aise avec L. de Canossa,
n'écrit pas d'une autre encre (cf. let. du 5 octobre, *ibid.*, f° 177 r°). C'est qu'en
Italie il était de bon ton de ne pas cacher la mauvaise opinion qu'on avait
des barbares d'au delà les Alpes. Ce mépris, les agents cisalpins de la France,
bien qu'à ses gages et au demeurant s'acquittant honnêtement de leur tâche,
le ressentait en bons Italiens qu'ils étaient. Aussi ne trouvaient-ils pas mauvais qu'on se moquât de leurs commettants, qu'ils estimaient eux aussi assez
pauvres gens. Entre Italiens cela était bien porté et ne tirait pas à conséquence ;
ils étaient tous un peu compères. — Les lettres des Impériaux s'accordent pour
signaler à cette date une recrudescence d'agitation en Italie. » Las praticas
proceden todavia y mas calidas agora que nunca y estan tan adelante que
en muchas maneras se ve y entiende como se viene a la execucion de los
effectos que della los que las tratan speran conseguir. » Najera à Charles V,
21 septembre, B. M. Add. ms. 28574, f° 369 r°.—Le 28, Sanchez écrit qu'entre
Rome et Venise les courriers sont toujours en chemin. GAYANGOS, III, 216.
— Le 4 octobre, ce même ambassadeur voyant que les représentants français
avaient de fréquentes audiences de la Seigneurie se présenta devant cette
dernière et lui demanda des explications, en ajoutant « que non era bien se
hiriessen movimientos como se entendia que se harian en algunas partes ».
Let. du 4 octobre, *ut sup.*, f° 379 v° et n° 220. — « Temeroso estoy que estas
platicas andan muy caldas y todo lo que se vee es para crederlo ; yo no
falto de lo que puedo y voy confortendo lo mejor que me es possible, pero
vale poco... ; los correos de Venecia espessean y muchos se despachan en
gran secreto. » Sessa à Charles V, 5 octobre, *ut sup.*, f° 382 v° et 384 r° et
n° 221.

gouvernement français suivit de près la nouvelle de la paix; elle fut connue à Rome vers le commencement d'octobre (1).

Malheureusement, elle n'était pas aussi favorable que l'avaient laissé espérer les agents français. Sous prétexte que le comte de Carpi et l'évêque de Bayeux avaient dépassé les instructions confiées à Toscano, des restrictions importantes avaient été apportées aux avantages promis aux Italiens par le projet de Ligue arrêté en juillet; de 50.000 écus, le chiffre du subside mensuel était redescendu à 40.000 et il n'était plus question d'envoyer au delà des Alpes la gendarmerie des Ordonnances (2).

Le désappointement fut vif à Rome. « La montagne en travail est accouchée d'une souris, » écrivit le 5 octobre J.-B. Sanga à l'évêque de Bayeux; « cette fameuse résolution dont les Français avaient annoncé la venue comme celle du Messie s'est trouvée en fin de compte assez inférieure aux offres de L. Toscano; il semble en vérité qu'ils tiennent les Italiens pour des sots ; ils pensent peut-être que ceux-ci se livreront à eux sur la seule garantie de leur bonne foi, afin de leur faire obtenir de l'Empereur des conditions moins onéreuses ; au reste, ce serait vouloir l'impossible que d'attendre qu'ils se gouvernent avec quelque sagesse (3). »

En dépit de ce mécontentement, on ne laissa pas d'engager des négociations sur les bases posées par les nouvelles propositions de la Régente (4).— Bien que le Pape eût reçu sur ces entrefaites des lettres de Salviati, son légat en Espagne, l'informant que Charles-Quint faisait montre de dispositions conciliantes, son attitude resta telle vis-à-vis des Français que Raince pensait « qu'il eust plus envye que la pratique tirast oultre que d'appoincter avec l'Empereur (5) ». Le 7 octobre, on dépêcha de Rome un courrier à Madame

(1) Cf. Sanga à Bayeux, 5 octobre, *Lett. Princ.*, ɪ, fᵒ 177 rᵒ. — Quant à Venise, les ambassadeurs Impériaux dans cette ville disent que la résolution de Madame y fut apportée par un certain Claude, secrétaire de la Régente, qui se rendit ensuite à Rome, mais, ajoutent-ils, cela n'est pas certain et les ambassadeurs français ont peut-être reçu directement les instructions de leur gouvernement. Caracciolo et Sanchez à Charles V, 8 octobre, GAYANGOS, ɪɪɪ, 222.

(2) C'est ce qui ressort des déclarations de Duprat à Casal. Cf. G. Casal à Wolsey, s. date (9 septembre), B. M., ms. Cott. Vitel. Bᴠɪɪ, fᵒ (195) 192, B. N. ms. Moreau 714, fᵒ 223, et BREWER, ɪᴠ, 1643.

(3) *Lett. Princ.*, ɪ, fᵒ 177 rᵒ.

(4) Dès le 5 octobre, Sanga reconnaissait que, bien que les offres de Madame fussent inacceptables, cependant il était encore possible d'en emprunter quelque chose et d'arriver à un bon résultat. *Id., ibid.*

(5) N. Raince à Robertet, 24 octobre, P. J., xxxɪɪ.

pour lui demander des explications; on échangea des messages avec
Venise et Milan; les pourparlers et les discussions reprirent de plus
belle dans toute l'Italie (1). Bref, avec des concessions de part et
d'autre, on serait vraisemblablement parvenu à s'entendre, lorsque
l'arrestation de Morone, bientôt suivie de la saisie du Milanais par
les troupes impériales vint bouleverser les plans des confédérés.

Cet événement, qui réduisit à l'impuissance le duc de Milan,
remit tout en question. — A vrai dire, au premier moment, on put
croire que les projets de Ligue n'en recevraient aucune atteinte à
Rome ni à Venise. « Pour cela, » écrit Carpi le 22 octobre, « le bon
courage n'est pas failly aux parties, mais y demourent plus fermes
que jamais. » Que Madame s'empresse de faire connaître sa « résolution », et rien ne sera compromis. « Vray est », continue Carpi,
« qu'il ne se fera riens jusques à ce qu'on ayt vostre responce et résolution, sans laquelle bien asseurée il n'y a celuy qui veuille entrer
en dance, mais, estant les choses descouvertes aux termes qu'elles
sont, toutes les parties de deczà sont délibérées sans plus différer
ou prendre l'appoinctement en la meilleure forme qu'ilz pourront
ou venir à l'exécution vivement, faisans vous ce que dernièrement
je vous ay escript (2). » Deux jours après, Raince mande aussi à
Robertet que « les parties sont tousjours au bon couraige que le
comte de Carpy escript et se peult croire qu'ilz ne sont pour tirer
arrière s'ilz voyent que de vostre côté on vienne à ce que je croy
aurez vu, et sans poinct de faulte les Véniciens tiennent bon (3) ».
Mais il est déjà moins affirmatif que son ambassadeur; le caractère
indécis du Pape et l'influence que prend sur lui l'archevêque de
Capoue lui inspirent de tristes réflexions. Il avoue que Clément VII
« s'est trouvé très estonné et mesmes se sentant désarmé et sans
argent comme il dict et d'aultre part luy estant dépainctes les peines infernales par l'archevêque de Capua... ; le seigneur comte de
Carpy faict plus que le possible de tenir l'homme en cueur; le semblable faict le cardinal de Côme et vivement, et le Dataire prent ung
traveil intolérable, monstrant sa bonne volonté plus que jamais;
mais le personnaige et tant froyt et douteux et mesmement estant
mené de près comme il est de ce frater qu'on ne scait comme y pren-

dre pied ferme et asseurer (1) ». — A Venise, la Seigneurie sembla
d'abord disposée à jeter aussitôt le masque et à prendre les armes ;
Sanchez et Caracciolo en eurent peur pendant cinq jours au
moins (2). Mais bientôt ce beau feu s'amortit. Que la faute en soit à
l'attitude embarrassée du Pape ou à toute autre cause, il est certain
que, vers le 25 octobre, malgré les bravades qu'affectaient encore de
faire le Pape et les Vénitiens, la ligue était à vau l'eau ; là dessus le
témoignage de Clerk ne nous laisse aucun doute (3). Chacun cherchait à pourvoir à sa sûreté et à s'accommoder avec les Impériaux.
La Seigneurie, qui avait d'abord augmenté ses troupes et fortifié
ses places, se ravisa et sollicita le 27 octobre auprès des ambassadeurs de Charles V la reprise des pourparlers rompus par son ulti-
matum du 14 septembre (4). Du Pape, Lope Hurtado, que Pescaire
avait dépêché à Rome pour expliquer sa conduite, reçut l'assurance
qu'il ne prendrait aucun engagement avant d'être avisé des intentions de l'Empereur à son égard (5).

Ainsi qu'il le dit à l'évêque de Bath, Clément VII voulait simplement gagner du temps et empêcher la ruine complète du duc
de Milan en obtenant des généraux impériaux qu'ils attendissent la

(1) *Ibid., loc. cit.*

(2) Cf. Sanchez et Caracciolo à Pescaire, 21 et 22 octobre, GAY., III, 236, 237 ;
Sessa à Charles V, 30 octobre, *ibid.*, 244.

(3) Clerk à Wolsey, 25 octobre, *ut sup.* — Cf. aussi Raince à Madame,
25 octobre, P. J., XXXIII.

(4) Caracciolo et Sanchez à Charles V, 27 octobre, GAY., III, 240. — Le
19 octobre, Sanchez avait communiqué à la Seigneurie la lettre de Pescaire
l'avertissant de l'arrestation de Morone ; celle-ci lui avait répondu évasive-
ment et avait commencé des préparatifs de guerre qui avaient fait redouter
aux Impériaux une rupture immédiate. Cf. *ut sup.*, 236, 237, 244.

(5) « Pregunte a Su San^ad si era verdad que el Auditor de la Camara y el
cavallero del Casal venian con la liga para que Su Bea^d y Venecianos la
stipulassen ; dixo que ellos venian, pero que no tenia tal pensamiento
hasta saber lo que V. Ma^d queria. » L. Hurtado à Charles V, 5 novembre.
B. M. Add. ms. 28575, f° 4 v° et n° 253. — « A los XVIII vino el aviso del
marques de Pescara de la presion de Geronimo Morone y despues el
comendador Lope Hurtado a dar larga razon al Papa de la causa, laqual
nueva no puso menos confusion en general y en particular que la perdida
del rey de Francia y doblada en los que tenian las manos en las tramas de
que se tractaban. » Sessa à Charles V, 31 octobre, *ut sup.*, f° 438 r° et
n° 244. — Non seulement Clément VII promit de ne pas entrer dans la
ligue, mais encore, désireux de faire parade de son dévouement à l'Empereur, il affirma qu'avant cette catastrophe « estaba el negocio en ser que con
dar sa volundad se concluya, pero que se entretenia para ver si V. M^ad
tomaria mejor camino en lo que le tocaba ». *Ibid.*, f° 439 r°. — Cf. aussi Sessa
et Hurtado à Charles V, 21 octobre, GAY., III, 235, et Hurtado au même,
5 novembre, B. M. Add. ms. 28575, f°s 4 à 10 et n° 253.

décision de leur maître avant de procéder contre lui (1). Pendant ce délai Madame se prononcerait : ou bien elle s'unirait sans arrière-pensée aux Italiens, ou elle traiterait avec l'Espagne. Dans le premier cas, tout serait pour le mieux et les Impériaux se verraient contraints d'abandonner l'Italie. Dans le second, rien ne serait perdu ; le Pape était persuadé que ses sollicitations et celles de Wolsey décideraient bientôt le roi de France à violer les engagements pris durant sa captivité ; à ce point de vue, il semblait même préférable que la Régente s'attachât d'abord à obtenir la liberté de son fils, car, ce dernier une fois en liberté, il n'y aurait plus à craindre que la France trahît la cause italienne ; son alliance serait désormais acquise sans retour aux confédérés. Le plus nécessaire était donc que Madame prît promptement un parti et Clerk devait prier Wolsey de s'y employer auprès d'elle : peu importait d'ailleurs que ce fût dans un sens ou dans l'autre ; l'hésitation seule était dangereuse (2).

Le Pape ne laissa pas ignorer aux Français la conduite qu'il entendait tenir. Le 25 au matin, il déclara à Raince que les Vénitiens voulaient « le faire entrer en quelque balse », mais qu'il n'aurait garde de céder avant que la Régente vînt à exécuter « par effect » ce qu'il lui avait demandé le 7. Pour sa part, ajouta-t-il, il ne cherchait qu'à tirer en longueur, tant avec Pescaire, auquel il avait envoyé P. d'Arezzo, qu'avec Charles-Quint, que son légat Salviati recevrait l'ordre d'entretenir par des négociations sur Milan. Comme à Clerk, Clément VII découvrit à Raince le fond de sa pensée. Sans doute, il trouvait « l'exécution de la pratique de deczà la plus seure et meilleure chose pour venir aux bonnes fins à quoy l'on tend » ; mais ne semblait-il pas aussi « que la délivrance du Roy est tant nécessaire qu'il n'est possible de plus » ? En conséquence, « il ne trouveroit poinct maulvais que ledict Seigneur accordast avec l'Empereur, feust en baillant ostaiges ou aultrement, ne se dessaisissant de rien ou que de bien peu, et, encores que le Roy après sa délivrance observast pour quelque temps ce qui auroit esté convenu entre eulx, qu'estant en sa liberté et avoir eu tousjours l'intention bonne et ferme comme dict Sa Saincteté croire que tousjours il aura par la grande prudence et bon entendement de se

____

(1) Clerk à Wolsey, 25 octobre, *ut sup.* — Effectivement le Pape envoya à Pescaire son chambellan Paolo d'Arezzo pour le prier de surseoir à toute mesure contre Sforce. Cf. Clément VII à Pescaire, 23 octobre, BALAN, n° 133 (bref accréditant P. d'Arezzo) ; Lope Hurtado à Charles V, 5 novembre, *ut sup.* ; Najera au même, 17 novembre, GAY., III, 271 ; et Raince à Madame, 25 octobre, P. J., XXXIII.

(2) Clerk à Wolsey, 25 octobre, *ut sup.*

bien conduyre avec icelle Sa Sainctaté, le roy d'Angleterre et les Véniciens, en brief temps on rendroit l'Empereur si très bas et las qu'il auroit de grâce de venir et d'entendre à faire tout ce que l'on vouldroit ». Raince répondit qu'il rendrait compte de cette conversation à Madame et même, « s'il luy plaisoit, » qu'il ferait tenir directement au Roi les bons conseils de Sa Sainteté. Loin d'y voir aucun inconvénient, Clément VII répliqua que lui aussi « il le feroit entendre audict Seigneur et toutes choses bien au long par son Légat ou autrement » (1).

VI

Cependant, le découragement des Italiens ne fut pas de longue durée. L'arrivée de deux agents anglais suffit à ranimer l'esprit d'indépendance dans la Péninsule. Ces envoyés étaient le cavalier Grégoire Casal et le nonce pontifical en Angleterre, Hieronimo Ghinucci, devenu ambassadeur au compte d'Henri VIII : leur départ avait été décidé à la suite de la signature du traité de Moore (2).

Parti le premier, G. Casal était à Lyon le 28 septembre (3) ; mais les préoccupations qu'avait alors Madame de la santé du Roi son fils l'empêchèrent de lui donner audience avant le 8 octobre. Elle ne lui répondit du reste qu'en termes généraux lorsqu'il la pressa au nom de Wolsey de ne pas refuser son concours à la Ligue ; pour les détails, elle le remit au seigneur de Lautrec et au chancelier Duprat (4). Grégoire les vit le lendemain et se plaignit que le

(1) Raince à Madame, 25 octobre. P. J., XXXIII. — Le clairvoyant Sessa n'avait pas été sans démêler les desseins du Pape. « Parecoles que no les esfuera de proposito que V. M^{ad} se acuerde con el rey de Francia con los articulos que querra y con quanta seguredad se pudiese, conosciendo que ninguna es bastante para que, despues de libre, el no intente et procure de restaurarse de lo que a perdido de honra y estado y que, hallando la materia y los animos dispuestos con lo que temen el dominio de V. M^{ad} podria ser el mundo de por medio como ya estuvo, y no estiman en poco que estas sus platicas y intelligencias ayuden a facillitar la libertad del dicho Rey, viendo que V. M^{ad} sera constrenyido a tomar partido con el pues no le quiere con ellos. » Sessa à Charles-Quint, 31 octobre, *ut sup.*, f° 440 r°.

(2) Cf. J. Joachim à Robertet, 3 septembre, P. J., XXIV.

(3) G. Casal à Bayeux, 28 septembre, BROWN, III, 1123. — Il avait quitté Londres avant le 22 et Ghinucci était parti à son tour le 24. Cf. Orio à Seigneurie, 22 septembre, *ibid.*. 1116.

(4) G. Casal à Wolsey, s. date (9 octobre), B. M. ms. Cott. Vitel. B VII, f° (195) 192, B. N. ms. Moreau 714, f° 223, et BREWER, IV, 1643.

gouvernement français eût jugé à propos de revenir sur ses premières ouvertures et de les modifier dans un sens aussi désavantageux. Duprat s'excusa en affirmant que le comte de Carpi avait dépassé ses pouvoirs et que Madame n'avait jamais eu l'intention de fournir aux Italiens un contingent de gendarmerie et un subside supérieur à 40.000 écus ; il soumit ensuite à Casal un nouveau projet de ligue dont voici la substance :

1° Le gouvernement français s'engageait à ne jamais s'immiscer dans les affaires italiennes ;

2° Au lieu de la contribution mensuelle de 40.000 écus, il offrait 500 hommes d'armes entretenus à ses dépens ;

3° Il offrait de même 6.000 fantassins qu'il laisserait en Italie jusqu'à l'expulsion des Espagnols, à la condition que ces troupes, soutenues de 1.000 chevaux et de 12.000 fantassins italiens seraient ultérieurement employées à poursuivre la délivrance du roi de France ;

4° Il promettait également un secours de 14 galères, mais sous réserve de les rappeler au cas d'une attaque de Marseille par la flotte impériale ;

5° Il s'emploierait auprès des Cantons suisses pour décider ceux-ci à défendre le duché de Milan aux mêmes conditions qu'ils faisaient auparavant pour le compte du roi de France ;

6° En dédommagement de l'abandon des droits de la couronne sur Milan et sur Naples, il demandait qu'il lui fût assigné sur les revenus de ces deux États une pension dont le chiffre serait déterminé plus tard ;

7° Au cas où le Pape et les Vénitiens soulèveraient des difficultés sur les articles ci-dessus, la contestation serait soumise à l'arbitrage du roi d'Angleterre (1).

Casal accueillit assez bien ces ouvertures : il fit observer seulement que, ruinée comme elle l'était, l'Italie serait peut-être hors d'état de subvenir aux dépenses entraînées par l'entretien d'une armée de terre et de mer (2).

L'arrivée de Ghinucci, qui eut lieu peu après, n'exerça aucune influence sur la marche des négociations (3). Cet ambassadeur

---

(1) Let. de Casal, *ut supra*.

(2) *Id., ibid.* — En comparant ces offres du Chancelier avec la lettre que G. Casal écrivait à Bayeux le 28 septembre, on voit qu'elles différaient fort peu des articles présentés par cet ambassadeur au nom de son gouvernement. Cf. BROWN, III, 1123.

(3) « Post alias litteras scriptas ad D^{nem} V. R^{mam} quatuor ab hinc diebus, fui cum Illma Domina matre Regis Christianissimi eique exposui quantum

repartit presque aussitôt pour Rome (1). Quant à Casal, il sollicita pendant quelques jours encore la remise des propositions françaises, dont il désirait emporter un *memorandum* en Italie ; puis, comme leur mise en forme se trouva retardée par une indisposition de Robertet, il prit son congé sans les avoir reçues et se contenta de la promesse qu'on les expédierait incessamment au comte de Carpi (2).

Ce ne fut pas sans peine qu'il réussit à traverser la Haute Italie occupée tout entière par les troupes impériales. Il dut se déguiser en paysan pour pénétrer dans Milan. Ayant atteint après bien des dangers le territoire vénitien, il écrivit de Brescia à la Seigneurie qu'il avait vu la Régente et qu'elle lui avait manifesté sa ferme résolution de suivre en toutes choses les conseils du roi d'Angleterre. De là, il se rendit à Garzano, dans le Véronais, où il vit l'évêque de Bayeux, et enfin gagna Rome qu'il atteignit le 31 octobre. Il y avait été précédé par l'évêque de Worcester, arrivé quelques heures auparavant par un autre chemin (3).

Les négociations commencèrent aussitôt. En attendant la venue des instructions françaises promises à G. Casal, on se mit à déli-

mihi datum fuerat in mandatis; reperi eam observantissimam potentissimi Regis nostri et plane agnoscentem se maxime obnoxiam Majestati suæ ob ea que ipse Serenissimus Rex in sui filii et ejus regni beneficium fecit voluitque ut hoc prefato Regi et D^ni V. R^me significarem...; quod attinet ad ea que sibi per me dicta fuerunt, cum relativa fuerint ad dicta per magistrum Dominum Gregorium, ipse Dominus Gregorius et diebus præteritis ad D^nem V. R^mam super eis scripserit et nunc de novo scribat, visum est mihi, etc... » Ghinucci à Wolsey, 13 octobre, Rec. Of. BREWER, IV, 1697.

(1) « Ego tanquam gravior, ut saltem eodem tempore, quo ipse Dominus Gregorius Romam perveniat, sim, ibi præcedam quod omninò cras erit. » *Id., ibid.*

(2) G. Casal à Wolsey, 7 novembre, B. M. ms. Cott. Vitel. B VII, f° (206) 204, B. N. ms. Moreau 714. f° 219, et BREWER, IV, 1748. — Cf. aussi Ghinucci à Wolsey, 13 octobre, *ut sup.*; Robertet à Brinon, 16 octobre, P. J., XXX ; Praet à Charles V, 15 octobre, LEGLAY, II, pp. 615 et 616, et LANZ, p. 177 ; Vaniol à Seigneurie, 14 et 15 octobre, BROWN, III, 1136 et 1137.

(3) G. Casal à Wolsey, 7 novembre, *ut sup.* — M. A. Venier à Seigneurie, 24 octobre, BROWN, III, 1144. — Gouverneur de Bergame à la même, 25 octobre, *ibid.*, 1148.—Tiepolo et Mocenigo à la même, 26 octobre, *ibid.*, 1149. — Bayeux à A. di Fiorenza, 27 octobre, *ibid.*, 1152. — Najera à Charles V, 27 octobre, GAYANGOS, III, 239.— Caracciolo et Sanchez au même, 4 novembre, *ibid.*, 253. — M. Foscari à Seigneurie, 31 octobre, BROWN, III, 1157. — Ghinucci à Wolsey, 7 novembre, B. M. ms. Cott. Vitel. B VII, f° (205) 202 et BREWER, IV, 1750. — Une seconde lettre de Casal à Wolsey du 7 novembre nous apprend que l'évêque de Bath quitta Rome à cette date pour retourner en Angleterre. Cf. B. M. ms. Cott. Vitel. B VII, f° (206), 203 et BREWER IV, 1747, et dans BALAN (n° 135 *bis*) un bref du 5 novembre à Wolsey accréditant Clerk.

bérer sur le sort du royaume de Naples que la trahison de Pescaire
rendait disponible. Le comte de Carpi, qui n'était jamais à court
d'expédients, ouvrit l'avis de le partager en trois lots et d'attribuer
le premier à l'État pontifical, le second à la Seigneurie de Venise
et le troisième au roi d'Angleterre ou à son fils naturel le duc de
Richmond; mais, comme le Pape protesta qu'il n'en voulait rien
accepter et que les Anglais évitèrent de se prononcer, l'affaire ne
fût pas discutée plus avant ce jour-là. — Clément VII se montra
fort désireux de voir Henri VIII entrer dans une Ligue défensive
qu'on déclarerait ouverte à tous les princes chrétiens sans en
excepter l'Empereur ; il insista beaucoup en ce sens auprès de
Casal et de Ghinucci, disant que les Vénitiens le souhaitaient
autant que lui. Casal répondit que son maître voulait qu'on fît
d'abord la Ligue sans lui et qu'il s'y joindrait ultérieurement. Mais
le Pape ne laissa pas de s'y obstiner et de prier les Anglais d'en
écrire en Angleterre. Il s'attacha surtout au cas où l'Empereur
entreprendrait de subjuguer l'Italie : pour y pourvoir, dit-il, il
était nécessaire que le Roi envoyât à ses agents en Italie la commission d'entrer dans la Ligue en son nom et d'en accepter la protection.
Au surplus, ce fut seulement sur la déclaration même de ce prince
en faveur de la Ligue qu'il pressa les Anglais ; il reconnut volontiers
qu'il appartiendrait à Wolsey et à son maître d'en déterminer à leur
gré les conditions et les charges (1).

(1) G. Casal à Wolsey, 7 novembre, *ut sup.* — « Sanctus Dominus noster,
per ea quæ dicit, nihil aliud expectat quam resolutionem Francorum, quam,
licet D. Gregorius per multos dies Lugduni expectaverit et postea in ejus
discessu promissum sibi fuerit, ut asserit, brevi eam mittere, adhuc tamen
habita non est... Dum vellem jam litteras meas claudere, Papa misit pro me
voluitque ut scriberem ad Dnem V. Revmam quod expediret Sermum N. Regem
mittere huc unum mandatum cujus vigore Maj[tas] sua intraret fœdus quod
Sanctitas Sua cogitavit procurare inter omnes christianos principes etiam
incluso Cæsare et hoc in defensionem reipublicæ christianæ et sedis aposto-
lice. » Ghinucci à Wolsey, 7 novembre, Rec. Of., BREWER, IV, 1749. —
Bien que les dépêches encore existantes des agents anglais soient muettes
sur les conditions de l'adhésion du roi d'Angleterre à la Ligue, il est probable que ceux-ci s'ouvrirent au Pape des intentions de leur maître à cet
egard. La correspondance des Vénitiens nous permet de savoir quelles elles
étaient. M. Foscari écrit aux dates du 1er et du 3 novembre que G. Casal et
Ghinucci lui ont dit qu'Henri VIII exigeait pour prix de son concours une
pension annuelle de 100.000 ducats que lui promettraient les Italiens (cf.
BROWN, III, 1159 et 1160); quant aux charges acceptées par le gouvernement
anglais, une lettre d'Orio nous apprend qu'aux termes de ses instructions
secrètes, G. Casal avait l'ordre d'offrir aux confédérés une contribution
mensuelle de 25.000 ducats tant que durerait la guerre (cf. Orio à Seigneurie,
22 septembre), *ibid.*, 1116.

Tout marchait. Sur la lettre écrite par Casal à son passage à Brescia, les pourparlers avaient été repris à Venise comme à Rome. La Seigneurie avait promis au chargé d'affaires de Bayeux, l'agent français Ambroise de Florence (1), qu'elle éviterait de rien conclure avec les Impériaux et qu'elle se bornerait à les amuser par des semblants de négociations (2). — Il ne manquait plus que la résolution de la Régente. Elle ne tarda guère. M. de Rabodanges l'apporta le 9 novembre à l'évêque de Bayeux, qui était toujours dans sa maison de Garzano. Mettant aussitôt un terme à sa villégiature, l'ambassadeur s'empressa de regagner Venise, où il eut le 13 une audience du Sénat qui dura près de deux heures (3). De son côté, Albert de Carpi, informé en hâte par ses soins, vit le Pape le 15 et lui communiqua les propositions de Madame (4).

Celle-ci offrait de fournir cinq cents hommes d'armes à ses dépens et un subside mensuel de 40.000 écus qu'on affecterait à l'entretien de 10.000 fantassins. C'était, on le voit, un contin-

(1) A. de Florence fut nommé Maître des requêtes de l'hôtel par lettres du 8 août 1526; il mourut avant le 31 août 1528. Cf. BLANCHARD, *Généalogie des Maistres des Requestes.*

(2) G. Casal à Wolsey, 7 novembre, *ut sup.* — Effectivement, les Vénitiens ne donnèrent à Caracciolo et à Sanchez que des réponses dilatoires. Dès le quatre novembre, comme les commissaires du gouvernement vénitien n'avaient eu aucunes communications avec eux depuis plusieurs jours, Caracciolo et Sanchez avisèrent Charles V que l'ardeur montrée peu avant par la Seigneurie paraissait s'être beaucoup refroidie. Le 6, rapprochant de la réserve observée envers eux par les Vénitiens les réunions journalières des Conseils et les nombreuses dépêches de courriers entre Rome et Venise, ces ambassadeurs sentirent croître leurs soupçons; ils mandèrent à Pescaire qu'il se préparait quelque mouvement contre les Impériaux. Enfin, le 10, après douze jours de silence, les commissaires vénitiens leur transmirent une réponse de la Seigneurie, mais portant seulement que les agissements des Impériaux dans le Milanais inquiétaient le gouvernement de Venise et, qu'avant de traiter, ce dernier désirait connaître les vues de l'Empereur sur le duché. Une nouvelle conférence, qui eut lieu le treize entre les ambassadeurs et les commissaires, se passa comme celle du 10 en discussions sans résultats. Cf. Caracciolo et Sanchez à Charles V, 4, 10 et 20 novembre, GAYANGOS, III, 252, 255, 256 et 274, et les mêmes à Pescaire, 6 novembre, *ibid.*, 254.

(3) « Hodie Papa habuit nova ex Venetiis quod hujusmodi resolutio venerat missaque fuerat Veronam ubi erat orator Gallus, qui, incontinenti, Venetias venturus erat. » Ghinucci à Wolsey, 13 novembre, Rec. Of. BREWER, IV, 1761. — Cf. Caracciolo et Sanchez à Charles V, 20 novembre, *ut sup.*, 274; Bayeux à Madame, 18 novembre, P. J., XXXIX, et Doge à Orio, 21 novembre, BROWN, III, 1171.

(4) Ghinucci à Wolsey, 13 et 14 novembre, *ut sup.*, 1761 et 1765, et Doge à Orio, 21 novembre, *ut sup.*

gent supérieur de 4.000 soldats à celui dont il avait été question à Lyon. Il est vrai qu'en retour la Régente exigeait des Italiens des sacrifices plus considérables : elle demandait que le nombre des hommes à leur solde fût porté de 12.000 à 20.000 ; en outre, elle revendiquait pour la France le comté d'Asti, et, en échange des renonciations au duché de Milan et au royaume de Naples, elle prétendait obtenir des détenteurs éventuels de ces pays deux pensions perpétuelles s'élevant respectivement à 50.000 et à 100.000 livres tournois (1).

Les agents anglais ne manquèrent pas d'appuyer ces ouvertures. Ils firent valoir que leur maître ne trouverait pas mauvais qu'on le nommât au traité en qualité de protecteur de la Ligue et qu'il dénoncerait son alliance avec l'Empereur dès qu'il en verrait une occasion opportune ; il paraît même qu'ils promirent formellement en son nom une contribution mensuelle de 25.000 écus, pourvu que les confédérés prissent l'engagement de lui rembourser après la guerre les sommes ainsi avancées pour eux (2).

Les circonstances semblaient favorables ; Pescaire était atteint d'une maladie incurable et sa mort prévue allait laisser sans chef

---

(1) Ghinucci à Wolsey, 14 novembre, *ut sup.*, 1765, et Bayeux à Madame, 18 novembre, *ut sup.*

(2) G. Casal à Wolsey, 7 novembre, *ut sup.* — Le même à Wolsey, sans date, B. M. ms. Cott. Vitel. B vii, fº (215) 211, et BREWER, iv, 1885. — Orio à Seigneurie, 27 septembre, BROWN, iii, 1141. — Il est impossible d'affirmer avec une absolue certitude que les Anglais parlèrent alors d'une contribution de 25.000 écus ; car, ainsi que nous l'avons dit plus haut, aucune lettre de ces ambassadeurs n'en fait mention ; seule, une lettre sans date de Casal semble s'y rapporter : il y est dit que, le Pape ne se décidant pas à conclure, il serait sans doute expédient pour l'agent anglais de découvrir les points contenus dans sa plus secrète instruction. Si cette dernière était celle dont parle L. Orio dans sa dépêche du 22 septembre, il en résulterait que les Anglais n'avaient encore promis aucun secours pécuniaire, mais rien n'est moins certain et il est fort vraisemblable que ces instructions étaient *plus secrètes* que celle dont Orio reçut la confidence à Londres. En effet, dans le mémoire remis à Fitzwilliam en janvier 1526, il est dit que Madame « a sceu par le cousté de Venise » que G. Casal avait promis que le roi d'Angleterre « frayeroit voulentiers vingt cinq mille ducatz par mois » (P.J.,L). — Les lettres des Impériaux nous fournissent des indications semblables. Dès le 27 novembre, Sanchez et Caracciolo savaient qu'Henri VIII devait contribuer pour 25.000 couronnes (Let. des 27 et 29 novembre, GAY., iii, 282 et 284). A Rome, Sessa écrivait à la date du 30 novembre : « El rey de Inglaterra contribuye con una parta no se quanta y todos se le obligan de restituyrle lo que da de presente en un tanto tempo largo » (B. M. Add. ms. 28575, fº 36 rº, et GAY., iii, 286). Et Herrera ajoutait le 16 décembre : « El rey de Inglaterra dizen que contribuye con xxvᵐ escudos » (*Ibid.*, fº 52 vº et nº 290).

l'armée impériale ; celle-ci était peu nombreuse et les soldats qui la composaient mal payés et mécontents ; ils étaient abhorrés des populations de la Haute Italie qu'ils opprimaient et les fréquentes émeutes excitées parleurs exactions permettaient d'espérer qu'on y pourrait organiser un soulèvementgénéral contre leur domination(1).

Pressés par l'évêque de Bayeux, les Vénitiens répondirent le 18 novembre qu'ils seraient « très contentz de venir à la conclusion de la lygue » aux conditions offertes par la Régente, mais, ajoutèrent-ils, « ce sera au cas que le Pape vueille luy aussy entrer et contribuer à cestedite lygue » (2). Pour sa part, Clément VII avait notifié le 16 au comte de Carpi que les articles envoyés par Madame ne lui déplaisaient pas et qu'il était « bien délibéré de venir à la conclusion de la lygue et confédération ». Toutefois, il avait demandé quelques modifications. La principale avait trait au mode de paiement de la contribution mensuelle. Le Pape désirait qu'on « l'assurât de l'argent pour troys ou quatre moys »; de plus, bien que cet argent fût destiné à solder des troupes françaises, il demandait que le Trésor français n'en ordonnançât pas directement la dépense et que « la totalle somme fust remise à Venise et à Romme ». Ainsi déposés en lieu sûr, ces trois ou quatre termes de la contribution, s'élevant au total à 120.000 ou à 160.000 écus, garantiraient les confédérés contre les risques éventuels d'un accord franco-espagnol (3).

Ces exigences nécessitèrent l'envoi d'un courrier en France (4) et la conclusion de la Ligue se trouva retardée jusqu'à son retour. Cependant, aussi bien à Rome qu'à Venise, on ne laissa pas de prendre toutes les mesures en vue d'une guerre imminente. Les Vénitiens constituèrent une réserve de 150.000 ducats et le Pape de 300.000; ce dernier demanda aussi aux Florentins 200.000 autres ducats; le duc de Ferrare amassa également de l'argent (5). Les

(1) Sur la maladie de Pescaire et sur sa mort, qui eut lieu le 2 décembre, cf. Herrera à Charles V, 30 novembre, et Najera au même, 7 décembre, dans GAY., III, 287 et 293. — Sur le dénuement des Impériaux et les excès auxquels ils se portaient, cf. les lettres de Najera dans GAY., III, 199, 239, 271, 280, d'Hurtado, *ibid.*, 288, et P. J., n⁰ˢ XXXIV. XLVIII, L et LI.

(2) Let. du 18 novembre, P. J., XXXIX..

(3) Let. du 21 novembre, P. J., XL.

(4) Let. du 21 novembre, *ut sup.* — Cf. aussi Doge à Orio, 21 novembre, BROWN, III, 1171.

(5) Ghinucci à Wolsey, 25 novembre, Rec. Of. BREWER, IV, 1781. — Il paraît que, pour se procurer de l'argent, Clément VII imposa une taxe de deux décimes sur tous les offices et bénéfices de sa cour. Cf. Caracciolo et Sanchez à Pescaire, 6 novembre, GAY., III, 254.

garnisons de Vérone et de Brescia furent renforcées ainsi que celles
de Parme et de Plaisance (1).

A la fin de novembre, l'heureuse issue des négociations ne faisait doute pour personne, et, le 25 de ce mois, Ghinucci pouvait
écrire à Wolsey que Sa Sainteté était résolue d'en finir et que la
Ligue serait incessamment rendue publique (2).

Mais, tout en protestant de son désir de conclure, Clément VII
ne sacrifiait aucune de ses prétentions. Aux instances de Carpi et de
Foscari, qui l'adjuraient de se prononcer sans plus attendre, il
répondit qu'il ne le ferait qu'à deux conditions : la première, que
le roi d'Angleterre accédât personnellement à la Ligue, la seconde
que le gouvernement français fournît des sûretés pour le paiement
des quatre premiers subsides mensuels. Désespérant de vaincre sa
résistance, les ambassadeurs eurent recours à G. Casal. Celui-ci se
rendit au palais et pressa vivement le Pape : il lui dit que de semblables atermoiements le rendraient suspect d'intelligences avec les
Impériaux et s'emporta jusqu'à lui reprocher de manquer à tous
ses devoirs. Cette sortie ne réussit pas mieux que les exhortations
des représentants français et vénitiens. Renonçant à ses exigences
précédentes, Clément VII en éleva une nouvelle qui n'entraînait pas
un moindre retard dans la signature du traité de Ligue : il déclara
résolument qu'il ne traiterait pas à moins que le roi d'Angleterre
se portât caution des engagements pris par les Français. Ce fut son
dernier mot ; il ne resta d'autre ressource que d'en écrire en Angleterre (3).

(1) Cf. Caracciolo et Sanchez à Charles V, 10 novembre, Soria au même,
17 novembre, Najera au même, 17 novembre, Caracciolo et Sanchez au
même, 20 novembre, Najera au même, 25 novembre, Caracciolo et Sanchez
au même, 29 novembre, dans GAY., III, 256, 270, 271, 274, 280 et 284.

(2) « San^tas Sua jam resoluta est super unione de qua fiebat mentio in
nostra instructione et brevi publicabitur...; post scripta intellexi a viro magnæ
authoritatis cui credi potest quod Papa jam est resolutus justa instructionem
quam portavimus. » Let. du 25 novembre, *ut sup.*,

(3) G. Casal à Wolsey, sans date, B. M. ms. Cotton. Vitel. B VII, f° (215)
211 et BREWER, IV, 1885. Cette lettre fort mutilée ne porte pas de date et BRE-
WER l'a attribuée au mois de janvier 1526 ; mais l'allusion qui y est faite à
la venue du commandeur Herrera et le sens général des renseignements
qui y sont contenus ne nous permettent pas de la rapporter à une autre date
que les derniers jours de novembre ou les premiers de décembre 1525. —
Les lettres du duc de Sessa éclairent d'une vive lumière la conduite tenue
par le Pape. « Lo que siento de Su San^dad es gran temor de tener por determinado que V. Ma^d tomara para si el ducado de Milan, que es articulo que
por ninguna forma puede comportarlo... Las tramas que andan son grandes
y tanto mayores despues de la novedad de Milan quanto mas verifican que

VII

Les choses en étaient à ce point lorsque parvint à Rome le commandeur Herrera qui avait quitté l'Espagne un mois auparavant et qui apportait à Clément VII la réponse de l'Empereur.

Sa venue ranima les espérances des Impériaux ; le duc de Sessa et l'archevêque de Capoue, dont les sollicitations et les conseils n'avaient pu jusqu'alors détacher le Pape des confédérés, en profitèrent pour tenter un dernier effort. Le 7 décembre, Herrera, qu'accompagnait

V. Ma^d toma aquel estado... De dos dias acá andan las platicas muy mas calientes y Venecianos aprietan al Papa por que se declare y que rompan, confiados que no les faltara quien les ayude, y de Ynglaterra no echan agua al fuego, sino fuesse para mas accenderlo ; Su San^ad entretiene las intelligencias, pero a mi ver no concluyra sin tener aviso de allá de lo que el Legado acaba. » Sessa à Charles V, 12 novembre, B. M. Add. ms. 28575, f°s 12 r° et v^o, 15 r°, 19 r° et GAY., III, 258. « La negociacion no puede tractarse con mas calor de lo que se tracta y esta en muy poco de acabarse todos de desbergonçar..., y sino haviera embaraçado al Papa con la esperança de que V. Ma^d embia, sin ninguna duda y assi lo verifico por cierto que la cosa estoviera fecha y descubierta, y ya se va desconfiando y dize que lo quiero entretener con palabras... Entiendo y de buen lugar que Su San^ad es muy solicitado de Venecianos que se tienen por acordados con Francia y le aprietan cruelmente para que se de clare, y se que esta en grandissima ambiguydad porque querria excusarse de guerra y del gasto della y por otra parte le astringe lo que le parece que le nañen el fuego y lo que conoce que pierde con la irresolucion no tomando partido; harto ayuda su propria natura para la indeterminacion que tiene ; mas temo, segun le solicitan y despiertan cada hora, que le traheran a lo que quieren... Los embaxadores ingleses solicitan en parte y se tienen a uno con Franceses y Venecianos... El Papa esta oy en el pejor cañon que nunca hombre estuvo y dizen del general y particular blasfemias terribles, dandole culpa que por su poca pruntagine esta Italia perdida por no gastar y estar irresoluto ; sabelo y dissimulalo; temo que esta voz con las otras que tiene cerca del oydo no le despierten y ahun tengolo por determinado sino se haze otra provision de allá de la que fastá aqui se ha fecho. » Ibid., 23 novembre, f°s 25 r°, 25 v° et 26 r°, 27 v° et n° 279. « Despues acá, viendo que las platicas yvan mas encendidas y poco menos que a la descubierta, porque ya no se usaba de la mesma passada en el secreto ni en el tractar, sino que a la publica se negociaba, me parecio hablar al Papa ; repondiome que el no podia dexar de oyr los que le requerian... ; suppliquele que quisiesse avisar a V. Ma^d primero que se resolviesse con nadie de lo que Su San^ad deseaba y que tales medios representaria que ya V. Ma^d se conformaria con su opinion ; y esto hizo porque se ganasse algun tiempo para que ya no concluyesse y que V. Ma^d pudiese tomar lo que mejor la satiffisiesse ; dixome que yo escreviesse segun juzgaba que convenia, mas que prendarse el a esperar con termino limitado que no lo haria, porque, quando assi lo hiziesse, a V. Ma^d le quedaba libertad para examinar lo que quisiesse y el estaba

l'ambassadeur, eut une audience du Souverain Pontife (1). Dès le lendemain 8, les agents des confédérés purent s'apercevoir que le vent avait tourné. Clément VII ne cacha pas à l'évêque de Worcester qu'il lui était venu des doutes sur la sincérité du roi d'Angleterre. Il avait reçu, dit-il, des rapports de diverses personnes et particulièrement de son Légat en Espagne qui lui avaient appris que Charles-Quint se prétendait assuré de l'amitié d'Henri VIII et que les ambassadeurs anglais ne le démentaient pas ; ces rapports avaient éveillé ses soupçons et ses craintes; car, ajouta-t-il, il ne faisait de fondement que sur l'appui de l'Angleterre ; il n'ignorait pas que les Français ne l'aimaient guère et qu'ils ne regarderaient pas à l'abandonner s'ils voyaient Henri VIII se désintéresser de la Ligue. La conclusion fut qu'il pria l'ambassadeur anglais d'en aviser le Cardinal et de lui demander, avec une déclaration catégorique des intentions du Roi, l'explication des faits signalés par le Légat (2).

Ce n'étaient là que des défaites. Peu de jours après, la rupture devint déclarée : le Pape, abandonnant définitivement les confédérés, signa une convention avec Sessa et Herrera. Par cet acte, en date

---

ligado sin tomar partido ; y ahunque hize mucha instancia por reduzirlo no pude... En suma lo que dire que quiere es que V. Mad haga lo que prometia de manutener a cada qual en su ser... Esto es lo que fastá ahora he podido alcançar de Su Sanad, el qual conozco que está suspenso y que le aprietan Franceses y Venecianos muy reciamente porque se declare y salga de la irresolucion, y Inglaterra no calla... Los tractos y platicas no pueden yr mas vivos de lo que van y quasi se tiene por deliberado que son de acuerdo, pero Su Sanad me ha dicho y con juramento que fastá ahora no esta prendado... Entretanto que me viene respuesta, hare lo ultimo de potencia porque el Papa no se acabe de declarar con ninguno. La fuerça de los que procuran el contrario cerca de Su Sanad es grande... Todo esta en solo dar su consentimiento el Papa... Se que Su Sanad ahun no esta obligada que dessea acordarse con V. Mad hallandose medios convenientes, pero aprietanle mas de lo que se puede encarescer... ; en este medio no perdere dia de travajar de detenerle irresoluto. » *Ibid.*, 30 novembre, f⁰ˢ 32 r⁰ et v⁰, 33 r⁰ et v⁰, 34 r⁰, 35 r⁰, 36 r⁰ et v⁰ et n⁰ 286.

(1) « A seys del presente arribo aqui el comendador Herrera y su llegada fu a tan buen tiempo que no se pudiera elegir mejor, que como por otras he avisado a V. Mad las platicas andaban muy calientes, de suerte que a fuerça de braços se ha sostenido que no veniessen en alguna conclusion porque estavan menos que desesperados de lo de allá, viendo lo que tardaba de venir alguna resolucion... Desde la hora que llego no se ha perdido ninguna de negociar fastá esta. » Sessa à Charles V, 16 décembre, *ibid.*, f⁰ 45 r⁰ et v⁰ et n⁰ 300. — Cf. aussi Herrera au même, *ibid.*, f⁰ˢ 51 r⁰ á 55 r⁰ et n⁰ 299, et GUICCIARDINI, l. XVI, t. II, pp. 341 et 342.

(2) Ghinucci à Wolsey, 8 décembre, Rec. Of. BREWER, IV, 1812.

du 12 décembre, il promit de ne rien entreprendre contre l'Empereur durant un délai de deux mois commençant au 16 décembre 1525 et finissant au 16 février 1526 ; cependant, Charles-Quint devrait lui faire connaître ses desseins sur le Milanais et le sort réservé au duc François ; passé ce temps et si les résolutions impériales ne lui agréaient pas, Clément VII reprendrait sa liberté d'action. Les Vénitiens avaient vingt jours pour adhérer au traité (1).

VIII

Ils n'y pensèrent pas. De Venise vint au contraire l'ouverture d'une nouvelle ligue destinée à remplacer celle qu'avait fait échouer la défection du Pape.

Dès le milieu de novembre, l'évêque de Bayeux avait pressenti la Seigneurie et lui avait demandé « si le Pape failloit à entrer en ceste lygue et confédéracion, si Elle se contenteroit le faire ».

(1) « Visto que con Su Santidad no se podia haver medio de concluyr conforme a la capitulacion, parecio nos al Duque y a mi que era bien tomar termino de consultar con V. Mad con una forma de suspension laqual el Duque enbia a V. Mad las condicionnes ; y seguredad esta assentado y firmado de Su Sanad y del Duque por parte de V. Mad. » Herrera à Charles V, *ut sup.*, fos 51 vo et 52 ro. — GAYANGOS (III, p. 521) donne une analyse de la convention du 12 décembre. — BALAN (nº 154) publie un bref du 19 décembre aux Vénitiens par lequel Clément VII leur annonce son accord avec l'Empereur, qu'il avait conclu, prétend-il, avant que Foscari lui ait communiqué les dernières propositions de la Seigneurie ; il les exhorte en même temps à la paix. Des brefs analogues furent expédiés au roi d'Angleterre, à Wolsey et à Madame (nos 155 à 157). Mais il paraît qu'en dépit de ces démarches officielles, le Pape prit soin de laisser savoir à ceux qu'il abandonnait que sa défection n'était pas sans esprit de retour et qu'il renouerait volontiers avec eux dès qu'il en aurait l'occasion ; voici en effet ce que nous lisons dans une lettre de Ghinucci du 24 décembre : « A fidedignis accepi Papam affirmare potuisse exnunc firmare tractatum supradictum cum Cesare, sed, cum colore insufficientiæ mandati procurationis agentium pro Cesare, voluisse rem ad duos menses suspensam tenere ad hoc ut Galli et Angli qui in preteritum frigide in his processisse videntur, si excitari velint, possint intra id tempus id facere et significare Santti Sue ; quod si fecerint asserit velle cum ipsis Gallis et Anglis se unire, etiam si Cesar hunc ultimum tractatum ratificaret. » Rec. Of., BREWER, IV, 1838. — Ajoutons, pour achever de faire connaître la politique de Clément VII, que, tandis qu'il négociait à Rome avec les Vénitiens, les Anglais et les Français, son nonce en Espagne, le comte Castiglione, avait, dès le début des pourparlers relatifs à la Ligue, reçu l'ordre de tenir l'Empereur au courant de l'affaire, ce qu'il avait fait. Cf. Navagero aux Dix, 24 septembre et 11 décembre, BROWN, III, 1120 et 1176.

On lui avait répondu qu'il convenait d'attendre la résolution de Clément VII « et que, selon ycelle, on pourroit puis après mieux en deviser ». L'ambassadeur n'en était pas moins persuadé que la défection du Pape n'empêcherait pas la Seigneurie de poursuivre les négociations avec Madame et « de soy unir elle seule avec France (1). » Il instruisit la Régente de ses démarches. Celle-ci lui ordonna d'entretenir l'affaire et de savoir à quelles conditions les Vénitiens consentiraient à traiter (2).

Lorsque ces instructions parvinrent à Venise, le traité du 16 décembre venait d'y être connu. Elles ne pouvaient arriver plus à propos. Bayeux et Ambroise de Florence les firent connaître le 19 au Conseil, avec lequel ils eurent une conférence de plus d'une heure et demie (3). Le lendemain 20 décembre, la Seigneurie les informa qu'elle était disposée à contracter une union offensive et défensive avec la France et à supporter le tiers des frais de la guerre à entreprendre contre les Impériaux ; mais elle demandait que Madame se chargeât du second tiers et qu'elle sollicitât le roi d'Angleterre de contribuer pour le troisième ; en retour, on attribuerait à ce dernier une indemnité convenable sur les revenus du duché de Milan (4). Un envoyé, nommé Georges Sturion, fut aussitôt dépêché pour instruire la Régente des dispositions des Vénitiens et le Doge en écrivit en Angleterre à Lorenzo Orio (5).

Dès qu'on apprit à Londres la convention du 12 décembre, on y jugea comme à Venise qu'il ne fallait pas abandonner le projet de la Ligue. Sur la nouvelle des hésitations persistantes de Clément VII, on avait déjà dépêché un courrier à Rome avec l'autorisation à G. Casal et à Ghinucci de garantir formellement les promesses de la Régente (6). La défection du Pape ayant rendu cette concession inutile, le Conseil d'Angleterre décida qu'il était urgent que la France conclût avec la Seigneurie toute seule et que le roi d'An-

(1) Let. des 18 et 21 novembre, P. J., XXXIX et XL.

(2) Madame à Bayeux, décembre, P. J., XLV. — Mentionnons à ce propos une lettre de Madame du 25 décembre 1525 adressée au duc de Ferrare et l'invitant officiellement à entrer dans la Ligue par elle conclue avec Henri VIII (PERRET, *op. cit.*, p. 52, d'après l'original en parchemin des Archives de Modène).

(3) Caracciolo et Sanchez à Charles V, 20 décembre, GAY., III, 305.

(4) Délibération du Sénat sur la réponse à faire aux ambassadeurs de France, 20 décembre, BROWN, III, 1186.

(5) Doge à Orio, 20 et 28 décembre, BROWN, III, 1184 et 1190. — J. Joachim à Brinon, 13 janvier, P. J., XLIX. — Instructions de Fitzwilliam, P. J., L.

(6) Instructions de Fitzwilliam, *ut sup.* — Orio à Seigneurie, 9 janvier BROWN, III, 1197.

gleterre fût nommé au traité comme protecteur et conservateur de l'union; mais il n'avouerait cette protection que lorsqu'il lui conviendrait de le faire et on lui accorderait pour prix de son appui les pensions sur le Milanais dont il avait été question dans les négociations antérieures; en outre, et pour donner toute confiance aux Italiens, il se porterait caution des promesses de Madame ; celle-ci subviendrait aux deux tiers des dépenses et la Seigneurie à l'autre tiers (1).

Le 13 janvier, Henri VIII et Wolsey communiquèrent à Eltham ce projet à l'ambassadeur vénitien. Celui-ci, qui n'avait pas encore reçu les instructions de son gouvernement, évita de s'engager et l'accueillit assez froidement. A peine fut-il de retour à Londres que la lettre du 20 décembre lui parvint. Comme les propositions anglaises ne s'écartaient pas beaucoup de celles de la Seigneurie, il revint dès le surlendemain à Eltham et déclara qu'il les acceptait. Le 16, Brinon arriva aussi qui approuva les résolutions prises et promit de les appuyer auprès de sa maîtresse. Henri VIII le pria de n'y pas mettre de retard; il ajouta qu'il allait ordonner au protonotaire Jean Casal d'instruire les Vénitiens de ses intentions et de leur promettre sa garantie (2).

Cependant la Régente avait vu Sturion et entendu les demandes des Vénitiens (3). Elle les transmit en Angleterre par Fitzwilliam,

(1) Orio à Seigneurie, 13 et 17 janvier, BROWN, III, 1201 et 1203. — Wolsey à Taylor et Fitzwilliam, 18 janvier, B. M. ms. Cott. Calig. D IX, f^{os} (93) 101 et (138) 146, et BREWER, IV, 1902.

(2) *Id.*, *ibid.* — J. Casal était chargé de remplacer à Venise Ric. Pace, qui avait été rappelé en Angleterre depuis plusieurs mois déjà, sans doute parce qu'il s'était montré trop favorable à l'Empereur pour être capable de se prêter à des négociations dirigées contre lui ; il quitta Venise le 2 octobre et fut disgrâcié à son retour à Londres. — Quant à J. Casal, il reçut à Rome vers le milieu de janvier sa nomination d'ambassadeur d'Angleterre et se rendit aussitôt à Venise où il parvint le 26 janvier. Cf. Foscari à Seigneurie, 12 janvier, BROWN, III, 1199, et Caracciolo et Sanchez à Charles V, 1er février, GAYANGOS, III, 329.

(3) A la suite de l'arrivée de Sturion, le conseil de Madame, après en avoir délibéré à ses deux séances du 7 et du 8 janvier, arrêta qu'on enverrait des ambassadeurs à Rome et à Venise. Cf. Sturion à Seigneurie, 8 janvier, BROWN, III, 1196. — Madame dut aussi connaître les intentions des Vénitiens par son courrier Rabodanges, qui avait apporté en novembre sa résolution à l'évêque de Bayeux et que la Seigneurie avait dépêché avec des instructions le 23 décembre, peu de jours après Sturion. Cf. Doge à Orio, 10 janvier, BROWN, III, 1198. — Enfin, de leur côté, avant d'être informés des derniers événements d'Italie, Henri VIII et Wolsey avaient envoyé en France J. Joachim avec l'ordre de presser Madame de conclure promptement la Ligue : nous n'avons d'ailleurs que fort peu de renseignements sur

rappelé par le Cardinal, qui partit de Lyon le 13 janvier porteur d'un mémoire de Duprat sur les affaires d'Italie. Madame
connaissait déjà l'offre qu'avait faite Henri VIII de garantir
ses promesses ; elle l'en remerciait et le priait de vouloir bien
se déclarer en faveur de la Ligue, conformément aux articles
venus de Venise ; il n'avait aucune raison de redouter les conséquences d'un acte semblable, car il « se déclairoit assez » en se
portant caution pour elle ; d'ailleurs, son ambassadeur G. Casal
avait déjà dit « qu'il frayeroit voulentiers vingt cinq mille ducatz
par moys », dont au surplus il serait remboursé « sur les acquetz
qui se pourront faire » (1).

Les instances de Madame ne modifièrent en rien les intentions
du roi d'Angleterre et de son ministre. Le 10 février, après avoir
entendu Fitzwilliam, Wolsey maintint ses déclarations du 16 janvier et dit à Brinon qu'il avait alors « plainement satisfait » à toutes
choses ; il ajouta qu'il avait mandé à Jean Casal « asseurer la
Seigneurie de par le Roy son maistre, et, pour ce faire, luy avoit
envoyé povoir spécial » ; enfin, il espérait que Madame souscrirait
en retour une contre-lettre d'indemnité (2).

Tout en s'occupant de conclure avec les Vénitiens, Madame
n'avait pas renoncé à l'espoir d'obtenir l'adhésion du Pape à la
Ligue. La veille du jour où Fitzwilliam quitta Lyon, elle écrivit
au comte de Carpi et le chargea de présenter à Clément VII de
nouvelles ouvertures ; il s'agissait de passer sur le champ le traité
de confédération, conformément aux conditions déjà convenues en
novembre, mais sous la réserve que l'effet en demeurerait sus-

la mission confiée à ce diplomate et nous ignorons le détail des instructions
qui lui furent données à son départ de Londres. Cf. Taylor et Fitzwilliam à
Wolsey, 31 décembre, Rec. Of. BREWER, IV, 1850, et 12 janvier, B. M. ms.
Cott. Caligula D IX, f° (136) 144 et BREWER, IV, 1880 ; Doge à Orio, 10 janvier, *ut sup.* ; et les lettres de J. Joachim, P. J., XLVIII, XLIX, LII et LIV.

(1) Instructions de Fitzwilliam, P. J., L. — Cf. aussi J. Joachim à Brinon,
19 janvier, P. J., LII, et Madame à Wolsey, 18 janvier, B. M. ms. Cott.
Add. part of Calig. E III, f° 11, et BREWER, IV, 1903 (avec une référence
inexacte à Calig. E I, 231). — A son passage à Paris, Fitzwilliam, sur l'ordre
de Madame, avait été l'objet des attentions empressées du Corps de ville.
« Du compte 20ᵉ de Ph. Macé, Receveur de la ville, apert avoir esté payé
36 l. 15 s. 4 d., de l'ordonnance de Messieurs les Prévost des marchands et
Eschevins pour et à cause des présents faits au seigneur de Wiguien à
son arivé à Paris, qui fut le vendredi matin 26 janvier 1525, en vin, ypocras,
espice de chambre, torches, chevreau, paon, perdrix, bécasses, chapons,
bécasseaux et autre gibier. » B. N. ms. nouv. acq. fr. 3243, et Arsenal
ms. 3945, f° 145.

(2) Brinon à Madame, 11 février, P. J., LVI.

pendu jusqu'au jour où expirerait le délai de deux mois laissé à l'Empereur (1).

Nous ne savons quel accueil reçurent ces propositions, mais il est probable que le Souverain Pontife, instruit des efforts tentés vers ce même temps par les Français pour s'accorder avec l'Empereur (2), ne leur accorda que peu d'attention. Décidé à ne point se déclarer avant de s'être ménagé d'autres alliances que celle du gouvernement de Madame, il resta sourd à toutes les instances. Les ambassadeurs anglais qui le pressèrent à plusieurs reprises d'entrer dans la Ligue n'en purent rien obtenir. Avouant sans ambages qu'il n'avait aucune confiance en Madame, il leur répondit toujours en réclamant au préalable l'entrée du roi d'Angleterre dans l'union ou à son défaut la conclusion d'un traité particulier d'amitié lui assurant l'appui de ce prince contre l'Empereur (3).

Il en était tout autrement à Venise. Encouragée par les promesses de la Régente et par celles d'Henri VIII, la Seigneurie s'était mise

(1) Madame au comte de Carpi, 18 janvier, P. J., LI.

(2) Les Impériaux et son légat Salviati tenaient le Pape au courant de toutes les négociations suivies en Espagne par le gouvernement français. Dès le 11 décembre, Salviati lui écrivit que la paix entre Charles V et François Ier « erat in procinctu conclusionis ». Cf. Ghinucci à Wolsey, 4 et 18 janvier, B. M. ms. Cotton. Vitel. B VIII, f{os} (3) 4 et (9) 10, et BREWER, IV, 1867 et 1899.

(3) « Ego quidem nullum alium responsum puto nos a Sanctitate Sua habituros nisi velle se intelligere utrum rex Angliæ tandem hoc fœdus sit intraturus, quod, si ei promittatur, cum ex hoc San{tas} Sua præsuppositura sit Gallos etiam fœdus intraturos, non despero eum ab his que cum Cesare conclusit discessurum, alioquin nullo modo aliquid spero, tum ex eo quod judicio meo Papa non audet intrare bellum, tum ex eo quod sine rege Angliæ non confidat de Gallis. » Ghinucci à Wolsey, 12 janvier, ut sup., f° (6)7 et n° 1883. « Hæc et alia in hunc sensum dixit expresse ostendens quod potissima difficultas in hoc negocio erat quod ipse non videbat posse confidere de Gallis... Ego, videns hanc difficultatem, postquam conatus fui persuadere San{ti} Suæ quod Rex noster pro nunc non poterat se detegere, tentavi San{tem} Suam si alia via dari posset qua San{tas} Sua se secure dictum fœdus inire posse putaret absque eo quod Rex noster se detegeret. Non potui aliquid ab eo evellere nisi quod sine Rege nostro non videbat se securum. Unde Datarium adivi, cum quo magis domestice locutus, rem longo sermone examinavi nec etiam ab eo potui aliquid certi elicere, nisi quod innuit mihi ex suo judicio et opinione se credere quod Papa procederet ad faciendum fœdus quod sibi persuadebatur etiam si Rex noster ipsum fœdus non intraret, dum tamen inter ipsum Regem nostrum et Papam fieret particularis unio et confederatio, per quam Papa posset exspectare favorem et auxilium si unquam Cesar vellet ei in aliquo nocere. » Le même au même, 17 janvier, ibid., f° (9) 10 et n° 1899.

à presser ses armements ; elle avait fortifié ses villes, renforcé son armée, équipé ses vaisseaux et tout préparé pour résister aux Impériaux (1). — De ce côté au moins, le projet depuis si longtemps poursuivi d'une Ligue franco-italienne allait devenir une réalité.

Ce fut alors qu'on apprit en Italie la nouvelle de la paix de Madrid.

(1) « Bene verum est quod, dato quod concordia inter Cesarem et Papam facta procedat, non despero si Veneti cum Gallis etiam sine Papa conveniant, prout quamplures credunt Papam aliquid auxilii illis impartiturum. » Ghinucci à Wolsey, 12 janvier, *ut sup.* — « Frater meus qui Venetiis Ser^mi D. N. legatum agit litteris suis mihi significavit Venetos triremes ad validam classem conficiendam parare, civitates suas assidua diligentia munire, consuetum exercitum alere, ita ut semper ad sua magis tuendum quam ad aliena occupandum parati instructique sint. » Campeggio à Wolsey, 30 janvier, *ut sup.*, f° (11) 12 et n° 1937. — Cf. Madame à Carpi, 18 janvier, P. J., LI ; Najera à Charles V, 22 janvier, GAY., III, 325 ; Caracciolo et Sanchez au même, 1ᵉʳ février, *ibid.*, 329. Cette dernière lettre fait mention du retour de Venise de Georges Sturion ; les extraits du ms. Clair 1215 (f° 63 r°) indiquent que ce messager reçut du Trésor français 300 l. 15 s. t.

CHAPITRE VIII

LA DIPLOMATIE ANGLAISE EN ESPAGNE

I

Nous avons vu qu'à la fin de mars 1525 Henri VIII avait envoyé
en Espagne deux ambassadeurs extraordinaires chargés d'y négocier une invasion de la France. Ces plénipotentiaires, l'évêque de
Londres, Tunstall, et le chancelier de Lancastre, Ric. Wingfield,
ne parvinrent que le 20 mai à Tolède où ils trouvèrent la cour impériale et le résident anglais ordinaire, Ric. Sampson (1).

Les États de Castille étaient alors assemblés dans cette ville et
Charles-Quint leur avait demandé des subsides destinés à payer la
solde arriérée de l'armée d'Italie. Les députés les avaient accordés, mais, en retour, avaient supplié leur souverain de se marier
sans retard avec une princesse capable de lui donner promptement
un héritier ; ils avaient même désigné pour sa future épouse sa
cousine Isabelle de Portugal (2). Ce mariage offrait trop d'avantages (3) pour que l'Empereur se fît prier longtemps ; mais, avant
de le conclure, il lui fallait obtenir que son allié d'Angleterre le
dégageât de la promesse faite à Windsor d'épouser sa fille Marie.

Ce fut dans ce but que le commandeur Peñalosa fut dépêché en Angleterre. Il eut pour instructions de solliciter d'Henri VIII
la remise immédiate de la princesse Marie et de sa dot ou, à
son défaut, l'autorisation pour Charles V de contracter mariage

(1) Tunstall, Wingfield et Sampson à Henri VIII, 2 juin B. M. ms.
Cotton. Vesp. C III, fᵒ 158, et Brewer, IV, 1378.

(2) Sandoval, liv. XIII, c. 7, t. IV, p. 257 ; Mignet, II, 94-95.

(3) La princesse de Portugal avait la dot énorme d'un million de ducats
et ce mariage assurait en outre à Charles V l'expectative du Portugal, le
seul des royaumes de la Péninsule que la maison de Bourgogne n'eût pas
encore acquis.

ailleurs. — Cet envoyé ne se rendit pas directement à Londres. Il y alla par les Pays-Bas et vit à Bruxelles l'archiduchesse Marguerite, à laquelle il laissa connaître l'objet de sa mission. Celle-ci eut peur que l'ouverture relative au mariage de Portugal blessât trop vivement Henri VIII ; elle apporta quelques tempéraments aux instructions du Commandeur, qui dut en taire la seconde partie et se borner à réclamer l'envoi en Espagne de la princesse d'Angleterre ou le versement de sa dot (1). Effectivement, outre un projet d'invasion de la France, ce furent là toutes les propositions que Peñalosa et les commissaires flamands présentèrent le 7 juin au roi d'Angleterre. Le succès fut médiocre. Argent et fille, Henri refusa tout ; son dernier mot fut qu'il enverrait des instructions à ses ambassadeurs en Espagne pour discuter l'affaire avec l'Empereur (2).

A Tolède, Charles-Quint avait été moins prudent que la gouvernante des Pays-Bas. Dès le 21 mai, son chancelier Gattinara avait informé les ambassadeurs anglais du vœu des États ; il avait même ajouté que son maître avait enjoint à ses représentants en Angleterre d'en instruire Henri VIII (3). De son côté, l'Empereur avait protesté qu'il ne traiterait avec la France que si son allié obtenait satisfaction, mais il avait repoussé toute ouverture d'invasion, au moins pour l'année présente ; la reprise des hostilités ne lui semblait possible qu'en 1526 et seulement au cas où échoueraient les négociations engagées avec le gouvernement français. Pour s'excuser, il n'avait pas oublié de se plaindre amèrement de l'attitude du gouvernement anglais avant la bataille de Pavie, dont il avait jeté tout le blâme sur Wolsey (4).

Conformément à ses déclarations du 7 juin, Henri VIII enjoi-

---

(1) Les instructions du Commandeur, modifiées par Madame à la date de Bruxelles 31 mai, d'après celles que lui avait données Charles-Quint à Tolède le 1er mai, sont dans GAYANGOS, III, 103. — Sur les intentions premières de l'Empereur, cf. Tunstall, Wingfield et Sampson à Henri VIII, 2 juin, *ut sup.*

(2) Commissaires à Charles-Quint, 11 juin, GAY., III, 111.

(3) Tunstall, Wingfield et Sampson à Henri VIII, 2 juin, *ut sup.* Il existe au B. M. ms. Cotton. Vesp. C III, f° 184, une expédition notariée de la délibération des *Cortès* relative au mariage de la princesse de Portugal. Cette pièce, datée du 3 juin, fut sans doute délivrée aux ambassadeurs anglais à cette époque.

(4) Tunstall à Wolsey, 2 juin, B. M. ms. Cotton. Vesp. C III, f° 60 et BREWER, IV, 1380. — Tunstall, Wingfield et Sampson à Wolsey, 2 juin, ELLIS, IIId ser., t. II, p. 12. — Les mêmes à Henri VIII, 12 juin, *ut supra*, f° 135 et n° 1421.

gnit à ses représentants auprès de Charles V de négocier sur les demandes de Peñalosa, c'est-à-dire sur l'envoi de la princesse en Espagne et le paiement de sa dot (1). — Ce n'était pas là ce qu'espérait l'Empereur. Aussi se montra-t-il fort irrité lorsqu'il apprit des ambassadeurs anglais les modifications apportées par sa tante aux instructions du Commandeur ; il protesta qu'il n'y était pour rien et qu'il avait formellement ordonné à son envoyé de demander à Henri VIII la rescision du traité de mariage (2). En dépit de ce désaveu, l'ignorance où étaient les Anglais des intentions de leur maître empêcha de pousser plus loin les pourparlers.

II

En attendant de nouvelles instructions, les ambassadeurs d'Henri VIII, que leur souverain avait commissionnés à cet effet par acte en date du 22 mai (3), furent appelés à prendre part aux négociations poursuivies avec François Ier.

Ce prince, arrivé à Valence dans les derniers jours de juin (4), avait prié l'Empereur de lui accorder une entrevue, un sauf-conduit pour sa sœur la duchesse d'Alençon, et enfin une trêve destinée à permettre la venue en Espagne de commissaires français et l'ouverture régulière de pourparlers pacifiques (5).

Charles-Quint jugea expédient de consulter sur ces trois points les représentants de son allié. Le 8 juillet, son Chancelier s'enquit de leur avis (6). Sur le premier, qui était le transfert du Roi de Valence

---

(1) Commission d'Henri VIII à ses ambassadeurs du 11 juin, Rec. Of. BREWER, IV, 1409. — Le Sauch à Madame, 13 juin, GAYANGOS, III, 115.

(2) Tunstall, Wingfield et Sampson à Henri VIII, 8 juillet, B. M. ms. Cotton. Vesp. C III, f° 176 et BREWER, IV, 1484.

(3) Les mêmes à Henri VIII, 12 juin (post-scriptum du 16), *ut sup.*, f° 135 et n° 1421. — En venant en Espagne, les ambassadeurs anglais avaient déjà apporté un pouvoir daté du 26 mars, les autorisant à conclure une trêve ou une paix avec la France. *Ut sup.*, f° 24 et n° 1212 (7).

(4) Lorsque François Ier eut débarqué à Barcelone, les Anglais demandèrent des explications à Gattinara, qui leur répondit que c'était François Ier lui-même qui avait sollicité son transfert; il ajouta qu'au surplus Charles-Quint l'avait toujours désiré, mais qu'il ne savait pas comment cela pourrait être fait. Let. du 20 juin, *ut sup.*, f° 144 et n° 1439.

(5) Cf. MIGNET, II, 105.

(6) « Yester nighte .., the Chauncelour sente unto us .., who at our commyng shewed us how th' Emperour had commandyd theym to communicate III pointis unto us and to aske our advise upon the same. » Ambassadeurs à Henri VIII, 9 juillet, *ut sup.*, f° 72 r° et n° 1485.

en Castille, ils répondirent qu'il ne leur appartenait pas de se prononcer et que l'Empereur devait faire ce qu'il estimerait le meilleur et le plus sûr (1). Au sujet de la trêve, ils furent plus affirmatifs; ils se prononcèrent en sa faveur avec d'autant plus d'empressement qu'une dépêche chiffrée de Wolsey venait de leur apprendre la pénurie du Trésor anglais et le besoin que le royaume avait de la paix (2). En revanche, il s'opposèrent franchement au voyage de la duchesse d'Alençon. On pouvait redouter, dirent-ils, que libre et jeune comme elle était, elle parvînt à inspirer de l'amour à l'Empereur ; semblable à ces femmes dont parle Ovide, qui se rendent au spectacle « non pas tant pour voir que pour être vues », elle ne venait sans doute que pour se faire admirer et aimer de Charles-Quint. Il était encore à craindre qu'elle décidât Mme Éléonore à épouser le roi de France; son veuvage lui serait un lien avec cette dernière, et, en caquetant avec elle, elle trouverait sans doute quelque biais pour avancer les affaires de son frère (3).

Ces objections, ainsi appuyées de citations de l'*Art d'aimer* (4), faisaient autant d'honneur à la perspicacité des Anglais qu'à leur érudition galante. Elles frappèrent le sévère Gattinara, qui reconnut qu'elles avaient leur valeur (5). Mais elles n'eurent pas le don de convaincre son maître. Charles, qui avait son opinion faite et qui n'avait pris le sentiment des ambassadeurs que pour la forme, n'était pas pour s'émouvoir des plans de séduction prêtés à Marguerite d'Angoulême. Il se connaissait et savait que, sur ce terrain, il était inattaquable. Sans hésiter, il passa outre. Tunstall et Sampson furent informés le lendemain que la Duchesse obtiendrait un sauf-conduit de l'Empereur, pourvu que le duc de Bourbon en eût un semblable de la Régente (6). Quant à la trêve, le Chancelier, d'accord avec Montmorency, arrêta le projet d'une convention aux termes de laquelle il y aurait suspension des hostilités jusqu'au 1er mars de l'année suivante ; le commerce serait libre comme en temps de paix, et tous les alliés des princes belligérants

(1) Même lettre, f° 72 v°.

(2) Même lettre, f° 74, et les mêmes au même, 10 juillet, *ut sup.*, f° 76 v° et n° 1488.

(3) Lettre du 9 juillet, *ut sup.*, f° 73 r°.

(4)   Sic ruit in celebres cultissima fœmina ludos,
                Copia judicium sæpe morata meum ;
          Spectatum veniunt, veniunt spectentur ut ipsæ...
                                    (*De Ar. Am.*, I, vers 97-99.)

(5) « Unto the secunde, they (les commissaires impériaux) said we had shewyd many great and urgent reasons. » Lettre du 9 juillet, *ut sup.*, f° 73 v°.

(6) Lettre du 10 juillet, *ut sup.*, f° 75 v°.

y seraient compris. Les Anglais, auxquels on le soumit, le trouvèrent trop large ; ils proposèrent que la trêve ne fût pas marchande, que les Écossais en fussent exclus, enfin qu'on se bornât à un simple armistice expirant le 1er janvier 1526 et permettant seulement le libre passage des courriers et des ambassadeurs. Leurs observations furent écoutées ; la trêve conclue le 11 août à Tolède entre l'Empereur, le roi de France et celui d'Angleterre y fut de tous points conforme (1).

Avant que cette suspension d'armes eût été signée, parvinrent à Tolède les instructions d'Henri VIII relatives au mariage de Portugal. Le roi d'Angleterre ne refusait pas de renoncer au bénéfice du traité de Windsor, mais il demandait en retour le remboursement des sommes empruntées par l'Empereur. Il désirait aussi que son allié lui assurât un arrangement avantageux avec le roi de France. A ce propos, il chargeait ses ambassadeurs d'avertir Charles-Quint que la Régente lui avait fait présenter des ouvertures d'accord par un de ses Maîtres d'hôtel et que, le voyant disposé lui-même à traiter et incapable à son propre aveu de continuer la guerre, il s'était résigné à n'obtenir de Madame que des satisfactions pécuniaires, dans l'espoir que sa Majesté Impériale lui ménagerait en Espagne des cessions territoriales (2).

Tout naturellement, Charles-Quint désapprouva ce traité séparé, il demanda qu'Henri VIII envoyât simplement ses pleins pouvoirs en Espagne. Quant au mariage, il fit déclarer aux Anglais par ses commissaires qu'il était prêt à accepter les conditions du Roi, mais qu'il ne pourrait payer comptant ses dettes et qu'il faudrait convenir de termes. — Là-dessus, les ambassadeurs répliquèrent qu'ils manquaient de pouvoirs pour en accorder et il fut convenu qu'on écrirait en Angleterre à ce sujet (3).

(1) Lettre du 10 juillet, *ut sup.*—Tunstall à Wolsey, 11 août, *ut sup.*, f° 85 et n° 1556. — Trêve du 11 août, LÉONARD, t. II, p. 196. — Cf. aussi Charles V à l'archiduc Ferdinand, 31 juillet, LEGLAY, t. II, p. 610.

(2) Ces instructions, datées du 3 juillet, sont perdues, mais il reste une commission du 6 juillet autorisant les ambassadeurs à négocier la rescision du traité de Windsor. B. M. ms. Cotton. Vesp. C III, f° 66, et BREWER, IV, 1477. En outre, on peut les reconstituer grâce à la lettre de ces diplomates publiée au tome VI des *State Papers*, pp. 451 à 452.

(3) Cf. *St. Papers*, VI, 454, 455 et 462-464 ; Tunstall et Sampson à Henri VIII, 14 août, B. M. ms. Cotton. Vesp. C III, f° 100, et BREWER, IV, 1569 ; Charles V à Henri VIII, 12 août, GAYANGOS, III, 168 ; le même à Wolsey, *ibid.*, 169 ; le même à le Sauch, 16 août, *ibid.*, 174.

III

Tandis qu'on négociait à Tolède, à Londres, l'accord anglo-français était sur le point de se conclure. Au reste, bien avant que le traité en fût signé, l'entente la plus complète régnait entre les deux gouvernements. Nous savons qu'ils n'agissaient que de concert en Italie ; il en était de même en Espagne.

Ainsi, en même temps qu'elle communiqua au roi d'Angleterre et au Cardinal le texte de la trêve de Bréda, la Régente les instruisit des pourparlers poursuivis en Espagne au sujet d'une suspension des hostilités et de la venue de Madame d'Alençon ; elle les pria même de lui laisser connaître leurs sentiments sur ce voyage et les conditions auxquelles ils estimaient convenable de traiter avec l'Empereur (1). — Sur ce dernier point, leur réponse n'était pas douteuse. Le but du gouvernement anglais étant de s'opposer à l'accroissement de la puissance impériale et aussi au rapprochement de la France et de l'Espagne, le conseil de Wolsey et de son maître fut de tenir ferme contre les prétentions de Charles-Quint et surtout de ne consentir à aucune cession territoriale. Quant au voyage de la Duchesse, Madame l'ayant présenté comme propre à encourager le Roi dans ses résistances, ils y donnèrent leur complète approbation (2).

(1) Cf. les lettres de Madame des 26 juillet, 1er, 16, 28, 31 août, 28 septembre, de Robertet des 12 juillet, 16 août, 5 septembre dans *Cab. histor.*, II, 144 et 147, et P. J., X, XI, XIV, XV, XVIII, XXI, XXV, XXVII, et celles de la duchesse d'Alençon des 8, 10 juillet et 22 août aux Ar. Nat. J 965, 2, 20 et sans cote (dans J 966). — Sur l'ordre de François Ier lui-même, le gentilhomme de la Chambre, Pérot de Warty, fut dépéché à Londres pour porter au roi d'Angleterre et au Cardinal les remerciements du roi de France et les instruire des négociations d'Espagne. Cf. Madame à Wolsey, novembre, B. M. ms. Cott. Calig. E III, f° 3 ; la même aux ambassadeurs, 15 novembre, Ar. Nat. J. 965, 4, 22 ; Robertet aux mêmes, 17 novembre, P. J., XXXVII.

(2) Cf. Brinon et J. Joachim à Madame, 29 juillet, P. J., XII ; Madame aux ambassadeurs, 1er et 28 août, P. J., XIV et XVIII. — « Je vous advise que, suivant l'advis et oppinion de Mr le cardinal d'Yort, j'ay faict advertir le Roy de la conclusion dudit traicté de paix par vous faict avecques ledit roy d'Angleterre, luy suppliant qu'il ne voulsist aucune chose accorder ne promettre pour sa délivrance qui feust au préjudice et dommaige de son royaulme, de sa grandeur et de son honneur, et surtout de n'en bailler aucunes terres ne faire aucunes renonciations ; sur quoy, pour encores mieulx lui faire entendre ce que luy emporte ce que dessus, et voyant le désir qu'il a de veoir ma fille la duchesse d'Alençon, j'ay consenty son allée en Espagne, principalement pour bien et seulement remonstrer audit

On voit que les ambassadeurs anglais en Espagne étaient loin de compte. Les instructions qui leur furent adressées après la conclusion du 30 août durent les éclairer là-dessus. Non seulement ils reçurent l'injonction de notifier à Charles-Quint la signature de la paix de Moore, mais encore ils furent chargés, conformément à une de ses clauses, de solliciter la mise en liberté du roi de France contre une rançon en argent ; dans ce but, leur souverain les autorisa à requérir, s'il en était besoin, l'assistance du nonce pontifical et de l'ambassadeur vénitien et à tenter d'accord avec eux une démarche commune auprès de l'Empereur (1). — Afin de leur assurer le concours de ces diplomates, le Saint-Siège et la Seigneurie furent priés de transmettre à leurs représentants des ordres en conséquence (2).

Toutefois, il ne faudrait pas croire que l'élargissement de François Ier à des conditions favorables fut la seule préoccupation de Henri VIII et de Wolsey. Le soin d'empêcher qu'il épousât la reine Éléonore ne leur tenait pas moins à cœur. Les ambassadeurs en Espagne eurent mission de ne rien épargner pour mettre obstacle à cette union : insinuations perfides auprès des Impériaux, menaces et promesses couvertes auprès du roi de France et de ses agents, manœuvres destinées à éveiller les défiances et les jalousies de la duchesse d'Alençon, tout devait leur être bon à entraver la réalisation d'un tel projet. « Vous devrez, » leur écrivait-on, « vous préoccuper toujours de vous opposer par tous les moyens en votre pouvoir au mariage du roi de France avec Mme Éléonore, surtout parce que à elle reviennent, après don Ferdinand, tous les héritages de l'Empereur, ce qui ne donnerait pas petit sujet au roi de France de rechercher leur perte, dans l'espoir de jouir ensuite à la fois desdits héritages et de l'Empire. Au cas où vous vous apercevrez qu'au nombre des conditions mises à la délivrance du roi de France on compte son mariage avec la reine Éléonore, vous dissuaderez

Seigneur l'advis dudit Cardinal, affin qu'il ne consente ne accorde aucune chose audit Empereur.., par quoy, j'espère le voyaige de madite fille estre fort à propos, ayant l'autorité envers ledit Seigneur telle qu'elle a, et que en ce il portera grand prouffict. » Madame aux ambassadeurs, 16 août, *Cab. hist.*, t. II, p. 144. — Cf. aussi les instructions de Fitzwilliam et de Taylor, B. M. ms. Cott. Calig. D IX, f° (88) 96, et BREWER, IV, 1705. — Il est encore parlé des négociations d'Espagne dans les lettres de Madame et de Robertet des 17 et 28 novembre, P. J., XXXVII, XLII, XLIII.

(1) Henri VIII aux ambassadeurs en Espagne, 8 septembre, *State Papers*, VI, 480 à 482.

(2) Doge à Orio, 23 septembre, BROWN, III, 1118, et le même à Navagero, 30 septembre, *ibid.*, 1124.

dudit mariage aussi bien le Roi lui-même, si vous êtes à même de l'entretenir, que sa sœur la duchesse d'Alençon et tous les Français de leur entourage. Vous direz que cette alliance, non seulement aura pour résultat de réduire au désespoir le Pape et les États italiens, en les laissant tous à la discrétion de l'Empereur, qui, voyant sa puissance démesurément agrandie et dominant sans conteste en Italie, ne se souciera plus de ses anciens amis, mais encore qu'elle excluera irrémédiablement toute éventualité d'un autre mariage plus avantageux pour ledit roi de France. A la duchesse d'Alençon, vous pourrez représenter combien ce mariage de Portugal deviendra peut-être fatal à l'influence de Madame la Régente, à la sienne propre et au crédit de tous ceux qu'elles deux favorisent (1). »

IV

La nouvelle de la paix de Moore arriva en Espagne avant que les Anglais en eussent reçu communication de leur gouvernement. Ce furent les Français qui l'annoncèrent les premiers et on peut penser qu'ils ne firent pas faute d'en exagérer l'importance (2). Leurs bravades et leurs vanteries n'embarrassèrent pas peu leurs collègues d'Angleterre qu'elles exposaient aux reproches des Impériaux. A tout hasard ils nièrent, et, lorsque des lettres venues de Londres les forcèrent à avouer l'accord anglo-français, ils n'en continuèrent pas moins à contredire les allégations intéressées des Français et présentèrent les traités du 30 août comme des conventions sans importance, relatives seulement aux questions pécuniaires (3).

Quant à la mise en liberté de François Ier, comme le Légat Salviati répondit d'une manière dilatoire lorsqu'ils le prièrent de

____

(1) Henri VIII à Tunstall et Sampson, 8 septembre, *St. Pap.*, VI, 487-488.

(2) Salviati au Pape, 3 octobre, dans MOLINI, *Doc. Stor.*, I, 196.

(3) Perrenot à Mme Marguerite, 19 octobre, LEGLAY, II, 623. — A la date du 3 octobre, A. Navagero avise la Seigneurie que les Anglais ne nient plus la paix, mais soutiennent que ce n'est qu'un accord sur « le pensioni ». BROWN, III, 1129. — Nous ne connaissons pas directement les commentaires auxquels se livrèrent les Français en Espagne au sujet de la paix de Moore, car la lettre du 5 octobre par laquelle les ambassadeurs anglais en informèrent leur souverain est perdue, mais on peut juger quels ils étaient par les reproches que Wolsey fit à Brinon à cette occasion le 24 octobre (cf. Brinon à Madame, *P. J.*, LXX) et par la lettre de Tunstall à Henri VIII du 2 décembre, B. M. ms. Cotton. Vesp. C III, f° 105 et BREWER, IV, 1800.

se joindre à eux pour la solliciter (1), ils furent seuls, le 19 octobre, pour requérir Charles-Quint de délivrer le roi de France au prix d'une rançon en argent et sans insister sur l'abandon de la Bourgogne. L'Empereur leur répliqua qu'en exigeant cette province il ne faisait que poursuivre le recouvrement de son patrimoine et l'affaire en resta là (2). — Une seconde démarche, tentée quelques semaines plus tard, au reçu d'une nouvelle lettre d'Henri VIII, n'eut pas un meilleur résultat. La seule réponse qu'obtinrent les Anglais fut que les négociations étaient en assez bon train et qu'on ne tarderait sans doute pas à conclure. Ils n'en demandèrent pas davantage (3). Évidemment, ils n'attachaient à tout cela aucune importance ; leurs représentations toutes diplomatiques, étaient, même à leurs propres yeux, sans portée.

En revanche, Tunstall et Sampson semblent s'être acquittés avec plus d'empressement de la partie de leur mission qui se rapportait au mariage de la reine Eléonore. Ils trouvèrent en Gattinara un auxiliaire résolu. Celui-ci leur dit en propres termes : « A cette union, je ne donnerai jamais mon consentement ». Ils l'encouragèrent du mieux qu'ils purent dans cette détermination ; en particulier, suivant à la lettre les instructions du 8 septembre, « ils affirmèrent que, puisqu'Éléonore était l'héritière présomptive de l'Empereur, ce serait mettre en danger la succession de ce dernier que de la donner pour femme au roi de France ». Ils parlèrent dans le même sens à M. de Rœulx qu'ils savaient favorable à Bourbon comme le Chancelier (4). Mais ils durent se montrer plus réservés auprès des autres membres du Conseil. Ils n'avaient en effet aucune illusion à garder sur leurs sentiments ; ils n'ignoraient pas qu'ils étaient prêts à abandonner Éléonore à François Ier afin de donner à la paix plus de chances de durée. « Indubitablement », écrivaient-ils le 2 décem-

______

(1) A la demande des Anglais, le Légat objecta qu'avant de faire une démarche de cette sorte, il était nécessaire de savoir où en étaient les négociations entre les Français et les Impériaux (Ambassadeurs à Henri VIII, 2 décembre, *St. Pap.*, vi, 516-517). Aussi, lorsque Navagero proposa aux Anglais de les accompagner chez l'Empereur, ceux-ci lui répondirent que le Légat manquait d'instructions et qu'eux-mêmes n'avaient pas commission de négocier la délivrance de François Ier (Navagero à Seigneurie, 8 novembre, BROWN, iii, 1166). — Les ordres du Pape n'étaient pas encore arrivés à la date du 14 novembre, et d'ailleurs, à en croire l'ambassadeur vénitien, les représentants d'Henri VIII ne montraient pas alors un grand désir de mener l'affaire à bonne fin (Let. de Navagero du 14 novembre, 1167.)

(2) Lettre du 2 décembre, *ut sup.*, p. 499.

(3) *Id., ibid.*, p. 515.

(4) *Id., ibid.*, p. 511.

bre, « si le duc de Bourbon peut être satisfait autrement, non seulement ils s'accorderont, mais encore ils s'uniront plus étroitement que nous ne voudrions (1). »

V

La paix de Moore avait eu pour résultat de modifier profondément la politique que devait suivre auprès de l'Empereur le représentant du gouvernement anglais. Celui-ci, qui n'avait jusqu'alors travaillé qu'à maintenir contre la France l'union de l'Angleterre et de l'Espagne, allait désormais avoir à demeurer neutre entre les Impériaux et les Français, et, s'il le pouvait, à devenir le médiateur de leurs différends. A cette situation nouvelle, il fallait un homme nouveau. Aussi, dès le 8 septembre, Sampson et ses collègues furent rappelés et l'aumônier d'Henri VIII, Ed. Lee, fut désigné pour les remplacer à la cour impériale (2).

Cet ambassadeur ne quitta l'Angleterre qu'à la fin de novembre. Ses instructions, fort courtes, lui ordonnaient de se conformer à celles qu'avaient déjà ses prédécesseurs, c'est à savoir, au cas où la paix ne serait pas signée lors de son arrivée à Tolède, de supplier l'Empereur de se montrer modéré dans ses prétentions et de n'exiger de son prisonnier qu'une rançon en argent (3).

Tandis qu'il traversait la France à grandes journées (4), les négociations franco-espagnoles, plusieurs fois interrompues, furent reprises de nouveau à la suite de l'envoi de Brion par la Régente. Comme les plénipotentiaires français se montrèrent disposés à céder

(1) Let. du 2 décembre, p. 512.

(2) Sampson à Wolsey, 4 octobre, Rec. Of. BREWER, iv, 1684. — Lee fut ambassadeur en Espagne jusqu'en 1530, devint archevêque d'York en 1531 et mourut le 13 septembre 1544.

(3) Instructions de Lee, sans date, BREWER, iv, 1798, d'après ms. Cambr. 1044, f° 5. — Il était aussi recommandé à ce diplomate d'éviter de voir la Régente à son passage en France.

(4) Lee à Wolsey, 2 décembre, B. M. ms. Cotton. Vesp. C iii, f° 210, et BREWER, iv, 1803. — De Bordeaux, où il parvint le 2 décembre, Lee écrivit à son maître que les Français lui avaient paru fort satisfaits de la paix de Moore. Dans plusieurs villes, on avait demandé à ses domestiques : « Come sa porte Madame Dolphyncs »; comme si le mariage de la princesse Marie avec le Dauphin eût été déjà décidé. Ce dernier vivait alors à Blois. Lee, qui l'ignorait, ayant traversé cette ville, se trouva fort perplexe. Il se tira d'embarras en déclarant au précepteur du prince qu'on n'avait pas prévu cette éventualité et qu'ainsi il n'avait pas reçu d'instructions du roi d'Angleterre pour se présenter devant lui. Cf. Lee à Henri VIII, 2 décembre, ELLIS, IIId Ser, t. ii, p. 72.

la Bourgogne, l'accord fut aisé sur les autres points et quelques conférences suffirent pour arrêter les bases de la paix (1).

A l'égard de l'Angleterre, Madame avait gardé le silence le plus strict sur cette mission décisive de Brion. Elle n'en avait pas parlé aux représentants anglais auprès d'elle ; elle n'avait pas chargé le président de Rouen d'en instruire Henri VIII ni Wolsey. Tout au contraire, elle s'était attachée à leur laisser croire qu'elle ne s'accorderait pas de sitôt avec Charles-Quint. Le 23 décembre, le bruit ayant couru à Lyon que la paix était signée, Fitzwilliam et Taylor lui avaient demandé des explications ; mais elle leur avait répondu qu'elle n'en avait aucune nouvelle (2). Quelques jours plus tard, elle leur avait fait valoir que, conformément aux avis d'Henri VIII et de Wolsey, elle ne consentirait pas à prolonger la trêve de Tolède qui expirait le 1er janvier (3). Rien dans sa correspondance avec son ambassadeur à Londres ou dans celle de son confident Robertet n'avait trahi son désir de renouer avec l'Espagne et son espoir d'y réussir bientôt (4). A peine Brinon en avait-il été averti en janvier 1526 par Mme d'Alençon (5), mais cette lettre, tout intime, n'était pas pour être communiquée au gouvernement anglais. Encore le 19 janvier, J. Joachim, écrivant de Lyon à Brinon, prenait soin de démentir « les nouvelles d'accord, de paix et de mariage » dont celui-ci lui avait mandé qu'on parlait à Londres (6).

En Espagne, on avait aussi essayé de se cacher des ambassadeurs anglais ; mais la chose était moins aisée qu'en France ou en Angleterre. Bien que les pourparlers fussent conduits dans le plus grand secret, Tunstall et Sampson ne tardèrent pas à en avoir connaissance. Ils intervinrent aussitôt ; non contents de rappeler à Gattinara que Charles-Quint leur avait promis de mettre à la charge du Trésor français les indemnités dues à l'Angleterre par l'Espagne, ils prétendirent encore qu'on insérât au prochain traité une clause de garantie des engagements de Moore. Le Chancelier les assura qu'on pourvoirait au paiement des indemnités, mais refusa de s'engager au sujet de la garantie (7).

(1) MIGNET, II, 159-168.

(2) Lettre des ambassadeurs du 24 décembre, B. M. ms. Cott. Calig. D IX, f° (101) 109, et BREWER, IV, 1837.

(3) Lettre du 31 décembre, Rec. Of. BREWER, IV, 1850.

(4) Cf. P. J., XLVI et suiv.

(5) Lettre du 14 janvier dans GÉNIN, n° 47, p. 208.

(6) P. J., LII.

(7) Tunstall, Sampson et Lee à Henri VIII, 26 janvier, B. M. ms. Cotton. Vesp. C III, f° 214, et BREWER, IV, 1928.

Ce fut sur ces entrefaites qu'arriva Ed. Lee, le 8 janvier 1526. A cette occasion, les Anglais prièrent l'évêque de Tarbes de leur communiquer les difficultés qui s'opposaient encore à la paix, car, ajoutèrent-ils, leur nouveau collègue avait l'ordre de s'employer en faveur du roi de France et c'était le surlendemain même qu'il comptait s'acquitter de ce devoir auprès de l'Empereur. — L'évêque leur dit qu'il demanderait à François Ier l'autorisation de les en instruire.

Cette autorisation se fit attendre. Comme elle n'avait pas encore été donnée le 10 janvier, jour où Lee eut son audience de Charles-Quint, cet ambassadeur se contenta de renouveler la demande faite par ses collègues à Gattinara, qu'on ajoutât au traité franco-espagnol une garantie des conventions du 30 août. Il ne fut pas mieux écouté ; l'Empereur promit simplement que son frère d'Angleterre serait honorablement compris dans l'accord.

Ce même soir, un secrétaire français apprit aux ambassadeurs d'Henri VIII que les points encore en discussion étaient au nombre de trois et qu'ils se rapportaient à la compréhension des alliés du Roi, à la restitution des biens de ses partisans italiens et à celle des domaines de Bourbon. Mais, tout en protestant que son maître sentait le prix de leurs offres de service, il leur recommanda de ne point descendre à ces particularités et de borner leurs bons offices à une démarche sans objet déterminé.

Les Anglais suivirent à ce conseil. Lorsqu'ils virent Gattinara le lendemain, ils lui demandèrent seulement, s'il y avait quelques difficultés à la paix, de vouloir bien travailler de son mieux à les écarter ; comme celui-ci leur affirma que l'Empereur était disposé à ne s'arrêter à aucune, ils n'insistèrent pas davantage (1).

Deux jours après, le 13 janvier, ils apprirent que l'accord franco-espagnol avait été conclu à Madrid (2).

La diplomatie anglaise, dont les représentants avaient été tenus à l'écart de sa négociation, n'avait exercé aucune influence sur ce traité. Il contenait les deux conditions auxquelles Henri VIII et Wolsey s'étaient montrés le plus constamment opposés, la cession de la Bourgogne et le mariage de la reine de Portugal avec le roi de France ; tandis que la première consacrait la victoire de l'Empereur, la seconde l'assurait de l'amitié de son rival vaincu. L'heureux Charles-Quint ne comptait désormais sur le continent que des sujets ou des alliés. — C'était là un rude coup pour l'Angle-

(1) Let. du 26 janvier, *ut supra*.
(2) *Id., ibid.*

terre, qui avait à poursuivre auprès de lui le paiement de dettes énormes et que l'exécution du traité de Madrid allait mettre à sa discrétion.

Avant de repartir pour Londres, Tunstall et Sampson furent admis à visiter le roi de France, toujours gardé à vue dans l'alcazar de Madrid. Ce prince, que la présence de son geôlier Alarcon semblait gêner beaucoup, leur dit qu'il se sentait obligé à Henri VIII plus qu'à tout autre prince vivant, pour la conduite qu'il avait tenue durant sa captivité ; il ajouta qu'il ne serait pas ingrat et affirma qu'à son retour en France il lui découvrirait ses intentions secrètes (1).

Cette dernière phrase ouvrait le champ aux spéculations. Quelles étaient ces intentions secrètes, et ces mots ne trahissaient-ils pas chez François Ier le désir de se soustraire aux dures conditions du traité de Madrid ? On pouvait l'entendre ainsi, et le rapport des ambassadeurs dut rassurer quelque peu le roi d'Angleterre et son ministre sur les conséquences de l'accord franco-espagnol. Le gouvernement anglais serait peut-être moins impuissant à entraver l'accomplissement de ses clauses qu'il ne l'avait été à en prévenir la signature.

(1) « Your Highnes is the personne who shall know moost of his secrete mynde after it shall please God that he shalbe retornyd into his realme. » Tunstall et Sampson à Henri VIII, 28 janvier 1526, B. M. ms. Cott. Vespasien C iii, fo 222, et BREWER, iv, 1932.

CHAPITRE IX

DERNIÈRES NÉGOCIATIONS. — CONCLUSION DE LA LIGUE DE COGNAC

I

Le maréchal de Montmorency apporta le 28 janvier à Saint-Just la nouvelle de la paix de Madrid (1). Madame fit aussitôt appeler auprès d'elle l'ambassadeur anglais Taylor. Après lui avoir appris la prochaine délivrance de son fils, elle lui déclara que l'honneur en devait être rapporté au gouvernement anglais et que le Roi en garderait une éternelle reconnaissance à Henri VIII et à Wolsey. Montmorency renchérit encore sur ces protestations ; parlant au nom de son maître, il dit que Sa Majesté Très Chrétienne, touchée des services que lui avait rendus le roi d'Angleterre dans l'adversité, le regardait non pas comme son bienfaiteur et son frère, mais plutôt comme son père ; car, ajouta-t-il, ainsi que les enfants sont redevables de l'existence à leur père naturel, de même Sa Majesté estimait qu'après Dieu elle devait à Henri son retour dans son royaume ; et, quant au Cardinal, Elle le tenait pour son

(1) J. Joachim à Brinon, 30 janvier, P. J., LIV, et Madame à Brinon, 28 janvier, P. J., LIII. MIGNET (t. II, p. 185), donne à tort la date du 29 janvier. — Il y avait fort longtemps que Madame n'avait eu de nouvelles d'Espagne ; la dernière lettre qui lui était parvenue portait la date du 18 décembre. Cf. J. Joachim à Brinon, 13 et 19 janvier, P. J., XLIX et LII. — Toutefois, Montmorency avait été précédé par un gentilhomme du prince d'Orange, parti de Tolède le 13 et arrivé à Lyon le 22, qui avait annoncé la conclusion imminente de la paix et la venue prochaine du Maréchal ; mais, bien qu'il fût porteur d'une lettre de Lallemand à Praët qui confirmait ce rapport, on lui avait accordé peu de créance et on l'avait retenu sous bonne garde jusqu'à l'arrivée de Montmorency. Cf. J. Joachim à Brinon, 30 janvier, *ut sup.* — Cf. aussi Marguerite d'Alençon au Roi, dans GÉNIN, t. II, n° 29, p. 69.

grand-père et Elle espérait que les conseils prudents et affectueux de Sa Grâce lui permettraient de voir la fin de ses malheurs (1).

Le Maréchal, qui avait quitté Madrid avant la signature du traité, n'en avait pas avec lui le texte authentique (2). Ce fut une excuse pour n'en pas faire connaître toutes les clauses à Taylor ; on se contenta de l'avertir de sa conclusion et de sa condition nécessaire, qui était la mise en liberté du Roi ; pour les détails, on le remit à l'arrivée du prochain courrier.

On n'agit pas autrement avec le roi d'Angleterre et son ministre. Dans la lettre qu'elle écrivit le même jour à Brinon, Madame chargea cet ambassadeur de leur annoncer le traité, mais elle ajouta que Montmorency ne lui en avait pas su dire les conditions et qu'ainsi elle ne pouvait « pour ceste heure faire entendre les particularitez de ladicte paix ». Elle promit, du reste, de ne point retarder à les leur découvrir, dès qu'elle en serait instruite elle-même ; aussitôt le texte du traité entre ses mains, elle dépêcherait Vaulx, assura-t-elle, « pour aller en toute diligence par delà, par lequel ledit Seigneur roy d'Angleterre et Cardinal entendront amplement toutes choses ». Enfin, elle n'oublia pas de remercier Henri VIII des démarches de ses ambassadeurs en Espagne en faveur de son fils. « Ledit Mareschal m'a dit, » écrivit-elle, « que les ambassadeurs dudit Seigneur roy d'Angleterre se sont tant honnestement acquitez, tant à tenir main et pourchasser la deslivrance du Roy que en toutes autres choses qu'ilz ont peu congnoistre y povoir aider et servir, qu'il ne soyt possible de mieulx et tellement qu'ilz en sont grandement à recommander, et, pour ceste cause, vous le ferez bien entendre audit Seigneur Cardinal en mercyant encore un coup ledit Seigneur roy d'Angleterre et luy de ce bon et ouvert office que lesditz ambassadeurs ont fait, qui est venu et procédé principallement de luy comme je suis bien asseurée (3) ».

II

Si secrètement qu'eussent été menées les négociations engagées en Espagne à la venue de Brion, il n'avait pas été sans en transpirer quelque chose en Angleterre. Dès les premiers

(1) Let. du 3 janvier, *ut sup.*
(2) Let. des 28 et 30 janvier, *ut sup.*
(3) Let. du 28 janvier, *ut sup.*

jours de janvier, il s'y ébruita que l'accord franco-espagnol était conclu et que François Ier allait épouser Mme Éléonore (1) ; bientôt même, on eut des détails plus circonstanciés et des lettres venues d'Italie en firent connaître la plupart des clauses (2). Il ne manquait plus que d'en recevoir la communication officielle. Ce fut des Flandres qu'elle vint. Mme Marguerite, qui avait appris l'affaire à la fois d'Espagne et de France, écrivit le 29 janvier que la paix avait été signée le 14 à Madrid (3). Cette lettre, qui parvint à Londres avant le 10 février, précéda de quelques jours celle que Madame avait expédiée le 28 janvier à Brinon, et que cet ambassadeur reçut seulement le 12 février (4). Pas plus que la Régente, d'ailleurs, Mme Marguerite n'entrait dans le détail des particularités, qu'elle ignorait encore ; elle annonçait simplement la conclusion de l'accord (5).

Ni Wolsey ni son maître ne ménagèrent à Brinon les expressions de leur satisfaction. Déjà le 10, à propos de lettres arrivées de Rome presqu'en même temps que celle de la gouvernante des Pays-Bas, le Cardinal avait « dit et réitéré plusieurs foys que en quelque sorte que la personne du Roy soit mise en liberté et restituée en son royaulme, il en sera joyeulx plus que de chose qui lui sceut advenir » (6). Le 12, lorsque l'ambassadeur lui apporta la lettre de Madame, il le complimenta fort et lui montra « face et contenance fort joyeux ». Il protesta que « depuys dix ans il ne avoit ouy nouvelle qui plus luy eust donné de joye que de entendre la deslivrance de la personne du Roy ». Ayant ensuite demandé quelles étaient les conditions sur lesquelles, fit-il obser-

(1) Cf. lettre de J. Joachim du 19 janvier, se référant à des lettres de Brinon des 5 et 9, P. J., LII.

(2) Naturellement les Impériaux ne s'étaient pas fait faute de répandre le bruit que le roi de France cherchait à se rapprocher de Charles-Quint et qu'il se montrait disposé à lui sacrifier ses alliés. C'était surtout en Italie qu'ils s'étaient attachés à laisser connaître ces particularités et, dès les premiers jours de décembre, le légat Salviati avait informé Clément VII des dispositions pacifiques des Français. Cf. Ghinucci à Wolsey, 4 janvier 1526, B. M. ms. Cotton. Vitell. B VIII, f° (3) 4, et BREWER, IV, 1867 ; le même au même, 8 janvier, *ibid.*, f° (4) 5 et n° 1871 ; le même au même, 17 janvier, *ibid.*, f° (9) 10 et n° 1890 ; Fitzwilliam et Taylor à Wolsey, 24 décembre, B. M. ms. Cott. Calig. D IX, f° (101) 109 et BREWER, IV, 1837 ; enfin l'analyse des lettres de Campeggio du 10 janvier que Brinon donne dans sa lettre du 11 février, P. J., LVI.

(3) Lettre de Brinon du 11 février, *ut sup.*

(4) Brinon à Madame, 14 février, P. J., LVII.

(5) Let. du 11 février, *ut sup.*

(6) *Id., Ibid.*

ver, « on disoit beaucoup de choses » et ayant eu pour réponse que
Montmorency ne les « avoit sceu dire », il s'empressa d'ajouter
« que, en quelque sorte que les choses soyent accordées, elles luy
plairont, puisque la personne du Roy se délivre, mais, si avec
bonnes conditions, elles luy seront très agréables ; et ce qu'il
demande des particularitez n'est pour suspeçon qu'il ait que le
Roy et vous ayés accordé chose qui soit au préjudice et à la diminution de ceste amytié et alliance, saichant que le Roy son maistre
y est nommé des deux parties et cognoissant le Roy si vertueux et
si magnanime et tant bon prince, vous, Madame, si très saige et
tant véritable dame que pour rien vous ne le voudriés faire ; ne
semblablement, ne les demande pour approuver ne réprouver la
forme des conventions, saichant que ce n'est pas leur affaire, et au
Roy et à vous est de faire et disposer du vostre comme il vous
plaist, mais seulement pour entendre en amytié comme les choses
vont et là-dessus faire fondement de quelque bonne chose qui soit
et serve, non seulement à la conservation et manutention, mais
augmentation de ceste amitié, laquelle il désire de plus en plus
conserver, asseurer, faire et rendre de tout son povoir durable et
perpétuelle ». Il loua la prudence et la sage conduite de Madame,
qu'il compara au roi Salomon « en sa grande lumière de sapience ».
Mais, en même temps, il insinua un conseil, sur lequel il importe
d'appeler l'attention, c'est que le gouvernement français « pour
plusieurs bons respectz » devait éviter de « désespérer le Pape ne les
Vénécians ». Il fallait, dit-il, « doulcement entretenir » Clément VII,
car cette conduite donnerait « cy-après un grand fruict ». Quant
aux Vénitiens, il convenait de « ne les getter du tout hors de
espoir pour les inconvéniens qui en pourroient advenir et ce que
le futur pourra produire » (1).

Le lendemain 13, Brinon fut mandé à Greenwich où se trouvait alors Henri VIII. Il y communiqua à ce prince le contenu
de la lettre de la Régente et en reçut les mêmes félicitations
que du Cardinal. Comme son ministre, le Roi parla des pratiques
d'Italie et dit qu'il ne fallait point que Madame abandonnât ce
qu'elle avait à la main, si elle ne voyait « le jeu bien asseuré du
costé de l'Hespaigne ». Sur le chapitre des particularités, il se
montra moins réservé que Wolsey ; il ne craignit point de laisser
paraître l'appréhension que lui causait le mariage de François
et d'Éléonore « auquel il dit avoir grande risque », car, si l'Empereur et son frère « mouroient sans lignée, Madame Aliénor, qui

____

(1) Let. du 14 février, *ut sup.*

JACQUETON, *Louise de Savoie.*   17 estoit leur seur aînée, emporteroit toute la succession, qui n'estoit pas petite chose » (1).

III

Ce n'est pas dans ces témoignages officiels qu'il faut chercher les véritables sentiments d'Henri VIII et de Wolsey. La paix de Madrid, qui consacrait l'effacement de la seule puissance continentale capable de faire échec à Charles-Quint, ne pouvait que leur déplaire. François Ier devenu le beau-frère de son ancien rival et son allié contre les Italiens et les Turcs, c'était l'Europe mise à la discrétion du tout puissant Empereur, et l'Angleterre, désormais isolée en face de l'immense empire, se voyait menacée d'y être absorbée bientôt à son tour. Heureusement pour l'indépendance du monde, tout n'était pas perdu encore ; pour que cette extrémité cessât d'être à craindre, il suffisait que François Ier délivré refusât de tenir les engagements souscrits durant sa captivité.

Wolsey ne s'y trompa pas, et dans des notes qu'il ajouta vers le milieu de février à une lettre de Rob. Wingfield, relative aux particularités du traité, et qui étaient sans doute destinées à passer sous les yeux de son maître, il n'hésita pas à affirmer hautement sa conviction que le Roi, revenu en France, n'observerait pas les clauses de l'accord (2).

La politique du gouvernement anglais fut réglée en conséquence. On continua d'encourager les Italiens à s'unir à la France et de leur promettre les bons offices et les secours de l'Angleterre (3). Quant

(1) *Id., Ibid.* — Ajoutons que le 24 février, Wolsey chanta solennellement la messe à Saint-Paul et y publia le traité de Madrid ; le soir du même jour, il y eut des feux de joie allumés devant les logis des ambassadeurs alors présents à Londres. Cf. Orio à Seigneurie, 25 février, BROWN, III, 1223, et HALL, 710.

(2) « It is to be thouzt that the said peax is not concluded with suche articles as is here rehersed, ffor diverse of them concernyng alienacion of the rightes of his croune be not in his power to performe, and the other, whiche be in his power, be to grete, that, being ons at liberte, it is not like that he intendeth to performe them, and specially in actual delyvere of the duchie of Burgoyn... nor also in delyvere of the Dolphyn... Finally, if al be true as is in this lettres rehersed, I can not persuade to my self that the [Frenc]he King is determyned after his restitucion unto libertie to performe the same. » Annotations marginales de la lettre de Rob. Wingfield du 9 février, B. M. ms. Cotton. Galba B IX, f° 3 et BREWER, IV, 1963.

(3) Orio à Seigneurie 12, 19, 28 février, 11, 17, 24-28 mars, dans BROWN, III, 1219, 1220, 1224, 1230, 1231, 1235. —A Venise, Jean Casal remontra au

aux Français, on les pressa de ne pas abandonner l'Italie à la merci
de l'Empereur et d'entretenir les pratiques entamées dans la
Péninsule avant la conclusion de la paix. — Ces conseils furent
d'autant mieux accueillis des intéressés qu'ils se trouvaient d'accord avec leurs propres sentiments.

Sans doute, tant que son fils était encore captif, Madame ne pouvait s'engager dans des intrigues qui auraient compromis son élargissement, mais il est des moyens de laisser entendre ce que l'on
n'ose dire, et nous pouvons être assurés que les agents français,
sinon la Régente elle-même, n'épargnèrent rien pour dissiper les
craintes des Italiens sur les suites du traité de Madrid (1). Tandis
qu'à Londres Brinon protestait devant L. Orio des bonnes
dispositions de François Ier à l'égard des Vénitiens (2), à Venise,
l'évêque de Bayeux et son collègue A. de Florence sollicitè-
rent une audience secrète et affirmèrent que le Roi démontrerait
par ses actes son affection pour la Seigneurie dès qu'il serait
de retour en France : qu'elle demeure fidèle à la Ligue, ajoutèrent-ils, et leur maître ne resterait pas en faute avec elle (3).
A Rome, le comte de Carpi ne tint pas un autre langage ; évitant
prudemment de mettre en avant François Ier ou la Régente, il
exhorta le Pape à ne pas perdre courage et, sans rien dire que son
gouvernement ne pût désavouer, il lui fit espérer que le Roi, rendu

Sénat le grand danger qu'il y aurait à laisser Charles-Quint venir en Italie
et le pressa d'y pourvoir. Il ajouta que son maître avait déjà suffisamment
montré quels étaient ses sentiments à l'égard de la Seigneurie et qu'il ne
l'abandonnerait que lorsqu'elle s'abandonnerait elle-même. Cf. J. Casal à
Wolsey, 23 mars, B. M. ms. Cott. Vitel. B VIII, f^o (22) 25 et BREWER, IV,
2058. — A Rome, G. Casal et Ghinucci n'avaient pas encore reçu d'instructions de leur gouvernement à la date du 5 mars (cf. G. Casal et Ghinucci à
Wolsey, 5 mars, B. M. ms. Cott. Vitel. B VIII, f^o (21) 26 et BREWER, IV,
2012), mais il est plus que probable qu'ils en reçurent peu après et qu'ils agirent dans le même sens.

(1) « Habui hoc mane a viro cui credi potest quod mater regis Gallorum
per bonum medium et secretum significaverit Venetis ut in resolutione rerum
suarum supersederent donec rex Galliæ esset in Francia, quia tunc osten-
deret quicquid cum Cæsare egerit per vim egisse. » Ghinucci à Wolsey,
6 mars, B. M. ms. Cott. Vitel. B. VIII, f^o (21*) 27, et BREWER, IV, 2016.
Quelques jours après, G. Casal écrit qu'un certain Théodore a mandé aux
Vénitiens au nom de Madame de ne pas perdre courage et que le Roi ne les
abandonnerait pas. G. Casal à Wolsey, 28 mars, B. M. ms. Cott. Vitel. B VIII,
f^o (22) 28, et BREWER, IV, 2058.

(2) Orio à Seigneurie, 12 février, BROWN, III, 1219.

(3) Caracciolo et Sanchez à Charles-Quint, 22 février et 6 mars, GAYAN-
GOS, III, 344 et 356.

à la liberté, oublierait les promesses faites à l'Empereur et joindrait ses forces à celles de l'Italie (1).

La situation n'était pas pour effrayer Clément VII. Le premier, et bien avant sa conclusion, il avait aperçu clairement les avantages éventuels d'un accord franco-espagnol. Dès le mois d'octobre 1525, il avait jugé cette solution plus favorable aux intérêts italiens que la captivité prolongée de François Ier. Aussitôt qu'il eut appris la signature de la paix, il revint avec empressement au plan alors exposé à l'évêque de Bath, celui de décider au parjure le prince libéré. « Il est possible », dit-il aux ambassadeurs anglais, « que le roi de France ait conçu le dessein habile de recouvrer à tout prix sa liberté, avec l'intention bien arrêtée de n'accomplir de ses promesses que ce qui ne sera pas contraire aux intérêts de son royaume et à ceux de la République Chrétienne et du bien public. De tous les sacrifices auxquels il s'est soumis en Espagne, il ne se résignera sans doute qu'à ceux qu'il lui faudra faire avant sa délivrance, qui consisteront vraisemblablement en la remise de ses fils, et il se refusera à tous ceux qu'on lui demandera ultérieurement, comme, par exemple, à son mariage avec la reine Éléonore et à la cession de la Bourgogne ; et, ainsi,

(1) « Ministri regis Gallorum, quos, per aliquas conjecturas et signa quæ video, puto persuadere Sanctitati Suæ ut virilem animum induat, dando ei spem quod eorum Rex, dum liber fuerit, spretis promissionibus Cæsari factis, vires suas cum Sanctitate Sua et aliis interponet, ut monarchiæ per ipsum Cæsarem ambitæ resistatur ; et, licet putem hujusmodi ministros hæc non nomine regis Gallorum aut ejus matris Papæ dicere, sed tanquam ex seipsis, ne forte, si aliquid penetraret, eorum Regi adhuc in manibus Cæsaris existenti noceret, tamen pro certo teneo Papam credere talia non ab ipsis solis procedere... Hæc autem, licet a Sanctitate Sua aut suis non intellexerim sed solum per aliquas conjecturas et signa, ut dixi, circa hæc viderim. » Ghinucci à Wolsey, 4 mars, B. M. ms. Cotton. Vitel. B VIII, f° (20) 25 et BREWER, IV, 2008. — GUICCIARDINI parle aussi d'avis officieux donnés au Pape et dit que « oltre a quello che pareva verisimile, gli penetrò a gl'orecchi per parole dette dal Re, innanzi che fusse liberato, e da altri, a quali erano noti i consegli suoi, egli havere l'animo alieno dell'osservanza delle cose promesse a Cesare » (liv. XVI, p. 355). — L'historien italien fait sans doute allusion dans cette dernière phrase à une confidence de Montmorency à Capino da Capo, alors sur son chemin d'Espagne en Italie. Il dit en effet à cet Italien que son maître n'avait qu'un but, recouvrer sa liberté par quelque moyen que ce fût. Cf. Caracciolo et Sanchez à Charles V, 6 mars, GAYANGOS, III, 356. — Quant au rôle joué par le comte de Carpi, nous trouvons dans une lettre du duc de Sessa la phrase suivante : « A quanto puedo conosler no factan nuevas tramas de Alberto del Carpio y las intelligencias de Venecia no a mi ver andare vivas. » Sessa à Charles V, 16 mars, B. M. Add. ms. 28.575, f° 157 r°, et GAYANGOS, III, 364.

l'accord n'aura d'autre effet que de substituer au père ses deux fils, ce qui dans l'espèce importe peu, attendu que le père est plus capable d'assurer l'élargissement de ses enfants que les enfants celui du père. » — La conclusion du Pape fut que, si François Ier était dans ces dispositions, « il n'épargnerait pour sa part ni travaux ni dépenses afin d'amener l'affaire à un heureux succès et il ferait bien voir qu'il ne désirait rien tant que le bien public, la paix de l'Italie et celle de toute la République chrétienne » (1).

En attendant de connaître les véritables intentions du roi de France, il importait d'amuser les Impériaux par des semblants de négociation. C'est ce qu'on fit à Rome aussi bien qu'à Venise.

On sait que l'Empereur avait un délai de deux mois pour ratifier le traité consenti le 12 décembre par le Pape. Sa réponse parvint à Rome en temps utile, mais elle ne contenait pas une acceptation pure et simple de la convention de décembre; certaines clauses en étaient modifiées, en particulier celles qui se rapportaient à l'attribution du duché de Milan, au chiffre de la contribution exigée du Souverain Pontife et aux villes prétendues sur le duc de Ferrare. — Clément VII en fit son profit. Il éleva des objections sur tous les points, discuta pendant plusieurs jours sans résultats, et enfin, comme Sessa et Herrera se refusaient à toute concession, déclara qu'il ne pouvait accepter leurs exigences et qu'il préférait en référer de nouveau à l'Empereur (2).

Il en fut de même à Venise où Sanchez et Caracciolo avaient essayé de reprendre les pourparlers sur la nouvelle du traité de Madrid. Aux demandes qu'ils présentèrent le 26 février, la Seigneurie ne répondit le 3 mars que par des protestations vagues de bon vouloir et de désir de la paix. Une seconde tentative que Sanchez fit le lendemain 4 mars pour obtenir des déclarations moins ambiguës ne fut pas plus heureuse. Le 8, l'ambassadeur dut

____

(1) Ghinucci et G. Casal à Wolsey, 7 février, B. M. ms. Cott. B VIII, f° (18) 22 et BREWER, IV, 1956. — L'opinion des ambassadeurs impériaux en Italie ne différait pas de celle du Pape; ils pensaient aussi que la captivité de François Ier était très favorable aux intérêts de l'Empereur dans la Péninsule et que ceux-ci seraient compromis à dater du jour de son élargissement. Cf. Caracciolo et Sanchez à Charles V, 6 mars, GAY., III, 356.

(2) Cf. GUICCIARDINI, liv. XVI, p. 355. — Herrera à Charles V, 16 mars, B. M. Add. ms. 28575, f°s 151 r° à 153 v° et GAYANGOS, III, 363. — Sessa à Charles V, *ibid.* f°s 154 r° à 160 v°, et n° 364. — Ce dernier ajoute : « Lo que estimo por medula verdadera de la causa desta dilacion, sino me engaño, es una esperança en que quasi todos generalmente concurren que el rey de Francia no guardara lo prometido » *(ut sup.,* f° 156 v°).

couper court aux négociations en annonçant aux Vénitiens que
son collègue et lui allaient en écrire en Espagne (1).

Cependant, toutes les précautions avaient été prises. Les Vénitiens avaient renforcé leurs garnisons du Frioul et armé des vaisseaux ; le bruit courait même qu'ils avaient sollicité l'appui des
Turcs ; le Pape avait fortifié les places du Parmesan et de la Tos-
cane (2). En même temps, on avait dépêché des ambassadeurs
auprès d'Henri VIII et de François Ier. — Dès le 2 mars, la Seigneurie écrivit à L. Orio que le secrétaire A. Rosso venait de partir
pour la France (3) ; de son côté, Clément VII accrédita le capitaine
de ses galères, P. Vettori, et, comme cet envoyé mourut subitement
à son passage à Florence, il le remplaça aussitôt par un gentilhomme du marquis de Mantoue, Capino da Capo (4) ; enfin le pro-

(1) Doge à Lor. Orio, 2 mars, Brown, iii, 1226. — Sanchez et Caracciolo
à Charles V, 6 mars, Gayangos, iii, 356. — Les mêmes au même, 8 mars,
ibid., 357.

(2) L'abbé de Najera écrit à la date du 14 février que les Vénitiens ont
augmenté leurs forces dans le Frioul, craignant sans doute d'être attaqués
de ce côté par l'Archiduc. Gayangos, iii, 337. — Le 22, Caracciolo et
Sanchez rapportent que la Seigneurie a envoyé des courriers à son ambassadeur à Constantinople, afin de demander aux Turcs des secours contre les
Impériaux. *Ibid.*, 344. — Le 10 mars, Najera avertit l'Empereur que les
Florentins ont formé un corps d'observation sur la frontière génoise et que
le comte Guido Rangone est arrivé à Parme avec de l'infanterie. *Ibid.*, 358.
— Le commandeur Herrera est d'accord avec Najera : « Como la negociacion
no le contento (le Pape), hizo hazer gente de pie y gente de cavallo para en
guarda de Parma y Plazencia y Modena y algunos lugares de Florentines. »
Let. du 16 mars, B. M. Add. ms. 28575, fᵒ 152 vᵒ, et Gayangos, iii, 363. —
Le 14 avril, Najera dit qu'on s'occupe encore de fortifier Parme et que trois
à quatre mille pionniers travaillent aux défenses de Plaisance ; il ajoute que
les Vénitiens arment des galères. *Ibid.*, 385. — De son côté, Lope Hurtado
avait écrit dès le 12 mars que le Pape et les Vénitiens avaient amassé de
l'argent pour faire la guerre aux Impériaux et qu'ils ne manqueraient pas
de les attaquer dès qu'ils en trouveraient l'occasion. *Ibid.*, 359.

(3) Doge à Orio, 2 mars, Brown, iii, 1226. — Sanchez et Caracciolo à
Charles V, 6 mars, Gayangos, iii, 356.

(4) Guicciardini, liv. xvi, p. 355. — Clément VII à François Ier, à Madame
et à Duprat, 1ᵉʳ mars, Balan, nᵒˢ 169 à 171. — Giberti à Montmorency,
1ᵉʳ mars Molini, *Doc. Stor.*, i, p. 200. — Ghinucci à Wolsey, 4 mars,
B. M. ms. Cott. Vitel. B viii, fᵒ (20) 25 et Brewer iv, 2008.— « Su Sanad despacho para el christianissimo Rey a Paulo Vittor, capitan de sus galeas, con
color de yr a visitar y darle la enhora buena de su libertad..; y llegado el
dicho capitan a Florencia adolecio y murio, alli despues enbio su Sanad en su
lugar un gentilonbre del marques de Mantua que se dize Capin, el qual a ydo
dos vezes a V. Mad por parte del dicho marques e vino poco a de allá ; lleva
lo mismo que el otro y aqui se sospecha que hay mas de aquello. » Herrera à
Charles V, 16 mars, *ut sup.*, fᵒˢ 151 vᵒ et 152 rᵒ. — Ce Capino était en effet

tonotaire U. de Gambara fut nommé nonce en Angleterre (1). Pour colorer ces départs précipités, on mit en avant la nécessité de complimenter François Ier sur sa délivrance et de demander à Henri VIII des secours contre les Turcs. Mais ce n'étaient là que des prétextes. Guichardin, qui était alors dans les conseils du Pape, nous apprend que les instructions secrètes de Capino, comme celles de Rosso, lui enjoignaient d'exhorter le roi de France à ne pas observer le traité de Madrid et à conclure avec les Italiens une ligue offensive et défensive ; Gambara devait agir dans le même sens en Angleterre (2).

IV

Cependant, Madame avait quitté Lyon le 1er février, accompagnée de toute sa cour et des ambassadeurs d'Angleterre et d'Espagne. Parvenue à Blois le 12 février (3), elle en écrivit le 16 à Brinon qu'elle venait de dépêcher J. Joachim, qui partirait dans deux jours pour l'Angleterre avec la mission de raconter « bien justement comme toutes choses sont passées jusques icy et principallement à

un serviteur du marquis de Mantoue et il avait été envoyé par son maitre vers l'Empereur dès 1522 (cf. *Lettere de'negozi* del conte Baldessare Castiglione, pp. 46 et 64) ; à son retour en Italie il avait servi en qualité de lieutenant dans la compagnie d'hommes d'armes de B. Castiglione (*ibid.*, p. 84) et il avait fait un nouveau voyage en Espagne pour le compte du marquis de Mantoue en 1525 ; c'était sans doute la confidence que lui avait faite Montmorency et dont nous avons parlé plus haut, qui avait décidé le Pape à l'envoyer en France après la mort de Vettori, bien que les ambassadeurs de François Ier et de la Seigneurie eussent préféré un autre messager. Cf. G. Casal à Wolsey, 28 mars, B. M. ms. Cotton. Vitel. B viii, f° (22) 28 et Brewer, iv, 2058.

(1) Giberti à Henri VIII, 25 février, Rec. Of. Brewer, iv, 1991. — Clément VII à Henri VIII, 26 février, *ibid.*, 1993. — Le même à la reine Catherine, 26 février, *ibid.*, 1994. — Ghinucci et Casal à Wolsey, 25 février, B. M. ms. Cott. Vitel. B viii, f° (19) 23 et Brewer, iv, 1992. — Giberti à Wolsey, 27 février, *ibid.*, f° (19*) 24 et Brewer, iv, 1997. — Campeggio à Wolsey, 27 février, Rec. Of. Brewer, iv, 1998. — « Tambien enbiaron a Ingleterra al protonotario Gambara que es persona abil y fidatissimo a su Sanad, lo que no parece que se hizo sin consulta de Venecianos. » Sessa à Charles V, *ut sup.*, f° 154 v° et n° 364.

(2) Guicciardini, liv. xvi, p. 355. — A cette époque même, Guichardin était un des conseillers les plus intimes de Clément VII : « Loz del consejo secreto de su Santitad, los qualez son Jacobo Salviatiz, el Vichardino y el Datario. » Herrera à Charles-Quint, 16 avril, *ut sup.*, f° 176 r° et n° 386.

(3) Taylor à Wolsey, 28 février, B. M. ms. Cott. Calig. D ix, f° (153) 161 et Brewer, iv, 1999.

Madril où s'est faicte la conclusion de la paix »; elle en prit prétexte pour n'en pas dire davantage sur les particularités de la paix et « pour remectre toutes choses » à l'arrivée de son Maître d'hôtel (1). D'ailleurs, en dépit de ces assurances, elle différa encore l'envoi de ce dernier : aux représentations que lui fit Taylor quelques jours après, elle répondit une fois de plus qu'elle ne connaissait pas le traité, et qu'aussitôt instruite de ses clauses elle se ferait un devoir de les communiquer au gouvernement anglais (2).

Le 18 février, la cour se rendit à Amboise où se trouvaient les enfants de France, et Madame emmena avec elle les deux aînés qu'elle allait échanger contre leur père. A Bléry, Taylor fut admis à les visiter ; tous deux l'embrassèrent et lui demandèrent des nouvelles du roi d'Angleterre et du Cardinal, auxquels ils le prièrent de les recommander (3).

Tandis qu'on s'acheminait lentement vers Bayonne, à cause de la goutte qui tourmentait Madame, cette princesse promit plusieurs fois à Vauix, désespéré des délais apportés à son départ, qu'elle le dépêcherait à Barbezieux ; puis, une fois dans cette ville, elle prétendit qu'il fallait attendre Robertet. Comme celui-ci, fort incommodé de la cataracte, ne devait joindre la cour qu'à Bayonne, J. Joachim mit à profit ces loisirs forcés pour se rendre à Bordeaux et y presser la signature de l'obligation du Corps de ville (4).

Le 15 mars au soir, Madame fit son entrée dans Bayonne à la lumière des flambeaux et au bruit du canon. Taylor la vit le lendemain. Elle lui demanda de prendre patience pendant deux ou trois jours encore, l'assurant qu'elle n'attendait plus que la délivrance du Roi pour donner son congé à M. de Vaulx (5).

Ce fut le 17, à trois heures du soir, que François Ier arriva à Bayonne. L'ambassadeur anglais, qui s'était porté à sa rencontre jusqu'à un quart de mille de la ville, lui fut présenté par le Chancelier. Le Roi l'embrassa, et, après avoir reçu ses félicitations et lui avoir promis de l'entretenir plus à loisir, l'assura qu'il n'oublierait jamais les bontés d'Henri VIII pour lui. A Jean Joachim, il dit qu'il vénérait Wolsey à l'égal d'un père. Il fut convenu que le Maître d'hôtel allait être dépêché en diligence avec une appro-

---

(1) Madame à Brinon, 16 février, P. J., LVIII.
(2) Taylor à Wolsey, 28 février, *ut sup.*
(3) *Id., ibid.*
(4) Taylor à Wolsey, 4 mars, Rec. Of. BREWER, IV, 2009.
(5) Taylor à Wolsey, 18 mars, ELLIS, 2d Ser., t II, pp. 331-332.

bation des traités de Moore de la main même du Roi, en même temps qu'avec la confidence de ses intentions secrètes au sujet de la paix de Madrid (1).

Le surlendemain était le Jeudi-Saint. Jean Joachim vint chercher le représentant d'Henri VIII à trois heures de la part de François Ier et celui-ci lui donna audience à cinq heures à sa sortie du Conseil. Il l'embrassa comme l'avant-veille, et, s'excusant de l'avoir laissé attendre, le prit par la main et l'entraîna dans le réduit d'une fenêtre. Là, Taylor le complimenta au nom de son maître et termina sa harangue en disant qu'il avait l'ordre de solliciter de lui la confirmation de l'accord conclu durant sa captivité. A ces mots, le Roi l'arrêta et lui répondit vivement : « Monsieur l'ambassadeur, je connais les bons sentiments de mon gracieux frère d'Angleterre et c'est à lui qu'après Dieu je rends grâces de ma liberté. Il a fait, pendant que j'étais prisonnier, un acte qui lui vaudra un renom éternel et qui obligera à jamais moi et les miens à lui faire service. Bien qu'il y ait eu une guerre entre nous, je n'ignore pas qu'il la faisait seulement pour la forme, car s'il eût voulu s'en occuper sérieusement, je l'aurais ressenti bien davantage ; et ainsi je ne veux me souvenir que de l'amitié qu'il m'a témoignée. J'espère que Son Altesse sera d'un plus grand secours pour délivrer mes fils que ceux-ci n'ont été pour me délivrer moi-même. Et quant à l'approbation de ce qu'a fait Madame, je suis prêt non seulement à le ratifier, mais aussi à le tenir au prix de mon sang et à prendre des engagements plus étroits encore, si mon frère d'Angleterre en peut imaginer. » Enfin, il répéta derechef que Jean Joachim partirait dans deux jours avec des instructions secrètes relatives à la paix de Madrid (2).

Le long retard apporté à la dépêche de Vaulx n'avait pas été sans exciter le mécontentement du roi d'Angleterre et de Wolsey, qui attendaient impatiemment de connaître de France les clauses de l'accord franco-espagnol (3) ; ils mandèrent à leur ambassadeur de représenter au gouvernement français qu'ils avaient appris de Flandre, d'Espagne et d'Italie les particularités de la paix, mais qu'ils n'en avaient eu de France aucune nouvelle. — Ces instructions parvinrent à Taylor au commencement d'avril. A peine les avait-il reçues que le Roi, sachant qu'il lui était arrivé des

(1) Let. du 18 mars, *ut sup.*, pp. 332-333.

(2) Taylor au même, 19 mars, *op cit.*, pp. 335-336.

(3) Orio, dans sa lettre du 3 mars, parle de l'impatience avec laquelle Wolsey attendait la venue de J. Joachim. Cf. BROWN, III, 1227.

lettres d'Angleterre, le fit mander et le vit dans sa garde-robe en présence de Jean Joachim (1), toujours retenu à la cour, tantôt sous un prétexte et tantôt sous un autre (2). Taylor lui donna connaissance des griefs de son maître en ajoutant qu'on attribuait ces délais à la négligence de M. de Vaulx ; il lui annonça aussi qu'Henri VIII allait envoyer pour le féliciter un des gentilhommes de sa Chambre. — François répliqua en renchérissant sur ses déclarations du Jeudi-Saint. Il protesta qu'il se reconnaissait redevable à Henri VIII et à Wolsey de son retour dans son royaume et que par là ce prince et son ministre s'étaient acquis une gloire immortelle et l'avaient rendu lui et ses successeurs leurs obligés et leurs esclaves ; il ajouta qu'il n'oublierait jamais leurs bontés et en donna sa parole de roi et de gentilhomme. Quant au retard de Jean Joachim, il prit sur lui tout le blâme ; mais il prétendit ne l'avoir retenu que pou. qu'il rapportât au roi d'Angleterre l'objet de la mission du Nonce apostolique et du Secrétaire vénitien, dont on lui avait annoncé la venue. — Il raconta ensuite l'entrevue accordée la veille aux ambassadeurs impériaux. A l'en croire, s'il avait ajourné la ratification que ceux-ci lui demandaient, c'était afin de pouvoir connaître au préalable les sentiments d'Henri VIII et de Wolsey sur les particularités du traité de Madrid ; en attendant, déclara-t-il, il s'abstiendrait de tout acte propre à avancer son mariage avec la reine de Portugal ou l'accomplissement des conditions de la paix. Ses expressions à ce propos furent significatives : « Lorsque j'aurai reçu les conseils de mon cher frère et ceux de Monseigneur le Légat, » dit-il, « je retirerai mon masque (3). » — Pas n'était besoin d'en presser beaucoup le sens pour y voir l'intention de ne pas tenir ses engagements, pourvu qu'il y fût quelque peu encouragé.

Jean Joachim fut enfin dépêché trois jours après, le samedi 7 avril. Outre une copie du traité de Madrid, nous savons qu'il emporta avec lui une promesse autographe du Roi d'observer la paix de Moore et des lettres patentes portant obligation de deux millions

---

(1) Taylor à Wolsey, 4 avril, *St. Pap.*, VI, 528.

(2). Cf. P. J., LX.

(3) Let.. du 4 avril, *ut sup.*, pp. 528-530, et Taylor à Wolsey, 8 avril, B. M. ms. Cott. Calig. D IX, f° (178) 186 et BREWER, IV, 2079. — Il paraît que Taylor avait reçu l'ordre de faire des ouvertures relatives à une entrevue éventuelle des deux rois, mais il fut prévenu par Madame qui lui dit en confidence que le Roi son fils se rendrait sur la frontière du Nord, afin d'être plus près de son frère d'Angleterre et qu'elle espérait bien que les deux princes se rapprocheraient encore davantage.

d'écus d'or (1). — A son passage à Bordeaux, le 8 avril, où il recueillit l'obligation du Corps de ville et les autres pièces nécessaires que lui délivra le Chancelier (2), il rencontra le gentilhomme envoyé par Henri VIII afin de complimenter François Ier sur sa délivrance, sir Thos. Cheyney (3).

V

Cheyney avait quitté Londres dans les derniers jours de mars (4). C'était un des six gentilshommes de la Chambre du roi d'Angleterre. Il était, semble-t-il, dans sa destinée de présider aux brouilles et aux réconciliations de François Ier et d'Henri VIII. Ambassadeur à la cour de France en 1522, il avait accompagné le héraut d'armes Clarence, lorsque celui-ci avait déclaré officiellement la guerre à François Ier dans la grande salle du palais épiscopal de Lyon. Ce fut sans doute pour effacer jusqu'au souvenir de cette démarche injurieuse qu'Henri VIII, par une attention délicate, le choisit pour porter au Roi délivré ses félicitations et ses protestations d'amitié. Bien des années plus tard, devenu trésorier de la maison du roi, en 1546, à la suite de la paix d'Ardres, Cheyney eut encore la charge de représenter son maître dans une cérémonie solennelle destinée à affirmer un nouveau rapprochement des deux souverains ; il fut désigné pour tenir sur les fonts baptismaux la seconde fille du Dauphin Henri, dont Henri VIII avait accepté d'être le parrain.

Là ne devait pas se borner la mission de Thos. Cheyney. Sur deux autres points, il avait reçu, ainsi que son collègue Taylor, des instructions toutes spéciales. Le premier était de réclamer de François Ier la ratification solennelle des traités de Moore en lui promettant en retour l'accomplissement des mêmes formalités par Henri VIII. Le second, qu'il leur était recommandé expressément et à plusieurs reprises de ne traiter qu'avec la plus grande réserve, avait trait à l'accord franco-espagnol.

(1) J. Joachim à Brinon, 17 avril, P. J., LXI. — Cf. aussi François Ier à Wolsey, sans date, B. M. ms. Cott. Calig. D IX, f° (174) 182 et BREWER, IV, 2034 ; Madame au même, 8 avril, Rec. Of. BREWER, IV, 2078 ; Robertet à Brinon, 8 avril, Ar. Nat. J 965, 2, 8 (dans J 966).

(2) J. Joachim à Brinon, 17 avril, *ut sup.*

(3) Cheyney à Wolsey, 7 avril, Rec. Of. BREWER, IV, 2078.

(4) Wolsey à François Ier s. date, Rec. Of. BREWER, IV, 2037 ; — à Madame, 22 mars, *Cab. hist.*, II, 151 ; — à Robertet, 20 mars, Ar. Nat. J 965, 1, 15 (dans J 966). — Henri VIII à Duprat, 22 mars, *Captivité*, 525.

Ils devaient s'enquérir adroitement si les véritables conditions de la paix ne différaient pas de celles qu'on avait publiées, et, en même temps, si elles ne semblaient pas trop dures au Roi et à son entourage et si elles seraient observées exactement. Au cas où il leur en serait offert quelque occasion, ils pourraient en parler discrètement et laisser percer leur étonnement à propos des clauses qui portaient atteinte aux droits de la Couronne, telles que l'abandon de la Bourgogne et celui des prétentions sur Naples et sur Milan. Voilà, diraient-ils, de pénibles sacrifices, et bien des hommes sages de la cour d'Angleterre ont pensé qu'après avoir paru y consentir on ne se résignerait jamais à les accomplir. Puis, si le roi de France et ses ministres se montraient bien disposés, les Anglais s'étendraient sur les avantages que l'Empereur retirerait du traité et sur les inconvénients qui en résulteraient pour la France. Environné sur trois côtés par les domaines de Charles-Quint et placé en quelque sorte au centre de sa monarchie, le Royaume ne garderait pas même de voies ouvertes par la mer, car, sur l'Océan, ses côtes seraient enserrées à l'Ouest par celles de la Biscaye et à l'Est par celles des Pays-Bas, et sur la Méditerranée, ses ports seraient commandés d'une part par ceux de l'Espagne et de l'autre par ceux de l'Italie. Un État dans une semblable position, concluraient-ils comme emportés par la véhémence de leurs sentiments, ne serait qu'un État vassal et ses princes des prisonniers. Alors, voyant les Français balancer, ils leur demanderaient s'ils se croyaient tenus en conscience à observer leurs engagements ; Cheyney, s'adressant à Taylor, le prierait de dire ce qu'il en pensait comme jurisconsulte et celui-ci répondrait qu'un contrat passé par un captif est nul en droit et en équité. Enfin, bien qu'il importât de laisser les Français faire les premières ouvertures et de ne rien avancer auparavant qui fût contraire aux intérêts de l'Empereur, toutefois, s'ils le jugeaient opportun, les ambassadeurs hasarderaient de donner quelques conseils : ils diraient que les Italiens et les Suisses ne sauraient manquer de prendre ombrage des prétentions de l'Empereur sur l'Italie et la Bourgogne, s'ils voyaient le roi de France résolu à obtenir des conditions meilleures ; et, encore que François Ier désirât personnellement tenir ses promesses, les États du royaume pourraient s'y opposer et Madame, faisant valoir cette résistance, pourrait ménager quelque arrangement propre à assurer l'élargissement des otages ; en ce cas, ajouteraient-ils, leur maître n'hésiterait pas à lui prêter son concours.

Il fallait aussi prévoir l'hypothèse où François Ier aurait l'intention de rester fidèle à ses serments. Dans cette éventualité, Cheyney et Taylor étaient autorisés à tenter un suprême effort. Après avoir pris soin de spécifier qu'ils parlaient sans ordres et sous leur propre responsabilité, ils devaient insinuer qu'une conférence entre Sa Majesté et le roi d'Angleterre aurait peut-être pour résultat l'adoption de mesures propres à rendre l'Empereur moins exigeant (1).

Telles étaient en substance les Instructions confiées à sir Thos. Cheyney lors de son départ pour la France. Derrière toutes les recommandations de prudence et le désir assez naturel de ne s'engager qu'à coup sûr, le but de la politique anglaise y apparaît nettement défini : il s'agit d'empêcher par tous les moyens l'établissement d'un accord durable entre Charles-Quint et François I<er>.

VI

Le Secrétaire vénitien et le représentant du Pape avaient prévenu sir Thos. Cheyney ; dès la fin de mars, Rosso avait présenté les compliments de la Seigneurie au roi de France et Capino avait fait de même au nom du Pape quelques jours après. L'un et l'autre avaient été fort bien accueillis et François I<er> les avait assurés que son plus grand désir était de voir se conclure incessamment une ligue franco-italienne (2) ; en même temps, bien qu'il n'avouât pas encore l'intention de manquer aux engagements de Madrid, il avait affecté de se plaindre des mauvais procédés dont l'Empereur avait usé à

(1) Instructions de Cheyney, B. M. ms. Cott. Calig. D ix, f° (174) 172, et BREWER, iv, 2039

(2) Cf. Doge à Orio, 18 avril, donnant l'extrait de deux lettres de Rosso du 24 et du 28 mars, Rec. Of. BREWER, iv, 2111 et Rosso à Seigneurie, 2 avril, BROWN, iii, 1236. — Quant à Capino, il n'arriva auprès de François I<er> que le 4 avril. Cf. Ghinucci à Wolsey, 21 avril, B. M. ms. Cotton. Vitell. B viii, f° (25)31, et BREWER, iv, 2116. Dans l'entrevue qu'il lui accorda, le Roi « ei declaravit mentem suam esse omnia facere quæ ei possibilia essent, pro tuenda libertate Italiæ, si modo Italiæ principes velint sibi ipsis non deesse, et quod, cum petiisset an ille mandatum a Pontifice haberet ad conditiones et ille respondisset quod non, ipse rex Gallorum injunxit sibi ut statim scriberet pro ipso mandato et quod ipse rex Gallorum scripserat jam ad regem Angliæ quem cupiebat esse caput fœderis et sperabat quod promitteret ipsum regem Gallorum promissa observaturum. Idem exposuit ·Papæ orator venetus habuisse ab eorum Secretario quem ad regem Gallorum miserant ». Let. du 21 avril, ut sup., f° (26) 32 et n° 2117.

son égard (1). Madame et la duchesse d'Alençon avaient tenu le même langage (2).

Parvenu à Bordeaux le 9 avril dans l'après-midi, François Ier fit mander le soir même à neuf heures sir Thos. Cheyney et le docteur Taylor. Les Anglais furent reçus à la porte du palais par le Grand-maître Montmorency, qui les conduisit vers le Roi. A leur entrée dans la salle d'audience, celui-ci fit quelques pas au devant d'eux et embrassa cordialement Cheyney en disant que sa mission actuelle lui agréait bien davantage que celle qu'il avait remplie lors de sa dernière ambassade en France. Il les tira ensuite à part pour entendre leur charge et, après avoir renouvelé ses protestations qu'il devait sa délivrance à son frère d'Angleterre, leur promit qu'il n'accorderait rien à l'Empereur tant que ce prince n'aurait pas remboursé à Henri VIII les sommes dont il lui était débiteur. Puis, de lui même et avant que les ambassadeurs lui eussent rien dit à ce sujet, il se prit à parler des menaces qu'on ne lui avait pas ménagées en Espagne, ajoutant qu'il y avait trouvé de bonnes raisons pour protester contre les promesses auxquelles il avait été contraint ; quant à la Bourgogne, les Espagnols ayant exigé des ôtages, il ne croyait pas prudent, déclara-t-il, d'en effectuer la remise, car il perdrait ainsi la province sans recouvrer ses

(1) GUICCIARDINI. XVI, t. II, p. 358. — « Lo que he podido alcanzar de Su Sanad es que el rey de Francia se holgo mucho con su visitacion y le mostro muy buena voluntad, tractando siempre en lo general, y que en lo que mas se detenia era en contarle la enfermedad passada y en dolerse de no haver sido bien tractado, que ser los Dias Sanctos impedia no passar adelante en ninguna otra platica, ma que le certifico que passando Pascua le queria largamente hablar ; que lo que sentia de otros era que la ratificacion no se haria y que mostraban deliberacion de no entregar a Borgoña. » Sessa à Charles V, 23 avril, B. M. Add. ms. 28575, fo 191 ro, et GAY., III, 395.— « Hay aviso que el rey de Francia, hablando con Cappino, el que enbio el Papa, y con el Secretario de Venecia, se quexava de ser allá mal tractado et que les dixo que havia oydo a V. Mad que sin falta seria in Italia por todo Agosto. » Herrera à Charles V, 4 mai, ut sup., fos 206 vo et 207 ro, et no 413.

(2) GUICCIARDINI, ut supra, p. 359. — On peut aussi consulter la lettre de Sanchez à Charles V, du 13 avril (ut sup., fos 187 ro à 194 ro, et no 388), dans laquelle cet ambassadeur rend à son souverain, d'après le rapport d'un de ses espions, un compte très exact des dépêches de Rosso des 24 et 28 mars. Il ajoute : « Me ha seido dicho que ayer los de esta republica havieron cartas de Francia de su Secretario de II, III y IIII de este.. : solo me ha seido referido que el dicho Secretario scrive que, haviendo comido con Robertet, le dixo que no pensassen los desta republica capitular agora con el rey de Francia que era libre como quando estava preso ; que, si verdad es, noto dello que todavia persevera en los avisos, que el rey de Francia no quiere observar » (fo 190 ro).

enfants ; aussi, se bornerait-il à offrir de l'argent en échange de leur élargissement (1).

François Ier annonça en même temps qu'il allait dépêcher en Angleterre le seigneur de Morette, gentilhomme de sa Chambre comme Cheyney l'était de celle d'Henri, et, afin de marquer son estime pour l'envoyé de son allié, il lui permit de pénétrer à toute heure dans ses appartements particuliers, tout ainsi qu'il le faisait dans ceux du roi d'Angleterre. Cheyney ayant été assez discret pour ne pas user de cette autorisation et pour s'abstenir de paraître à son lever du surlendemain, le Roi remarqua son absence et l'envoya incontinent chercher par Morette. Il était encore en robe de chambre lorsque l'ambassadeur arriva, et ce fut de ses mains qu'il voulut recevoir la serviette ; enfin, comme il se rendait à la messe après son lever, il le retint à ses côtés et conversa avec lui tout le long du chemin (2).

L'entrée solennelle dans Bordeaux fournit à François Ier une autre occasion de montrer le cas qu'il faisait de l'alliance anglaise et l'honneur dans lequel il entendait tenir le représentant de son frère d'Angleterre. Au cours de cette cérémonie, l'ambassadeur de Portugal prétendit avoir le pas sur Cheyney et, pour assurer cette usurpation, se mit à marcher de front avec l'ambassadeur. impérial. Là-dessus, l'Anglais protesta et si haut que ses plaintes attirèrent l'attention du Roi qui expédia le maître des cérémonies au Portugais avec l'ordre de reprendre sa place ou de se retirer; ce dernier résista, si bien que François Ier dut lui envoyer le Grand-maître en personne, qui lui ordonna formellement de quitter le cortège et de retourner à son logis. Comme il refusa encore de céder, Montmorency perdit patience et lui dit tout crûment que son maître n'avait pas l'intention de faire un affront au roi d'Angleterre pour le plaisir d'honorer celui de Portugal. L'ambassadeur répondit alors qu'il allait obéir et prendre le chemin de sa demeure, qui d'ailleurs, ajouta-t-il, était le même que celui du cortège, et il continua de s'avancer à la suite du représentant impérial. Cette obstination acheva d'irriter le Grand-maître, assez peu endurant de son

<hr>

(1) Cheyney à Henri VIII, 12 avril, B. M. ms. Cott. Calig. D ıx, fᵒ (179) 187, et Brewer, ıv, 2087. — Cheyney et Taylor à Wolsey, 13 avril, B. M. *loc. cit.*, fᵒ (180) 188, et Brewer, ıv, 2091.

(2) Lettre du 12 avril, *ut sup.* — Cheyney à Wolsey, 14 avril, B. M. ms. Cott. Calig. D ıx, fᵒ (183) 191, et Brewer, ıv, 2092. — Le même à Henri VIII, 14 avril, *State Papers*, t. vı, p. 87. — Cf. aussi François Ier à Brinon, 16 avril, *Cabin. hist.*, t. ıı, p. 152.

naturel; il s'emporta, repoussa rudement le Portugais et, pour finir, le fit mettre hors du cortège par quatre hallebardiers. — On conçoit quelle mortification dut causer cette scène à l'ambassadeur de Charles-Quint, qui voyait ainsi insulter sous ses yeux le représentant du beau-père de son souverain. — Le soir, François Ier entretint de cette affaire les ambassadeurs anglais et leur jura qu'il prendrait autant de souci de l'honneur d'Henri VIII que du sien propre: « Eh quoi! » s'écria-t-il, « un diplomate apothicaire voudrait précéder le représentant du roi d'Angleterre. Vraiment, il fera mieux d'aller à Calicut et d'y donner des lois au commerce des épices, car ici il n'en donnera point (1) ».

Cependant, aux offres que leur fit le Roi de passer aussitôt le traité de Ligue, Rosso et Capino, désireux sans doute d'en référer à leurs gouvernements, objectèrent qu'ils manquaient de pouvoirs. — François Ier semble en avoir ressenti quelque humeur. Le 9 avril, parlant des Italiens à Cheyney et à Taylor, il souhaita charitablement qu'ils fussent tous au diable. Quelques jours après, il apprit à ces ambassadeurs que, pressés par lui, le Nonce pontifical et le Secrétaire vénitien s'étaient retranchés derrière l'insuffisance de leurs instructions; en agissant ainsi, ils n'avaient sans doute pas d'autre dessein que d'éprouver la sincérité de ses intentions; mais, dit-il, « comme mon frère d'Angleterre et moi sommes d'accord, ils seront heureux de se joindre à nous (2) ».

Ce fut à Bordeaux que furent confirmés par actes authentiques les traités et conventions de Moore; les lettres patentes de ratification portent la date du 15 avril (3).

VII

Jean Joachim était arrivé à Londres le 17 avril (4). Conformément aux stipulations du 30 août 1525 et aux promesses

____

(1) Cheyney et Taylor à Wolsey, 13 avril, *ut sup.* — Rosso à Seigneurie, 10 avril, Brown, III, 1243.—Capino au marq. de Mantoue, 12 avril, *ibid.*, 1245.

(2) Let. du 13 avril, *ut sup.* — Cheyney et Taylor à Wolsey, 21 avril, B. M. ms. Cotton. Calig. D IX, f° (185) 193.

(3) Confirmation du traité de paix, RYMER, *Fœdera*, XIV, 134; — de celui du douaire de la reine Marie, *ibid.*, 145; — de celui des déprédations, *ibid.*, 147; — de celui de la compréhension du roi d'Écosse, *ibid.*, 151; —de l'article relatif au duc d'Albany, *ibid.*, 453. — Ces pièces ne furent d'ailleurs remises aux Anglais que trois ou quatre mois plus tard. Cf. dans BREWER les lettres de Taylor, du 28 juillet et du 21 août 1526.

(4) Jean Joachim à Brinon, 17 avril, P. J., LXI.

faites ultérieurement, c'était maintenant à Henri VIII qu'il appartenait de donner aux traités son approbation solennelle ; il n'y manqua point et le dimanche 29 avril il jura la paix dans la chapelle du château de Greenwich.

La veille du jour fixé, dans l'après-midi, les ambassadeurs français furent conduits en barque au palais royal par l'évêque de Bath et le vicomte Rochford. Ils y trouvèrent les autres membres du corps diplomatique, qui y avaient été convoqués également, et avec eux tous les gentilshommes des environs de Londres et les magistrats des Cours supérieures. Le Roi les reçut dans la grande salle, assis sur un trône et entouré des seigneurs de sa cour. Le président de Rouen lui adressa une savante harangue où il le remercia de ses bons offices en faveur de son maître ; il affirma qu'à ses seuls efforts était due la mise en liberté du roi de France et termina en protestant que ce prince n'hésiterait jamais à mettre à son service sa personne, son argent et ses terres. Après que le chancelier du duché de Lancastre, Thos. Moore, eut répondu et qu'Henri VIII se fut retiré dans ses appartements, une collation fut servie aux ambassadeurs et aux gentilshommes ; puis ceux-ci furent menés aux logis qui leur étaient destinés et y soupèrent (1).

Le dimanche, à neuf heures du matin, on reconduisit les ambassadeurs à la grande salle, d'où on se rendit processionnellement à la chapelle. Le Roi s'assit sur un siège de drap d'or à la droite du chœur ; le Nonce du Pape et les représentants de François Ier prirent place au-dessous de lui et du même côté ; ceux de l'Empereur, de la Seigneurie de Venise et du duc de Milan se tinrent à gauche et en face de leurs collègues français. La messe fut célébrée par Wolsey, assisté de plusieurs évêques, et suivie par la cérémonie des serments que prêtèrent successivement Henri VIII et les ambassadeurs français. On revint ensuite à la grande salle ; le Roi se mit à table, et, dès qu'il se fut lavé les mains, les ambassadeurs furent emmenés dans une autre chambre pour dîner à leur tour (2).

En France une cérémonie semblable eut lieu le 10 mai à Cognac, où François Ier s'était arrêté après avoir quitté Bordeaux. Le vice-

(1) Cérémonial de la ratification du traité de paix. B. M. ms. Cott. Calig. D IX, f° (108) 116 et BREWER, IV, 1633. — HALL, p. 711. — Cf. aussi Wolsey à Cheyney et Taylor, 4 mai, B. M. ms. Cott. Calig. D IX, f° (190) 198, et BREWER, IV, 2148 in fine. — Dans cette lettre du 4 mai, Wolsey dit que le discours de Brinon plut tant au Roi qu'il ordonna de le faire imprimer.

(2) Cérémonial, et HALL, ut supra. — Cf. aussi Sessa à Charles V, 25 mai, B. M. Add. ms. 28575, f°ˢ 222 v° et 223 r° et GAY., III, 435.

roi de Naples, arrivé la veille afin de presser le roi de France de
remplir les engagements de Madrid, y assista. A la suite de la
messe, qui fut dite par le cardinal de Bourbon, François Ier, environné des chevaliers de l'ordre et revêtu d'un costume d'une
richesse inouïe, préta le serment d'observer les traités. Un banquet
réunit ensuite tous les ambassadeurs à la table du Grand-maître,
qui avait déjà traité la veille Cheyney et Taylor (1).

Cette double confirmation était la dernière des formalités convenues à Moore entre les représentants de Madame et les commissaires du roi d'Angleterre ; des multiples sûretés que ce dernier
avait alors imposées, une seule, l'approbation des États de Normandie, n'avait pas été accordée et le retour du roi de France avait
permis de passer outre à leur désobéissance.

Dès lors, la mission du président de Normandie était terminée.
Il prit congé du roi d'Angleterre et du Cardinal dans les premiers
jours de mai et repassa le détroit (2). — Jean Joachim resta seul
à Londres en qualité d'ambassadeur ordinaire ; il devait occuper
ce poste jusqu'à l'arrière-saison de l'année suivante, où il fut rem-
placé par l'évêque de Bayonne, Jean Dubellay.

Quant à Jean Brinon, moins d'un mois après, il était à Angou-
léme auprès du Roi et de Madame (3). Que devint-il ensuite ? Alla-t-il

(1) Cf. Acte du serment de François Ier, RYMER. *Fœdera*, XIV, 175. —
A. Rosso à Seigneurie, 10 et 11 mai, BROWN, III, 1270 et 1272. Dans cette
lettre, Rosso rapporte que François Ier avait un vêtement orné de 28 diamants,
d'un fort beau rubis et de perles d'une valeur de 140.000 ducats; à son cha-
peau il portait l'escarboucle que la Seigneurie lui avait donnée à la mort de
son prédécesseur. Rosso nous apprend aussi que l'ambassadeur impérial
s'abstintd 'assister au diner offert par Montmorency. — Cf. encore la lettre
de la comtesse Somaglia, 12 mai, BROWN, III, 1273. — Le serment de
François Ier en langue française et l'acte notarié constatant sa prestation sont
dans RYMER, XIV, 175 et 176; mais on n'y trouve aucun acte relatif à sa
soumission aux censures apostoliques semblable à celui qui existe pour
Madame: il dut pourtant accomplir cette formalité, car Wolsey la réclamait
encore dans sa lettre du 10 mai, en même temps que le serment lui-
même. B. M. ms. Cotton. Calig. D IX, f° (200) 209 et BREWER, IV, 2164.

(2) Cf. J. Joachim à Brinon, 12 et 17 mai, P. J., LXIII, et Ar. Nat. J 965, 4,
1. — « Le président de Normandie a pris son congié du Roi pour s'en retourner en France ; l'on a grandement traicté tant en dons et grosse chayne que
l'on dit de II[e] escus d'or que de vaisselles. » Jonglet à Madame, 8 mai,
B. M. Add. ms. 28575, f° 211 v°, et GAY., III, 418 — A Cognac, le Roi avait
gratifié Cheyney d'un don de 800 l. t. (ms. Clair. 1215, f° 65 r°).

(3) Taylor à Wolsey, 12 juin, Ellis, 2[d] Ser. I, 338. — Brinon était porteur
de lettres d'Henri VIII au Roi (*Capticité*, 523), de Wolsey au Roi (Rec. Of.,
BREWER, IV, 2198) et à Madame (P. J., LXII), enfin de la reine Marie et du
duc de Suffolk au Roi (B. N. ms. Dupuy 462, f°[s] 32 et 33).

reprendre à Rouen ses fonctions de premier président? Resta-t-il à la cour où le retenait, plus encore que sa qualité de membre du Conseil privé, la faveur de François Ier et de Louise de Savoie ? La deuxième hypothèse semble préférable (1). Mis en relief par sa pénible et fructueuse ambassade d'Angleterre, il dut voir grandir beaucoup sa situation politique. Au lieu de le renvoyer en Normandie, le Roi le retint auprès de lui et lui donna sans doute entrée au Conseil intime du matin, au Conseil des affaires que M. Noël Valois nous montre organisé au cours de cette année même 1526 (2). Son nom se rencontre à chaque instant dans les lettres des ambassadeurs anglais. Il prit une part prépondérante aux longues négociations qui précédèrent l'envoi en Angleterre de l'évêque de Tarbes et du vicomte de Turenne en mars-avril 1527 (3). Puis, à la suite du voyage de Wolsey en France, il accompagna Montmorency à Londres en qualité d'ambassadeur extraordinaire chargé de recevoir avec lui les ratifications du traité d'Amiens du 18 août 1527 (4). A son retour en novembre, il fut à n'en pas douter au comble de la faveur. Florimond Robertet venait de terminer sa longue et glorieuse carrière (nov. 1527). Après Duprat, Brinon apparaissait sans contredit comme le plus écouté des Conseillers de robe longue. Ni l'archevêque de Bourges, ni le président de Selve, ni le prévôt de Paris ne jouissaient d'un crédit comparable au sien. En lui, le Chancelier pouvait et devait craindre un rival. Et ce n'est pas là une pure supposition. Qu'on se rappelle la lettre du 28 août 1525 et le ton dont Brinon y répond aux observations de Duprat. Évidemment ces deux hommes s'aimaient peu. De cette mésintelligence serait né tôt ou tard un conflit décisif. Il est difficile de savoir quelle en aurait été l'issue. Duprat était peut-être le préféré du Roi, mais Brinon l'était certainement de Madame. Entre le vieux Chancelier et son ardent concurrent, la victoire, que Charles-Quint se plaignait de trouver infidèle aux vieillards, serait peut-être allée au jeune président de Rouen. Un événement imprévu mit fin à la lutte à peine engagée. Jean Brinon fut frappé par la mort en pleine maturité; il succomba le 3 avril 1528,

(1) Le ms. fr. 18932 (f°s 38 r° à 43 r°) contient une mercuriale prononcée à la date du 20 Novembre 1527 par Jean Brinon ; mais c'est la seule qu'on y trouve de son retour à sa mort.

(2) Cf. Introduction à l'*Incentaire des arrêts du Conseil.*

(3) Cf. Brewer, iv, à la Table v° Brinon et surtout n°s 2320, 2545, 3342.

(4) Instructions du 30 septembre 1527, Ar. Nat. J 965, 5, 2, et Decrue, *Anne de Montmorency,* i, 96-100.

à l'âge d'environ quarante-quatre ans (1). Duprat ne rendit les
sceaux qu'à sa mort, plus de sept ans après, en juillet 1535.

VIII

La négociation de la Ligue franco-italienne avançait. Le Pape et
la Seigneurie, avertis par leurs représentants des bonnes dispositions de François Ier, s'étaient empressés de leur expédier les pouvoirs nécessaires, qui parvinrent à Cognac dans les premiers jours
de mai (2).

Le plus difficile était d'obtenir l'adhésion du roi d'Angleterre,
qui poussait fort à conclure, mais qui se souciait moins de se
déclarer à face ouverte. Rosso en ayant voulu parler à Cheyney,
celui-ci lui répondit que son maître fournirait volontiers aux alliés
des secours pécuniaires, mais qu'il n'était pas encore disposé à
entrer dans la Ligue (3). A Londres, Henri et Wolsey donnèrent
quelques espérances à Orio et à Gambara, mais, s'ils promirent
leur entrée dans la confédération et une contribution mensuelle de
25.000 ducats, en revanche, ils demandèrent que le traité de Ligue
fût conclu en Angleterre. Comme aucun des ambassadeurs, pas
plus les Français que les Italiens, n'avait d'instructions à ce sujet,
il devint nécessaire d'attendre la réponse des gouvernements intéressés à cette ouverture (4). — La Seigneurie et le Pape, qui la
connurent vers le milieu de mai, ne firent d'ailleurs aucune difficulté d'envoyer à leurs représentants commission de conclure à
Londres, mais ils exprimèrent le doute que ces ordres pussent
leur arriver à temps et avant la signature du traité en France (5).

(1) *Bourgeois de Paris*, 341, et Versoris, 205.

(2) Cf. Rosso à Seigneurie, 7 mai, Brown, iii, 1268. — « Papa ad hunc
effectum, tam ad oratorem suum qui est in Gallia quam per unum civem
Florentinum, magnæ autoritatis et prudentiæ, nunc in Galliam missum, misit
plenissimum mandatum et instructionem unà cum capitulis faciendis, ipsisque
et eorum cuilibet etiam nunc scribit ut statim fœdus hoc concludi omni
diligentia procurent. » Ghinucci et Casal à Wolsey, 2 mai. B. M. ms. Cott.
Vitel. B viii, fo (30) 37 et Brewer, iv, 2140. — Le pouvoir pontifical arriva
à Cognac le 7 mai, *ut sup.*, fo (53) 64, et no 2202.

(3) Rosso à Seigneurie, 17 avril, Brown, iii, 1250.

(4) Orio à Seigneurie, 22, 25 et 30 avril, Brown, iii, 1254, 1258 et 1262.
— Rosso à Seigneurie, 4 et 7 mai, *ibid.*, 1267 et 1268.

(5) Foscari à Seigneurie, 17 mai, Brown, iii, 1281. — Ghinucci à Wolsey,
19 mai, *ut sup.*, fo (49) 60 et no 2187. — Quant aux Vénitiens, on trouve dans
Brown trois pièces datées du mois d'avril, mais qui se réfèrent certaine-

. — Quant à François Ier, il se contenta de renouveler ses sollicitations à Henri VIII d'autoriser Cheyney et Taylor à prendre part aux négociations (1).

Celles-ci avaient passé par des phases diverses. D'abord assez actives, l'annonce de la venue de Lannoy y avait jeté quelque froid. Les Italiens, dans la crainte que François Ier n'en fût ébranlé, s'étaient tenus à dessein sur la réserve, afin de l'éprouver. Toutefois, contrairement à leurs prévisions, François Ier n'avait pas montré un moindre empressement (2). Le 7 mai, Rosso lui ayant appris qu'il avait reçu ses pouvoirs, il lui en avait exprimé sa satisfaction et l'avait entretenu de l'offre faite par Henri VIII d'un subside de 25.000 ducats ; il était même allé jusqu'à promettre qu'on jurerait la Ligue le jour même de l'arrivée du vice-roi (3).

Ce fut le lendemain que ce dernier parvint à Cognac ; il avait l'ordre de ne céder sur aucun point et d'inviter purement et simplement le roi de France à remplir tous les engagements du traité de Madrid. Mais, tandis qu'il le conjurait de ne pas manquer à ses promesses, ce prince continuait de négocier avec Capino et Rosso, et son Conseil examinait les commissions expédiées d'Italie (4). — Le 10 mai, jour de la ratification des traités d'Angleterre, Lannoy, mandé au Conseil, fut informé officiellement par Duprat que le Roi ne pouvait pas détacher la Bourgogne du royaume de France et que le seul sacrifice acceptable était celui

---

ment à cette affaire et qui doivent être rapportées au mois de mai. Doge à Orio 17 (avril) mai, 1249; le même au même, 25 (avril) mai, 1256, commission au même de conclure en Angleterre, 25 (avril) mai, 1257. — Les ambassadeurs anglais à Rome ne s'étaient pas bornés à demander au Pape des pouvoirs pour son Nonce à Londres. Le 2 mai, sur l'ordre de Wolsey, Ghinucci, après avoir protesté qu'il agissait de son propre mouvement, pria Clément VII de fournir au roi d'Angleterre quelque sûreté propre à dissiper toutes les méfiances de ce prince sur la fermeté de son attitude vis-à-vis des Impériaux. Le Pape se fit un peu prier, mais il finit par promettre de donner au Roi et au Cardinal une « cédule » autographe à cette fin; la teneur de cet acte, sur laquelle on ne s'accorda qu'assez difficilement, fut que Sa Sainteté s'engagea à n'avoir aucune négociation avec les Impériaux durant un mois entier à compter de sa date ; si, pendant ce temps, on avait conclu avec le roi de France, l'adhésion de Clément VII serait acquise *ipso facto* au traité de Ligue ; au cas contraire, le Pape recouvrerait sa liberté d'action. Ghinucci à Wolsey, 2, 3 et 6 mai, *ut supra.* f^{os} ,29) 36, (32) 39, (38) 47, et n°s 2141, 2144 et 2156.

(1) Rosso à Seigneurie, 10 et 11 mai, BROWN, III, 1270 et 1272.

(2) Ghinucci et Casal à Wolsey, 16 mai, d'après des lettres de Capino du 28 avril dont le Pape leur avait rendu compte. *Ut sup.*, f° (45) 56 et n° 2182.

(3) Rosso à Seigneurie, 7 mai, BROWN, III, 1268.

(4) Le même à la même, 10 mai, *ibid.*, 1270.

d'une rançon d'argent (1). Ce même après-dîner, Capino et Rosso eurent une audience de François Ier ; il leur dit qu'Henri VIII désirait conclure la Ligue en Angleterre, mais que c'était là un plan impraticable et qu'il serait préférable d'en passer la convention à Cognac. Il les pria de tenter une démarche auprès des représentants anglais et de leur demander s'ils n'avaient pas quelque pouvoir qui leur permît de négocier l'adhésion de leur maître à la confédération. — Ceux-ci ayant répondu négativement, les Italiens se rendirent seuls au Conseil le 11 mai : il y fut définitivement arrêté qu'on signerait le traité en France et qu'on se bornerait à y laisser une place au roi d'Angleterre. Enfin, le 12, on leur demanda communication de leurs instructions et on leur promit une réponse pour le lendemain (2).

En dépit de ces préliminaires, les négociations restèrent languissantes durant les jours qui suivirent. Les témoignages d'honneur et d'amitié que François Ier prodiguait à Lannoy, et qui n'étaient peut-être inspirés que par la gratitude, semblèrent suspects aux ambassadeurs anglais et italiens. Ces derniers, auxquels on n'avait pas encore notifié la résolution qu'on leur devait faire connaître le 13, remarquèrent non sans méfiance que le vice-roi avait expédié coup sur coup deux courriers en Espagne et que le départ de M. de Morette déjà décidé à Bordeaux avait été différé. Cheyney et Taylor entrèrent dans ces inquiétudes. Dans une conversation qu'ils eurent avec leurs collègues italiens, ils s'emportèrent jusqu'à dire qu'ils soupçonnaient fort le roi de France de vouloir s'accorder avec Charles-Quint et qu'ils lui en feraient des représentations (3).

C'est qu'en effet ces ambassadeurs venaient de recevoir de longues instructions, où il leur était expressément ordonné de s'opposer de tout leur pouvoir à l'exécution du traité de Madrid. Cette pièce (4), datée du 4 mai et signée de Wolsey, était une réponse motivée à la demande que François Ier avait faite par Jean Joachim de l'avis de son frère d'Angleterre et du Cardinal.

(1) Cf. MIGNET, II, 194, et 195 et aux Arch. Nat. dans le carton J 666 les n°s 4 à 4quater contenant les procès-verbaux du Conseil relatifs à cette affaire.

(2) Rosso à Seigneurie. 10 et 11 mai, BROWN, III, 1270 et 1272.— Ghinucci à Wolsey, 26 mai, f° (53) 64 et ut sup., n° 2202.

(3) Rosso à Seigneurie, 15 mai, BROWN, III, 1275.

(4) Wolsey à Cheyney et Taylor, 4 mai, B. M. ms. Cott. Calig. D IX. f^{os} (190) 198 et suiv. — Les ambassadeurs la reçurent le 14 mai.

IX

A la suite des communications du Maître d'hôtel de Madame, Henri et son Conseil, écrivait Wolsey, avaient soigneusement examiné les conditions de l'accord franco-espagnol en même temps que les circonstances qui en avaient accompagné la signature. De ce travail, il était résulté chez eux la conviction profonde qu'un semblable traité avait été extorqué au roi de France par la violence ou par la terreur. Des engagements de cette sorte n'engendraient aucune obligation et seule une confirmation accordée par le Roi, libre et dégagé de toute appréhension, paraissait capable de leur donner quelque valeur exécutoire. Malheureusement, il ne pouvait être question pour François Ier d'un tel état d'esprit, car non seulement on l'avait gardé prisonnier jusqu'au moment de son entrée dans son royaume, mais encore on l'avait contraint de livrer des otages. Et d'ailleurs, à parler franc, les stipulations de l'accord avaient trois défauts qui s'opposaient à ce qu'elles fussent accomplies :

1° Elles étaient impossibles ;

2° Elles étaient contraires à la raison et à l'honneur ;

3° Elles tendaient à la ruine de toute la chrétienté.

En effet, pour qu'une partie quelconque du territoire du royaume fût cédée valablement, il était nécessaire que les Parlements, la Chambre des Comptes et les États-Généraux y donnassent leur libre consentement, ce qu'ils ne feraient point, et partant, François Ier ne pouvant opérer seul une telle cession, celle-ci constituait une condition impossible.

Il en était de même de la clause qui obligeait le roi à défendre à ses dépens les États de l'Empereur, car ces États étaient trop éloignés les uns des autres.

Quant aux motifs qui faisaient de l'accord franco-espagnol une convention déraisonnable et déshonorante, ils étaient nombreux. Le premier était que les conditions mises à la délivrance du roi de France créeraient un fâcheux précédent pour les souverains qui tomberaient désormais entre les mains de leurs adversaires ; jusqu'alors en effet, il avait été d'usage entre princes chrétiens d'accepter une rançon en argent et non d'exiger des provinces légitimement possédées à titre héréditaire. — En outre, les secours fournis à Charles-Quint pour son voyage en Italie priveraient François Ier

de la plus grande partie de ses forces et tout spécialement de sa flotte, qui serait montée par des soldats impériaux et resterait ainsi à la discrétion complète de son rival. — De plus, ce dernier devant recevoir en un seul versement la solde de 6000 fantassins pour six mois, pourrait entretenir avec cet argent 36.000 hommes pendant un mois ou 18.000 pendant deux mois, ce qui lui permettrait de briser toute résistance en Italie, et, ce pays une fois soumis, d'attaquer la France ou toute autre contrée, au grand dommage de la chrétienté.

Les enfants de France devaient rester entre les mains de l'Empereur jusqu'au moment où toutes les conditions du traité de Madrid seraient accomplies. C'était là une clause qui ne laissait au roi de France aucune sûreté pour leur élargissement; car celui-ci ne dépendrait que de la libre volonté de Charles-Quint et ne serait garanti que par sa seule promesse; et on n'ignore pas, ajoutait Wolsey, qu'il n'a pas accoutumé de la garder.

Enfin, l'abandon de ses alliés qu'on avait imposé à François Ier n'était conforme ni à la raison ni à la justice et, d'ailleurs, il était contradictoire à un autre article du traité qui stipulait la restitution des terres et des biens des proscrits d'en deçà les monts.

La chrétienté tout entière n'était pas moins lésée que le royaume de France. Les conditions du traité étaient telles que l'Empereur, désormais assuré de l'appui du Roi et maître de l'Italie, pourrait entreprendre de s'élever à la monarchie universelle, ce qui était son dessein avoué ; et de là, s'ensuivraient des guerres acharnées entre chrétiens, au grand avantage du Turc, qui ambitionnait la monarchie comme Charles-Quint lui-même et à la puissance duquel le concert des princes chrétiens était seul capable de résister.

En conclusion et pour toutes les raisons ci-dessus exposées, écrivait le Cardinal, « l'avis de Sa Grâce est que le roi de France, pour son honneur, son intérêt et sa sûreté, pour éviter à son royaume, à ses sujets et à toute la chrétienté d'irréparables dommages, ne doit observer en aucune manière le traité de Madrid ; tout au contraire, il lui faudra, autant qu'il sera en lui et que sa mère et ses conseillers sauront l'imaginer, s'efforcer d'obtenir la restitution de ses fils, aussi bien par les voies qui sont spécifiées dans les instructions de sir Thos. Cheyney que par toutes autres ; et dans ce dessein, c'est à savoir celui de délivrer ces otages et aussi de réfréner l'ambition démesurée de l'Empereur, Son Altesse ne manquera pas de l'aider en telle manière que l'on pourra convenir ».

Le roi d'Angleterre et son Conseil ne s'étaient pas bornés à donner une consultation dogmatique sur les inconvénients du traité de Madrid ; ils avaient recherché aussi les moyens pratiques capables d'en assurer la réforme et Wolsey les exposait dans le détail aux représentants anglais. — Une première mesure à prendre, disait-il, était de passer une nouvelle convention aux termes de laquelle chacun des deux Rois s'engagerait à ne jamais traiter avec l'Empereur, sinon de concert avec son allié et en vertu d'un accord préalable ; de plus, le roi de France promettrait de n'observer aucun des engagements pris durant sa captivité, sinon de l'avis et de l'exprès consentement de son frère d'Angleterre. Cette convention garderait toute sa force au cas où Charles-Quint, effrayé des mauvaises dispositions des Italiens et désireux de mener à bonne fin l'entreprise de son couronnement, offrirait de modérer ses exigences, dans le but de gagner François Ier et d'obtenir de lui la consommation de son mariage avec Mme Éléonore et des secours pour son voyage d'Italie ; car ce ne serait là qu'une proposition décevante, qui, sous de feints avantages, couvrirait les plus graves périls. Permettant à Charles-Quint de réaliser ses projets dans la Péninsule, elle aurait pour résultat de livrer ensuite à sa merci le roi de France et ses États.

La signature sans délai du traité de la Ligue franco-italienne paraissait également indispensable Les Impériaux avaient déjà une grosse armée en Italie et se proposaient de l'augmenter sans retard à l'aide des ressources pécuniaires que mettaient à leur disposition le mariage portugais et les impôts votés par les États de Castille ; il était donc urgent d'agir avant qu'ils aient pu y pourvoir. Il faudrait stipuler que la confédération avait pour but la liberté des États italiens et l'élargissement des enfants de France contre une rançon convenable ; le soin d'en fixer la quotité serait remis au roi d'Angleterre et on placerait la Ligue sous sa protection, en lui laissant la faculté d'y adhérer quand il lui plairait. — La Ligue serait comprise dans la convention anglo-française de réciproque obligation, c'est-à-dire qu'on marquerait dans cette dernière qu'aucun des deux Rois ne pourrait, sans l'aveu de l'autre, s'entendre avec l'Empereur au préjudice de la confédération. On y déclarerait aussi que, tant que la Ligue n'aurait pas obtenu pleine satisfaction, Henri VIII ne fournirait aucun secours à l'Empereur sans le consentement de son allié. C'était là, pour le moment, tout ce que l'honneur et l'intérêt permettaient à Sa Grâce de faire. Il lui fallait attendre en effet un honnête prétexte qui expliquât son changement de politique, et il n'importait pas peu de sauver les deux millions dont l'Empereur lui était redevable, ainsi que les biens et les créances que les Anglais possédaient dans ses États et qui ne montaient pas à une moindre somme.

Aussi bien, afin de préparer sa déclaration éventuelle en faveur des confédérés, le roi d'Angleterre avait l'intention d'adopter la ligne de conduite suivante. — Il enverrait auprès de Charles-Quint un ambassadeur qui, en présence des représentants français, lui adresserait une triple requête : d'abord la délivrance des enfants de France contre une rançon en argent, soit, au jugement du Roi, un million ou même davantage; en second lieu, le licenciement de l'armée d'Italie, et, si l'Empereur entendait se rendre en personne dans ce pays, l'assurance qu'il n'en prendrait pas occasion pour attenter à l'indépendance de ses princes ; enfin, l'acquittement des dettes anglaises et la reconnaissance des droits prétendus par Henri VIII sur les royaumes de Castille et de Léon. — Que si Charles-Quint se déclarait prêt à donner pleine satisfaction sur les deux premiers points, Henri VIII consentirait à sacrifier quelques-unes de ses prétentions personnelles; par exemple, il accorderait des termes pour le paiement de ses créances et il se montrerait accommodant dans l'arrangement des affaires de Castille et de Léon. — Si au contraire l'Empereur répondait par un refus ou par des ouvertures dilatoires, l'ambassadeur anglais aurait l'ordre de lui déclarer que son maître se verrait contraint d'accepter la protection de la Ligue franco-italienne, et effectivement, passé un délai de trois mois, le roi d'Angleterre accepterait cette protection.

Toutefois, en ce cas, il serait convenu que Son Altesse n'encourrait d'autre obligation que celle de payer un subside mensuel, qui n'excéderait pas 25.000 écus, et lui serait remboursé ultérieurement. On aurait également soin de lui attribuer sur le duché de Milan la pension annuelle dont il avait déjà été question et on déterminerait la nature de l'aide, probablement pécuniaire, qu'Elle devrait recevoir de ses confédérés pour la défense de son royaume, le recouvrement de ses créances et le soutien de ses droits sur la Castille et Léon. De plus, il serait bon que la Ligue fût déclarée universelle et qu'on y offrît une place à l'Empereur, en même temps qu'on arrêterait les conditions d'une alliance offensive et défensive au cas où ce prince voudrait attaquer l'Angleterre ou la France.

Quant à la conclusion présente de la Ligue, Henri VIII et Wolsey avaient tiré promesse du Pape et de la Seigneurie que les pouvoirs

nécessaires pour en passer le traité seraient envoyés incessamment
à leurs représentants à Londres. Il était donc expédient que le roi de
France n'y mît pas davantage de retard et qu'il en envoyât sa commission à ses ambassadeurs en Angleterre.

Enfin, lorsqu'il se serait déclaré, Henri VIII serait content de
s'unir plus étroitement au roi de France et de conclure avec lui une
ligue offensive et défensive valable pour tous les pays situés en
deçà des monts et destinée à poursuivre à la fois la délivrance des
otages, le paiement des dettes anglaises et la satisfaction de ses
droits sur la Castille et Léon.

Voilà les décisions auxquelles s'était arrêté le Conseil d'Angleterre et qui, après avoir été déclarées aux ambassadeurs français à
Londres, durent être communiquées directement au roi de France
par sir Thos. Cheyney et son collègue Taylor. — Mais, outre ces
ouvertures officielles, les représentants anglais eurent l'ordre d'en
insinuer d'autres, qu'il leur fut recommandé de présenter comme
de simples offres de service de Wolsey.

Un de ces conseils officieux se rapportait à la négociation d'un
traité solennel destiné à régler tous les anciens différends pendants
entre les deux Rois ou leurs prédécesseurs et à établir un accord
perpétuel des deux royaumes. S'il venait jamais de France des
propositions raisonnables à ce sujet, le Cardinal se faisait fort
d'assurer le succès de l'affaire ; il ajoutait qu'une fois les conditions
discutées et convenues, il ne serait pas impossible que les deux
souverains n'en achevassent en personne la conclusion dans une
entrevue sans cérémonie.

La question du mariage de François Ier avait aussi éveillé la
sollicitude du ministre anglais. A l'entendre, une femme plus
jeune qu'Éléonore, d'un meilleur caractère, mieux élevée, plus
belle et plus vertueuse conviendrait mieux au roi de France ; s'il
savait jamais que ce fût là son désir, il s'emploierait très volontiers
en sa faveur. — A moins de la nommer, il était impossible de
désigner plus clairement la princesse d'Angleterre (1).

X

François Ier, qui n'eût sans doute pas hésité à rompre avec ses
alliés, si l'Empereur eût consenti au sacrifice de la Bourgogne,

(1) A rapprocher de la lettre de Wolsey à Madame confiée vers le même
temps à Brinon. P. J., LXI.

dut bientôt perdre toute illusion à ce sujet. Il était évident que Charles-Quint poursuivrait ses avantages et qu'il recommencerait la guerre plutôt que de se relâcher de ses prétentions.

Les pourparlers reprirent après le 17 avec les Italiens et dès le 19 tout fut réglé. Averti par Montmorency des inquiétudes et des soupçons de Capino et de Rosso, le Roi prit peine de les dissiper : à l'entendre, s'il avait honoré Lannoy, c'était seulement pour le remercier de lui avoir sauvé la vie à Pavie ; quant aux longueurs apportées dans la conclusion du traité, la faute en était aux lenteurs de Duprat que la vieillesse rendait paresseux ; enfin Morette, était sur le point de partir pour Londres (1). François Ier instruisit aussi les ambassadeurs des dispositions de son frère d'Angleterre et de l'intention où il était de différer pendant trois mois son entrée dans la Ligue. A ce propos, on discuta la quotité de la « récompense » sollicitée par ce prince en échange de son alliance. Capino et Rosso proposèrent de lui attribuer en Italie des terres d'un rapport annuel de 30.000 ducats et au Cardinal une pension de 10.000 ducats. Les Français s'étant montrés satisfaits de ces offres, il fut convenu qu'on signerait la Ligue le surlendemain 21 mai, qui était le lundi de la Pentecôte (2).

Toutefois, pour une raison que nous ne connaissons pas, cette conclusion fut encore retardée d'un jour ; le traité porte la date du 22 mai.

Dans le préambule de cet acte, il est marqué expressément que

(1) Rosso à Seigneurie, 21 mai, Brown, iii, 1285.

(2) Rosso à Seigneurie, 19 mai, Brown, iii, 1284. — « Pontifex, qui ex penultimis litteris ex Gallia habitis aegro animo erat, ex ultimis, quae decima septima hujus mensis datae sunt, hilari animo. » Ghinucci à Wolsey, 28 mai, Rec. Of. Brewer, iv, 2209. — « Cum die sequenti post ultimas scriptas (29 mai) Pontifex habuisset literas ab oratore suo qui est apud regem Gallorum, datas decima septima Maii, quibus significabat dictum regem Gallorum et suos ministros nunc sub uno frivolo colore, nunc sub alio, expeditionem procrastinare seque ex his quae videbat judicare ipsum Regem novas praticas cum Caesare iniisse et propterea non sincere cum Pontifice et Venetis procedere, cumque idem ad Venetos eorum orator ibidem existens significabat, Pontifex et Veneti statim revocarunt ea quae in Lombardia ordinaverant... Heri autem, cum per litteras datas decima nona Pontifex ab eodem oratore suo certificatus esset quod discussis capitulis cum rege Gallorum tandem ipse et orator remanserant in omnibus et per omnia concordes, quodque ipse rex Gallorum absolute promiserat secunda die, cum prima esset Pasca, capitula subscribere, statim Pontifex de novo ordinaverit ut in Lombardia fierent quae prius ordinata et postea revocata fuerant, idemque ordinavit per Venetos fieri... » Ghinucci à Wolsey, 1er juin. B. M. ms. Cotton. Vitel. B viii, f° (64) 77 et Brewer, iv, 2221.

le Souverain Pontife, désireux de mettre un terme aux guerres perpétuelles qui désolaient la chrétienté, avait envoyé au roi de France Capino da Capo, afin de poser, d'accord avec lui, les bases d'une paix universelle ; et à son exemple les Vénitiens et le duc de Milan avaient donné des instructions semblables au secrétaire A. Rosso, qui ainsi représentait à la fois la Seigneurie et François Sforce.

En conséquence, une confédération était formée entre les puissances contractantes ; il était permis à tous les princes chrétiens d'y adhérer, et spécialement au roi d'Angleterre, qui en était reconnu le protecteur et avait un délai de trois mois pour accepter cette protection ; néanmoins l'Empereur n'y pourrait entrer qu'à trois conditions :

1º Délivrance des enfants de France contre une rançon en argent;

2º Indépendance de l'Italie ;

3º Paiement des sommes dues au roi d'Angleterre.

Afin d'expulser les Impériaux de la Péninsule, les confédérés y devaient entretenir jusqu'à cette expulsion 30.000 fantassins, 2.500 hommes d'armes et 3.000 chevau-légers. Le Pape équiperait pour sa part 800 hommes d'armes, 700 chevau-légers et 8.000 fantassins; les Vénitiens, 1000 ou 800 hommes d'armes, 100 chevau-légers et 8.000 fantassins; le duc de Milan, 400 hommes d'armes, 300 chevau-légers et 4.000 fantassins ; si ce dernier était empêché de fournir son contingent, le Pape et les Vénitiens s'engageaient à en prendre la charge à sa place. — Quant à François Ier, il aurait à équiper 500 hommes d'armes à la mode de France, ce qui comprenait en même temps 1000 chevau-légers, et il lui faudrait payer un subside mensuel de 40.000 écus destiné à solder des gens de pied. Il devait aussi entretenir une armée en deçà des monts pour y opérer une diversion et empêcher les secours impériaux de parvenir en Italie, et s'employer auprès des Cantons, afin que ceux-ci permissent de lever des Suisses pour le compte de la Ligue. — Outre l'armée de terre, on arrêta d'armer une flotte de vingt-huit galères, dont trois aux frais du Pape, treize à ceux de Venise et douze à ceux du roi de France. Les navires français pourraient d'ailleurs être rappelés au cas d'une attaque de la Provence par les Impériaux.

La présente guerre une fois achevée, François Ier et les princes italiens resteraient unis par une alliance défensive et tenus à une aide réciproque de 1000 hommes d'armes, 1000 chevau-légers et 10.000 fantassins.

Les confédérés promettaient de solliciter de Charles-Quint, par l'organe de leurs ambassadeurs, la mise en liberté contre rançon des otages français, et, s'ils ne l'obtenaient, aussitôt l'Italie délivrée, ils fourniraient à François Ier un secours de 1000 hommes d'armes, 1.500 chevau-légers et 10.000 fantassins.

De son côté, le roi de France reconnaissait Fr. Sforce comme duc de Milan et s'engageait à lui donner en mariage une princesse de sa famille et à obtenir des Suisses qu'ils se chargeassent de la défense du Milanais. Si le duc mourait ou s'il était déposé, les mêmes avantages seraient faits à son frère Maximilien. En retour, François Sforce serait tenu de servir au Roi une pension annuelle d'au moins 50.000 écus, de pourvoir aux dépenses de son frère Maximilien et de restituer les biens des proscrits et spécialement ceux du comte Albert de Carpi ; il devait aussi rendre le comté d'Asti à François Ier, ou, si les confédérés le jugeaient préférable, à son fils le duc d'Orléans.

Quant à Gênes, la seigneurie en reviendrait de même au roi de France, mais le doge Adorno y garderait sa dignité, s'il se ralliait à la Ligue.

Si l'Empereur refusait d'accéder aux demandes des confédérés, même après que ses troupes auraient été expulsées de la Haute-Italie, ceux-ci entreprendraient la conquête du royaume de Naples et le Pape pourrait en disposer à son gré, à charge pour le détenteur de ce royaume de payer à François Ier une pension qui ne saurait être moindre de 75.000 écus.

Deux articles additionnels complétaient le traité. — Le premier réservait les droits de la France sur Naples et une pension de 40.000 écus pour le Pape au cas de la restitution de ce royaume à l'Empereur. — Le second avait trait à la République de Florence, dont un article précédent avait garanti la possession aux Médicis ; il portait que cet État, bien que neutre, jouirait de tous les avantages assurés aux confédérés par le traité.

Enfin, les conditions de l'entrée du roi d'Angleterre dans la confédération faisaient l'objet de l'article suivant :

« Il est convenu que Sa Majesté sera protectrice et conservatrice de la très sainte Alliance, afin que toutes et chacune des choses contenues dans la présente convention soient observées sincèrement, inviolablement et sans aucune exception. C'est en effet dans cette espérance et sur sa promesse qu'elle en serait non seulement la protectrice, mais encore la principale contractante que les susdits ont décidé de conclure cette très sainte Alliance. Aussi elle est sollicitée et instamment suppliée d'agir en conséquence et d'y

donner son assentiment. Les confédérés, désireux de montrer leur
amour pour Sa Majesté, conviennent que, lorsqu'elle aura adhéré
à cette très sainte Alliance et quand les affaires d'Italie seront
mises en ordre, ainsi qu'il a été dit ci-dessus, ils témoigneront
leur reconnaissance et donneront à Sa Majesté ou à son très illustre fils naturel pour eux et leurs successeurs, des terres dans le
royaume de Naples, portant le titre de duché ou de principauté et
rapportant un revenu annuel d'au moins 30.000 ducats, et semblablement ils donneront au Révérendissime Cardinal d'York, à la
prudence, aux labeurs et à la vigilance duquel la République
chrétienne tout entière a de grandes obligations, pour lui et ses
successeurs, d'autres terres en Italie d'un revenu annuel de 10.000
ducats (1). »

XI

La signature de la Ligue, ainsi que les pourparlers qui l'avaient
précédée, avaient eu lieu dans le plus grand secret. On en avait
même écarté les ambassadeurs anglais, qui n'avaient aucun pouvoir pour traiter et qui continuaient de solliciter auprès du Roi
l'envoi d'une commission autorisant J. Joachim à conclure en
Angleterre. Lorsqu'on dépêcha enfin Morette, vers les derniers
jours de mai, avec l'ordre d'annoncer au gouvernement anglais
l'heureux succès des négociations franco-italiennes, Cheyney et
Taylor n'en connaissaient rien encore; aussi prièrent-ils François Ier de confier une commission à cet envoyé. Le Roi leur
répondit simplement qu'il n'en était pas besoin (2).

Morette parvint à Londres le 6 juin (3), et quelques jours après
arriva de France une copie authentique de la convention du
22 mai (4). Henri VIII et Wolsey ne la désapprouvèrent pas et
se montrèrent satisfaits qu'il leur eût été laissé trois mois pour en
accepter la protection, mais ils exprimèrent le désir qu'on en mo-
difiât quelques articles. Ainsi, ils demandèrent aux confédérés la

(1) DUMONT, *Cod. dipl.*, t. iv, 1re partie, 451-455.
(2) Rosso à Seigneurie, 25 mai et 1er juin, BROWN, iii, 1293 et 1298. —
Cf. François Ier à Wolsey, s. date, B. M. mss. Cott. Calig. E i, f° (14) 16 et
BREWER, iv, 2147, et Madame à Henri VIII et à Wolsey, *ibid.* Add. part.
of Calig. E i, f° (34) 153, et Calig. E iii , f° 8.
(3) G. Spinelli à Seigneurie, 6 juin, BROWN, iii, 1305.
(4) Le même à la même, 13 juin, *ibid.*, 1315. — C'était le 3 juin seulement
que François Ier avait envoyé à Morette la copie du traité de Ligue. Cf. François Ier à Morette, 3 juin, Rec. Off. BREWER, iv, 2224.

promesse de ne pas s'accorder avec l'Empereur que les dettes anglaises ne fussent payées ; ils prétendirent aussi que les terres qu'on leur devait donner en Italie fussent situées dans la Lombardie et non dans le royaume de Naples. Leur conclusion fut qu'un nouveau traité réformé était nécessaire ; et, revenant à leur dessein favori, ils décidèrent qu'il le fallait négocier à Londres et que les ambassadeurs en devaient demander commission à leurs gouvernements (1).

Ces réserves, qui ne paraissent guère indiquer qu'un vif désir de gagner du temps et d'éloigner ainsi le moment des engagements définitifs, n'étaient pas capables d'enlever leur valeur aux stipulations du 22 mai. La Ligue franco-italienne, dont les Anglais avaient fait les premières ouvertures près d'un an auparavant, était conclue sans esprit de retour. Ratifiée le 2 juin par la Seigneurie (2) et le 4 par le Pape (3), elle fut proclamée solennellement le 21 du même mois à Angoulême (4) et le 8 du mois suivant à Rome et à Venise (5).

(1) G. Spinelli à Seigneurie, 13 et 14 juin et 4 juillet, Brown, iii, 1316 et 1339. Lorsque François Ier connut ces exigences, il appela les ambassadeurs italiens au Conseil et les en instruisit. Rosso à Seigneurie, 22 juin, Brown, iii, 1324. — Quelques jours plus tard, ayant reçu de nouvelles lettres d'Angleterre, il dit qu'il consentirait à modifier le traité dans le sens indiqué par Henri VIII, mais qu'il faudrait que celui-ci se déclarât franchement contre l'Empereur. Le même à la même, 7 juillet,*ibid.*, 1342. — La Seigneurie fit une réponse analogue. Doge à Foscari, et Sénat à Spinelli, 10 juillet, *ibid.*, 1345, 1347 et 1348. — Pour les négociations suivies postérieurement en Angleterre relativement à l'entrée d'Henri VIII dans la Ligue et au cours desquelles les Anglais recouraient sans cesse à de nouveaux prétextes pour ne pas s'engager, cf. Brown, iii, 1349, 1351, 1358, 1371, 1377, 1378, 1379.

(2) J. Casal à Wolsey, 5 juin, Rec. Off. Brewer, iv, 2227.

(3) « Heri pontifex habuit capitula fœderis conclusa in Gallia, ex quorum receptione valde læto animo est, et maxima cum diligentia curavit per litteras apostolicas sub plumbo fœdus hujusmodi cum ipsius capitulis confirmare, quas litteras per velocissimum cursorem in Galliam mittit. » Ghinucci à Wolsey, 5 juin, B. M., ms. Cotton. Vitel. B viii, fo (66) 81, et Brewer, iv, 2226. — Cette ratification, ainsi que celle des Vénitiens, était arrivée le 17 juin à Cognac. Taylor à Wolsey, 18 juin, B. M. ms. Cotton. Calig. D ix, fo (221) 230, et Brewer, iv, 2254.

(4) Procès-verbal de cette proclamation, 21 juin. Rec. Off. Brewer, iv, 2267. — Cf. aussi Taylor à Wolsey, 18 juin, B. M. ms. Cotton. Calig. D ix, fo (225) 234, et Brewer, iv, 2257.

(5) Campeggio à Wolsey, 8 juillet, B. M. ms. Cotton. Vitel. B viii, fo (92) 110, et Brewer, iv, 2304. — Doge à Spinelli, lettre datée inexactement du 8 juin et qui est en réalité du 8 juillet, Brown, iii, 1311. Cette erreur de Brown devient manifeste lorsqu'on rapproche cette lettre des deux suivantes : Sénat à Spinelli, 10 juillet, nos 1345 et 1348, et Seigneurie à

Les Italiens n'avaient pas attendu l'accomplissement de ces formalités pour engager les hostilités. Depuis longtemps déjà, le Pape et les Vénitiens s'étaient préparés à marcher au secours du duc de Milan, toujours assiégé dans le château de Milan et réduit aux dernières extrémités (1). Tandis que le châtelain de Mus et l'évêque de Lodi faisaient des levées dans les Cantons, le comte Guido Rangone avait assemblé dans les duchés des fantassins et des hommes d'armes, auxquels Jean de Médicis avait joint ses bandes noires ; c'était là le noyau de l'armée pontificale, dont devait être commissaire l'historien Fr. Guichardin, président des Romagnes (2). En même temps, des troupes vénitiennes s'étaient réunies dans la Lombardie orientale sous le commandement du duc d'Urbin (3). Il ne manquait plus que les secours en hommes et en argent promis par le roi de France (4). Sans les attendre, les deux armées effectuè-

Rosso, 11 juillet, n° 1350, et de la mention consacrée à cette publication par Cicogna (*Isc. Venez.*, t. iv, p. 20).

(1) Ghinucci à Wolsey, 26 mai, B. M. ms. Cotton. Vitell. B viii, f° (53) 64, et Brewer, iv, 2202, et le même au même, 1er juin, Rec. Of. Brewer, iv, 2221. — Le ms. italien 1488 de la B. N. contient sous le n° 24 une pièce intitulée « Provisioni per la guerra che disegnò Papa Clemente VII contra l'Imperatore Carlo V ». Ce document non daté doit être rapporté à cette époque, aux derniers jours de mai ou aux premiers jours de juin 1526.

(2) Ghinucci à Wolsey, 1er juin. Rec. Of. Brewer, iv, 2221. — J. Casal à Wolsey, 5 juin, Rec. Of. Brewer, iv, 2227. — « El Papa ha andado todos estos dias proveliendo de armarse, enbiando a Suyça al obispo de Lodi y al Verulano y fecho quantas provisiones le parecian necessarias, continuando al solito la intelligencia con Venecianos... El conde Guido tiene ya en Modena seys mil infantes y haria mas... ; Jeanin de Medicis haze otro tres mil infantes... El Guarchardino parte de aqui oy y va por conmissario del exercito, de que afirman que seran cabos el conde Guido y el duque d'Urbino... El conde Guido haya cavalgado y tomado la buelta de Plazencia, y Venecianos dizen que mueven la via de Milan vernanse entreteniendo fastá que lleguen Suyços ; todo el dinero que agora corre por la parte del Papa sale de Florencia, los quales dizen que pueden gastar quatrocientos mil ducados y Su San^da reservera el suyo para mayor necessidad. » Sessa à Charles-Quint, 7 juin, B. M. Add. ms. 28575, f° 232 r° à 236 r°, et Gay., iii, 447.— Cf. aussi Guicciardini, l. xvii, t. ii, p. 370; Sanga à Gambara, 19 juin, *Lett. princ.*, t. i, f°s 209 à 212; Mignet, t. ii, p. 211, d'après Nic. Raince à François Ier, 9 juin, B. N. ms. fr. 2984, f° 17.

(3) Guicciardini, *ut supra*. — Seigneurie à Spinelli, 27 juin, Rec. Of. Brewer, iv, 2285. — J. Casal à Wolsey, 5 juin, *ut sup.*

(4) Il paraît qu'au milieu de juin François Ier autorisa Capino à toucher à Lyon de l'argent pour lever les Suisses (cf. Taylor à Wolsey, 18 juin, *ut supra*); mais il refusa de se rendre en personne dans cette ville pour y assembler une armée, ainsi que le lui demandaient les Italiens. Cf. Rosso à Seigneurie, 27 juillet, Brown, iii, 1365.

Jacqueton, Louise de Savoie.19

rent leur jonction le 28 juin à Lodi, enlevé peu de jours auparavant par les Vénitiens, et marchèrent sur Milan, dont quelques
milliers de soldats mal payés contenaient difficilement la population
toute dévouée à Sforce et excédée de la tyrannie des Impériaux (1).
Réduits par les désertions et les maladies, sans solde et sans chef,
dispersés par petits groupes dans le Piémont et dans la Lombardie,
dont les habitants les exécraient, ceux-ci semblaient voués à une
défaite certaine et Charles-Quint était menacé de perdre en quelques
semaines ce duché de Milan qu'il avait mis plusieurs années à
conquérir.

(1) GUICCIARDINI, *loc. cit.*, pp. 373 à 376. — Giberti à Gambara, 30 juin,
Lett. Princ., t. I, f° 227 r°. — Campeggio à Wolsey, 8 juillet, B. M. ms.
Cotton. Vitel. B VIII, f° (92) 110, et BREWER, IV, 2304. — Sur les soulèvements qui éclatèrent alors à Milan et sur l'état de dénuement de l'armée de
Charles-Quint, cf. dans l'*Archicio Storico Italiano*, III, pp. 449 et suiv., le
journal du bourgeois milanais BURIGOZZO, et dans GAYANGOS les lettres des
agents impériaux, spécialement les n°ˢ 462, 464, 465, 467, 468, 470, 471, 472,
473, 475, 479, 481, 485 et 489.

CONCLUSION

Le moment est venu de conclure, c'est-à-dire de déterminer et d'exposer les résultats pratiques auxquels étaient parvenus, après ces deux ans de négociations, les gouvernements de France et d'Angleterre.

Et d'abord, quels sont ces résultats au point de vue français ?

Une première impression se dégage nettement, c'est que Louise de Savoie sut acheter la paix à bon marché, et que, cette paix faite, elle sut tirer de l'alliance anglaise un merveilleux parti.

Avant la bataille de Pavie, elle fut sur le point de traiter sans bourse délier ; sa fermeté aidant, tout se serait borné à la reprise du paiement des vieilles dettes. La défaite et la captivité du Roi étant survenues, la négociation fut rompue. C'est ici qu'il faut admirer la sagesse de la Régente. Cette rupture, elle eût pu l'éviter en faisant aux Anglais des concessions, en leur livrant des places en Picardie. Dans des conjonctures aussi graves, une semblable conduite eût été excusable ; on aurait pu voir dans l'abandon de quelques lieues carrées de territoire un sacrifice nécessaire. Madame en jugea autrement. Chez elle, pas d'affolement sous le coup du désastre, pas de précipitation, pas de résolution désespérée. Tout bien pesé, l'amitié d'Henri VIII ne lui parut pas valoir un pouce de terre française. Elle laissa renvoyer ses ambassadeurs.

L'événement lui donna raison. Après deux mois perdus en vains efforts, les Anglais furent réduits à lui faire des avances. Elle ne les repoussa pas, mais elle affirma de nouveau son intention bien arrêtée de ne pas accorder autre chose que de l'argent. Henri VIII et Wolsey cédèrent. La paix de Moore fut conclue sur les bases indiquées par la Régente. Deux cent mille écus environ, à peine quatre cent mille livres, le sixième du principal de la taille, voilà tout ce que coûta au royaume l'alliance de l'Angleterre. Ce n'était vraiment pas trop cher.

D'autant que, grâce à Louise de Savoie, la France en eut pour son argent. Le traité n'était pas encore signé qu'il était déjà escompté. La diplomatie de Madame en faisait son profit en Italie et en Espagne : ici, on en menait grand bruit pour affermir le Pape et les Vénitiens dans leurs velléités de résistance à l'Empereur ; là, on en parlait plus haut encore pour arracher aux Impériaux des conditions moins dures. — La Régente joua ce double jeu jusqu'à la délivrance du Roi. Se servant des Anglais, tantôt comme d'auxiliaires et tantôt comme d'épouvantails, elle trouva en eux les instruments les plus dociles et les plus puissants de sa politique.

Il en fut de même après le traité de Madrid. L'espoir d'être soutenus par l'Angleterre pesa d'un grand poids dans la détermination à laquelle s'arrêtèrent alors les Italiens. La Ligue de Cognac peut être considérée comme l'œuvre commune de la diplomatie anglaise et de la diplomatie française ; l'appui persévérant que la première prêta à la seconde compta pour beaucoup dans le succès final.

A cette date, en mai 1526, l'Europe occidentale, comme en 1521, est unie contre un seul État, mais cet État a changé. C'était alors la France qui se voyait l'objet de toutes les méfiances et de toutes les attaques. A présent, c'est l'Espagne. François Ier, auparavant au ban de l'Europe, l'a maintenant derrière lui dans sa lutte contre la maison d'Autriche. — Sans l'alliance anglaise, Madame eût-elle été à même de bouleverser aussi promptement et aussi complètement le groupement des forces dans l'Europe occidentale ?

A considérer la situation au point de vue anglais, on arrive à des conclusions qui sont l'exacte contre-partie des précédentes. — Autant la politique de Madame a été ferme et habile, autant celle d'Henri VIII et de Wolsey a été inconsistante et maladroite. Des deux idées dominantes et directrices qu'on y peut démêler, aucune ne fut réalisée d'une manière satisfaisante.

La première, qui mérite à peine le nom d'idée, était de vendre la paix au plus haut prix, de tirer de France des rentes toujours plus grosses. — On a vu quel misérable avantage ils remportèrent de ce côté.

La seconde avait une tout autre valeur politique. C'était l'idée de médiation et d'arbitrage dont nous avons parlé plus d'une fois. Pour la faire triompher, il fallait se tenir sur la réserve et éviter soigneusement de s'engager à fond avec un parti ou avec l'autre ; il fallait en même temps assurer l'équilibre des forces des adversaires en présence et empêcher que l'un des deux parvînt à écraser l'autre. En appliquant ce programme avec quelque esprit de suite, il était à espérer qu'une médiation deviendrait, non seulement possible, mais nécessaire. Après s'être épuisés en entreprises stériles, les belligérants seraient enfin réduits à subir les conditions que leur dicterait, à son plus clair bénéfice, le courtier honnête resté en dehors de la lutte.

A n'en pas douter, Henri VIII et Wolsey aspirèrent à jouer ce rôle d'arbitres suprêmes. Ils s'y essayèrent à diverses reprises. Mais ils avaient affaire à forte partie. Ni les Impériaux, ni les Français ne se souciaient de leur soumettre leurs différends ; des deux côtés, on éluda par des défaites leurs offres empressées de bons offices. Charles-Quint qui n'avait rien à ménager, les repoussa assez brusquement. Madame y mit plus de façons ; elle protesta de sa reconnaissance et assura que son fils et elle attendaient tout des bontés du roi d'Angleterre ; mais le résultat fut le même ; en dépit de ces belles paroles, elle ne tint pas plus compte que l'Empereur de ses bons amis les Anglais. Dans les négociations qui précédèrent le traité de Madrid en particulier, la diplomatie anglaise essuya un échec éclatant. L'accord du 14 janvier 1526 se fit malgré les Anglais et sans qu'ils y eussent été appelés. En Italie, où ils lui étaient utiles, la Régente ne jurait que par eux ; en Espagne, où ils l'auraient entravée, elle les écarta de propos délibéré.

La rupture de la paix ainsi conclue sans eux fut, à dater de ce moment, le but de la politique d'Henri VIII et de Wolsey. Pour la précipiter, ils n'épargnèrent rien. François Ier et sa mère la désiraient trop eux-mêmes pour résister longtemps à leurs sollicitations. Mais ils eurent l'adresse de compromettre leurs nouveaux alliés. Lorsqu'ils refusèrent de mettre à exécution le traité de Madrid, ils pouvaient alléguer pour excuse la consultation en forme élaborée par le Conseil privé d'Angleterre, dont nous avons donné l'analyse.

Quoi qu'il en soit, vers la fin du mois de juin 1526, le but poursuivi par les Anglais semblait atteint. Le danger, un moment imminent, d'une alliance étroite de l'Empereur et du roi de France n'était plus à craindre ; le traité de Madrid, qui avait paru consacrer l'union des deux plus puissants souverains de la chrétienté, était déchiré. Au lieu de former la vaste fédération d'États vassaux de son empire, que Charles-Quint avait sans doute rêvée, et qui eût été si menaçante pour l'Angleterre, l'Europe continentale était divisée en deux partis de forces à peu près égales, et prêts à se faire une guerre acharnée. Seuls, les Anglais restaient libres de tout engagement. Bien qu'ils n'eussent cessé d'encourager sous main les Italiens et les Français, ils ne s'étaient pas encore officiellement démasqués ; la conclusion de la Ligue de Cognac avait eu lieu sans qu'ils y prissent part. Spectateurs désintéressés de la lutte, et faisant profession de l'amitié la plus sincère à la fois pour les confédérés et pour Charles-Quint, Henri VIII et Wolsey apparaissaient comme les médiateurs indispensables de la paix future.

Mais ce succès était plus apparent que réel. La situation privilégiée de l'Angleterre ne pouvait être maintenue que par l'observation de la neutralité la plus stricte. — Or, le gouvernement d'Henri VIII ne sut pas conserver son indépendance. Il tomba du côté vers lequel il penchait ; il fit en 1526 et en 1527 au profit des ennemis de l'Empereur ce qu'il avait fait pour celui-ci en 1521 et en 1522 : il abandonna peu à peu la neutralité et devint partie au débat dont il eût voulu rester le juge. — La chose ne tarda guère.

Dès l'hiver de 1526, anxieux de prévenir tout projet d'alliance matrimoniale entre François Ier et Charles-Quint, Henri VIII fit un pas décisif et se découvrit irrémédiablement. Il offrit au roi de France la main de sa fille Marie et chargea son ambassadeur auprès de lui de négocier un traité de ligue offensive et défensive contre l'Empereur. Au cours du printemps de 1527, une ambassade extraordinaire, composée de l'évêque de Tarbes, du vicomte de Turenne et du président le Viste, passa le détroit pour arrêter les termes de l'alliance. Le traité en fut signé le 30 avril à Westminster. On convint que la princesse Marie épouserait François Ier, ou, à son défaut, le duc d'Orléans, son second fils ; la paix entre les deux royaumes fut déclarée perpétuelle et Henri VIII renonça, en échange d'une redevance annuelle de 50.000 écus, aux droits qu'il prétendait sur la couronne de France. Quant à Charles-Quint, il fut décidé que des ambassadeurs anglais et français iraient le sommer de rendre les princes français contre une rançon de 2.000.000 d'écus d'or et de payer les sommes empruntées au roi d'Angleterre ; s'il répondait par un refus, les ambassadeurs lui déclareraient la guerre au nom de leurs souverains et ceux-ci engageraient aussitôt les hostilités aux Pays-Bas et en Italie. — Moins d'un mois plus tard, une nouvelle convention, celle du 29 mai 1527, modifia ce plan de campagne. On renonça à envahir les Pays-Bas, et au lieu d'envoyer des soldats sur le Continent, Henri VIII promit de payer une contribution mensuelle de 32.000 couronnes pour l'entretien de l'armée d'Italie, que

François Ier dut renforcer de 1000 hommes d'armes et de 30.000 fantassins.

L'Angleterre était dès lors engagée sans retour. Ce fut en vain qu'au cours des négociations poursuivies en Espagne durant l'hiver de 1527, ses représentants, Ghinucci et Poyntz, affectèrent de se tenir à l'écart des autres ambassadeurs et de jouer le rôle de médiateurs impartiaux entre les Impériaux et les confédérés. L'attitude de l'Empereur déconcerta sans peine ces efforts suprêmes de la diplomatie anglaise, dont les déclarations de Westminster, bientôt sanctionnées à Amiens par Wolsey en personne, montraient assez le peu de sincérité. En dépit de leurs résistances et de leurs atermoiements, les ambassadeurs anglais se virent contraints de céder aux instances de leurs collègues et de déclarer solennellement, de concert avec eux, la guerre à l'Empereur.

Le désir de mettre obstacle au triomphe menaçant de Charles-Quint n'aurait pas suffi pour déterminer Henri VIII et Wolsey à s'unir publiquement aux ennemis de l'Empereur. Cet abandon de leur ancienne politique et l'adoption d'une ligne de conduite nouvelle, moins flatteuse pour leur amour-propre et plus onéreuse pour leur trésor, avait une autre cause, qui était le dessein formé par le roi d'Angleterre de rompre son mariage avec Catherine d'Aragon et d'épouser Anne Boleyn. Que l'idée de ce divorce ait été inspirée à Henri VIII par les agents français ou qu'elle soit née spontanément dans son esprit, c'est là une question controversée et dont la solution ne nous offre qu'un assez mince intérêt. Ce qu'il importe de constater, c'est qu'à compter des premiers mois de 1527, cette considération semble dominer la politique anglaise. S'assurer à tout prix l'alliance de la France contre l'Empereur, qui ne manquerait pas de s'opposer au renvoi de sa tante, et ses bons offices auprès du Pape, qui aurait à juger l'affaire, tel paraît avoir été depuis cette date le but constant de la diplomatie du roi d'Angleterre.

Par là, François Ier et sa mère, qui avaient été jusqu'alors dans la dépendance d'Henri VIII, devinrent maîtres de la situation. Ils profitèrent de leur avantage. Après lui avoir arraché de grosses sommes pour les armées d'Italie, voyant les défaites succéder aux défaites, las de la guerre, et trouvant l'Empereur disposé à accepter les conditions qu'ils n'avaient cessé de lui offrir depuis la délivrance du Roi, ils n'hésitèrent pas à traiter avec Charles en lui abandonnant tous leurs alliés. Henri VIII, toujours préoccupé de ne pas s'aliéner le gouvernement français, n'eut garde de s'opposer à cette paix, bien qu'elle dût mettre le Pape à la discrétion de Charles-Quint. Il envoya des plénipotentiaires à Cambray, et, lorsque l'accord franco-espagnol eut été signé sans que ces commissaires eussent pris part à sa négociation, il se vit contraint d'accepter toutes leurs exigences. Bien plus, désireux de se concilier l'appui de François Ier auprès des Universités de France, dont il voulait obtenir des avis favorables sur la nullité de son mariage, il ne recula pas à faire en sa faveur de lourds sacrifices pécuniaires.

Servis par les circonstances, François Ier et Louise de Savoie réussirent ainsi à tirer de leur entente avec l'Angleterre tout le profit qu'ils s'en pouvaient promettre. Tant que dura la guerre, le gouvernement anglais mit à leur service l'influence de sa diplomatie et les ressources de son trésor ; à la paix, ils se dégagèrent sans difficulté de l'alliance d'Henri VIII, dont ils conservèrent l'amitié en dépit de leur accord avec son ennemi.

Le concert anglo-français, qu'un si rude coup n'avait pas ébranlé, devait durer longtemps encore. L'œuvre de Madame lui survécut pendant bien des années. La paix qu'elle avait signée fut de beaucoup la combinaison diplomatique la plus durable du règne de François Ier. Elle ne fut rompue qu'en 1543, dix-sept ans après sa conclusion. Outre les bénéfices très appréciables qu'ils procurèrent sur le moment au royaume, les traités du 31 août 1525 eurent donc un autre avantage ; ils furent le point de départ d'une longue période de relations pacifiques et de libre commerce entre la France et l'Angleterre. Loin de consacrer un rapprochement de circonstance, sans conséquence et sans avenir, ils créèrent une entente cordiale d'une portée et d'une durée considérables. Voilà ce qu'il ne faut pas oublier lorsqu'on veut pleinement apprécier leur importance historique.

PIÈCES JUSTIFICATIVES

PIÈCES JUSTIFICATIVES

I

13 avril 1524 (1).

Antoine de Créquy au Député de Calais

B. M. ms. Cott. Calig. Additional Part of E I, II, III, f⁰ (153) 141 ;
Brewer, III, 2951. — Mutilé par le feu. — Original.

Au dos : [A] Monsʳ le Débitis de Calais.

Monsʳ le Débitis, je me recommande à vos[tre bonne grâce].
Il y a quelque temps que ung hérault du Roy vostre maistre [vint
à] Boullongne, lequel eust quelque pourparler à Monsʳ [du] Biez
touchant la paix d'entre noz deux maistres et de[puys] se y est
encores trouvé par vostre charge, et, comme m'a m[andé] ledit
Sʳ du Biez, il luy en a dit de bonnes et vertueuses et [saiges]
parolles suivans ledit pourpos.

Monsʳ le Débitis, lors que Monsʳ du Biez m'en advertist, je
[estoys] tout mal, qui a esté la cause pour quoy je ne vous [en]
ay pas fait prompte responce ; mais, congnoissant le grant bien que
ce seroit à la Crestienté de mectre ces deux princes en bonne amytié, je vous en ay bien voulu escripre, et [il] me semble que je
serions fort heureux vous et moy de [avoir] fait le commencement
de une telle œuvre et vo[udroye] bien estre sy heureux que de estre
tumbé en la sc[ience] de mon oncle de Douriers (2) quant à ce point,
car [il a] tousjours esté médiateur de la paix, tant du temps [du]

(1) Brewer a placé en 1523 cette pièce qui ne porte pas la date d'année ;
il a fait de même pour la lettre du 9 mars de Berners à Wolsey (cf. *sup.*
p. 47, note 2). Nous avons cru préférable de les rapporter toutes deux à 1524.

(2) Philippe de Créquy, seigneur de Douriers, qui fut un des négociateurs
du traité d'Étaples ; cf. Rymer, XII, 497.

Roy à présent vostre maistre que de son feu père, dont je [croys] que eulx et leurs pais s'en sont bien trouvez.

Monsr le Débitis, il me semble que, quand noz deux maistres se vouldront entendre, ilz sont pour mener le deme[urant] de la Crestienté à leur intencion ; et, aux no[uvelles] que je avons du Turcq, dont je croy que estes bien [averty], la Crestienté a bon mestier que les princes se monstrent vertueulx et qu'ilz leissent leurs guerres partic[ulières] pour subvenir au bien publicque de la Crestienté ; et [je] tiengs noz maistres de si grand magnanimité [que] ilz préfèrent le bien publicque de la Crestienté aux [leurs] choses particulières.

Monsr le Débitis, vostre hérault a dit audit S^r [du Biez] qu'il avait sauf-conduit pour moy pour aller à Calais et que j'en trouveroye ung autre pour passer la mer. Il............ en cest afere ....; et que vous et moy nous y employons et [vous prye] faictes que je entende par articles l'intencion [de vostre] maistre et je mectray peine [de ma part] envers le Roy mon maistre, en ce qu'il m[e sera possible], afin de entrer en la matière, et [aurons] moien de communicquer cest afere ensemble, tant [par quelqu'ung] de mes prisonniers que par vostre hérault.

Monsr le Débitis, je prie à Nostre Seigneur vous [avoir en sa] saincte garde. De Pont de Remy, ce XIIIe [jour de] avril.

Celuy qui a à son ho[nneur vous] fere tout plaisir.

Anthoine de Cré[quy].

II

Décembre 1524.

Instructions de Brinon (1).

B. N. ms, Clairambault 324, f°s 8953 et suiv. — Brouillon original de la main de Robertet.

Au dos : Instructions baillées de par Madame au président de Rouen, Mr Jehan Brinon, pour et en son nom aller devers le cardinal d'Yorke en Angleterre traicter de la paix. — St Just lez Lyon. — Décembre V^c XXIIII.

(1) Cette pièce a été publiée d'une façon si défectueuse par Champollion-Figeac (*Captivité* pp. 53-57) que nous avons jugé indispensable de l'imprimer de nouveau, d'après l'original du ms. Clair., que le premier éditeur ne semble pas avoir connu.

Messire Jehan Brinon, chevalier, seigneur de Villenes, conseiller du Roy et premier président au Parlement de Normandie, aussi premier président des Grans jours et Conseil de Madame, mère du Roy, et chancellier d'Alençon, lequel madicte Dame envoye en Angleterre par devers très Révérend père en Dieu Monsr le cardinal arcevesque d'Yorke, légat en Angleterre. Après avoir fait audit Cardinal les très cordialles recommandacions de madicte Dame, luy présentera les lectres de créance qu'elle luy rescript.

Sa créance sera que madicte Dame remercye bien fort et de tout son cueur icelluy Monsr le Cardinal du bon recueil et traictement qu'il a fait à messire Jehan Joacquin, son maistre d'hostel, des bons propos et vertueuses parolles qu'il luy a tenues sur le fait de la paix et repos de la Crestienté, du grand soing et cure qu'elle congnoit par effect a à icelle paix, dont elle le prye très affectueusement de vouloir persévérer et continuer à ce bon et sainct vouloir jusques à l'entière perfection et accomplissement d'icelluy, duquel, outre la rétribucion et rémunéracion que en aura de Dieu, toute la Crestienté luy en donnera gloire éternelle.

Plus, luy dira que, pour mectre fin à l'affaire pour lequel avoit envoyé ledit Joacquin par devers luy, et après avoir fait entendre au Roy son très cher seigneur et filz tout le discours que ledit Joacquin luy avoit mandé et que sondit très cher seigneur et filz a fait entendre suivre entièrement sa voulenté, elle a despesché ledit Président avec ample et seuffisant pouvoir pour cappituler avec luy.

Et, jaçoit que les affaires de sondit très cher seigneur et filz soient pour le présent, grâces à Notre Seigneur, en tel estat qu'il ait moins cause de sercher amytié avec ses ennemys depuis que la guerre commença, et que il ait or, argent et amys à suffire non seullement pour deffendre ses terres et seigneuries de sesditz ennemis, mais pour se revancher des offenses que luy ont esté faictes, néantmoins, pour l'honneur de Dieu, paix universelle et bien de toute la Crestienté et pour éviter effusion de sang crestien et autres offenses envers Dieu et inconvéniens qui viennent de la guerre, est contant de faire paix et entrer en amytyé et confédéracion avec ses ennemys et mesmement avec le roy d'Angleterre.

Et, avec ce, que, combien qu'il ait esté offensé sans cause et que ait souffers à cause de la guerre plusieurs grans maulx, intéreslz et dommages, comme il est tout notoire, desquelz raisonnablement devant Dieu et tout le monde pourroit justement et raisonnablement demander réparacion et satisfacion, toutesfois, sans avoir regard à ce, est contant entrer en cappitulacion, sans demander aucune chose à son très cher et très amé frère et cousin le roy d'Angleterre, et de faire paix, amytyé et confédéracion avec luy en ensuivant les traictiez par cy-devant entre iceulx seigneurs faiz et paier les sommes de deniers que par iceulx traictiez ledit seigneur devoit payer, néantmoins qu'il y ait causes et raison péremptoires de n'estre tenu paier les deniers deubz à cause de la redicion de Tournay.

Et, d'autant que le Cardinal pourroit demander les arrairages (1) desdits deniers deubz, tant à cause de Tournay que autrement, le persuadera par tous les moiens dont se pourra adviser que iceulx arrairages soient quictez. Et là et quant ne pourroit gagner ce poinct, fera envers lui que lesdits arrairages soient remys en années qui escherront après que tout ce qui est deu pour l'advenir sera satisfaict et payé.

Et se paiera ce qui est deu pour l'advenir par années et termes, en la forme et manière que se payoit auparavant la guerre, dont le premier terme escherra d'icy à ung an, et, si cela ne se peult conduire, en may prochainement venant.

Et, pour ce que ledit Joacquin a mandé à madicte dame que ledit Cardinal demandoit lesdits arrairages estre promptement paiez, et le reste pour l'advenir cent mille escuz par an tant que le roy d'Angleterre vivroit, et, après son décez, le demeurant seroit payé aux termes accoustumez, si icelluy Cardinal persistoit en sadicte demande, luy sera remonstré que de paier les arrairages à présent le Roy commodément ne le pourroit faire, actendu les gros fraiz et mises qu'il luy a convenu soustenir à cause de la guerre, et que, d'autant qu'il est question de faire entrer ces deux Roys en amytyé, est expédient conduire le cas par une grand gracieuseté et non par duresse, affin de causer une bonne, fraternelle et très cordialle amour entre eulx, et si fault avoir regard que ledit seigneur et roy de France n'a ses affaires en aucune nécessité, grâces à Nostre Seigneur, par quoy doyve souffrir d'estre aucunement engarié. Et si croyt que ses ennemys sont plus las de la guerre que luy, et que, quant vouldront recommencer à lui faire la guerre, s'il s'est par cy-devant bien deffendu d'eulx, le fera par l'advenir, avec l'aide de Dieu et son bon droit, encores mieulx. Lesquelles remonstrances se pourront faire selon que la matière sera disposée et en grand doulceur et gracieuseté.

Et, quant aux cent mille escuz qu'il demande par an, luy sera remonstré que ce seroit abréger les termes par cy-devant convenuz

_____
(1) Le ms. porte *arrages*.

et augmenter la somme ; car le roy d'Angleterre pourroit si longuement vivre que, fin de compte, se trouveroit que l'on auroit beaucoup plus payé que l'on ne debvoit. Autre chose seroit si demandoit
que cent mille escuz feussent paiez par an durant la vie du roy
d'Angleterre, et que, si pendant icelle se trouvoit le tout estre payé,
autre chose ne se payast, et, là où le tout ne seroit payé à son décez,
le reste se payeroit aux termes convenuz aux traictiez précédans ;
en quoy faisant ne seroit augmenté la somme, ains y auroit abbré-
viacion de termes, à quoy ledit seigneur roy de France ne veult
consentir.

Bien sera contant pour le bien de paix, si autrement ne se pouvoit faire, que les arrairages (1), qu'il entendoit paier à la fin
des termes à escheoir, soient deppartiz par années, et que à chascun
an et terme soient paiez XX^m livres, qui sont XX^m escuz par an,
jusques à fin de payement.

Au demeurant, quant à Ardre et autres choses de la conté de
Guynes, qu'il demande, luy suader que ledit seigneur roy de
France n'y consentiroit jamais, d'autant que seroit chose qui
redonderoit au grand regret et desplaisir des subgez, esquelz pour
riens ne veult desplaire.

Et, d'autant que le Cardinal pourra dire que il ne peult cappituler avec madicte Dame pour l'obligation que son maître a
avec l'esleu en Empereur, et que, à ceste cause, demandoit
une cédulle à Madame signée de sa main pour estre seur de ce
que le Roy bailleroit à sondict maistre en faisant paix, amytyé et
confédéracion avec luy, et que, veue icelle cédulle, il eust envoyé
par devers l'esleu en Empereur pour avoir pouvoir pour faire tres-
ves durant lesquelles se fut évertué de faire paix, amytyé, alliance
et confédéracion entre iceluy esleu en Empereur et le Roy, et, où
ledit esleu en Empereur n'eust voulu entandre à ladicte tresve ou
paix, sondit maistre l'eut habandonné et eust faict paix, amytyé,
alliance et confédéracion avec le Roy ensuivant ladicte cédulle,
luy sera respondu que, après l'accord fait desdits payemens et
arrairages, s'il ayme mieulx cela par cédulle que par traictié,
ladicte cédulle luy sera bailliée, promy ce que de sa part en baillera
une autre de faire et procurer ce qu'il a dit, et, au deffault que ledit
esleu en Empereur n'y vouldroit entandre, l'abbandonner et traicter.

Et, touchant le fait de la pension dudit Cardinal, qui est de douze
mille livres, pour ce que madicte Dame a grand désir de luy com-

____

(1) Comme ci-dessus, le ms. donne *arrages*.

plaire et qu'il soit bien traicté, elle lui sera payée avec les arrairages en la sorte, forme et manière qu'il advisera.

Et, quant à la royne Marye, joyra de son douaire, le traictié faict, en la forme et manière que faisoit auparavant la guerre, et les arrairages luy seront paiez à dix mille livres par an.

Plus, luy dira que madicte Dame luy a donné charge dire à icelluy Cardinal que, si Dieu conduict ceste paix et amytyé entre iceulx deux Roys avec amour et espérance de ne venir au contraire, qu'elle espère que ces deux princes feront de grosses choses ensemble à la louenge de Dieu, à leur gloyre et mémoire perpétuelle; et que le Roy son maistre trouvera avec le Roy son très cher seigneur et filz plus d'amour, seureté, foy et loyauté que n'a fait avec l'esleu en Empereur; et que ledit seigneur roy de France n'est point nécessiteux et ne l'empruntera de riens et n'espargnera aucune chose pour mectre à éxécucion ce qu'ilz entreprandront; et que ledit Cardinal sera conducteur, gouverneur et modérateur de leurs entreprinses.

S'il estoit question de parler incidemment des romptures des traictiez convenuz et accordez entre iceulx seigneurs par cy-dev[ant] et si y a eu matière de commancer la guerre contre ledit seigneur ou non, ledit ambassadeur en est assez adverty et informé par ung double de lectres que luy a esté baillé.

Aussi, pour estre du tout mieulx informé et pour respondre à tout ce que l'on luy pourroit mectre en avant, luy ont esté baillez les doubles des traictiez dernièrement faiz avec le roy d'Angleterre.

Et finablement, fera en tout et partout sur les choses susdictes ses (1)..... de paines, ainsi que madicte Dame (2).....

III

6 janvier 1525.

Du Biez au Député de Calais

Rec. Of. BREWER, IV, 999. — Original.

Au dos : A Monsr le Débitis de Callais.

Monsr le Débitis, je me recommande de bon cueur à vous. Présentement Monsr le chancellier d'Allençon m'a envoyé ung chevaucheur d'escuyrie pour aller à Callais préparer son logis et le cas de

(1) Suit un mot illisible.
(2) Il manque évidemment deux ou trois mots, sans doute « lui a dit » ou quelque chose de semblable.

son passage pour passer delà la mer; je vous prie, Monsr le Débitis,
me voulloir envoyer seureté pour ledict chevaucheur, nommé
Pierre Gedoin, affin qu'il puisse dilligenter son affaire et que
Monsr le Chancellier trouve son cas prest pour son passage pour y
séjourner le moings qu'il pourra; priant Dieu, Monsr le Débitis,
vous donner bonne vie.

A Boullongne, ce vime jour de janvier.

Monsr le Débitis, j'entends que ledit chevaucheur ait sauf conduyt pour aller et retourner. J'envoye le sauf conduyt pour le
marchand de l'Estapple dont vous m'escripvez.

Vostre bon voisin.

OUDART DU BIES.

IV

13 janvier 1525.

Le même au même.

B. M. ms. Cott. Calig. E I, f° (63) 73 (1). — Mutilé. — Original.

Au dos : A Monsr le [Débi]tis de Callais.

[Mons]^r le Débitis, je me recommande de bon cueur à [vous];
Mo]ns^r le Débitis, Monsr le chancellier d'Allançon et arriv[é ce]
soir en ceste ville, lequel désire faire dilligenc[e p]our parachever
son voyage en Angleterre; et, pour ce que journellement noz gens
et les vostres se font la guer[re], il me semble, pour la seureté des
deux costez, que seroit bon qu'il y eust abstinance de guerre
entr[e] vous et nous autres pour le jour de son partement, qui sera
samedi prochain; et, se ainsi le voull[ez] consentir, je vous prie
m'envoyer asseurance pou[r] cedict jour de ceulx de vostre party
et je vous promectz sur ma foy et honneur, s'il y a quelque chose
de mésupsé cedict jour de samedi de ceulx de nostre p[arty], le vous
faire restituer et réparer en m'envoyant ladicte asseurance.

Monsr le Débitis, je vous prie voulloir despesche[r] ce présent
porteur ma trompette pour qu'il et bes[oin] qu'il soit icy aujour-
d'huy de retour; où, faisant fin de lectre, je prieray Dieu vous
donner sa grâce.

A Boullongne, ce xiiime jour de janvier.

Vostre bon voisin.

OUDART DU BIEZ.

(1) Nous n'avons pas trouvé l'analyse de cette pièce à cette date dans
BREWER.

JACQUETON, *Louise de Savoie.*   20

V

16 février 1525.

Madame à Brinon et à Jean-Joachim.

Ar. Nat. J 965, 4, 13; Brewer, iv, 1093. — Brouillon original avec corrections do la main de Robertet.

Au dos : Lectres missives de Madame à Messrs les président de Normandie et de Vaulx, ambassadeurs pour ladicte Dame en Angleterre pour le fait de la paix, responsives aux lectres par eulx escriptes à ladicte Dame touchant ladicte paix entre le Roy et celuy **d'Angleterre.** St Just lez Lyon, xvime février MVc XXIIII.

Messrs le Président et des Vaulx. J'ay receu vos lectres du xxixeme du passé, par lesquelles me faictes amplement entendre le discours qu'avez eu avec le Cardinal touchant le faict de la paix et les difficultez qui s'y sont trouvées. Je treuve que de vostre part vous êtes mys si très avant en devoir que Monsr le cardinal d'York s'en debvoit contenter; et ne se fault merveilher s'il a débatu au contraire, car l'a faict comme bon et loyal serviteur de son maistre; mais je croy que à la fin le trouverez si très enclin et zélateur de paix qu'il se contentera de la raison, et par sa dextérité, sens et bon esperit y fera condescendre son maistre, et luy remonstrera que jusques à présent n'a guières bien faict son prouffict de la guerre et est encores pour moins le faire cy-apprès, et les grosses sommes de deniers qu'il a despendues à cause d'icelle et le prouffict que avoit de ce Roy auparavant ycelle et que une paix certaine est trop meilleure que une guerre incertaine. Vous scavez la peine que j'ay eue de ma part à faire condescendre mon Seigneur et filz à condescendre à icelle paix et de bailler partie de ce que avez offert et de quelle persuasion et moien m'a fallu user; j'espère que iceluy Cardinal n'en fera pas moins de son cousté.

Au demeurant, pour vous résouldre quant au contenu des articles que m'avez envoyé, direz audict seigneur Cardinal quant aux contez de Boulongne, Guignes avec la ville d'Ardre ce que je vous diz, Président, à vostre partement, c'est assavoir, que, s'il estoit question de bailler terre, si petite fust-elle, que mon Seigneur et filz n'y vouldroit aucunement entendre, tant pour la conservation de son serement que pour ne desplaire à ses subjectz que pour éviter les inconvéniens advenir. Et, par ainsi, quant à cela, n'entrez en aucune disputation, ains, si se vouloit arrester, retournez devers moy. Touttesfois, j'ay telle fiance en la prudence d'iceluy Cardinal qu'il ne se arrestera à cela, cognoissant que n'y a propos, raison ne apparence.

Et, en tant que touche les deniers promys par cy-devant, tant pour la restitucion de Tournay que autres et arrairages d'iceulx, vous me mandez que iceluy seigneur Cardinal demande la moictié des arrairages avant la ratiffication de la paix que se pourroit faire et que le demeurant sera mys en masse avec le principal, qui se paiera durant la vie du roy d'Angleterre à cent mille escuz par an à deux termes, c'est assavoir may et novembre ; chascun d'iceulx cinquante mille escuz, et que, au premier terme, se paiera cent mille escuz. Vous luy avez sagement remonstré, comme la raison veult, que, quant aux deniers de la restitution de Tournay, mon Seigneur et filz n'y est tenu, actendu le moien par lequel a esté spolyé d'iceluy Tournay; et, quant au demeurant de Londres, se pourroit aussi dire que mon dit Seigneur et filz n'y est obligé et que cela a esté estainct et acquis à cause de la guerre que luy a esté faicte, et, par ainsi, de luy offrir et présenter icelles sommes, non obstant que ne soyent deues, et les payer à temps raisonnable sans trop grever mon très cher Seigneur et filz est se mectre plus avant que la raison et que l'on ne debvroit demander (1).

Mais, quant au faict des bagues, elle fut mariée aux coustumes de France, où y a communité de meubles entre mary et femme et le survivant succède aux meubles, charge de paier les debtes. Si luy fut remonstré après le décès du feu Roy et à son conseil que, si elle vouloit paier les debtes, que les meubles luy seroient baillés, du nombre desquelles estoient icelles bagues. Elle déclaira que ne vouloit paier les debtes, et par ainsy frustrée d'iceulx meubles. Et luy pourroit-on demander le myroir de dyamant qu'elle a envoyé en Angleterre, qui est l'une des excellantes bagues de la Chrestienté. Et, par ainsi, se doyvent contenter de l'offre à eulx faicte, qui est plus que la raison.

Et, quant à l'obligation des quatre cent cinquante six mille escuz soleil prétendue estre due par les généraulx, vous luy pourrez dire que mondit Seigneur et fils n'a agréable icelle obligation et que d'icelle n'en vint jamais denier à son prouffit, et ne se y veult obliger. Elle est usuraire et plus que déraisonnable et n'entendit jamais mondit Seigneur et filz le contenu en icelle, si n'est depuis

____

(1) Il y a sans doute une lacune entre ce paragraphe qui termine une page et le suivant qui en commence une autre.

quelque temps en çà que luy fut donné entendre; lequel dès lors dit
que pour nulle chose ne vouldroit consentir ung pareil acte où gisoit
de son honneur et conscience.

Président, et vous des Vaulx, remonstrez les choses susdictes
article par article à iceluy seigneur Cardinal et luy dictes la peine
que j'ai eue de y faire condescendre mondit Seigneur et filz et que,
si de présent la chose ne se conclud, je ne voy moien que se puisse
jamais renouer. Par ainsi, vous le prierez de ma part que se mecte
en le devoir envers le Roy son maistre que j'ay faict envers mondict Seigneur et filz, affin qu'il ne soit dit que avons commencé une
telle euvre sans la scavoir parachever.

VI

6 mars 1525.

Brinon et Jean-Joachim à Madame.

Ar. Nat. J 965, 3, 8; BREWER, IV, 1160. — Original.

Au dos de la même écriture que la lettre : A Madame, Madame
mère du Roy, Régente en France; *et à côté, d'une autre écriture* :
Monsr le président de Rouen et Joaquin du vieme jour de mars
V^c XXIIII, Angleterre.

Madame. Suivant le contenu ès lectres qu'il vous a pleu escripre
du xv° jour de février, après avoir réitéré à Mons' le Révérendissime
vos affectueuses recommandations et derechef l'avoir remercié du
bon et saint vouloir qu'il avoit à la paix et l'avoir exhorté et prié
de y vouloir constamment persévérer jusques à l'effect, perfection et
consummation de l'œuvre et qu'il ne laissast tumber ne eschaper de
sa main la praticque de ceste paix qui luy estoit et seroit tant
honorable et fructueuse, nous luy avons reprins tous les pointz
demourez en différend et sur chacun d'iceulx particulièrement faict
la response contenue en vosdictes lettres.

Laquelle oye, il nous a demandé si nous avions aultre charge,
et, si aultre charge nous ne avions, il ne nous vouloit aultrement
respondre, sinon de nous dire à Dieu et prendre congié, et que
l'ambassade de Flandre estoit prochaine, avec laquelle, oye nostre
résolution, il vouldroit traicter pour l'exemption de leur emprinse
et pourveoir et disposer ce qui estoit nécessaire pour la guerre et
aussi lascher la main à la délivrance de deniers du costé de Italie

qu'il avoit close jusques à présent, et, si elle estoit laschée, il n'y auroit plus de ordre de traicter ladicte paix. Que le Roy nostre maistre avoit faict son prouffit de ce pourparlé, qu'il avoit semé et faict semer par toute l'Ytalie, ce qui avoit fait branler le Pape et les Vénitiens, et qui les vouloit informer du contraire. Et pour ce que nous avions parlé de sa prospérité, qu'il scavoit quelle elle estoit, et qu'il pensoit que de cette heure on eut donné la bataille au Roy, en nous figurant le lieu, et que le Roy estoit deffaict ou prins ; néantmoins, pour ce, il ne seroit plus chault ne plus froic à conclure avec nous. Et, pour résolution, que nous avions laissé le poinct principal, qui estoit le faict des terres, sans lesquelles il ne estoit asseuré de povoir faire la paix. Et oultre nous disoit par négative, que, sans accorder simplement le principal et arréraiges de Tournay, ne se feroit point. Quant à la faveur et ayde demandez pour le recouvrer, nous scavions ce qu'il nous avoit dit, et que, s'il estoit question de nous donner ayde pour le recouvrer, il cousteroit deux foys autant que la somme que nous lui promections bailler ; et qu'il feroit ce qu'il seroit en luy pour le faire remectre ès mains du Roy, mais il n'y en auroit riens au traictié. Quant à la condition du mariage, disoit que le traictié de Tournay et le traictié de mariage estoient deux choses séparées, et que l'une ne avoit riens commun avec l'aultre ; que le Roy son maistre, par grandes et importunes prières et requestes, se y estoit condescendu ; que, qui ne les payeroit des deniers de Tournay, ilz feroient coupper les testes des ostaiges et les envoyeroit au Roy. Quant aux arréraiges, que si la somme de cent mile escuz ne se payoit content après le traictié ratiffié et publié, la paix ne se feroit poinct. Quant aux vingt cinq mile escuz des habitans de Tournay, consentoit la clause y estre apposée, c'est assavoir se promectre déduire ce que les quictances monteroient et faire les transporz nécessaires. Quant à la continuation, qu'il ne vouloit faire chose qui ne fust perpétuelle et durable, et qu'il vouloit faire ung lyen indissoluble entre ces princes, qu'il ne povoit faire sans ceste espérance de continuer les cent mile escuz à la vie de son maistre, et qu'il nous avoit dit que ce n'estoit que emplir le papier, que son maistre estoit graz et que Dieu luy feroit grand grâce s'il vivoit jusques à la fin des payemens. Au regard de la partye des généraulx, que la parolle et la promesse du Roy y estoient géminées, et que Jarninguant, qui estoit ambassadeur en ce tems, en scauroit bien déposer, que Monsr l'Amiral l'avoit promis et que c'estoit mal garder son crédit de désadvouer sa promesse, que Monsr le Grand maistre avoit faict le semblable,

que le contract estoit licite et qu'il n'y avoit point de usure en ce
pays, que sans cette partye la paix ne se feroit point, que la partye
avoit esté baillée aux marchans, qu'il y avoit moyen pour saulver
le Roy de enpayer aucunes choses. Quant à la tresve et aux joyaulx,
il si est peu arrêté, et encores moins aux déprédations.

Nostre response a esté, que nous, le cognoissant si saige et si
prudent, si grand et bon zélateur de ceste paix tant utille et nécessaire pour ces deux royaulmes et toute la chrétienté, pensions
qu'il ne voulût pour peu de chose laisser eschapper ni perdre ceste
belle occasion ; que vous, Madame, avez fort travaillé à gaigner et
amollir le cueur du Roy, qu'il falloit qu'il fist le semblable de sa
part vers son maistre, sans mectre son estat en dangier ne se chargier
de despense superflue tant en Ytalie que ailleurs ; que l'expérience
du passé luy donnoit à cognoistre combien il y pouvoit prouffiter ;
que nous pensions que, si Dieu luy faisoit ceste grâce, ce seroit la
consummation de sa félicité et perfection de sa gloire, qu'il méri-
teroit envers Dieu et le monde et qu'il en seroit mémoire perpétuelle. Quant au faict deTournay, que les raisons luy avoient esté
remonstrées et que, en bonne équité naturelle et par disposition de
raison escripte, son maistre estoit tenu de faire ce que nous deman-
dions, que Tournay de toute ancienneté estoit du royaulme et que,
sans l'espérance de mariage, nous ne en eussions donné une seulle
maille ; que, si le paiement des deniers promis ne avoit esté faict, ce
ne estoit par la faulte des ostaiges ne de celluy qui les avoit baillez,
ce estoit par la faute de son maistre qui avoit envoyé la deffiance et
commencé la guerre ; que lesdits ostaiges estoient innocens et libé-
rés personnes, que ce seroit chose inhumaine et tyrannique de leur
vouloir faire oultraige, que je ne pensois que luy, qui estoit Prélat,
Cardinal et Légat, voulust estre de une telle et si cruelle opinion.
Quant au payement de la somme de cent mile escuz contens après
la publication, que le Roy avoit trop despendu et chascun jour
despendoit en ses guerres pour estre si aysé d'argent ; que aultres
foys le roy d'Angleterre, de gayeté de cueur, avoit libéralement
presté plus grosses sommes à simples marchans ; que, pour avoir
l'amytié de ung tel si grand et si puissant Roy, il povoit bien user
de cette honnesteté. Quant à la continuation, que la lectre de Ardre
en faisoit la décision, car la promesse estoit conditionnelle et la
clause y estoit résolutive ; que je luy avois dit la suspicion de sa
promesse, veu le traictié qu'ilz avoient avec l'Empereur, le pourparlé de Escosse et l'expérience du passé. Quant à la partie des
généraulx, que les raisons luy avoient esté alléguées que l'obliga-

tion estoit usuraire et contre bonne meurs, non entendue par le
Roy jusques puis naguères, qui ne l'avoit eue agréable; que si la
ratiffioit sa conscience en seroit blessée.

Sur ce, il a dit que ses généraulx sont obligez. Je luy ai dit que ce
ce n'est pas à luy parlant de la personne du Roy, et davantaige que
leur obligation estoit nulle, et, s'il en estoit question en jugement
contradictoire, ilz en seroient absoubz. Sur ce, il me a dit qu'il ne
croyoit que je le voulsisse ainsi juger si j'en estois juge et que, si le
Roy voulloit consigner ung milion d'or, que son maistre en consi-
gneroit autant et que le jugement se en fist par genz non suspectz.
La response a esté, que je ne disois ne vouldrois dire à luy ne à
aultre une chose de bouche que en ma pensée je jugeasse le
contraire et que je soustenois et soustiendrois devant et contre
tout le monde que le contract estoit, non seulement nul, mais deshonneste, illicite et usuraire; et que je ne avois puissance de gaiger
ne consigner l'argent de mon maistre et, veu qu'il estoit question
de chóse de justice, que la gaigeure ne vauldroit riens; bien le
voulois avertir, comme celluy qui lui estoit affecté et aymoit son
honneur, que, s'il tenoit en ceste partie que la paix ne se fist, il
n'y auroit point d'honneur, et estoit à craindre que les Angloys
mêmes en fissent mal leur prouffit et rejectassent tous les inconvéniens, qui cy-après leur adviendroient par la guerre, sur la teste
dudit Cardinal.

A quoy il a dict que pour cest article seul ne se laissoit à faire
la paix; ce estoit aussi pour les aultres articles, c'est assavoir
par faulte de non bailler terre, voulloir continuer les cent mile
escutz à vie et aultres articles qui estoient en différend. Et sur ce,
nous a faict une digression et dit que nous ne faisions riens pour
son maistre; qu'il avoit tant despendu en ses guerres, que tout
ce que nous lui promections oultre le dernier traictié estoit chose
loyaulment deue, et en ce que nous prenons pour advance, disoit
qu'il n'y avoit point mile livres de ceste monnoye, que de ce qui
estoit davantaige il en faisoit moins de estime que de son rochet,
que qui le vouldroit faire remuer pour aller quérir l'advantaige il
ha le cueur tel et si honneste qu'il ne le daigneroit faire, ne pour ce
prendre la peine qu'il en prend, si ce n'estoit pour le bien de la paix.

Sur quoy, luy avons dit, que ce estoit merveilles qu'il faisoit
si peu de compte de ung milion ou onze cens mile escuz, et, veu le
petit estime qu'il faisoit de argent et le grand compte qu'il tenoit de
la paix, ne se debvoit donc arrester à si peu de chose, derechef
l'exhortant qu'il usast de l'occasion et ne se arrestast aux mensonges

que luy escripvoient noz ennemis, et que les choses se portoient tout
aultrement, que le Roy triumphoit et triumpheroit en Ytalie, que
nous pensions et le royaume de Naples et Pavye de présent en ses
mains, qu'il ne perdist ung tel et si grand amy, l'advertissant que
si ceste paix se laissoit à faire elle seroit mal aysée à renouer, et
plusieurs autres parolles, le priant qu'il y voulsist penser ceste nuyt.

Sa résolution a esté qu'il y avoit longuement pensé, et que, sans
luy accorder les choses dessusdictes, il ne pourroit gaigner son
maistre, et qu'il ne se y failloit actendre ne tenir cest affaire en longueur, et que le Roy son maistre luy avoit mandé qu'il allast vers
luy, que s'il y alloit et que nous ne lui tinsions aultre propoz il
nous aporteroit mauvaise responce, et que de ceste heure il com-
mançoit à estre suspect et que l'on disoit qu'il estoit Francois. Et
il luy fust dit que à nostre voulenté il fust aussi bon François qu'il
avoit esté bon Hespaignol. Et il nous a dit que ce qu'il avoit fait
pour les Hespaignolz avoit esté pour la nécessité et commodité des
affaires et du temps et non aultrement. Et sur ce penser nous
sommes retirez.

Vray est que nous luy avons parlé de l'arrest et détention de
nos gens fait à Douvre et l'interception de noz lectres, luy offrant
pour l'oster de suspeçon qu'il en fist lecture. A quoy il nous
a respondu qu'il ne avoit commandé ne ordonné que noz gens
fussent arrestez, ni noz lectres prinses, et si ne les avoit voullu ne
voulloit veoir, en se purgeant de suspeçon par serment sollennel
qui luy a pleu faire la main mise au piz en notre présence.

Et sur ce penser l'avons laissé par deux jours. Durant lesquelz il a
mandé quérir moy Joachin, qui ay eu avec luy longues parolles et par
tous moyens ay mis peyne de le persuader. Et, pour ce qu'il se arres-
toit du tout sur ces deux parties, c'est assavoir sur la partie des généraulx, qui est le principal de nostre différend, et sur la continuation à
vie, pour le gaigner, je luy ay ouvert deux expédiens, c'est assavoir :
quant à la continuation à la vie de son maistre, qu'elle se accor-
deroit par lectres à part pures et simples, mais qu'il bailleroit une
contre-lectre que l'obligation ne sortiroit effect si le mariage de
Madame la Princesse ne se faisoit en la maison de France ; et
quant à l'obligation des généraulx, que l'on pourroit mectre ladicte
obligation en masse, mais, si elle ne estoit payée avant le décez du
Roy son maistre que elle se estaindroit et admortiroit par son
trespas. Sur quoy a esté longuement debatu, et finablement a prié
moy Joachin que je parlasse de ces deux points à Monsr le Chancellier, ce que je luy promis de faire.

Et le jour ensuivent ledict Cardinal envoya devers moy Brinon. Devers lequel nous allasmes ensemble, et après quelques gracieuses et honestes parolles tumbasmes sur ces deux ouvertures et longuement en disputasmes. Le discours en seroit ennnuyeuz, et sans conclure pour aucunes causes nous départismes, promectant y penser la nuyt et le lendemain matin à heure de neuf heures luy venir faire' la response.

Ce qu'il fut fait, et après grandes protestations et remonstrances condescendismes au consertement desdictes deux ouvertures. Mais, nostre consentement eu, ledict Cardinal, retournant à ses premiers propoz, dit qu'il ne scavoit si le Roy son maistre se en vouldroit contenter et qu'il promectoit qu'il feroit vers luy ce qu'il pourroit. Sur quoy, nous lui dismes que ce que nous faisions estoit oultre nostre povoir, pour le zèle, désir et affection que nous avions à la paix et que nous estions en dangier de désadveu ou malcontentement; que, si de brief il ne nous en faisoit response, nous protestions que par nostre consentement nouz ne serions aucunement obligez; et, de propoz en propoz, luy fismes aultre ouverture sur ceste obligation des généraulx, c'est assavoir, que, combien que de ceste obligation le Roy ne eût aucune chose receu et qu'il fût deue une bonne et grosse somme, néantmoins serions contens de luy laisser ceste somme deue entre les mains, et que, la masse de Londres et de Tournay payée, si le Roy son maistre survivoit, qui luy fût payée durant sa vie jusques à la somme de deux cens mile escuz oultre la masse, qui seroit continuation de deux ans, pourveu que, s'il se mouroit, il ne se en payeroit à ses successeurs aulcune chose. Sur ce, ledit Cardinal se arresta à vingt cinq mile escuz davantaige, le tout faisant la moitié de la somme de l'obligation ; qui luy fut aussi octroyée soubz mesmes conditions. De quoy, après y avoir quelque peu pensé, il ne s'est encores voulu contenter, et nous a fait une aultre tierce ouverture, c'est assavoir, de faire masse de toute l'obligation des généraulx et se contenter par an de la somme de LXXV^m escuz sol., qui estoit moins que ne luy en offrions, pourveu que la continuation à la vie de son maistre luy fût accordée sans condition, qui ne seroit, comme il disoit, que emplir le papier, veu le long tems que auroient lesdicts payemens. Sur la remonstrance que luy avons faite que, si durant la vie de son maistre il faisoit la somme moindre, il la faisoit plus grosse après son trespas et que la longueur estoit chose incertaine, nous a dit que, quant à ceste obligation des généraulx, il seroit content que ce qui resteroit à payer après le trespaz de son maistre se payast à la raison de sept

mile escuz par an. Ce que ne luy avons voulu accorder, tant parce
que, ce faisant, il auroit, ce qu'il demande, le payement entier de
ceste obligation usuraire, et si auroit la continuation à vie qui
seroit de la conséquence que nouz luy avons plusieurs fois remon-
strée, et que, en luy accordant ce qu'il demande, nous excéderions
nostre povoir qui estoit limité quant à ces deux pointz. La conclusion du propos a esté qu'il parleroit au Roy son maistre, et que,
dedans brief temps, il nous feroit response, et que, si la paix ne se
faisoit, qu'il ne tiendroit pas au Cardinal.

Madame, il vous plaira excuser la prolixité de notre lectre pleine
de redictes, que nous ne avons voulu omectre pour vous représenter
et donner à entendre tout nostre discours, qui ne se doibt omectre
en affaire de telle importance, où se trouve tant de diversités et
changemens que nous ne scavons bonnement à quoy nous prendre.
Il vous plaira sur le tout nous faire entièrement et certainement
scavoir vostre bon plaisir pour icelluy humblement et soigneusement exécuter et acomplir, Dieu aydant, lequel nous suplions,
Madame, qu'il vous doint très bonne vie et longue.

De Londres, le vime jour de mars.

Vos très humbles et très obéyssans subjectz et serviteurs.

BRINON, JOAN JOACHIN.

VII

Mars 1525.

Madame à Brinon et à Jean-Joachim.

Ar. Nat. J 965, 4, 14. — Brouillon original de la main de Robertet.

Au dos : Lectres missives de Madame à Messrs les Président et
des Vaulx, ambassadeurs d'icelle en Angleterre. Sainct Just lez
Lyon, mars V^c XXIIII.

Messrs les Président et de Vaulx. Par les lectres que m'avez
escriptes du..... passé, ay entendu en quel estat et termes sont les
affaires que avez à conduire avec Monsr le cardinal d'Yorck,
où vous estes si sagement conduictz et gouvernez pour parvenir à
l'intencion de mon Seigneur et filz et myenne que mieulx n'eussiez
sceu faire. Et d'autant que, par les dernières lectres que vous ay
escriptes et chiffre que vous ay envoyé, vous ay entièrement satisfait au contenu esdictes lectres et mesmement aux deux poinctz

esquelz le Cardinal s'arreste, c'est assavoir des cent mille escuz
et déprédations, pour le présent ne vous en escripray aultre
chose, si n'est que ensuivez en tout et par tout le contenu audit
chiffre en que porte l'accord et consentement desditz deux pointz.
Et de là et quant ne porriez mieulx faire et pour ce que vosdictes lectres portent que ledit Cardinal s'est arresté à deux pointz,
c'est assavoir, à celui de cent mille escuz, et l'autre pour le fait des
marchans que j'ai interprété le fait des déprédations, à quoy a
esté satisfait comme dit est, mais si vous entendiez le fait des
marchans l'obligacion des généraulx, pour cela, actendu le temps
où sommes, combien que la chose soit si déraisonnable que plus
ne pourroit estre, ne demeurez à besoigner et y consentez pourveu
que le sort principal nous sera baillé et que la somme sera en la
masse des cent mille escuz qui se doyvent paier par an.

Au demeurant, je croy que vous aurez sceu les piteuses nouvelles
que avons eues de nostre armée qui estoit delà les mons et comment
mon Seigneur et filz, après avoir longuement combatu avec ses
ennemys et que son cheval luy auroit esté tué, pour n'avoir auprès
de luy aide pour le relever et bailler autre cheval, seroit tombé
prisonnier ès mains de sesdits ennemys, comme si sont plusieurs
gentilzhommes de sa maison et autres gens d'apparence mors,
c'est assavoir les seigneurs de la Trémoille, mareschal de Chabannes,
l'Admiral, le seigneur de Bussy, et la victoire perdue ; en laquelle
n'y a eu grand occision et trop plus mors de leur cousté que du
nostre. Le demeurant de nostre gendarmerie avec quelques pièces
d'artillerie s'est saulvé et les ramène en France Monsr d'Alençon
d'ung cousté et le seigneur de Clermont d'autre.

Messrs, je ne scay si icelles nouvelles empescheront l'affaire
pour laquelle estes là. Vous me recommanderez bien fort à
Monsr le Cardinal et lui direz de ma part que le zeele et salutaire
affection que avoit à la paix universelle et de mectre entre mon
Seigneur et filz et son maistre une fraternité et amytié indissoluble
ne se doit changer pour la fortune qui nous est advenue, ains par
sa vertu et magnanimité y doit estre plus enclin que jamais, affin
que chascun cognoisse que la crainte de la prospérité de mon Seigneur et filz ne le mouvoit de faire ce qu'il a fait, ains seullement le
repos de la chrestienté et pour éviter les offenses, maulx et inconvéniens qui viennent de la guerre. Et si le pouvez asseurer que, là
et quant la fortune eust esté prospère pour mon Seigneur et filz et
que les choses feussent parvenues à son désir en la Lombardie et à
Naples, cela n'eust mué ne changé l'intencion qu'ay toujours eue et

ay encores au bien universel de la chrestienté et de veoir paix entre
ces princes et mesmement entre mon Seigneur et filz et son maistre,
et que pour rien n'eusse plus ne moins offert qu'ay faict. Et si luy
pourrez dire que, là où il ne voudra persévérer en cela, qu'il commance, que grâces à nostre Seigneur les affaires de ce royaulme
sont en telle disposition que les ennemys d'icelluy trouveront la
force pareille ou plus grande pour leur résister que n'ont fait par cy-
devant et argent pour la souldoier; et espérons que Dieu, avec noz
justes et raisonnables querelles, nous préservera et que malheureté
en nostre endroit n'aura toujours cours. Et à Dieu qui vous tiegne
en sa saincte garde.

Escript à Sainct Just.

VIII

Avril-Mai 1525.

Jean-Joachim à Thomas Lark.

B. M. ms. Cott. Calig. D IX, f° (116) 124; BREWER, IV, 1233. — Mutilé
par le feu. — Original.

Au dos : A lo reverendo mio patre et signor honorabilissimo,
el Sr Thoma l'Arch, a Londra; *et d'une main différente :* A Domino
Joachino.

..... dolce, suave et fructuosa compagnia come vi sep..... de;
ma, senza comparacione, magior si fece per esserme pa..... te et si
longe mie fatiche re infecta del che hora più di..... ho voluto
scrivervi, a confirmacion maxima de quelle ragion ch'alhora, vi
ricorda, alegay.

Et, desendendo a le particularità, replico in prima diro che, se
dal canto vestro o per meglio dire da[l canto] tutto meritamente
puo la cosa fussi stata stimata e ponderatta [tanto] ch'a me parve
et pare che l'importancia sua richiedeva et rich[ieda], unde che,
doppo l'adverso caso avenuto, s'a lontano dal tratt[ato], alhora,
com'io dixi, tanto più stringere si doveva la praticha de quella
quanto che per un tale sancto mezo cum minor faticha a reprimere
quella grande insolencia che secho suole portare la [victoria] et
mancho difficilmente s'impediva quella grandeza, laquale con su
[propia] natura et condittione degli homini debbe esser formidabile
[a tutti], non che a li vicini quantonche amici et alligati; qui
s'adgionge [che per] questo beneficio de pace, forsi non mancho a

voy che a Francesi [necessario], facevate l'aflicto vicino perpetua-
mente obligatissimo amico : [quelle] doe cose, a mio judicio, vietoro
questo gran bene non solo a voy et [a lo] comune, ma, a chi ben
considera, a tutta la nostra republica christiana; pre...., en la
speranza dal infortunio seguito nata in li vestri animy, cio[è che],
privati dal capo loro, a causa del damno ricevuto, confusi, di.....
pauriti dovessino consentire a quelle grande et smissurate |dimande
ch'] alhora faceste, l'altra che indebill[i da] resistere..... dovessero
brevi cedere...; ... et esser' quà bonissimo ordine et provisione....,
tottale obediencia, forteza, audacia et risoluta delibera[tion de]
deffendere la publicha libertà et dignità....; qui vi... tutti li principi e principali del regno sono venuti et off[erono a] Madama
ogni loro posanza al comando suo, tutte le corte de [Parlamenti],
tutti l'officiali et tutte le città d'importancia hano mandato a f[are]
a Sua Maestà la medexima offerta; el simille hano fatto li prelati
[del] tutto 'l regno.

[En] locho de la debillità da voy sperata, vedrase tale et tanta
forz[a e] virtù che, cum l'ajuto de Nostro Signore Dyo, serà
sufficiente non solo pe[r la] diffesa ma et per offesa. Et, de la forza
parlando, dico in ver[ità] ch'in questo regno se trovano preste ad
ogni fatione tre milia sei [centi l]anze d'ordinanza, et, de lanze
ragionando, voglio ben certificar ch'in questo conflicto, bench'
altramente possiate forsi haver' inteso, [n]on hano perso ducente
homini d'arme, l'altri interamente cum...te de capitani sono
ritornati in Francia, Mon[r] d'Alanzon de bon..., Sr Theodoro Trivul-
cio, Mon[r] Loys d'Ars et altri capitani, in nu...... condusero circha
cinque cento; a diece, poy a venti, a cinquante... capitate l'altre. Et
ultimamente, el Sr Duca d'Albania [ha ram]enata interamente l'armata a luy già comessa per l'impresa [di Nap]oly ; in sua compagnia, oltra molti capitany francesi, son[o el] Sr Renzo, el conte
Ugo, el Sr Octavio Ursino et [molti] capitani...... et hano condutto
tutti li bony cavalieri...; hano lassato drietto qualche caval.... ogn'
hora provedere... cum bony capitani maxime ytaliani et albanesi.
[No man]cha le fanterye : tra Suycery, li quali in ogni quantità et...
fervencia si sono offerti prompti et presti per Francia et.... ad ogni
richyesta de Madama, ne in questo pare che s'a por..... ateso che vi
consiste, come si sa, l'honore et grandemente..... loro ; tra lanzchi-
nechy, de li quali già si trovano condutti in regno otto millia ; tra
ytaliani, per la magior parte sc[opettery] et archibuttery, che sono in
Provenza, Delfinato, Lenguadoc a l'intorno circha vii[m], et de questi
hora se manda una ban[da in] Pichardia ; aventurery francesi,

alchuni spagnoly compresi..... In tutto serà et già è tale che basterà per guarnire el regno de ogni lato et anche per fare altro.

Ma, oltra le sopradette provisione de lanze, cavalli legiery e [fanti], tutte le provincie de Francia hano le bande et rebande de cavallo et d'homini de piede, et queste veramente fano [un numero] incredibille de gente apta a la guerra, maximamente per [la diffesa] de la patria loro, per laquale sono et obligati et dispositi, [come] si sa, servire quarante giorny a loro proprie spese et in [questo] spacio, doppo l'amonycione fatta, marchiare armati la ove sono comandati et condutti.

[D'] artellaria d'ogni sorte, de municione et d'altr' instrumenti [è] assay notario et manifesto che la Francia ha et si trov[a fo]rnita e provedutta, nonobstante.................... imprese d'Ytalia.....

.... Cancellero et altri S^ri dal consilio vi han posto.... l'obediencia et la generale dispoxitione de tutti li staty, [tal] ch'io oso dire ch'el non sia per manchare et dury pur quanto a la spesa de la guerra, et in questa oppinione tanto più my conf[orta ques]to che dal ordinaria spesa hora molto regulata, ristrecha et assay sminuita, si per l'absencia del Principe, si per l'abstinencia da molte altre gran spese per avanty consuete et in questi tempi non nec[essárie], o vedo l'intratta per questa ragion possersi dire non pocho cresciu[ta et] forsi a megliore uso designata.

[Adon]che, senza voler' parlar' dei amicy de Francia, che non sono pochi ne p[arvi, di quelli] parte hora sono patesi et parte si mostrerano a tempo, se le cose de Francesi, si come intacte per verità si mostra, sono si ordinate, concorde, forte et cossi provedute che per tutte le ragione che si possano adurre, lo non hano da dubitare de la bon[a dif]fesa, ma forsi che le sono anche apte a l'offesa, a che non metter......ormay fine a tante tribulacioni e guay per causa de si longa guerra [impar]titti da la nostra christianissima republica pur tropo del sangue christiano hor[a se] vede efuso. Et, persuadendomi che de queste nostre comune miserie [et] calamità voy per l'innata vostra bontà et charità ne sentiate [non] minor dolore che qualonch' altro si sia, et accadendo per comune....... gracia che quelle persone, le quelle per l'officio et dignità loro [dov]eriano, mosse de pietà, prendere l'impresa de sedare tan[te dis]cordie et [tanti m]aly et sanare questa universale piaga et infi.....chano d.... et pietosa opera, dico non essere......ia non habia deputato el reverend^mo [et illust^mo Cardinale a haver'] solo tutto l'honore............ Illust^ma Signoria, si come ley sola puo et possendo debbe [sanare] et sanerà queste nostre male, crediamo pure che Nostro Signore

Dyo........la debba punire. Et, essendo yo dexideroso, come [si sa],
salvo sempre l'honore mio, servitore del predetto Reverend[no] et
Illust[mo], [afin che] sia per tutta christianità riconosciuto causa de
tanto bene [ficio, non ho] possuto abstinerme de scrivervi questa
per la longeza sua fastidiosa lettera per pregarvi quanto più instan-
temente poss[ete] voy cum l'usata vostra prudencia et destreza siate
contento...... a sua signoria reverend[ma] et illust[ma] tutto questo
mio discorso cum quella bona affectione ch'io l'ho scripto et in voy
ho sempre conosciuto continuamente a volere intendere et perficere
la cominci[ata et non] finita bon' impresa, laudabile et sancta opera,
senza voler' [manchare] si bella occasìone che per farla immortale
Dyo el mondi.... gly offerisse.......considerando che se non riese
cioc[he] pensava et designava conseguire quà gran cosse col cre-
denza che questo regno restasse per la presa del Re suo confuso,
debile, in se stesso discorde et dal suo Re et da li soy......gli animy,
anzi essendo tutto in contrario successo et le....... verità stare et
esser' nel termine ch'io v'ho detto, più che may serebe tempo ch'el
predetto Mon[re] Reverend[mo] et Illust[mo] [prenda] in mano quàl the-
mone de condurci in porto de la sancta [pace che] gly ho già visto
cum gran charità prender' et albrac[iar] ch'anchor voy per la parte
vostra........bitore [in] questa utillissima, honoratissima [et........
opera] che sua Signoria reverend[ma].........

[La] servitù mia verso voy è tale che non mi lassa creder'ch'io
po[ssi fa]stidirvi per longa che sia questa lettera et per tanto voglio
de molt[i ..]n solo exempio de l'incredibile devocione ch'ano li
signori Francesi[al R]e loro e a ly soy, che quasi tutti li presoneri
fatti in questo ultimo conflicto, richiesti da Mon[r] de Borbon de pro-
mettere cum juramento de non esser' per un certo tempo contra
quell' exercito, parte non [lui] risposino, et parte, che, per non posser'
far' altramenti, consentir[ono, se] sono poy fatti liberare da tale promessa fatta in captività [come] per forza et come quelli che per
tale promessa quantonche specifich[ato.....] penano non posser'
includere la persona del principe supre[mo lo]ro signore, al
quale cum anteriore juramento naturale et immu[tabile ob]liga-
cione erano astretti et obligatti. Et ultimamente, [es]sendo il principe de Talamon, nepote et herede de fu Mons[re] [da la] Tremoglia,
parente del predetto Mons[re] de Borbon, d'accordo cum quello [che]
l'havea preso che lo lassara venir' quà, esso Mon[r] de Borbon [le]
prego molto a restare con luy de là et anche fece opera perche'l [ne
pot]esse andarsene, pensando forsi a qualche suo disegno; ma
el [detto pr]incipe, prima che non mostrare la sua devocione verso

de[l Re]e Madama, oltra la sua taglia, ha voluto pagare cinque
mi[lia ducati] al Signore Vicere per havere salvocondutto et licencia
de [venire in Fran]cia, etiam[dio contra] la voglia et opera de Mon^r
de Borbon et..... come[..... o]fferirse a l'obediencia et comanda-
[mento.....]

...me humilissimamente ricomandato... desta fastidiosa lettera...

IX

5 juillet 1525.

Jean-Joachim à Brinon.

Ar. Nat. J 965, 4, 16 (dans J 966). — Original.

Au dos : A lo illustrissimo Signor mio observantissimo, el
Signore de Villaynes, cancellero d'Alanzon, primo presidente de
Roano et consilero de Madame Regente et suo ambassatore in
Angliterra. — Dove serà.

Signor mio osservantissimo. Non havendo yo novella de V.
Excellencia, laquale Dyo sa quanto sia da me dexiderata, ne
sapendo dove questa mia lettera l'habia a trovare, per questo, a
minore fastidio de V. Excellencia, rimetendomy a quel ch'io scrivo
a Madama cum lo presente Rycyardo, la pregero al voler' cossi
solicitar' el camino per trovarsi tosto quà a la conclusion de la pace,
come per concluderla so che la farà, dico in caso che le da me
scripte condittione piacino a Madama et a V. Excellencia, in bona
gracia de laquale humilmente mi ricomando cum dirgly che, si
come gli scripsi cum Don Andrea, de quà partito el xxviii del
passato, el suo salvocondotto sta a Bologna, in mano de Mon^r Du
Bies per lettera giornata del di che V. Excellencia serà arrivata
in questo regno et per xxx cavaly provedy ley de passar' sicura et
cum la nave de la guarda del passagio, a causa de Fiamengy, che
Nostro Signore la conduchy salva.

A Londra, v(ii) luglio 1525.

D. V. ill. Sig^{ria} humillimo et obediente servitore.

JOAN JOACHIN.

X

12 juillet 1525.

Robertet à Brinon.

Ar. Nat. J. 965, 2, 10. — Original.

Au dos : A Monsr, Monsr de Villaynes, chancellier d'Alençon.

Monsr, vous aurez entendu par vostre homme qui s'en est allé devers vous l'expédicion que Monsr le Chancellier luy a faicte en matière d'argent, laquelle j'ay fait entendre à Madame, qui m'a commandé vous escripre que, suivant ce que vous luy distes, vous vueillez faire vostre voiaige et ordonnez à Madame la Chancellière que, s'il luy fault quelque chose, qu'elle envoie icy et madicte Dame luy satisfera; sy non, cela se fera à vostre retour ou comme il vous plaira, et n'y aura point de faulte.

Monsr, je vous envoie le povoir et régence de Madame. Sy vous povez leur faire qu'il ne soyt point veu et qu'il ne s'en faille point aider, vous ferez très bien; sy non, vous ferez ce qu'il fauldra faire, vous advisant, Monsr, que tant plus on va en avant et tant plus vostre voiaige est trouvé bon, requis et plus que très nécessaire.

Monsr, Madame a eu lectres de Monsr de Vaulx depuis vostre partement, maiz, pour ne contenir que ce que vous avez veu, elle ne vous sont point envoiées.

Monsr, nous avons nouvelles du Roy très bonnes, quant à sa santé et disposicion de paix. Pareillement, avons nouvelles de Monsr de Bayeux, lequel a très bien exécuté sa charge ; aussy a messer Laurens Tuscan qui est allé à Romme. Dieu vueille le très bien conduire, de sorte que paix universelle se puisse ensuivre avecques la délivrance du Roy, et vous donner, Monsr, très bonne et longue vie.

De Lyon, ce xiie de juillet.

Vostre humble serviteur.   ROBERTET.

XI

26 juillet 1525.

Madame à Brinon et à Jean-Joachim.

Ar. Nat. J 965, 4,'21 (dans J 966); BREWER, IV, 1516. — Original.

Au dos : A Messrs les chancellier d'Alençon et de Vaulx, mes conseillers et ambassadeurs en Angleterre.

Monsr le Chancellier et vous, Monsr de Vaulx. En faisant compte

que, avant que ceste lectre soit jusques à vous, vous, Chancellier,
serez arrivé en Angleterre et que, tout après, vous aurez entièrement
arresté et conclud ce que vous avez en charge et commission de
faire, j'ay bien voullu vous faire savoir de mes nouvelles. Et, pour
le premier, commenceray à vous prier tous deux que le plus tost
que vous pourrez vous mectez fin et totalle conclusion en ce traicté
que vous avez en main, en manière que, ladicte conclusion faicte,
incontinent après la publicacion d'icelle se face entre les roys et
royaumes de France et Angleterre ; et que de tout vous me donnez
adviz par courrier exprès, et vous me ferez plaisir.

Au surplus, je vous advise que j'ay envoyé aux ambassadeurs
d'Angleterre qui sont en la cóurt de l'Empereur le paquet de lectres
que vous, Sr de Vaulx, avez envoyé, et donné tel ordre qu'il leur
a esté seurement porté et qu'il n'y a point eu de faulte.

Au demourant, en tant que touche les praticques d'Ytallye, tant
de Venise, de Romme, que duc de Bar, elles sont en très bons
termes, et, par ce qui m'en est venu de l'évesque de Bayeux, du
comte de Carpy, de Messe Laurens Tuscan et d'ailleurs, je voy
tous ces potentatz résoluz et délibérez d'entrer en ceste Ligue et
confédéracion, qui se praticque, comme savez, pour la deffence
d'Ytallye et réprimer la grandeur dudit Empereur et des Espaignolz ; les insolences desquelz, avecques les pilleries et autres
innumérables maulx qu'ilz ont faitz et font par tous les lieux où ilz
passent, ne se pevent plus tollérer ne souffrir pour estre insuppor-
tables ; désirans que ceste paix où vous estes ordonnez se vuyde le
plus tost que faire se pourra, espérant que le roy d'Angleterre pour
l'intérest commun qu'il pourroit avoir en la ruyne d'Ytallye y
entrera facilement après.

Messrs, en faisant la présente, j'ay eu lectres et nouvelles du
Sr Douarty, qui est devers Madame Marguerite, de l'abstinence de
guerre et deppost d'armes qui a esté faicte, conclucte et accordée
par les depputez d'elle et luy. Et, affin que vous voyez la forme
d'icelle, je vous en envoye le double, affin que vous le monstrez à
Monsr le Cardinal, luy faisant bien entendre que ce que fait a esté
est principallement pour mieulx et plus facilement ayder et assister
à l'Itallye que pour nulle autre cause. Et oultre cela, semble que
l'Empereur de sa part désire que pareille abstinence de guerre se
face, dont vous l'advertirez pareillement. Priant Dieu, Messrs, qu'il
vous ait en sa saincte garde.

Escript à Lyon, le xxvie de juillet.

LOYSE.   ROBERTET.

XII

29 Juillet 1525.

Brinon et Jean-Joachim à Madame.

Ar. Nat. J 965, 3, 4; BREWER, IV, 1525. — Original.

Au dos : A Madame.

Madame. Jeudi dernier xxviime de ce mois vinsmes de Londres
en ce lieu de Richemont où Monsr le Révérendissime s'estoit
retiré pour le danger de la peste, et de relevée vers les deux heures
luy présentâmes premièrement voz lectres de créance, laquelle nous
lui exposâmes par une harengue latine bien au long, et à part luy
déclarasmes que avyons aultres voz lectres secrètes à luy adressantes
que luy présenterions en temps et lieu. Sa responce plaine de bonnes
et gracieuses parolles randue, entrasmes au principal propos et
continuasmes le jour d'hier.

Premièrement, quant aux deux milions de couronnes, luy per-
suadasmes par plusieurs raisons de se contenter des trois parties,
c'est assavoir, de la reste du milion de Londres, de la partie de
Tournay et de l'obligation des généraulx ; desquelles troys seroit
faicte une masse payable L^m couronnes xxx jours après la publication et c^m couronnes par an à deux termes, c'est assavoir, aux jours
premiers de novembre et de may, payables en escuz sol. à XL s. l'escu.
— Secondement, de vouloir estre content, si aucune chose restoit à
payer de la masse après le trespaz du roy d'Angleterre son maistre,
il fût payé à raison de xxx^m couronnes pour le regard du milion de
Londres et de Tournay, et, quant à l'obligation des généraulx, les
aultres parties perpayées, se payast à raison de vii^m escuz sol. par
an, jusque à l'entière parpaye, selon la teneur de l'obligation
desdits généraulx, et qu'il fût content que l'obligation des marchans,
sur laquelle auret esté fondée ladicte obligation des généraulx, nous
fût cédée et ce qui restoit à payer nous fût délivré.

Sur lesquelz deux pointz, qui ont esté par deux jours et longuement débatuz, quant aux deux millions de couronnes, il nous a dit
pour résolution qu'il avoit fort labouré et travaillé, plus que en affaire
qu'il ait jamais mené, de divertir son maistre de nous faire la guerre
et que de ce faire il avoit esté et estoit solicité de toutz coustés, et
encores plus de appointer avec nous sans avoir terres ; que pour y
parvenir, il avoit fait fondement de ladicte somme de deux milions

de couronnes et qu'il avoit estraint jusques au bout et qu'il ne falloit parler de moindre somme. Quant à la somme payable content xxx jours ou aultre peu de temps après la publication, veu que des arréraiges deuz et escheuz de Londres et de Tournay nous debvions bailler au Roy son maistre quatre cens cinquante six mille couronnes, il nous faisoit grâce de se contenter de cinquante mille couronnes content et que le reste fût mis en masse. Quant à l'estimation des escuz sol., nous a dit que par les derniers traictiés prochain précédens, et nous en a monstré deux lectres, ilz estoient estimés à xxxviii solz; pour riens il ne haulseroit l'estimation et que plustost il perderoit le braz et que se le faisoit on le tiendroit pour ung rêveur et auroit-on cause de le faire, veues les estimations précédentes; et que à la vraye valleur et purité de l'or l'escu sol. ne valloit plus ne debvoit estre évalué à plus haulte somme; et que en luy baillant en escuz à la couronne le nombre convenu, c'est assavoir lesdits L^m content et c^m escuz couronne par an, il se contenteroit, et si ne s'en trouvoit en France que on en feroit bien forger. Sur ce point a esté longuement et par plusieurs raisons et remonstrances insisté, sur lesquelles nous avons laissé dormir ledit Révérendissime. Et finablement ne a esté possible de y riens gagner, ne à la somme que resteroit payable aux successeurs après la mort du Roy moderne qu'elle ne monstast L^m couronnes par an ; et à la vérité, tant que les payes du milion de Londres et de Tournay dureront, par les traictés précédens la France estoit redevable par an en cent cinquante mille francs.

Après longues disputations, l'accord a esté aux deux milions de couronnes, qui est la somme de laquelle avoit esté pourparlé et depuis escript par moy, Joachin, payables cinquente mille couronnes ung mois après la publication et c^m couronnes par an à deux termes, c'est assavoir, au premier jour de novembre prochainement venant L^m couronnes, au premier jour de may ensuivant L^m couronnes et ainsi de an en an jusques à fin de payement, lesdictes couronnes à estimation de xxxv solz monnoye de France, qui se payent en escuz sol. à xxxviii solz l'escu qui est la valuation des contractz précédens. Ladicte masse persolve, ladicte somme de c^m couronnes seroit continué à la vie de ce Roy et par sa mort seroit ladicte pension extainte, de laquelle pension et continuation au cas dessusdict seront faictes lectres à part; et, si ledit Roy moderne de Angleterre décédoit avant ladicte masse persolve, ce que resteroit à payer à ses successeurs seroit réduit à ladicte raison de L^m couronnes par an.

En quoy faisant, Madame, vous croissez en argent, sans bailler ung paulme de terre, de deux cens iiiixxv mille cinq cens lxxvii couronnes, qui commenceront à courir d'icy à dix huit ou dix sept ans et demy, et que ainsi soit du milion de Londres, qui est de dix cens ou ung milion de escuz sol., reste à payer couronnes six cens quatre vingtz cinq mille six cens iiiixx cinq couronnes, du reste de Tournay cinq cens mille couronnes, l'obligation des bourgeois de Tournay, qui est de xxvm écus souleil, couronnes xxviim cent quarente deux, de l'obligation des généraulx, montant les pagues accumulées, quatre cens soixante deux mile escuz sol. vallens à couronnes cinq cens ung mil six cens couronnes, et toutes ung million sept cens xiiiim iiiic xxvii couronnes, qui fait, jointe ladicte somme de deux cens iiiixxxv mille cinq cens lxxvii couronnes, ladicte somme de deux millions de couronnes. Les cessions des obligations, tant des citoyens de Tournay que des marchans, qui font l'obligation des généraulz, nous seront delivriez, sur lesquelles, Madame, nous espérons avec le temps saulver la tierce partie, ou environ, de la somme adjoustée aux obligations pour parfaire lesditz deux millions.

Ce fait, sommes entrés aux convenances et sommes demourez de accord de ligue deffensive aux despens du requérant, de oster la clause de ne prendre à nostre soulde estrangers et, sans faire aucune mention de Messe Charles de Bourbon, sera aposée la clause touchant les rebelles. Quant aux alliez, la difficulté pour les Escossois a esté grande; finablement, avons accordé qu'ilz seront comprins au traictié, mais qu'on leur baillera telle et semblable déclaration que l'on a faict ès deux derniers traictiés précédens, c'est assavoir au traicté faict avec le roy Loys XIIe et au traictié dernièrement faict avec le Roy, dont ilz nous ont montré le traictié faict avec le Roy, signé, scellé et ratiffié, et en avons retenu ung double que nous vous envoyons. Nous avons fort débattu lesdictes déclarations, qui semblent de prime face estranges, maiz ilz nous ont dit que, se ainsi ne ne faisoit, ilz ne viveroient jamais en paix avec les Escossois et ne feroient chose que tînt avec nous, et que aultrement ne estoient délibérez de contracter; et se nous ont dit qu'ilz vouloient avoir semblable déclaration, quant au duc de Albanye, que on leur avoit par cy-devant faicte, et, sur les remonstrances contraires, nous ont déclaré qu'ilz ne l'entendoient que pour dix moys seulement, dedans lezquelz se finira la minorité du roy d'Escosse, lequel fait majeur ne veulent empescher que Monsr d'Albanye ne voise à sa poste. Or, quant à la compréhension de l'esleu Empereur et son frère, la disputation a esté pour le regard

des Estats de Ytalie par luy tiranniquement usurpés, des villes et
territoires de Tournay, de Ardres, des ressortz et souverainetté des
terres de Flandres, de Artois et aultres, que sont de fief et ressort
de la couronne de France, injustement occupés par ledit esleu Empereur. Finalement a esté accordé que par le traicté ne sera entendu que l'esleu Empereur doye estre défendu en la joyssance des
duchés, terres et seigneuries, droictz et ressortz qu'il auroit occupez
ou usurpez sur le Roy ne sur la couronne de France, soit deçà ou
delà les montz, puis le dernier traicté fait entre le Roy et le roy
de Angleterre l'an mil cinq cens XVIII; aussi ne est entendu, que le
roy de Angleterre soit tenu pour les recouvrements desdictes duchés,
terres et seigneuries, droictz et ressortz nous donner aucune faveure
et aide et que, non obstant ce présent traité, pour le regard de luy,
ung chacun du Roy et de l'esleu Empereur demeurera entier et sauf
en ses droictz et mesmement le Roy en la faculté de recouvrer ses-
dictz Estatz, seigneuries, terres et droictz par toutes voies et de
donner par le Roy faveur à ses confédérez sans aucune infraction
dudit traictié. Semblablement a esté parlé du roy et royaume de
Navarre, que seront comprins et demeureront noz alliez et confédérez. A esté aussi parlé du roy moderne de Dannemarc qui demeurera nommé, mais ilz nommeront aussi de leur part le roy son
nepveu par luy expulsé de royaume.

Après, sommes descenduz aux seuretés. Sur quoy le Cardinal
nous a fait un discours de la grand difficulté que le Roy son maistre
faisoit en la forme desdictes seuretés. Finablement avons accordé la
ratification de vous, Madame, la ratification confirmative du Roy,
sitost qu'il sera délivré, avec lectres escriptes et signées de sa
main dès à présent, contenans forme de ratification de ce qu'il sera
fait par vous, Madame, les obligations et ratifications de Monsr le
duc de Vendosme, Monsr le révérendissime cardinal de Bourbon,
Monsr le conte de Saint Pol, Monsr le duc de Longueville, Monsr
de Lautrec, les décrets des Parlemens de Paris, de Rouen, de Tou-
louze et de Bourdeaulx, les obligations des villes de Paris, Rouen,
de Toulouze, de Lyon et de Amyens; il nous a dict qu'il en veult
quatre ou cinq aultres daventaige, qu'il nous donnera. Sur les
Estats a esté fort insisté; finablement avons accordé qu'il aura
l'obligation et consentement des Estats de Normandie et de Languedoc, qui sont les deux pays du royaume tenans forme de Estatz
et non aultres. Ce fait, il a demandé ostaiges jusques ad ce qu'il
eust lesdictes seuretés. La responce a esté que vous suiviés sa
foy et qu'il povoit et debvoit suivre et se contenter de la vôtre, et

que c'estoit chose odieuse et insolite en France de bailler ostaiges et que on n'en bailleroit point ; sur quoy il s'est restourné et contenté de ceulx qui y estoient, ce que nous ne luy avons voulu consentir. Pour le regard de notre povoir, il a demandé que nous ayons povoir espécial de faire et passer l'obligation desdits deux millions et aultres déclarations et promesses, ce que nous luy avons finablement accordé, comme la raison le veult.

Après, sommes tumbez sur la forme du traicté. Et, quant aux articles que luy avons baillez, il nous a dit que les avoit veuz, mais il en vouloit faire de aultres, et qu'il les feroit pour tout le jour d'huy, et demain les nous bailleroit pour les veoir, et, ce faict, envoyroit quérir des plus grans personnaiges de ce royaulme de Angleterre et des principaux conseillers du Roy son maistre, arcevesques, évesques et aultres pour plus solennellement faire et passer lesdict traictié ; et que, pour faire et passer avec nous les traictiés et accordz, il nous bailleroit l'évesque de Haily et le soubs-thrésaurier de Angleterre, maistre Maure.

Madame, mondit seigneur le révérendissime légat de Angleterre en ses divises nous a souvent répété que, ces choses faictes, il passeroit plus avant et se délibéroit de faire autres grandes choses qui céderoient à la libération du Roy notre maistre et au grand prouffit et honneur de vous, Madame, et de tout le royaulme, et à l'humiliation et dépression de l'esleu Empereur, des liens duquel quant au mariage de leur fille ilz pensoient estre desliez avant qu'il fust six mois. Et qu'ilz avoient escript, et par la France et par la mer, à leurs ambasssadeurs l'ordre des choses traictées avec nous ; et qu'ilz dissimulassent de besongnes et traictés avec l'Empereur ; et aussi qu'ilz parlassent au Roy nostre maistre, si leur estoit possible, qu'il ne se hastast ne courust à se lier avec l'Empereur, accorder terres, ne faire chose qui lui fust préjudiciable ou à ses successeurs, et que, en différant quelque peu, ses affaires se en porteroient beaucoup mieulx ; et, se ne povoient parler au Roy, qu'ilz en parlassent avec Monsr d'Ambrun ou avec Monsr le premier président de Paris. Et au surplus que pour votre advantaige il avoit empesché et pourveu que le Roy son maistre ne obtempérast aux requestes que luy avoit fait de par l'Empereur le commandeur Spinolose, et si avoit rompu les aultres praticques qui par après s'estoient dressées sur d'autres demandes trop plus légières, en quoy il avoit beaucoup travaillé. Et que, se vous, Madame, voulez suivre son conseil, que la délivrance du Roy sera briesve, à votre grand honneur et à l'honneur et prouffit de tout le royaulme. Et que le Roy son maistre et

luy avoient trouvé les Hespagnoz en leur prospérité plus ingratz
et superbes que nation qu'il eût jamais pratiqué ne cogneue. Et
plusieurs aultres bonnes et honnestes parolles sonnans et démons-
trans que ceste paix du tout conclute, il désiroit faire chose que vous
fût agréable et honorable, Madame, fort content et vous remerciant
de voz secondes lectres, disant qu'il ne vouloit mesler ses choses avec
celles du Roy son maistre ne parler de affaire qui le touchast, qu'il
ne eust parfait l'affaire de sondit maistre.

Madame, le secrétaire de la Seigneurie de Venise est venu devers
nous et nous a monstré toutes ses lectres receues de la Seigneurie,
faisans mention de l'arrivée et parolle portée par Monsr de Bayeux
votre ambassadeur, et si nous a adverty du propos qu'il a eu avec
le Cardinal, qui s'est montré tout content et joieulx de l'arrivée
dudit seigneur de Bayeulx, et promis advertir de toutes choses
qui viendront en sa cognoissance.

Madame, il vous plaira en toute diligence nous faire advertir de
votre bon plaisir sur tous les pointz et articles dessusdictz et incessamment faire dresser les ratifications et autres choses nécessaires
pour la perfection de cest œuvre tant fructueux et nécessaire, de
vous seulle, Madame, par l'inspiration de Dieu, encommancé et
conduit et mené à fin honorable et désirée par tout le royaume. En
nous recommandant très humblement à votre bonne grâce, priant
Dieu qu'il vous doint très bonne vie et longue.

A Richemont, le xxixe jour de juillet.

Voz très humbles et très obéissans subjectz et serviteurs.

BRINON, JOAN JOACHIN.

XIII

31 juillet 1525.

Les mêmes à la même.

Ar. Nat. J 965, 3, 3 ; BREWER, IV, 1531. — Original.

Au dos : A Madame.

Depuiz ma dernière lectre du xxixe juillet, Monsr le Cardinal a
différé de nous octroyer passeporte jusques à présent que par l'espace
de cinq heures nous avons esté en disputation. Ledit Cardinal a
voulu augmenter la somme à II milions de escutz soleil, en quoy
nous avons longuement insisté, et finablement sommes demeurez
en nostre première somme, payable en la forme contenue en ladicte
dernière lectre.

Quant au povoir de vous, Madame, la disputation a esté grande, sur laquelle avons accordé de leur monstrer vostre povoir et la publication et vériffication de la court de Parlement de Paris, qu'il fault envoyer en diligence. Pour la seureté, il s'est arresté de vouloir une ratiffication par laquelle vous obligerez et voz héritiers et successeurs ; semblablement veult que Messrs de Vendosme, cardinal de Bourbon, de Saint Pol, de Longueville, de Lautrec, comte de Brienne, seigneur de Montmorency et grand séneschal de Normandie se obligent, chascun par obligation à part, de faire acomplir au Roy le contenu ès traictié et obligations qui en dépendent, et que autant en facent les villes de Paris, de Rouen, de Lyon, de Amyens, de Tours, de Angiers, de Tholouse et que les courtz de Parlement de Paris, de Rouen, de Tholouse et de Bordeaulx imposent leur décret. Nous avons fort débattu l'article des obligations, mais il a esté impossible de le vaincre par raison, car il a tousjours recouru au baston de l'avant, et que aultrement son Roy ne le feroit jamais. Nous avons voulu moyenner que l'obligacion tînt jusques à la deslivrance du Roy, lequel délivré et la ratiffication, nous voulions que les obligations fussent estaintes, ce qu'il ne a voulu accorder. L'article des rebelles pur et simple a esté accordé. Il en a adjousté ung captieux pour les larrons et malfaicteurs qui se retireroient en chascune des obéissances, que nous redresserons selon les termes de droit. Nulle mention n'est faicte des gens de guerre estrangers. Et, quant à l'Empereur, il ne veult qu'il ne soit nommé par notre réservation, mais que la déclaration se en face en termes généraulz, ce que nous ferons de sorte qu'il en emportera semblable substance. Quant aux déprédations, ilz ont accordé que l'article soit honnestement redressé et mis en bonne forme. Quant à la lectre des Escossois, ilz y ont persévéré et nous ont derechef monstré la ratiffication du Roy signée et scellé ; aussi ont-ilz en la déclaration pour le duc d'Albanye. Nous avons accordé de avoir plus ample pouvoir pour passer et accorder lesdictes obligations. Toutes ces choses se dresseront et mecteront en forme et vous seront envoyées, Madame.

Quant à la continuation à la vie du roy de Angleterre la masse persolve, ilz veulent coucher la clause captieusement et y est le Cardinal fort obstiné. Nous voulions que la clause y fût de l'extinction par la mort; il ne l'a voulu accorder et, après ung milier de ouvertures, c'est accordé que l'on mecte qu'il sera payé, *quamdiu vitam aget in humanis et ejus vita durante et non aliter*, c'est-à-dire qu'il sera payé tant qu'il sera vivant, et que sa vie durera, et non aultrement. Je voulois que l'on y mît *et non ultra* en l'outre et l'explication sa vie cessante, mais je ne le y ay peu ranger; il semble que la clause bien prise soit souffisante. Il craint que par ce on le veuille exclure de son tiltre et de ses armes, duquel il espère faire aultre prouffit avec vous.

En ceste disputation estoient l'arcevesque de Cantorbéry, l'évesque de Excester, le milord Cambrelan, maistre Maures, Briant Duc, avec ung aultre secrétaire de robe longue. Nous devons demain accorder la forme de nostre povoir pour la vous envoyer et les aultres formes, qui vous seront incontinent envoyées. Très humblement nous recommandons à vostre bonne grâce, et priant Dieu, Madame, qu'il vous doint très bonne vie et longue.

De Richemont, le dernier jour de juillet.

L'article des ostaiges est du tout excluz et se sont contentez des Estaz de Normandie et de Languedoc.

Voz très humbles et très obéissans subjectz et serviteurs.

BRINON et JOAN JOACHIM.

XIV

1er août 1525.

Madame à Brinon et à Jean-Joachim.

Ar. Nat. J 965, 4, 10 (dans J 966); BREWER IV, 1537. — Original.

Au dos : A Messrs les chancellier d'Alençon et de Vaulx, mes conseilliers et ambassadeurs en Angleterre.

Monsr le Chancellier et vous, Monsr de Vaulx. J'ay veu par les lectres que vous, Chancellier, m'avez escriptes, vostre arrivée à Douvres dès le xxiie de ce moys et le bon et gracieux passage que vous avez eu; qui me fait espérer que, de ceste heure, les matières pour lesquelles vous êtes allez par delà auront pris fin et totalle yssue, et que, par le premier courrier que vous m'envoierez, j'en auray certaines nouvelles. Et, pour ce qu'il importe grandement savoir la conclusion et finalle résolucion desdictes matières, vous n'espargnerez ledit courrier pour m'en donner adviz et me mander amplement comme les choses seront passées.

Au surplus, je vous advertiz que le Sr Douarty a traictié avecques Madame Marguerite une abstinence de guerre durant jusques au premier jour de janvier prouchain venant. Et affin que d'icelle vous puissiez informer Monsr le cardinal d'Yort, je vous envoye la forme de ladicte abstinence, ainsi qu'elle a esté faicte et traictée. Et, oultre cela, pour ce que du cousté de l'Empereur pareille abstinence de guerre et tresve est demandée, il a esté dressé icy quelques articles pour la conclure, lesquelz articles je vous envoye pareillement pour les monstrer audit Cardinal, auquel, d'ores en avant, je ne vueil aucune chose estre célée, maiz, tout ce qui me surviendra et qui se praticquera, quelque part que ce soit, luy faire communiquer, pour en avoir son bon conseil, oppinion et adviz.

Et, en tant que touche le fait de l'Ytallye, les praticques que j'ay jusques icy maintenues, tant avecques le Pape, Vénissiens, que autres potentatz, sont en très bons termes, et treuve tous lesdits potentatz, non seullement en bonne voulonté de conserver et deffendre leur liberté, maiz délibérez d'y mectre leurs personnes et biens pour empescher et garder qu'elle ne leur soit empeschée et que la ruyne qu'on leur prépare ne leur adviengne, et pour autant qu'il me semble que c'est le bien universal de toute chrétienté et que, en faisant une bonne et universalle paix, chascun demeure en ses lymytes sans vouloir le tout dominer et supéditer, je m'y emploieray de mon cousté de tout mon povoir.

Au demourant, je vous advise que, par ce que j'ay eu du Roy, il fait très bonne chère là où il est et de ceste heure est party et en chemin pour aller à Madrit et Ségovye, là où l'Empereur vient, délibéré le veoir et parler à luy, qui sera grant commancement d'entrer à traicter de sa délivrance, en laquelle, par ce qui s'en peut congnoistre et juger, se doit avoir bonne et grande espérance. Et, pour ce que ledit cardinal d'Yort, comme vous savez, loue qu'on la poursuyve le plus qu'on pourra, ma fille la duchesse d'Alençon partira dedens peu de jours pour aller en Espaigne, tant pour veoir le Roy que pour estre à la conclusion de ce qui se traictera pour sadicte délivrance, laquelle on mectra paine de conduyre selon le bon conseil et adviz dudit Cardinal, sans bailler riens du royaume ny de chose que ledit Seigneur tiengne et possède, dont, de ce qu'il vous en a dit et que vous m'avez de sa part fait savoir, vous le mercierez, et le prierez et requerrez continuellement vous advertir de ce qui luy semblera estre à faire esdictes matières pour l'ensuyvre; car il est aujourduy le personnage de la chrétienté qui mieulx les entend et qui par raison, veu ce qu'il a conduit et mené jusques icy, plus a d'expérience, et l'oppinion duquel on devroit plus ensuyvre.

Messrs, après tout, je vous advertiz que les affaires de ce royaume de tous coustez sont très bien et en grande unyon et obéissance conduiz et guydez par tout, et seront encore mieulx, la paix

faicte là où vous estes, comme vous l'entendez assez, priant Dieu,
Messrs, qu'il vous ait en sa saincte garde.

Escript à Lyon, le premier jour d'aoust (1).

LOYSE.   ROBERTET.

XV

16 août 1525.

Robertet à Brinon.

Ar. Nat J 965, 2, 5 (dans J 966). — Original.

Au dos : A Monsr, Monsr de Villaynes, chancellier d'Alençon
et premier président de Rouen.

Monsr, j'ay receu la lectre qu'il vous a pleu m'escripre avecques
tout ce que avez envoié; sur quoy, Monsr, vous est respondu et
satisfait, comme il vous plaira veoir par la lectre de Madame et
celle de Monsr le Chancellier.

Monsr, madicte Dame est tant contante de la conclusion de
ceste paix qu'il n'est possible de plus. Vostre plaisir sera tant faire
que la publication s'en face le plus tost que faire se pourra, car elle
est nécessère et fait beaucoup aux affaires du Roy, comme je suis
seur que vous le savez assez.

Monsr, ceste practique de Rome et de Venise tire tousjours
en avant, maiz encores n'est arrivé Sigismond, secrétère du comte
de Carpi, lequel estoit dépesché du Pape et dudit conte pour ladicte
praticque, et fault que vous entendiez que, doresenavant, tout ce
qui se fera tant là que ailleurs sera communiqué à Monsr le
Cardinal. Car, comme Madame vous a escript, elle désire et entend
que aucune chose luy soit celée, aiant pris en luy telle seureté et
fiance qu'elle y a.

Monsr, Madame et Madame la Duchesse vont ensemble jusques
au Sainct Esperit et là se fera la despartie, qui sera telle que
vous la povez penser. J'espère que son voiaige sera bon et utillé
au Roy et au royaume.

Monsr, vostre plaisir sera au demourant me commander voz
bons plaisirs pour les acomplir. Me recommandant très humble-

(1) Le même carton (J 965, 2, 1) renferme une lettre de cette date écrite
par Robertet à Brinon; comme elle ne contient rien qui ne soit dans celle-ci,
nous avons jugé inutile de la publier.

ment à vostre bonne grâce, priant Dieu, Monsr, que vous doint très seure et longue vie.

De Tournon, le xvie d'aoust.

Vostre très humble serviteur.

ROBERTET.

XVI

18 août 1525.

Brinon et Jean Joachim à Madame.

Ar. Nat. J 965, 3, 1; BREWER, IV, 1578. — Original.

Au dos : A Madame.

Madame. Depuis nostre dernière lectre, par deux fois sommes convenuz avec Monsr le Cardinal, l'évesque de Hail et aultres. En la première, que fut le xie, a esté reveu tout ce qui avoit esté traictié et accordé entre nous, c'est assavoir le traictié principal, auquel en l'article de la libération des ostaiges avons d'un commun accord à nostre requeste adjousté la délivrance de toutz les prisonniers de guerre, subjectz ou souldars de l'un ou de l'aultre des deux Roys, en laquelle ampliation et addition, pour toller toute difficulté, avons mis clause exceptive du prince de Orenge et aultres de semblable qualité.

A esté aussi reveu le traictié de l'obligation des deux milions de couronnes, sur lequel, non obstant les reffus précédens, finablement avons gaigné le point de vous descharger de l'obligation qu'ilz demandent en vostre nom et de voz héritiers et successeurs en fournissant de ladicte ratification du Roy après sa délivrance.

Semblablement, l'article du duc de Albanye auquel ilz avoient adjousté une clause touchant le gouvernement de Escosse que sembloit estre fort rigoureuse et captieuse, conforme toutesvois au traictié précédant, que, par raison et remonstrances claires et évidentes, non sans grande difficulté, d'un comun accord, nous avons fait rayer et a esté l'article accordé en la forme que vous a esté envoyée, sans y adjouster ne diminuer.

Les formes des ratiffications, promesses des princes et des villes ont esté veues, en chascune desquelles, quant aux princes et villes, ilz ont dit avoir esté obmise une clause, c'est assavoir que chascun d'eux procurera que le Roy parvenu à la liberté baillera deux moys après nouvelles lectres obligatoires audit roy de Angleterre ou à ses hoirs, qu'ilz ont requise estre adjoustée selon la forme que nous vous envoyons, chose raisonnable que vous avez accordé ; à ceste cause, nous a semblé que l'on ne les en debvoit refuser.

Toutes lesquelles choses reveues et, soubz vostre bon plaisir, convenues, a esté accordé qu'elles seroient et demoureroient fermes et estables en ceste forme et qu'il n'y seroit plus adjousté ne diminué aucune chose. Bien nous a remonstré ledit Cardinal que nostre povoir principal estoit fort mesgre et nous a prié vous escripre que de mesme date il nous en fût envoyé ung aultre semblable, mué ce que soit à muer, à celluy qui avoit esté baillé à feuz messieurs l'Admiral, évesque de Paris et Villeroy, ambassadeur aux derniers précédens traictiés. Nous vous envoyons à ceste fin le double collationné dudit povoir, dont nous avons en nostre possession l'original signé et scellé, et sur icelluy avons dressé la minute que nous vous envoyons. En quoy nous semble debvoir estre satisfait ausdits Cardinal et Conseil de Angleterre pour ce que audit povoir n'y a chose qui puisse nuyre, et, si chose préjudiciable y avoit, que non nous ne en vouldrions mésuser, augmenter ne adjouster à chose que ait esté faicte ou soit à faire, soubz umbre ne au moyen de l'ampliation d'icelluy povoir.

Ledit Cardinal veult diviser la confirmation et ratification de vous, Madame, en cinq lectres : l'une sera la confirmation du traictié de paix ; l'autre, la confirmation du traictié de l'obligation des deux milions ; la tierce, vostre promesse de faire ratiffier et observer par le Roy ledit traictié de paix ; la quarte, promesse et obligation de faire payer et continuer par le Roy ladicte somme contenue en ladicte obligation ; la quinte, promesse de payer par nous et voz successeurs ladicte somme accordée, de laquelle obligation vous serez deschargée en fournissant la ratification du Roy. Toutes lesquelles ratifications, promesses et obligations estoient couchées et employées en une seulle lectre que ledit Cardinal a voulu estre divisée en cinq, dont il suffiroit de troys pour le plus, c'est assavoir : de la confirmation et ratiffication du traictié de paix, contenant la promesse de faire ratiffier au Roy ; la seconde, la ratiffication et confirmation de l'obligation, qui ne se peult faire sans promesse de procurer que ladicte somme soit payée et continué ès termes accordez par le Roy et ses successeurs ; la tierce, ladicte promesse de payer, extinguible par la ratiffication et obligation du Roy de payer et continuer lesdictes sommes. Sur quoy ne a encores esté fait finalle résolution, chose à nostre jugement de peu de importance, car la division des chartres ou lectres ne importe riens quant à l'effect ; elle touche seulement la forme.

Pour faire cesser toutes telles variations de formes et de propoz, ledit seigneur Cardinal simplement et nous attendant vostre bon plaisir, et par forme de mémorial, avons signé de noz mains lesdits traictiés de paix et de obligation, le traictié des déprédations et l'article de Albanye avec la minute desdictes ratiffications des princes et villes. Et, si vous povons asseurer que, pour obvier à toutes mutations et changemens de propoz qui pourroient intervenir, soit par offres nouvelles de l'Empereur ou aultrement, a esté trouvé le moyen que le roy de Angleterre, ledit Cardinal, les ductz de Norfolc et Suffolc, l'arcevesque de Cantorbéry et aultres ont signé lesdits deux principaulz traictiés, ce que nous avons promis tenir et faire tenir secret jusques après les choses passées et du tout parfaictes. Il vous plaira, Madame, de vostre grâce, pour la perfection de ceste paix, nous faire envoyer en toute diligence, si envoyé n'est, nostredit povoir. Et pour vous monstrer que, oultre ce que fut accordé avant la rompture de Italye, il ne se trouve sur le tout que la somme de deux cens nonante neuf mille cinq cens quarente deux couronnes à xxxv sols la couronne, qui est moindre somme que vous ne avez entendue, nous vous en envoyons la liste véritable.

Madame, à la seconde convention, pour ce que nous fusmes advertiz que l'abstinence de guerre ne avoit esté publiée en ce pays et que, non obstant la publication faicte en France, il y avait eu prises faictes vers la couste de Normandie, et aussi que, par les convenances accordées, ledit traictié de paix ne se publioit jusques après les ratiffications fournies, ce que se debvoit faire dedans troys moys, nous sommes entrez en pourparlé de trêves à durer jusques au premier jour de décembre, qui sont les troys moys des ratiffications et daventaige, que nous avons accordées et signées soubz vostre bon plaisir, les qualités habillées selon la forme et capitulation que nous vous envoyons. La difficulté a esté sur le dernier article des courriers et ambassadeurs, qui est du tout à leur commodité et adventaige; mais les choses sont si avant qu'il nous a semblé qu'on ne leur debvoit reffuser, et si saulvons le tout par une clause que nous y avons fait apposer, pourveu qu'ilz ne feront ne pratiqueront aucune chose au préjudice [des] Roys, leurs royaulmes et seigneuries; et si leur avions, soubz vostre bon plaisir, accordé depuis les choses arrêtées avant la conclusion de ladicte trêve que, autant qu'ilz vouldroient dépescher ou envoyer de gens et courriers par la France, nous leur ferions bailler sauf conduitz et passeportes. Si lesdictes trêves vous sont agréables, il vous plaira les faire publier et nous envoyer la ratiffication en forme. Nous avons retenu ce porteur par deux jours, atandens la publication de ladicte trêve, qui a esté signée et sera demain aportée scellée en ceste ville de Londres pour publier; et si avons sceu et pour vérité que le controrolleur Jehan Danse est envoyé à Douvre pour licencier toutes les navires de guerre et que le capitaine de Guynes a esté aussi dépesché pour aller donner congié à l'extraordinaire de la garnison de Guynes et du Pont de Nyeullant, de sorte qu'il n'y a aucune difficulté en la publication de ladicte trêve, qui se fera demain sans point de faulte. A ceste cause, avons dépesché ce porteur, par lequel avons mandé à Monsr Du Biez de la faire publier, pour observer ce que nous avons promis touchant le terme de ladicte publication.

Madame, nous prions estre très humblement recommandez à vostre bonne grâce et suplions Nostre Seigneur qu'il vous doint très bonne vie et longue.

De Londres, le xviiie jour de aoust.

Depuis les présentes escriptes et signées, lesditz trêves ont esté publiées en la cité de Londres avec les sollennités en tel cas requises et acoustumées.

Voz très humbles et très obéissans subjectz et serviteurs.

BRINON et JOAN JOACHIM.

XVII

Août 1525.

Instructions d'André Bonvisi.

Ar. Nat. J 965, 5, 6. — Original, de deux mains différentes.

S'ensuit ce qui est à dépescher en diligence :

Premièrement, le povoir des obligations dont la mynutte a esté envoyée par le sieur de Bobigny.

Item, la réformation du principal povoir, de mesme date que le premier, selon la minute qu'en a portée domp André, avec laquelle, pour informer, sont envoyez la copie du povoir baillé à Messrs l'Admiral et aultres ambassadeurs du dernier précédant traictié et le double du povoir que nous avons aporté.

Item, lectres patentes de la ratiffication des trêves avec la publication d'icelles, et sera noté que ladicte ratiffication doibt estre faicte dedans la quinzaine suivent le xiiiime de ce moys, qui est la date de la çapitulation desdits traictiés, et rendre et délivrer dedans le xxme; si plus tost se povoit faire, ce seroit bien faict; si non, que l'on nous face tenir parolle.

Item, soict faicte diligence de faire dépescher les obligations et ratiffications des princes, seigneurs et villes, où soit laissé le jour en blanc, et l'an y soit mis et apposé; en quoy n'y peut avoir intérest pour ceulx qui feront et signeront lesdictes obligations; et, mesmement, pour le fait des Estatz, qui se pourroit despescher en envoyant par les bailliages, sans faire assemblée génèralle pour éviter la despence du pays.

Item, soit envoyé le povoir pour accorder avec la royne Marie et le duc de Suffolc touchant le doaire de ladicte royne Marie.

***

Don Andre, solicitarete à la Corte le despachie contenute in questo rycordo.

Ittem, mostrarete a Monsr d'Aluya el tileto che vi s'è fatto, afin che sua Signoria, se cosi gli parerà, de quelli capy en parte faczi una lettera per mostrar' a Monsr Cardinale.

Le lettere per Venecia sono de l'ambassatore Veneciano; datele a Monsr d'Aluya, pregandolo a ben mandarle.

Non date alchuna lettera a Menchat che non sia passato v giorni de la vostra arrivata et non le date se non comandato de Monsr d'Aluya.

Ricordate a Monsr d'Aluya ch'el se ricuperi da Bernardo Salviati la contralettera che Monsr cardinale d'Iort et M. Jo. Heron gli fecero quando luy gli lasso la obligacione de li generali et che la si mandi quà quanto più presto per ajutarsene, al meno per haver dal deto Monsr Cardinale LXX^m s., per raxon de la deta obligacione devuti; et, s'el deto Salviati potesse venir quà, serebe a gran proposito.

XVIII

28 août 1525.

Madame à Brinon et à Jean-Joachim.

Ar. Nat. J 965, 4, 5 (dans J 966); Brewer, iv, 1595. — Original.

Au dos : A Messrs les chancellier d'Alençon et de Vaulx, conseilliers du Roy et ambassadeurs en Angleterre.

Monsr le Chancellier et vous Monsr de Vaulx. J'ay veu ce que vous m'avez escript par ce porteur, et, suivant le contenu de voz lectres, vous envoye le povoir pour traicter avecques la royne Marie et duc de Suffort pour le fait du douaire de ladicte Royne,

et, auparavant, par le nepveu de vous, Monsr de Vaulx, vous ay
envoyé le povoir refformé et le dupplicata de la régence qu'il a
pleu au Roy me bailler et laisser en son absence de ce royaume
expédié par la court de Parlement, comme vous verrez. Reste,
Messrs, que, pour le bien des matières commancées, vous mectez
paine de promptement conclure et y mectre une finalle fin et résolucion, car, pour le bien de toutes les pars, il est très requis que
ainsi se face, comme je ne faitz doubte que la prudence et longue
expérience de Monsr le cardinal d'Yort ne le confesse et congnoisse clèrement. Je tiens bien la conclusion desdictes matières
principalles et plus importantes vuydées, maiz non l'exécution
d'icelles parfaicte pour venir à publicque publicacion partout.
Par quoy, vous y entendrez et ferez comme j'ay en vous fiance. Et,
pour ce que vous avez amplement et très saigement adverty de
toutes choses, j'ay ordonné à Monsr le Chancellier vous y respondre et satisfaire pour le bien et conduite desdictes matières, ce
qu'il a fait, comme vous avez veu et verrez par ce que ledit porteur vous porte, qui me gardera de vous en dire plus avant, me
semblant ce qu'il vous mande estre souffisant.

Au surplus, Messrs, vous avez jusques icy bien entendu toutes
les praticques que j'ai eues, menées et conduictes, tant en Ytallye
que ailleurs, tendans principallement à la deffence et conservacion
des potentatz de ladicte Itallye et mesmement avecques nostre très
sainct Père le Pape pour de sa part y entrer. Et, pour ce qu'il s'est
parlé de plusieurs choses à Romme, je vous envoye des articles
qu'on m'a envoiez, par lesquelz vous verrez les ouvertures et partiz
faitz de la part de nostredit saint Père, vous priant les monstrer et
communicquer secrètement à mondit seigneur le Cardinal et le
prier de par moy que, après les avoir veuz et entenduz, il m'en
vueille faire entendre son adviz, comme celluy qui entend telles et
si haultes matières et le bien et le mal qui peut venir d'icelles, et
que, en ce faisant, il me obligera de plus en plus; car, pour la
seureté, foy et amytié que je désire avoir à luy, j'entens luy faire
part de ce qui me surviendra journellement, pour le congnoistre
prélat d'onneur, de bonté, de rectitude, de loyaulté et intégrité
telle qu'il ne m'en conseillera que ce que la raison vouldra.

Pareillement, envoye le double d'une tréve et abstinence de
guerre faicte en Espagne, durable jusques au premier jour de
janvier; et, pour ce que le roy d'Angleterre, son maistre, est
contractant avecques l'Empereur en icelle, vous la luy monstrerez,
combien que je suis seure que de ceste heure elle luy peut avoir

esté envoyée, mais pour mon acquit et devoir, et ne voulant que
aucune chose luy soit cellée, j'ay bien désiré qu'elle luy feust communiquée.

Au demeurant, Messrs, je vous advise que ma fille la Duchesse
est partie pour commancer son voyaige d'Espaigne; qui n'a esté à
autre fin que celle qui vous a été escripte, qui est principallement
pour veoir, visiter et consoler le Roy son frère, luy faire entendre
l'estat et disposicion en quoy sont ses affaires tant en ce royaume,
Angleterre, Itallye, que ailleurs et que, grâces à Dieu, toutes choses
sont réduictes en telz termes par toute la chrétienté qu'il n'a
matière, ne cause, ny doyt avoir de précipiter sa délivrance et
liberté, de sorte qu'elle doyve estre vitupérable, dommageable et à
jamaiz reprouchable par son royaume et subgectz et que, à l'ayde
du Créateur, prenant les choses par la raison et usant de sa magnanimité, vertu et hauteur, sadicte délivrance s'en trouvera plus
prouchaine que autrement, sans l'onneur et réputacion qu'il en
acquerra.

Et, quant à moy, je m'en retourne vers le Lyonnoys et ceste
frontière d'Ytallye pour tousjours la conforter et assister de tout mon
povoir, continuant à donner ordre et remède à toutes choses ainsi
qu'elles surviennent; par façon que je vous puis certainement
asseurer que les affaires de ce royaume vont très bien et en
obéissance et unyon si grande qu'il ne se peut dire de plus,
avecques contentement de tout ledit royaume. Vous priant après
tout continuer à me faire savoir de voz nouvelles le plus souvent
que vous pourrez, et, oultre le plaisir que ce me sera, vous me
ferez plaisir le plus grand que vous pourriez faire; et, sur tout,
n'obliez à me mander de la bonne santé et prospérité du roy et
royne d'Angleterre et de Madame la Princesse, sans oblier celle
de mondit seigneur le Cardinal. Et, sur ce, je feray fin, priant
Dieu, Messrs, qu'il vous ait en sa saincte garde.

Escript à Montélymart, le xxviiime jour d'aoust.

LOYSE.   ROBERTET.

XIX

23 août 1525.

Brinon et Jean-Joachim à Duprat.

B. N. ms. Dupuy 462, f° 67. — Original de la main de Brinon.

Au dos : A Monsr, Monsr le Chancellier, arcevesque de Sens et
abbé de St Benoist sur Loire.

Monsr, par les deux lectres que nous escripvons à Madame, vous entendrez bien au long tout ce qui a peu estre faict sur les poinctz de vostre lectre.

Le premier est sur l'obligation, en quoy, soubz vostre correction, y a eu équivocation ; car ce que nous vous avons envoyé n'estoit pas l'obligation, ains le povoir et faculté de la passer, et, en l'obligation que nous ne avions peu recouvrer de leurs mains, les causes que vous demandez sont toutes insérées et tout au long et si souvent réitérées et tant de aultres redictes et inculcations de parolles non diversifians la substance que nous en avons esté tout ennuyez et l'avons voulu gaigner, partie par moquerie, partie par rayson; mais il ne a esté possible de les faire varier. Tant y a que en la substance il n'y a chose qui diversifie, comme dit est. Oultre les causes, la forme du payement après la mort estoit couché et accordé par ledit obligation, ainsi que pourrez veoir et cognoistre par cy-après. Et néantmoins, nous avons fait passer le povoir auquel vous estes arresté et avons retenu l'aultre formel en nostre possession.

Le second est, sur l'obligation des princes et villes, ce mot *facient*, lequel, soubz vostre correction, *in facto alieno*, n'emporte autre chose que *curabunt*, et, pour vous confesser vérité, ilz ne ont adjousté ne diminué à nostre minute desdictes obligations, *quas hoc modo concepimus scientes vim verborum ne expressiorem et cautiorem obligationem exigerent*, come ilz eussent peu faire se-*cundum terminos juris, sequendo opinionem Aretini*(1), *in L. si ita stipularis, ff. possum de verbo obligatorio; quod vel aliud important et quod curando in quantum poterunt liberentur occasiones sunt in jure vulgarissime neque coram tanto viro allegande.*

Le tiers est l'émologation, de laquelle, Monsr, nous avons accordé la forme, c'est assavoir qu'il sera mis sur le reply *lecta, publicata, registrata.*

Le quart, quant à l'interdict que vous disiés ne avoir oncques esté fait jusques à présent *salva pace Dixionensi* (2). Il ne fut onques fait aultrement, et, pour vous en justifier, nous vous envoyons la copie de la dernière puissance que nous avons collation-née sur l'original, où vous trouverez la clause de l'interdict; et néantmoins, avant avoir eu vostre lectre, trouvans ladicte clause estrange, après l'avoir voulu apertement oster, ce que nous ne

---

(1) Il y eut au xve siècle deux commentateurs du Digeste désignés sous ce nom : *Angelus Aretinus de Gambilionibus* et *Franciscus Aretinus de Accoltis.*

(2) *Sic.* Il s'agit sans doute de la convention de Dijon de 1513 par laquelle La Trémoille promit 400.000 ducats aux Suisses.

peusmes gaigner, nous y parvinsmes tantement par le moyen que
nous trouvasmes de faire lever la áctuelle confirmation et submission apostolicque, sans laquelle, *obstantibus prohibitionibus consi-*
liorum (1), ne peut estre fait ung tel interdict.

Le quart (*sic*) est de l'expression des Estatz, qui est soubz vostre
correction peu de chose et que nous avons bien eu à faire à gaigner
en ceste forme, car ilz vouloient assemblée et convocation des
Estatz Généraulx pour la ratification et aprobation des traictiés. La
jalousie se souldra par non envoyer au double que vous ferez tenir
aux villes ladicte clause des Estatz, qui ne les touche en rien.

Quant au fait de Albanye, Monsr le Cardinal nous a affermé
par serment qu'il ha la promesse telle que nous vous avons envoyée
signée de la main du Roy et a promis de nous la montrer si tost
qu'il sera de retour à Londres, et si a affermé l'évesque de Haily
l'avoir veu signer du Roy et que le Roy la voulût faire en présence
de plusieurs gens combien que luy fust remonstré qu'il avoit esté
advisé que la deut faire secrètement.

Monsr, je vous remercie humblement de la souvenance que avez
de ma partie et vous en rendré plus amples grâces, mais que l'exécution se en soit ensuivie; une bonne partie en a jà esté despendue
en ordinaire et chevauchés neccessaires ainsi que vous entendrez
cy-après.

Monsr, il a pleu au Roy par deux fois me donner l'abaye de
St Thaurin de Evreux pour mon frère; Madame de sa grâce me
en a reconfermé et ratifié le don depuis l'empeschement de la personne du Roy. Je entendz que l'abaye est vacant; je en rescriptz
à Madame. Il vous plaira, Monsr, me faire ceste grâce de tenir
la main que, moy absent pour le service du Roy, de Madame et
du royaulme, ung aultre plus attentif et diligent à ses affaires,
plus prochain de la court ne me suplante. Je pense la vertu et bonté
de Madame telle et si grande qu'elle ne le souffrera point et vous,
Monsr, si vertueuz et tant équitable que vous ne luy vouldrez conseiller. Je me en recommande trés humblement à vostre bonne
grâce.

Monsr, nous prions Dieu pour fin de lectre qu'il vous doint très
bonne vie et longue.

De Harefly près More, le xxviiie jour de aoust.

Voz très humbles et obligés serviteurs.

BRINON et JOAN JOACHIN.

____

(1) *Sic.* Il faut lire *conciliorum.*

XX

Robertet à Brinon.

29 août 1525.

Ar. Nat. J 965, 2, 2 (dans J 966). — Original.

Au dos : A Monsr, Monsr de Villaynes, chancellier d'Alençon et premier président en la cour de Parlement à Rouen.

Monsr, par le nepveu de Monsr de Vaulx vous a esté envoié le povoir refformé que demandiez, avecques le dupplicata de la régence de Madame expédié par la Court, comme verrez, et, pareillement, les lectres de commission pour le paiement de ce qui se doyt paier par le traicté pour Monsr de Vaulx. Et présentement, par ce porteur vous est envoié le povoir pour traicter avecques la royne Marie et duc de Sufforc, avecques ung double de la trêve faicte en Espaigne et quelques articles venuz de Romme. De tout ferez, s'il vous plaist, sellon ce que Madame vous escript. Si mieulx ce puie, je suis bien certain que vous saurez très bien faire, vous asseurant que madicte Dame et toute ceste compaignie sont très contens et bien satisfaitz de ce qui est fait, louant vostre forme de procéder, prudence et dilligence tant qu'il est possible.

Monsr, dépeschant vostre porteur et aiant la plume sur le papier, Dom André est arrivé avecques ce que avez envoié; à quoy on ne vous peut promptement respondre pour ce que le tout n'a esté veu ny rapporté à Madame en Conseil, et, d'autre part, la court part pour retourner à Tournon; maiz au premier lieu il se fera. Et, pour ce, je n'ay voulu retarder ledit porteur, affin que vous aiez nouvelles, principallement de la bonne santé de Madame et de Madame la Duchesse.

Monsr, on a fait icy une grande poursuite pour Sainct Thaurin d'Evreux et s'y sont vouluz forcer Messrs le Grant sénéchal et de Castres ; a bien (a) esté respondu et tenu main pour vous, comme raison est, et vous prometz que madicte Dame a tenue bon et monstre que vous avez mérité trop mieulx que cela.

Monsr, vous entendez bien que, en ce et autres choses qui vous toucheroient, je ferai tousjours tout ce que je pourrai et n'y aura point de faulte; et, pour ceste cause, commandez et vous serez obéy, aidant le Créateur, auquel je supplie, après mes humbles recommandations à vostre bonne grâce, donner très bonne et longue vie.

A Montélymar, ce xxixe d'aoust, hastivement, de vostre humble serviteur.   ROBERTET.

XXI

31 août 1525.

Madame à Brinon et à Jean-Joachim.

Ar. Nat., J 965, 4, 4 (dans J 966); BREWER, IV, 1609. — Original.

Au dos : A Messrs les chancellier d'Alençon et de Vaulx, conseilliers du Roy et ambassadeurs en Angleterre.

Monsr le Chancellier et vous Monsr de Vaulx. J'ay veu par ce que vous m'avez escript et que a apporté Dom André ce à quoy vous estes résoluz avecques Monsr le cardinal d'Yort- pour la perfection et finalle conclusion de ceste paix. Toutesfoys, pour estre ledit seigneur Cardinal homme d'onneur, de bonté, honnesteté et conscience, il ne se peut faire qu'on n'ayt trouvé merveilleusement estrange que le royaulme soit grevé de cinq cens mille escuz pour le reste de Tournay, actendu que Tournay, par le moyen des Angloys, se peut tenir et dire avoir esté perdu, occuppé et détenu par l'Empereur; et, quant à là viendra, semble que, si ladicte couronne de France a desjà paié pour Tournay cent mille couronnes et qu'elle paye encores v^c m. aultres couronnes, raison veult que le roy d'Angleterre promecte pour le recouvrement de Tournay toute sa faveur et ayde en manière que ledit Tournay perviengne en son povoir, et, parvenu qu'il y soit, le rende et restitue à ladicte couronne, et non le restituant, qu'il rembourse icelle couronne de la somme qui se trouvera avoir esté payée pour ledit Tournay et de celle qui resteroit à paier par le traicté la tenir quicte.

Pareillement, il ne se treuve, ne il n'y a raison ne cause qu'on doyve permectre que ladicte couronne soit aucunement chargée ne grevée de l'obligacion des généraulx, faicte par eulx au temps et de la façon qu'elle fut faite, à l'instance et contemplacion de mondit seigneur le Cardinal, et en sa main et puissance parvenue par le moyen qu'on a depuis bien entendu, qui est de troys mille livres strelin sur icelle prestez à Bernard Salviati, comme il appert par contre-lectre dudit seigneur Cardinal et de messe Jehan Héron; laquelle contre-lectre dudit Salviaty recouvrée, elle sera incontinent envoyée par delà. Et, si ledit seigneur Cardinal prétend quelque chose contre lesdits généraulx, il le leur pourra demander, et la raison et justice luy en sera faicte, sans soy adresser au Roy qui jamaiz n'a esté nommé en ladicte obligacion ny obligé, comme il se peut veoir. Et, quant il fauldroit venir à tenir ladicte obligacion, il ne se peut ne doyt muer la forme et manière contenue en icelle, qui est de paier vii^m écus par an. Et si ce peut dire que telle invencion d'obligacion, laquelle en soy contient vergongne grande et part usuraire, semble estre faicte pour saulver au roy d'Angleterre lxiii^m l. d'estrelin ou environ prestez piéçà à aucuns marchans faliz aux despens de France ; et encores par ladicte invencion vouloir méliorer de la debte et sort principal ainsi deshonneste qu'il est de xv^m livres, et, pour conduire ceste chose à son mode, desbourser xx^m l., lesquelles, avecques les susdictes lxiii^m du debte et sort principal et les xv^m de l'augmentacion ou gaing, font la somme de iiii^xx xviii^m livres contenues en ladicte obligacion de vii^m écus par an, qui est pour lxvi ans la somme de iiii^c lxii^m écus d'or au soleil, laquelle fait comme dessus est dit la mesme somme de iiii^xx xviii^m l. A ceste cause, il ne se peut dire ne soustenir que ladicte somme de xx^m l., qui est le fondement de ladicte obligacion, ne se doyve promptement payer ; par quoy concluant, se peut dire que, mectant mondit seigneur le Cardinal en la masse ladicte obligacion de iiii^c lxii^m écus, vous devez pourveoir et faire toute instance envers luy que incontinent vous soient remboursez comptant lesdits xx^m l. et donnée et transportée l'obligacion des marchans pour la somme de lxiii^m livres avecques ladicte obligacion des généraulx, et ne se doyt cela prétermectre comme chose honneste, juste et plus que raisonnable.

Et, quant au fait des paiemens annuelz, vous savez comme ilz se doyvent faire par ce qui vous en a esté dit avant vostre partement ; et, pour ce, vous tiendrez main que les escuz soleil soient pris pour le pris qu'ilz vallent et le ferez bien entendre audit seigneur Cardinal.

Au surplus, vous avez tousjours escript que l'obligacion du Roy faicte pour les citadins de Tournay montoit xxviii^m couronnes (sic), lesquelles on espéroit recouvrer desdits citadins en quelque temps et icelles employer aux paiemens qu'on a à fere au roy d'Angleterre. Et maintenant, j'entens par ce que avez escript que ladicte obligacion ne monte que xxiii^m frans, qui sont xiii^m escuz ou environ. Et, pour ce, si ladicte somme de deux millions aura lieu, le royaume en ce demeure grevé de xv^m escuz davantaige ; en quoy vous aurez adviz pour les rabatre de ladicte masse, ou recouvrerez obligacion jusques à ladicte somme de xxiii^m couronnes (sic), et mesmement que en tous les autres traictez qui ont esté faitz ne se treuve obligacion de si grande somme de deux millions d'or, qu: est souffisante, non seullement pour achapter une paix, maiz ung royaume.

Quant aux ᴸᵐ couronnes de mondit seigneur le Cardinal demandées estre payées quarante jours après la conclusion de la paix,
vous luy ferez entendre et très instamment le prierez et requerrez
qu'il se vueille contenter qu'ilz se paient incontinent la ratiffication
faicte et publiée en Angleterre; car plus tost ne se peust bonnement faire.

Touchant la déclaracion demandée par mondit seigneur le Cardinal pour la compréhension d'Escosse, semble n'estre convenent
qu'elle soit si contraincte qu'il la veult; et, pour ce, vous procurerez,
ou de non la faire, ou la réduyre en forme qu'il y soit gardé l'onneur
et dignité du Roy et du royaume comme il appartient.

Et au regart de tant d'obligacions et confirmacions demandées
par Monsʳ le Cardinal en ce traicté, semble qu'il se doyt contenter
de beaucoup moins de ce que vous avez escript qu'il demande;
et, en ce, procurerez et insisterez qu'il s'en vueille contenter.

Au surplus, je vous envoye le povoir refformé comme le demandez pour le fait de la paix, et pareillement la ratifficacion de la
tresve. Et, quant au reste, on fait toute dilligence d'y besongner,
pour, à tout, selon voz mémoires envoyez, satisfaire promptement,
vous priant, au demourant, continuer à me faire savoir de voz
nouvelles et ce qui vous surviendra, et vous me ferez plaisir, priant
Dieu, Messʳˢ, qui vous ait en sa saincte garde.

Escript à Tournon, le dernier jour d'aoust.

LOYSE.   **ROBERTET.**

XXII

3 septembre 1525.

Brinon et Jean-Joachim à Madame.

Ar. Nat. J 965, 3, 2; BREWER, ɪᴠ, 1617. — Original.

Madame, il a pleu à Dieu, qui seul peut donner la paix, tellement disposer les cueurs et la volunté du roy de Angleterre, de
Monsʳ le cardinal d'York et des aultres princes et seigneurs
du pays que mardy dernier, xxɪxᵐᵉ d'aoust, en la présence dudict
seigneur Cardinal, des arcevesque de Cantorbéry et évesque de
Hayl, duc de Norfolc, marquis de Excestre, milord Camberlan et
aultres, les traictiés, qui avaient esté escriptz et mis en forme à
toute diligence, furent leuz et receuz de mot à mot, et, dès ce jour,
furent unanimement et amyablement en toutz leurs poinctz et
articles convenuz et accordez, et jour prins pour signer au lendemain,

qui estoit le mercredy xxxme et pénultime jour dudict moys. Auquel nous convinsmes toutz ensemble et furent lesdictz traictiés signez et scellez, baillez et délivrez avec les povoirs d'une part et d'aultre; et, pour ce que le povoir du roy d'Angleterre se trouva plus ample que le nostre, ledict Cardinal nous pria, et, soubz vostre bon plaisir, fut ainsi accordé, que nous ferions réformer le nostre de semblable date et le rendrions conforme et de semblable auctorité et amplitude que le sien, adjoustée une clause de povoir requérir et recepvoir le serment et la ratification du roy d'Angleterre.

Et considérans de quelle importance vous est la publication de ladicte paix, nous, pour y parvenir, avons tant faict et persuadé, que, par ledict Cardinal et tout le Conseil ensemble, a esté accordé que la publication de ladicte paix se fera dedens viii jours de la date du traictié, qui escherront mercredy prochain, pourveu que, de nostre part, la ferons publier dedans semblable temps en France et demourerons ostaiges, tant pour la réformation dudict povoir, les ratifications de vous, Madame, que des princes, seigneurs et villes et émologation des Cours souveraines; ce que, pour l'honneur du Roy et de vous, Madame, nous confians en vostre bonne grâce et en l'ordre qu'il vous plaira faire promptement donner à la despesche de toutes lesdictes choses, non sans grand regret, nous avons esté contens et nous sommes submis et obligés de faire.

A ceste cause, Madame, il vous plaira, de vostre bonne grâce, nous faire en diligence tenir toutes les choses dessusdictes, mesmement les ratifications selon la forme accordée que nous vous envoyons, laquelle est du tout selon les traictiez, ensemble les ratifications des princes et seigneurs et bonnes villes, qui se peuvent briefvement recouvrer, et faire donner ordre que les cours de Parlements ne se lèvent que lesdictes homologations ne soient premièrement faictes. Aultrement, Madame, vous pourriés tumber en rumpture du traictié et nous mectre en merveilleux inconvénient.

Oultre, vous plaira, Madame, faire donner ordre pour les deniers, soit par lectres de change ou aultrement. Et, pour Dieu, ne faillez à ce premier payement; aultrement tout ce qui a esté si louablement faict pour vous, Madame, pour le Roy et le royaulme se en ira du tout en ruyne. Noz pratiques de marchans pour ce premier payement ont esté toutes rompues par la déclaration de ce Roy, qui a dict ne vouloir pour riens souffrir le premier payèment luy estre faict de ses deniers, disant que ce luy seroit une moquerie. Derechef vous supplions, Madame, très humblement faire en diligence extrême donner ordre aux choses dessusdictes, ainsi qu'elles le requièrent, eu regard à la grandeur et importance de l'affaire et proximité des termes du payement. Ausquelz, quelque remonstrance que ayons sceu faire au contraire, il nous a esté forcé adjouster ung terme du premier payement des arréraiges du douaire de la royne Marie, c'est assavoir v^m couronnes payables avec le premier payement de l'advance à faire à ce Roy xl jours après le traictié, qui escherront le viiie jour de octobre prochainement venant.

Nous avons semblablement accordé avec mondict seigneur le Cardinal pour son faict, tant pour les cent mil couronnes que pour les arréraiges de la récompense de Tournay, le tout montant cent xxx^m couronnes. Pour le regard de sa pension ordinaire, montant, comme nous avons vérifié, par an ii^m viii^c l., nous luy avons déclaré qu'il ne se paye en France nulz arréraiges de telles pensions, et finablement, de son accord et bon grey, en sommes demourez quictes. Et, ce que on luy avoit promis payer en cinq années, nous l'avons remys à sept, et avons trouvé que, à ceste raison, joignant la récompense de Tournay et sadicte pension, il debvoit estre payé d'icy à sept ans à la raison de xxv^m escuz au soleil par an. La liste en a esté présentement faicte par moy Joachin, que nous envoyons à Monsr le thrésaurier Robertet pour la veoir et vous en faire le raport. Le premier terme de la première année de ceste composition de mondict seigneur le Cardinal est payable en novembre prochain. Il se attend que on luy fera seureté du payement desdictes cent^m couronnes et arréraiges ; puisque vous avez voulenté de le payer, il semble, Madame, que pour le contenter ne ayez grand intérest de ainsy le faire.

Au regard de toutes les aultres pensions, dont mondict seigneur le Cardinal a faict le roolle, nous avons déclaré que nous ne en payerons riens jusques au terme de may prochain, et ainsi a esté accordé avec mondict seigneur le Cardinal.

Madame, les ambassadeurs de Angleterre éleuz pour aller recevoir vostre serment et prendre voz submissions sont maistre F. Willem, capitaine de Guynes, et ung docteur, grave, bon et doulz personnaige, amateur et zélateur de paix, nommé maistre Taillar ; ilz partiront pour le plus tard vers la fin de ce moys pour aller vers vostre Seigneurie.

Madame, pour satisfaire à nostre promesse, sans laquelle ne fussions parvenuz à la publication en Angleterre, avons prié par

nos lectres aux lieutenants et gouverneurs des pays de Normandie
et Picardie que l'on publiast cette paix par la frontière desdicts pays
de Picardie et Normandie, ce que sans la nécessité de l'obligation
ne nous fussions ingérez de faire. Vouz entendez, Madame, qu'il
ne y peut avoir dommaige et de combien la prompte publication en
ce pays de Angleterre vous est utille et prouffitable, et, bien considérée, merveilleuse en ce tems, sans au préalable avoir eu seureté
de ratification ne approbation quelconque.

Madame, voiant la demourée que pour le bien de ceste paix nous
sommes contrains de faire par deçà, affin de éviter toutz inconvéniens, nous vous envoyons l'original du traictié de paix signé et
scellé, ensemble du traictié des déprédations qui en dépend. Le
traictié de l'obligation est devers le Cardinal, mais nous vous en
envoyons autant. Nous vous eussions en grande dévotion et de bon
cueur portez en noz personnes lesdictes pièces de telle et si grande
importance qu'elles sont, et eût esté nostre honneur de ainsy le
faire ; mais la foy que nous avons donnée et promise à mondict
seigneur le Cardinal et audict Conseil de Angleterre pour vostre
service nous contrainct de demourer en ce pays jusques ad ce que
nous ayons rendu et fourny lesdictes ratifications et hémologations,
selon nostre promesse; dont il vous plaira nous excuser et décharger
et tenir en vostre bonne grâce. A laquelle très humblement nous
recommandons, et prions Nostre Seigneur vous donner très bonne
vie et longue.

De More, le IIIe jour de septembre.

Vos très humbles et très obéissans subjectz et serviteurs.

BRINON, JOAN JOACHIN.

XXIII

3 septembre 1525.

Brinon à Robertet.

Ar. Nat. J 965, 1, 2. — Original.

Au dos : A Monsr, Monsr d'Alluye et de Bury, conseiller du Roy
et thrésaurier de France.

Monsr, par les deux lectres que nous escripvons à Madame et les
pièces que nous vous envoyons, qui sont le traictié de paix,
le traictié des déprédations, le traictié des obligations, le traictié du
douaire de la royne Marie, l'article de Albanye, la forme de la

publication de la paix, la minute accordée des ratifications et obligation de Madame, l'estat du don de Monsr le cardinal d'Yorck, ung roolle des pensionnaires, cognoistrez tout ce que, avec la grâce de Dieu, nous avons faict depuis nostre dernière lectre. C'est que la paix est conclute, faicte et signée, et si sera mercredy prochain publiée, mais Monsr de Vaulx et moy demeurerons ostaiges pour ce qu'il restera faire, qui sont lesdictes ratifications, obligations, émologations et le payement des deniers de ce premier terme. Qui fauldra en l'un ou en l'autre, oultre l'inconvénient en quoy l'on nous mectera sans l'avoir mérité, l'affaire de si grand importance fait et conduit avec une si grand peine se en ira du tout en ruyne. Vous y ferés donner ordre, si vous plaist, mais que ce soit partout en bonne diligence affin que nous soions levés de ce pays. Puisque l'affaire est mis à fin, nous pourrons faire service ailleurs. Il sera besoing de penser à envoyer ici ung ambassadeur et que ce soit ung homme saige et fort discret. Si pour ung an Monsr de Senlis ou Monsr de Langres pouvoient prendre ceste paine, en ce temps où chascun se doibt exposer à faire service, il viendroit fort bien à propoz. Vous y penserez, si vous plaist, et en advertirez Madame, si vous le trouvez bon.

Je rescriptz à Monsr le Chancelier ce qu'il semble debvoir estre fait quant aux Courtz souveraines. Et, quant ad ce qui est à faire par Madame, c'est chose accordée et signée, de laquelle il ne fault adjouster ne diminuer. Il faudra ratification à part pour la qualification de la compréhension des Escossois, et ratification pour l'article concernant le duc de Albanye. De toutes lesquelles ratifications je vous envoye la forme qu'il fault suivre, aultrement nous serions à recommancer. La suspeçon de ceste gent a esté cause de faire ung milier de redictes au traictié de l'obligation, et, quelque remonstrance et moquerie que nous ayons sceu faire, il ne a esté possible de leur lever de la fantasie ; tant y a que la substance ne en est point diversifiée.

Monsr, après me estre très humblement recommandé à vostre bonne grâce, je prie Dieu vous donner très bonne vie et longue.

A Arfel près More, le iiie jour de septembre.

Monsr, les gens de la royne Marie demandent grand argent pour les arréraiges de son douaire. Il seroit nécessaire de emander les derniers payemens et scavoir qui a levé les deniers depuis la guerre pour le contraindre à en vuider ses mains.

Vostre très humble serviteur.

BRINON.

XXIV

3 septembre 1525.

Jean-Joachim à Robertet.

Ar. Nat. J 965, 1, 3 (dans **J** 966). — Original.

Au dos : A Monsignor, mio Signore observantissimo, Monsignor d'Aluye et de Bury. — A la Corte.

Signor mio observantissimo. Ringraciato sia Dyo, tanto s'è fatto che questa pace et confederacione resta del tutto saldata et conclusa. Et tanto s'è operato che, non solo habiamo in nostra mano el trattato de quella signato et sigillato, quale hora a voy se manda, ma la solemne publicacione, a li affari de Madama, si come V. Signoria ultimamente me scripse, non pocho importante et profitabile, si farà mercuredi vi del presente et senza l'esser' preceduto, si come precedere dovea, et questo primo convenuto pagamento de denary et le accordate tante ratifficacione. Credy pur V. Sig^{ria} che l'havere ottenutto la detta publicacione non sia stato pocha ne pichola prova, atesa maximamente la qualità de li homini inseme cum la dispoxicion del presente tempo.

Monsignor mio cancellero d'Alanzon et me, a causa de questo conseguito piacere et gracia, si dichiamo obligatissimi a Mon^r reverendissimo Cardinale; et S. Sig^{ria} reverend^{ma}, oltra l'altri piaceri fatti, par' che de questo atto meriti de essere ben ringraciata da Madama. Resta mo ch'el predetto Monsignor Cancellero, hora più obside che ambasator', da la gracia de Madama et de l'ajuto de V. Sig^{ria} senevadi bene et presto liberato, mediante la prompta expedittione de le convenute et domandate obligacion et rattifficacione de Madama de li Signori principy, de le ville, de li Staty de Normania et de Linguadoch et de le corte de Parlamento, lequelle, inseme cum la soma de li^m vii^c xxxxiii scutti de sole, pagabili al viii d'ottobre, s'expetterano cum quel dexiderio che V. Sig^{ria} debbe pensare. Da me non voglio ne oserey parlar', poch' importando el caso mio qual sia, nientedimeno al servicio de Madama dedichato per exponerlo in ogni tempo et in ogni qualità de periculo prompto et presto al comandamento de Sua Maestà.

Per el conto a questa incluso V. Sig^{ria} intenderà che si debbe a Mons^{re} Cardinale per li arreragi del vescovato de Tornay, per quatro anni e mezo a xii^m franchi per anno, la soma de xxx^m viii^c lvii corone de xxxv soldi per corona, et centomilia simille corone per la promessa de Madama : lequelle some pagar' si debbeno in septe continuati anni et in doy equaly pagamenti per anno, cominciando a novembre et a magio proximi. Oltra queste some et pagamenti, durante la vita del detto Cardinale, si debbe continuar' et annuariamente pagar' li detti xii^m franchi per el vescovato de Tornay et mille seicente corone, pure de xxxv solidi, per l'annuaria pensione del detto Cardinale, in modo che per spacio de septe continuati anny, comenzati, come si dice, a novembre proximo, tuto compreso, si doverà pagar' al detto Cardinale xxv^m scutti de sole per anno.

Similmente, V. Sig^ria vederà che questo primo pagamento, quale si debbe fare al viii d'ottobre al re d'Angliterra et a Monsignor de Suffolch, et a questo, dico de Suffolch, contra l'ordine et convencione siamo stati gravati, monta li^m vii^c xxxxiii scuti del sole et sedeci soldi ; et la medexima soma, et più xii^m v^c scutti che al'hora se doverano pagar' a Monsignor Cardinale, monterà el secondo pagamento de novembre proximo, quale tutto compreso importerà lxiii^m ii^c xxxxiii scutti de sole xvi soldi ; et successivamente monterano similsoma l'altri pagamenti a li quali serà de far' provixione.

Tochante quello, che per raxon de l'obligacion de' generali debiamo recuperar' et del che tante volte s'è parlato, yo non vedo modo ne ordine che sene possiamo presentemente ajutare, a causa de le difficultà che per Mon^or Cardinale se fano in questa partita; et tutta via noy speriamo che la detta partita cum qualche tempo si recupererà, a proposito de laquale, et per più celler' expedition', ben serebe stato haver' qui Bernardo Salviati, cum loquale, obligato a li generali, et non cum altri, drittamente s'ha da farre.

Maestro Gregorio da Casale, cavallero et gentilhomo de questo serenissimo Re et a S. Maestà et a Mon^r Rever^mo molto accepto, ha fatto et fa bonissimo et dilligente officio et tanto per la liberacion del christianissimo Re quanto per la conclusione del pacto et unione de l'Italia cum Madama, et, se, per el passato, in servicio de suo patron, el fusse stato Imperiale, yo, che ho seco amicicia et longa familiarità, oso prometterme che al presente el sia cossi inclinato a Madama et al christianissimo Re et de core cossi bon Francese come si possi desiderar'. El partirà ben presto de qui mandato da questo ser^mo Re a Roma et passerà per Francia. Serà a proposito, cossi parendo a V. Sig^ria, che gli sia fatto et bona

chiera et usato qualche bone parole et accomodate a confermare la
sua bona mente, intencione et dexidero de far' servicio a Madama.

Hogi, Monsr Cardinale inseme cum li agenti de Monsr de
Suffolch, a la presencia de Monsr mio cancellero d'Alanzon, hano
parlato tochante el doario de la reyna Maria. Et per conclusion
hano detto non volere dar' la ferma de quello a mancho de LX^m
franchi per anno de netti.danari a la detta Reyna, tutte spese et
chariche fatte et pagate a spesa del fermiero. A tal modo, cum la
dispoxicion de li officii et beneficii al Duca reservata, dichono
haver' altra volta accordato cum fu Monsr l'Amiraglio, benche
dopoy, celebrandosi a Digion el contratto de la detta ferma, luy
cum industria et auttorità, cossi dichono, variato el pacto, la
riducessi a LV^m franchi. Essendo yo solicitato a risponder' a le
loro offere et domande, hora che questo negocio de la pace per la
sua publicacione resterà fornito, penso de risolvermi circa la detta
ferma, nel che pregero Nostro Signore Dyo che lassi seguir' quel
che debbe essere el meglio.

Et, cum questo ricomandandome humilmente in bona gracia de
V. Sig^{ria}, facio fin a sta lettera, scripta a Moure, III Septembre 1525.

D. V. Sig^{ria} humillimo et obedientissimo servitore.

JOAN JOACHIN.

XXV

5 septembre 1525.

Robertet à Brinon.

Ar. Nat., J 965. 2, 6 (dans J 966). — Original.

Au dos : A Monsr, Monsr de Villaines, chancellier d'Alençon et
premier président à Rouen.

Monsr, vous verrez par ce que Madame vous escript par
Dom André, porteur de cestes, le plaisir, aise et contentement qu'elle
a eu d'entendre de voz nouvelles et de ce que avez faict avecques
Monsr le cardinal d'Yort et encores des bonnes, honnestes et
prudens propoz qu'il vous a tenuz, soy monstrant et déclairant ouvertement bon amy du Roy, désirant bonnement le bien et prospérité de ses affaires, de Madame et du royaume; de quoy elle se
sent tant tenue à luy qu'il n'est possible de plus. Elle désire que
vous luy en faictes les merciz telz qu'il appartient et que l'effect le
mérite, et, au demourant, que vous mectiez totalle fin en l'affaire

de ceste bonne et salutaire paix, unyon et amytié de ces deux grans princes et d'une chose qui redondera au bien universel de toute la chrétienté.

Monsr, suivant adviz de mondit seigneur le Cardinal, madicte Dame a tousjours continué l'entretenement et conclusion des practiques d'Ytallye, principallement pour la conservacion d'icelle et deffendre sa liberté et modérer en ce cas la grandeur de l'Empereur. Et, semble que, s'il plaisoit à mondit seigneur le Cardinal de sa part conforter les potentatz et principallement Pape et Vénissiens de venir promptement à conclusion de ceste ligue, que l'auctorité du Roy son maistre y pourroit grandement servir, et mesmement qu'on désire qu'il soyt chef de ladicte ligue.

Monsr, le Roy a sceu ce que vous avez faict avecques mondit seigneur le Cardinal; de quoy il a esté tant aise, content et joyeulx qu'il ne se peut dire de plus, très délibéré ensuivre de son cousté le bon conseil et adviz que mondit seigneur le Cardinal luy a donné en ce qui peut touscher sa délivrance, aiant grande espérance d'icelle au roy d'Angleterre, son bon frère, et en mondit seigneur le Cardinal.

Au surplus, je vous envoie la ratifficacion de la trêve et aussy le povoir refformé, comme vous le demandiez; et sommes après à faire dépescher les seuretez tant des princes que des villes et toutes autres choses qui deppendent de ce traicté.

Au demourant, Monsr, j'ay faict nouvelle dépesche pour le faict de Sainct Taurin; sy autre chose y est requise, en m'en advertissant il sera faict. Me recommandant humblement à vostre bonne grâce, priant Dieu, Monsr, qu'il vous doint très bonne et longue vie.

De Tournon, ce vme de septembre, de vostre très humble serviteur.

ROBERTET.

XXVI

9 septembre 1525.

Brinon et Jean-Joachim à Madame.

B. N. ms. Dupuy 462, f° 9. — Original de la main de Brinon.

Au dos : A Madame.

Madame, par deux de noz gens, despeschez le troiz^e de ce moys, nous avons envoyé le traictié de paix et aultres traictiés et accordz qui en dépendent, signez et scellez, avec la forme des rattifications et obligations, accordée entre Monsr le Révérendissime et nous et signée de nos mains pour éviter toutz différendz et affin qu'elle ne se varie.

Ce jourduy a esté ladicte paix et union solennellement publiée en ceste ville de Londres, cité capitalle et principale du royaume de Angleterre, moyennant deux promesses que nous avons faictes : la première, de faire faire le semblable au royaulme de France, ce que nous ne doubtons que incontinent et en bonne diligence ne se face par ordonnance très expresse de vous, Madame, comme chose désirée, nécessaire et venant fort à propoz ; la seconde, de ne bouger de ce pays que nous ne fournissions des ratiffications et obligations convenues et accordéez, tant de vous, Madame, des princes, villes, Estatz que homologation des Courtz souveraines.

Il vous plaira, Madame, pour retirer la ratification de ce Roy, qui sera la clef de la seureté de l'affaire, car nous avons sceu et ainsi le trouverez qu'il est prince de parolle, et aussi pour nous délivrer de ce pays, donner ordre que lesdictes rattiffications et obligations se facent et envoyent le plus briefvement et diligemment que faire ce pourra.

Poursuivant noz transportz de Tournay, de l'obligation des marchantz et aultres obligations qui nous doivent estre délivrées après la ratiffication, nous avons eu empeschement sur les xvii^ml. de estrelin que nous demandons pour l'obligation des généraulz, fondée sur la convention faicte avec lesditz généraulz, que l'on dit monter soixante dix mille escuz seulement, sur laquelle somme de lxx^m écus Monsr de Samblançey a receu xiii^m écus. Ainsi resteroient lvii^m écus seulement. Et, sur ce, avons esté ouys et remonstré noz raisons. Finablement, avons esté renvoyez à nous accorder avec les marchans que l'on disoit avoir faict ladicte promesse auxditz généraulz. Avec lesquelz nous sommes convenuz, et, de ceste heure, nous a esté accordée la somme de soixante deux mil escuz, dont est cinq mil escuz oultre lesditz cinquante sept mil ; dont vous povez estre du tout asseurée ; mais l'argent ne sera pas si prompt que nous l'espérions. Lesdictz marchans dient avoir mis entre les mains de ung nommé Pierre Corse, ayant intelligence avec Salviat de Bloys, la somme de xiiii^c écus qu'ilz dient avoir esté despartie en France pour le vin du marché, et nomment quelques personnaiges de auctorité, qui sont mortz ; Dieu leur face pardon. Et, si dient avoir donné par deçà plus de dix mil écus, et que, en payant lesdictz soixante dix mil escuz, ils en auront déboursé plus de iiii^{xx}xix mille. Néantmoins, Madame, nous ferons ce que nous pourrons pour en avoir et tirer davantaige, et de ce qui en sera conclud et accordé, soubz vostre bon plaisir, vous en advertirons loyaument et véritablement. Nous aurons, oultre, pour plus de II^c cinquante mille escuz de obligations, mais ce sont toutz marchans faillis et qui ont fait banc roupt, dont à peine se pourra recouvrer argent.

Madame, de ce qu'il surviendra et parviendra à nostre cognoissance vous serés souvent advertie. Nous recommandans très humblement à vostre bonne grâce et priant Dieu vous donner très bonne vie et longue.

De Londres, le neufvième jour de septembre.

Voz trez humbles et très obéissans subjectz et serviteurz.

BRINON, JOAN JOACHIN.

XXVII

28 Septembre 1525.

Madame à Brinon et à Jean-Joachim.

Ar. Nat. J 965, 4, 9 (dans J 966); BREWER, IV, 1669. — Original.

Au dos : A Messrs les chancellier d'Alançon et de Vaulx, conseilliers du Roy et ambassadeurs en Angleterre.

Monsr le Chancellier et vous Monsr de Vaulx. J'ay receu les deux derrenières lectres que vous m'avez escriptes et veu et bien entendu le contenu d'icelles. Et, pour le premier, je ne sauroys assez ne tant que je désire mercyer Monsr le cardinal d'Yort, mon bon filz, de la bonne, grande et parfaicte démonstracion et ouverte déclaracion qu'il a faicte et faict journellement envers vous de vouloir non seullement entretenir l'amytié et traicté de paix faict, conclud et arresté entre le roy d'Angleterre et vous, maiz à vous donner conseil, adviz et addresse pour la perpétuer, augmenter et acroistre au bien, honneur, gloire et réputacion des deux royaumes. Toutesfoys, pour la raison et devoir, je vous prie que vous le merciez de par moy de toutes ces choses, lesquelles m'ont rendue et rendent tant tenue et obligée à luy qu'il ne se peut dire de plus, espérant qu'il continuera, persévèrera et demourera en ceste bonne volonté et opinion comme j'ai en luy mise et posée ma parfaicte et entière confidence.

Et, après ce, l'asseurerez avecques les meilleures et plus accommo-

dées et effices (*sic*) parolles que vous pourrez que, de mon cousté,
tout ce qui a esté faict et traicté sera entièrement entretenu, observé
et acomply, comme il congnoistra et verra par les effectz sans ce
qu'il s'y treuve difficulté ne faulte. Et, pour commencer, je vous
envoye l'argent nécessaire pour le premier paiement, comme vous
verrez et entendrez par ce que vous dira et monstrera ce porteur. Et,
quant au reste, qui consiste au faict des ratifications des traictez,
obligations des princes et villes du royaume, vérification et expédition des Cours, il s'y faict toute extrême dilligence et telle que
j'espère que, dedens le temps préfix, on satisfera à tout, combien
qu'il soit bien difficile, et mesmement qu'il faut, comme vous savez,
assembler et tenir les Estatz de Normandie et Languedoc, où il va
du temps, comme vous l'avez praticqué et l'entendez. Par quoy,
vous povez croyre que, par dilligence et faire tout ce qu'il sera
possible de faire, ne restera que le tout ne vous soit envoyé dedens
ledit temps et plus tost si faire se peult. Car je désire vostre retour
et vous acquicter de vostre promesse, qui est telle que le Roy, moy
et le royaume vous en demourons très fort tenuz; et, d'autre part,
vostre retour par deçà est très nécessaire pour le bien et conduicte
des affaires.

Vous direz encore à mondit seigneur le Cardinal que, suyvant
son bon conseil et adviz, je mectray peine d'entretenir les praticques
d'Ytallye et pour venir à la conclusion d'icelles feray tout ce que je
pourray honnestement et raisonnablement faire, comme celle qui
veult entretenir ce qui sera conclud et arresté à ladicte conclusion,
sans entrer en choses impossibles et non faisables. Et que je le prie
et requiers prendre ceste foy et créance que doresnavant ce qui me
surviendra et qui viendra à ma congnoissance luy sera féablement
communiqué et que riens de mon cousté luy sera mussé ne celé.

Et, en tant que touche la venue de messire Grégoire de Cazal
allant à Romme, il sera le bien venu et recueilly, et de sorte que sa
bonne voulonté envers le Roy et le bien de ses affaires ne dymi-
nuera point pour son passage par icy.

Quant aux persuasions qui ont esté faictés audit roy d'Angleterre
et Cardinal pour cuyder empescher ceste bonne paix, je ne faitz
point de doubte que vous n'y aiez bien et souffisamment respondu et
faict entendre audit Cardinal que, si ladicte paix n'eust esté bonne
et prouffitable pour les deux Roys, leurs royaumes et subgectz,
qu'on n'eust pris peine de l'empescher et la vouloir rompre. Maiz
estant telle qu'elle est, bonne, utile et nécessaire, non seullement
pour eux, maiz pour toute la chrétienté, mondit seigneur le Car-

dinal l'a maintenue, préservée et gardée au grant honneur, réputacion et gloire de luy, monstrant vouloir pourchasser par tous bons et honnestes moyens la paix universelle en ladicte chrétienté, et pour à icelle parvenir commencer par ce bout. De quoy il sera perpétuellement loué, estimé et honnoré par toute ladicte chrétienté, comme tous ces choses vous entendez assez et le luy saurez bien dire et remonstrer.

Touchant les Escossoys, asseurez ledit Cardinal qu'il ne s'y fera riens au préjudice des traictez; et, quant cette bonne paix eust esté faicte avec ledit roy d'Angleterre, on n'eust dépesché ne envoyé en Escosse le conseillier qui y est allé, ainsi que vous, Chancellier, qui avez esté à sa dépesche, le savez.

Et, pour finalle conclusion, je vueil, entens et désire entretenir et entierement satisfaire à ce qui a esté traicté, conclud, promis et arresté par vous, sans aucune chose faillir, dissimuler ne faire faulte; et ainsi le trouverez. Vous priant souvent m'escripre et faire savoir de voz nouvelles et ce qui surviendra; et vous me ferez plaisir.

Au demourant, je vous advise que je n'ay point encores eu nouvelles de l'arrivée de ma fille devers le Roy et suis de jour en jour en actendant nouvelles; lesquelles venues, je vous en feray part et principallement pour les faire entendre audit Cardinal. Priant Dieu, Messrs, qu'il vous ayt en sa garde.

Escript à Lyon, le xxviiie jour de septembre.

Loyse.Robertet.

XXVIII

11 octobre 1525.

Madame à Henri VIII.

Rec. Of. Brewer, iv, 1692. — Original (1).

Au dos : A très hault et très puissant prince, nostre très cher et honnoré seigneur et cousin le roy d'Angleterre.

Très hault et très puissant prince, nostre très cher et honnoré seigneur et cousin, nous nous recommandons de très bon cueur à vostre bonne grâce et remercions et louons Dieu de la paix, unyon,

(1) Cette lettre, sur papier d'un très grand format, est la dépêche officielle de félicitations envoyée par Madame à Henri VIII à l'occasion de la paix de Moore.

fraternité et confédéracion conclucte entre voz ambassadeurs et les
nostres. Laquelle espérons remendra au grant prouffit, utilité et
comodité de vous et du Roy nostre très cher seigneur et fils, voz
royaumes, estatz, vassaux et subgectz; et espérons, avecques l'ayde
de Dieu, qu'elle sera perpétuelle et indissoluble; à quoy de nostre
part nous emploierons de tout nostre pouvoir comme l'ayant
tousjours désiré.

Très hault et très puissant prince, nous croyons que avez eu
advertissement d'Espaigne de la griefve malladie en laquelle ses
jours passez vostre bon frère et cousin le Roy nostre très cher
seigneur et filz a esté détenu, habandonné des médecins et hors
d'espoir de guérison. Maiz grâces à Nostre Rédempteur il a recouvert santé et est hors de dangier, ainsi que en avons eu certaines
nouvelles, et sa guérison et convalescence a esté plus miraculeuse
que naturelle; laquelle chose a converty nostre douleur et angoisse
qui estoient extresmes en joye et plaisir. Ce que nous avons bien
voulu escripre, sachant que tout ainsi que sadicte malladie vous
auroit peu causer regret et desplaisir, aussi sa santé vous remendra
à grosse joye et plaisir.

Très hault et très puissant prince, nostre très cher et honnoré
seigneur et cousin, nous prions le Créateur vous donner très longue
vie avec santé et prospérité.

Escript à Lyon, le xie jour d'octobre.

Vostre très humble et bonne cousyne.

LOYSE.

ROBERTET.

XXIX

11 octobre 1525.

Madame à Brinon et à Jean-Joachim.

Ar. Nat. J 965, 4, 2 (dans J 966); BREWER, IV, 1694. — Original.

Au dos : A Messrs les chancellier d'Alençon et de Vaulx,
conseilliers du Roy et ses ambassadeurs en Angleterre.

Messrs les Président et de Vaulx. Depuis les dernières lectres
que vous ay escriptes, ay. eu nouvelles de la griefve maladie en
laquelle estoit détenu le Roy mon très cher seigneur et filz, habandonné des médecins et hors d'espoir de vie. Vous pouvez penser en
quelle angoisse et extrémité de douleur je pouvois estre. L'union
que ay veu entre les princes et seigneurs de ce royaulme avec

délibéracion de vivre et mourir soubz l'obéissance de Monsr le Daulphin et que le royaulme estoit en son entier et fourny de toutes
choses nécessaires pour la conservacion d'icelluy allévioit et allégeoit
aucunement mes douleurs. Et depuis ay eu certaines nouvelles
de la convalescence, qui a esté plus myraculeuse que naturelle,
dont rends grâces à Nostre Seigneur. Ma douleur s'est convertie
en joye et plaisir. Ma très chère et très amée fille a très bien aydé
et servy à icelle convalescence, tant par ses prières et oraisons
que bon traictement qu'elle luy a faict. Son aller estoit plus que
nécessaire, ainsi que l'effect a démonstré. Ce que vous ay bien
voulu escripre, affin que, si avez nouvelles au contraire d'ailleurs,
n'y adjoustez foy et croiez ce que je vous escriptz estre véritable.
Je le faiz entendre au roy d'Angleterre mon très cher seigneur et
cousin et à Monsr le cardinal d'Yorck. Vous leur baillerez mes
lectres.

Au demeurant je faiz faire la plus grand diligence qu'il est
possible de vous envoier argent et satisffaire à tout ce que avez
promis par le traictié d'Angleterre, et n'y aura faulte que en bref ne
l'aiez. Et à Dieu que vous tiegne en sa sainte garde.

Escript à Lyon, le xie jour de octobre.

LOYSE.ROBERTET.

XXX

16 octobre 1525.

Robertet à Brinon.

Ar. Nat. J 965, 2, 16 (dans J 966). — Original.

Au dos : A Monsr, Monsr le chancellier d'Alençon.

Monsr, il y a huit jours que j'ay esté contrainct garder, non
seullement la chambre, maiz le lyt, et ne me povoir trouver en
lieu où il ayt esté question d'affaires ; et me survient dimanche
ceste nouvelle que nous avons eue de la grande et griefve malladie
du Roy et de sa guérison et convalescence. De quoy Madame
advertist le roy d'Angleterre et Monsr le cardinal d'Yort et comme
ceulx entre tous les autres amys du Roy et du royaume qui en
seront très aises.

Monsr, messire Grégoire de Casal est piéçà arrivé icy, et
mesmement durant nostre triste et douloureuse nouvelle. Pareillement est venu Monsr l'audicteur de la Chambre, lequel, après
avoir eue de Madame longue, bonne et gracieuse audience est party

et tire son chemyn droit devers nostre sainct Père le Pape. Et, quant audit messr° Grégoire, il a esté plusieurs foys parlé luy donner expédicion ; ce qui se fera demain pour tout le jour et bonne et telle que j'espère que l'effet s'en ensuyvra tel qu'on désire. Il est homme de bien et honneste, aiant bonne voulonté au bien des affaires.

Au surplus, Monsr de Praet, quy a autresfoys esté ambassadeur pour Madame Marguerite en Angleterre, est icy arrivé ambassadeur de l'Empereur. Mondit seigneur l'auditeur de la Chambre m'a devisé de luy et du regret qu'il a à ceste conclusion de paix que vous avez faicte, et sur ce m'a tenu quelques propos que je ne mectray en obly. Maiz vous prie asseurer mondit seigneur le Cardinal que, s'il entre à parler du fait de delà ny de chose qui tousche le Roy et luy, qu'il luy en sera respondu comme il appartient et comme de chose où l'on a pris foy, amour, intelligence, adresse, aide, faveur et assistance et qu'on veut garder, entretenir et observer.

Monsr, quant à vous satisfaire, tant de rattifficacions, obligacions, premier paiement que autres choses, on y a fait et fait là tout ce que on peut, et souvent s'en font sollicitacions et nouvelles dépesches, tellement que j'espère que dedans le temps ordonné et préfix il ne s'y trouvera point de faulte. Et, au regart dudit premier paiement, je tiens qu'il soyt desjà à Calays, comme je croy que vous avez de ceste heure peu savoir.

Au demourant, je vous laisse penser la paine où Madame a esté durant le temps de ces mauvaises nouvelles. Toutesfoys je vous asseure de sa bonne et parfaicte santé et pareillement de celle de Madame la Duchesse, laquelle est à Tolède. De ce qui en viendra vous serez advertiz.

De Lyon, le xvı° d'octobre.

Vostre humble serviteur.   ROBERTET.

XXXI

22 octobre 1525.

Le comte de Carpi à Madame.

B. N. ms. Dupuy 452, fos 20 et 22. — Original en partie chiffré au f° 20 et déchiffrement au f° 22.

Au dos : Lectres missives de Monsr le conte de Carpy.
A Madame.

Madame, je vous ay dernièrement escript du vıı° bien au long et suis sceur que de ceste heure aurez receu les lectres. Despuis ladite dépesche arrivèrent icy les très mauvaises nouvelles de la grant maladye du Roy et du grant danger de sa vye. Qui furent telles que nous demourasmes presque tous mors pour cinq ou six jours, auquel temps je vous prometz, Madame, que furent faictes tant de prières et oraisons pour sa santé que par adventure il n'y a ville en son royaume qui les passast; et non seullement cela fut faict faire par nostre très saint Père et des bons serviteurs et amys du Roy, mais encores aucuns de ceulx du party contraire qui s'en monstroient très desplaisans, car jusques aux pierres en ploroient et avoient pitié d'un tel prince. Mais Dieu par sa grâce donna bien tost les bonnes nouvelles d'estre ledit seigneur hors de tout danger et en voye de bien tost guérir, ce que nous feit resusciter de mort à vye et resjouyrent fort nostre très saint Père. Loué en soit Dieu le Créateur et remercyèe éternellement sa divine Majesté.

Madame, puisque le Roy n'en peult avoir de toutes sortes plus qu'il en a eu et qu'il a pleu à Dieu le mener jusques à la porte de la mort et le préserver d'icelle, vous devez consoler et estre en tout asseurée, estant passez tous les maulx, que doresenavant il ne peult plus venir que bien et qu'il l'a préservé pour le récompenser et vous aussi de tant plus de prospérité et contentement et plus que n'ont esté les douleurs et adversitez que avez endurez et qu'il veult faire de luy quelque bien grant chose l'ayant faict passer *per ignem et aquam.* Et Dieu inspira bien vous et Madame la Duchesse, elle d'aller et vous de l'envoyer au voyage où elle est allée, afin qu'elle eust à se trouver au cas de ladite maladye que sa présence devoit estre de merveilleuse consolation et restaurement audit seigneur, voyant auprès de luy l'une des deux personnes que méritement il ayme comme soy mesmes et la plus souveraine médecine qu'on luy eust sceu approprier.

Et ne laisseray, Madame, de vous dire que le danger de ceste maladye du Roy m'a tant eschauffé le désir de sa délivrance qu'il me feit venir en oppinion autre que je n'estoye quasi auparavant (1) qui estoit qu'il ne se deust pas bailler telles seigneuries ne diminuer, en sorte qui fust, l'estat du royaulme de France en la délivrance dudict seigneur, pensant pourtant qu'il seroit délivré en toutes sortes ou par ung moyen ou par ung aultre sans cela. Mais depuys ayant entendu ce dangier, pour l'oster de là, j'eusse voulu que l'on eust tout baillé pour le veoir retiré en liberté en son royaulme; car, luy délivré, qui est le plus d'estimer que tous les royaulmes et

____

(1) Commencement du chiffre.

seigneuries du monde, le tout se feust peu raccoustrer. Et, Madame, je suys encores en partie de ceste opinion, combien que ledict seigneur soit hors de danger, que, ne se povant faire aultrement pour le tirer dehors que de lascher quelque chose, que l'on ne doibt avoir reguard à cela pour le faire, pour ce que tout ce qui se laisseroit se pourroit recouvrer avec le temps. Car tout se doibt faire pour le mectre en liberté, c'est à scavoir, ou par la voie de l'accord, ou de force faisant la guerre si vivement et de tant de costez à l'Empereur qu'il ait de grâce de le délivrer pour se asseurer et sortir dehors de tant de traveilz et dangiers. Par quoy se doibt venir résolument à l'ung ou à l'aultre party sans plus aller en longueur de pratiques ne de parolles. Vray est que la raison vouldroit que l'Empereur, actendu la maladie du Roy et qu'il l'a veu et parlé à luy, seroit, selon que l'on dict et selon l'appoinctement qu'avez faict avec le roy d'Angleterre, qu'il eust humilié et amolly son cueur à venir à conditions plus raisonnables et telles qu'on a voulu jusques icy. Et ainsi le doinct Dieu. Mais estant autrement, Madame, et ne voulant venir à conditions aucunement raisonnables, se venant à l'exécution des choses qui se traictent icy, il n'en pourra que bien tost sortir l'effect de mectre le Roy dehors, comme dict est dessuz.

Madame, je ne doubte poinct que aurez sceu la prinse de Hyéronyme Moron que a faicte le marquis de Pesquère, qui a joué au double. Laquelle chose a bien esté trouvée maulvaise à Venise et encores icy ; néantmoins pour cela le bon couraige n'est pas failly aux parties, mais y demourent plus fermes que jamais. Vray est qu'il ne se fera riens jusques à ce qu'on ayt vostre responce et résolution, sans laquelle bien asseurée il n'y a celuy qui vueille entrer en dance ; mais, estant les choses descouvertes aux termes qu'elles sont, toutes les parties de deczà sont délibérées sans plus différer, ou prendre l'appoinctement en la meilleure forme qu'ilz pourront, ou venir à l'exécution vivement, faisans vous ce que dernièrement je vous ai escript. Par quoy, Madame, vous voyant au temps et les choses là où elles sont venues, il sera bon estre vostre plaisir mander le plus tost que sera possible vostre finale résolution ou de l'ung ou de l'aultre, avec la forme de l'asseurance que vous vouldrez pour ce faire (1).

Madame, nouvelles sont venues du Légat qui alla en Espaigne à nostre très saint Père : qui luy mande de l'honneur avec lequel

(1) Fin du chiffre.

l'Empereur l'a recueilly, et des bons et amyables propoz qu'il luy a tenuz de sa Sainteté, et du bon vouloir qu'il a envers icelle et le saint Siège apostolicque et d'avoir avec sadite Sainteté une amytié perpétuelle et indissoluble, et respondu estre très bien disposé à la paix universelle de laquelle nostredit saint Père l'a exhorté, et tout plain de semblables parolles honnestes, qu'il avoit plaisir que ledit Légat feust présent et qu'il verroit que à luy ne tiendroit qu'il ne se feist une bonne paix. Escripvoit aussi ledit Légat à sa Sainteté que en bref il luy depescheroit ung autre courrier.

Madame, messire Grégoire de Casal, qui est venu d'Angleterre devers vous pour venir icy (1), a escript lectres de Lyon du XIII⁰ de la bonne disposition qu'il a retrouvée en vous aux affaires de deczà et que luy avez faict dire que l'eussiez dépesché n'eust esté la maladie de Monsʳ Robertet et qu'il espéroit estre bien tost expédié. Et quant à moy, je désire fort sa venue, car ce qu'il pourra dire deczà de la bonne disposition d'Angleterre ausdits affaires donnera grant couraige aux parties et les asseurera fort, pour le grant compte qu'ilz tiennent de ce poinct là. Par quoy, Madame, je ne laisseray de vous recorder avec toute humilité, combien que je saiche qu'il n'en soit besoing, que, en cas d'appoinctement que fussiez pour prendre avec l'Empereur, avoir reguard à ne faire chose qui peust desdaigner ou malcontenter le roy d'Angleterre et le cardinal d'Yorch, duquel Cardinal les Impériaulx icy ne se pevent saouller de dire mal. Encores, Madame, diray-je qu'il est de prendre guarde, se faisant l'appoinctement de delà et ayant à bailler somme d'argent ne baillant terres, ne la payer sinon avec le temps et à chescune foix petite somme, afin que n'en ayant grosse somme en ung coup il ne puysse faire quelque effect qui fust dommaigeable grandement au Roy et à ses affaires (2).

Madame, n'y estant autre, je feray fin, disant encores pour conclusion de tout une autre foiz qu'il semble à chacun (3), qui ayme le bien du Roy et de vous et du royaulme et qui entendent les pratiques et les affaires, qu'il se doibve venir par effet, de conclure ou le party de l'appoinctement avec l'Empereur, ou de venir à l'exécution des choses traictées, que le différer est trop dangereulx, estant descouvertes les choses et réduictes aux termes qu'elles sont (4). Me recommandant très humblement à vostre bonne grâce.

(1) Commencement du chiffre.
(2) Fin du chiffre.
(3) Commencement du chiffre.
(4) Fin du chiffre.

Madame, je prie à Dieu le Créateur qu'il vous doint très bonne et longue vie.

De Rome, ce XXIIe jour d'octobre MV^cXXV.

Vostre très humble et très obéissant serviteur.

DE CARPIS.

XXXII

24 octobre 1525.

Nicolas Raince à Robertet.

B. N. ms. Dupuy 452, f°s 24 et 25. — Original chiffré au f° 24 et déchiffrement au f° 25.

Au dos : A Monsr, Monsr le trésorier Robertet. — En court.

Monsr, je croy que vous aurez receu ma lectre du XVIe et XVIIe avec celle de l'ambassadeur de Portugal à Madame, que je vous envoyay ledit XVIIe jour par l'homme de celuy qui vous aura présenté comme je croy le pacquet du premier jour du présent tost après vostre maladye. De ce que despuis est survenu n'est besoing que je vous escripve autrement pour ce que par ce que en escript Monsr le Conte à Madame vous en entenderez.

Et quant à cela, vous diray seullement davantaige, sur ce qui concerne les nouvelles mandées par le légat Salviati au Pape, que sa Sainteté (1), me parlant de ce qu'il luy avoit escript au long du grant recueil et honneur à luy faict par l'Empereur, afin d'en faire le rapport audict conte de Carpy, aussi touchant la grande maladie et revalitude du Roy et des propoz que l'Empereur luy avait tenuz et ledict Seigneur à luy, entrant sadicte Sainteté suz propoz de l'appoinctement qui entre eulx se pourroit faire, me dict sadicte Sainteté croire qu'appoinctement se feroit et qu'il en avoit opinion pour autant que ledict Cardinal luy escripvoit que l'Empereur estoit tout informé de la pratique qui se mène deczà et que sa Sainteté en estoit plus chargé que nul aultre, toutesfoiz que l'Empereur luy tenoit les meilleures parolles du monde, mais que, selon l'escripre dudict Cardinal, il sembloit que l'Empereur fust pour s'abaisser et retraire quant aux demandes de Bourgoigne, qui estoit la cause qui faisait juger à sa Saincteté qu'il pourroyent venir à quelque accord ensemble, et mesmes consydérant la grande intelligence et amytié faicte entre France et Angleterre que l'Empereur et ceulx de son conseil notoyent très fort en blasemant le

____

(1) Commencement du chiffre.

cardinal d'Yorck Dieu scait en quelle sorte. Et me dist sa Saincteté ce que dict est avant la nouvelle venue de la prinse de Moron, et sembloit bien lors à son dire qu'il eust plus envye que la pratique tirast oultre que d'appoincter avec l'Empereur.

Monsr, depuys ladicte prinse, se voyant sa Saincteté de tout descouvert, il est vray qu'il s'est trouvé très estonné, et mesmes se sentant désarmé et sans argent comme il dict, et d'aultre part luy estant dépainctes les peines infernales par l'archevesque de Capua, qui mect toutes ses forces à luy persuader que ladicte prinse n'ait esté faicte pour luy faire dommaige ne au duc de Bar et que l'Empereur a tousjours bonne intention ; mais tout le contraire est tant cler et manifeste que chacun est résolu de l'intention impériale.

Je croy, Monsr, qu'aurez veu ce que dernièrement vous touchoye ou du Moron ou du marquis de Pesquère quant aux descouvremens des choses. L'ung desquelz poinctz a sorty son effect et s'en est bien trouvé esbahy le Dataire qui se cuydoit bien seurs de luy. Aussi faisoit le Pape. Le seigneur conte de Carpy faict plus que le possible de tenir l'homme en cueur ; le semblable faict le cardinal de Côme et vivement, et soyez seur, Monsr, que ledict Dataire prent ung traveil intolérable, monstrant sa bonne voulenté plus que jamais. Mais le personnaige est tant froyt et doubteux, et mesmement estant mené de près comme il est de ce frater, qu'on ne scait comme y prendre pied ferme et asseurer. Toutesfoiz les parties sont tousjours au bon couraige que le conte de Carpy escript, et se peult croire qu'ilz ne sont pour tirer arrière s'ilz voyent que de vostre costé on vienne à ce que je croy aurez veu. Et sans poinct de faulte les Véniciens tiennent bon et se déporte leur ambassadeur vivement à mectre paine de tenir l'homme en piedz et y faict une grande ayde ; mais il est à doubter que s'il ne s'eschauffe aultrement, et lesdictz Véniciens, ne voyant qu'on responde de là ainsi qu'il leur semble le cas le requérir, et bien tost qu'ilz ne soyent pour prendre quelque party avec l'Empereur, voyans le dangier tant près d'eulx comme je croy que Monsr de Bayeux aura peu faire entendre par ses lectres, car gens qui entendent en tel cas font la chose doubteuse (1).

Monsr, il n'y a pour le présent autre sinon la venue de Loppes Hortado de Mendoza, qui arriva ung jour après la nouvelle de la prinse dudit Moron, et jusques à ce avoit séjourné par la voye. Il n'a riens apporté de nouveau sinon belles parolles au Pape, car

(1) Fin du chiffre.

sa charge avoit jà esté entendue comme vous avez sceu. Il est venu proprement pour médeciner la playe de ladicte prinse et la construire à son propoz. Mais il a affaire à des gens qui sont maistres de tel mestier comme vous, Monsr, entendez trop myeulx que je ne scauroye escripre.

Monsr, me recommandant très humblement à vostre bonne grâce, je prie à Dieu le Créateur qu'il vous doint très bonne et longue vie.

De Rome, ce xxiiiie jour d'octobre M V^c XXV.

Vostre très humble et très obéissant serviteur.

NICOLAS RAINCE.

XXXIII

25 octobre 1525.

Nicolas Raince à Madame.

B. N. ms. Dupuy 452, f°s 28 et 31. — Original chiffré au f° 28 et déchiffrement au f° 31.

Au dos : A Madame.

Madame, pour ce que par les dépesches de Monsr le Conte vous entendez de tous les affaires de par deçà ordinairement, je ne me suis jusque à icy autrement ingéré de quelque temps en çà vous en escripre, pour ce aussi que par lesdictes dépesches et autrement j'escriptz souvent à Monsr le trésorier Robertet de tout ce que selon mon petit povoir je puis entendre et congnoistre estre le bien du service du Roy et vostre. Et quant au présent, pour ce, Madame, que par ce que mondit seigneur le Conte vous escript du xxiie vous entenderez de ce qu'est survenu depuis la dépesche dernièrement envoyée par le chemyn de Venise, je ne me advanceray de vous en escripre autrement, et aussi que comme je croy vous entenderez de mondit seigneur le trésorier Robertet ce que je luy en escriptz du jour d'hier.

Madame, vous verrez par ce que l'on escript (1) du bon tour que faict le marquis de Pesquère à ceulx qui s'estoyent trop fiez de luy et qui le tenoyent pour tout aultre qu'il n'a jamais esté. Et s'il ne portast préjudice à aultre que à eulx, il n'y auroit pas eu grant mal le cas estre ainsi advenu, pour leur donner à cognoistre que bien souvent les gens s'abusent à se fyer et croire trop. Et n'est pas resté qu'on n'en ayt advertiz là où estoit requis et en temps ; et n'en

____

(1) Commencement du chiffre.

eurent jamais le cardinal de Côme et le conte de Carpy aultre opinion que maulvaise, et creurent très bien ce qu'il leur en fut dict, et mesmement qu'on leur remist en mémoire le tour de Prospère Colonne, qui se feist grant et sceut bien faire son proffit des partys et offres qu'il monstra luy avoir esté faictz de France. Et le semblable a voulu faire ledict marquis de Pesquère, ou vrayement ayant consydéré ou eu paeur d'estre descouvert voyant les practiques aller en longueur et estre en partie descouvertes, aura voulu faire du bon varlet et se justifier, comme vous, Madame, par vostre prudence sçaurez très bien consydérer.

Madame, ce jourd'huy matin, estant allé vers nostre sainct Père pour l'affaire de Monsr le Chancellier touchant Sainct Benoist, et entrant sa Saincteté en propoz des matières et pratiques qui se traictent désirant fort responce de vous de la despesche envoyée par Venise, il m'a dict que les Espaignolz avoyent demandé au duc de Bar estre saisiz de la ville et chasteau de Crémonne pour l'Empereur et que ledict duc de Bar leur avoit accordé quant à la ville et mandé icelle leur estre mise ès mains et qu'il y envoyast. Et que en effect il faisoit son compte de peu à peu vouloir faire ainsi de toutes les aultres. Toutesfoiz qu'il avoit envoyé Paule de Arétio son premier chambrier en toute diligence devers ledict duc de Bar pour luy donner cueur et adviser de tenir bon et bien entendre à ses affaires, ainsi que luy a semblé estre requis et nécessaire, suyvant en cela l'advis desdictz cardinal de Côme et conte de Carpy; aussi qu'il avoit bien donné audict messire Paule de parler audict marquis de Pesquère, luy faisant entendre n'avoir pas prins leur manière de faire en maulvais sens, et tout pour le myeulx lever de la suspition qu'il eust peu prendre de ce que sa Saincteté envoyoit devers le duc de Bar; ayant aussi chargé à sondict chambrier dire audict marquis de Pesquère sa Saincteté ne croire qu'il eust faict la prinse dudict Moron sans consultation du duc de Bar, et tout plain d'aultres belles parolles aux fins que dessuz; aussi pour mectre s'il fust possible quelque temps en ce qu'ilz pourront exécuter au présent, actendant vostredicte responce. Laquelle, Madame, je luy ay dict croire estre bientost icy, ou par courrier exprès, ou (que) par le chevallier de Casal, qui estoit pour estre dépesché de vous le xvie ou xviie, lequel, ainsi que j'avoye entendu, entendroit une bonne partie de vostre résolution; mais que ce pendant il estoit très requis que le plaisir de sa Saincteté feust donner cueur et tenir en piedz les Véniciens, et que leur ambassadeur, qui estoit venu hier soir devers le conte de Carpy, selon quelque propoz que je luy ouyz tenir, monstroit avoir une très grosse paeur.

A quoy sa Saincteté m'a respondu que ledict ambassadeur et les Véniciens monstroyent avoir plus grosse paeur qu'ilz n'avoyent, afin de le faire entrer en quelque balse; qu'il n'avoit guarde de faire, ne voyant de vous, Madame, aultre délibération et que ne vinssiez à faire par effect ce que dernièrement vous a esté escript. Et que au reguard de luy, il avoit délibéré mander au Légat, pour aussi gaigner quelque temps, faire entendre à l'Empereur de sa part, faignant Sa Saincteté estre plus asseurée de luy que les aultres, qu'il l'advertissoit que la manière que tenoyent ses gens en Italie ne lui sembloit pas à propoz pour sa Majesté; et que chacun potentat et aultres d'Italie jugeroyent par cela qu'il se vouldroyt enseigneurer d'icelle et qu'ilz ne seroyent pour l'endurer; et que, quant bien il s'en feroyt seigneur, il ne la pourroit longuement tenir ne posséder, et qu'il seroit forcé tenir tousjours grosse armée au duché de Millan, qui luy seroit une despence grande et insupportable; et que, s'il persévéroit en ceste sorte, que les Véniciens faysoyent bien compte que les vouldroyt deffaire et prendre leur Estat, à quoy iroit le temps de plus d'ung an, et que, quand ilz verroyent cela, ilz seroyent contrainctz de prendre avec le Turc le party qu'ilz refusèrent l'an passé, qui est de cinq cens mil ducatz qu'il leur vouloit payer constant, luy laissans quelque terre en ses pays, qui est de peu d'importance, et au surplus leur ayder de cinquante voilles par mer et une armée de trente mil combatans par terre là où il leur plairoit, et qu'ilz vouldroyent trop myeulx estre amys du Turc que subgectz de luy et l'Empire; et que à sa Saincteté sembloit qu'il ne scauroit myeulx faire, pour demourer en bonne opinion de toute l'Italie et y estre maintenu et aydé en ce qu'il y tient, que de laisser ledit duc de Bar à Millan et faire que dedans les chasteaulx de Millan et de Crémonne les chastellains fussent mys fidèles et qu'ilz feissent serment audit duc de Bar et aussi à l'Empereur; et, au cas que ledit duc de Bar ne se déportast envers luy fidèlement, que des gens d'ordonnance que ledict duc de Bar tiendroit feust faict ung chief; en pareil cas où le duc de Bar ne seroit agréable à sa Majesté qu'il y mist ung aultre pour Duc qui fust agréable à toute l'Italie; et que cela luy sembloit estre plus à son propoz que de s'en vouloir faire seigneur et en estre tousjours en paine, doubte et despence, pour autant que chacun se tiendroit tousjours armé pour le doubte que on auroit, ce que oudict cas on ne seroit.

J'ay bien dict quelque chose, Madame, à sa Saincteté suz cela au mains mal que j'ay peu. A quoy il m'a respondu qu'il seroyt bien advertir le Roy de tout et l'intention à quoy sa Saincteté tendoit par cela, que selon (son) son dire n'est que bonne. Mais, Madame, vous scaurez très bien consydérer suz ce discours les pars d'icelluy qui pevent estre procédées de l'invention de l'archevesque de Capua, qui, soubz umbre de charité, ne cherche que la ruine de son maistre et de tout le monde, pour faire grant cest Empereur, qu'il espère, selon que tiennent aulcuns, le debvoir faire Pape et déposer son maistre.

Madame, le Pape m'a encores dict que, combien qu'il trouve l'exécution de la pratique de deczà la plus seure et meilleure chose pour venir aux bonnes fins à quoy l'on tend, encores luy semble-il que la délivrance du Roy est tant nécessaire qu'il n'est possible de plus et que, pour y parvenir, il ne trouveroit poinct maulvais que ledict Seigneur accordast avec l'Empereur, feust en baillant ostaiges ou aultrement, ne se dessaisissant de rien ou que de bien peu ; et encores que le Roy après sa délivrance observast pour quelque temps ce qui auroit esté convenu entre eulx, qu'estant en sa liberté et avoir eu tousjours l'intention bonne et ferme, comme dict sa Saincteté croire que tousjours il aura par la grande prudence et bon entendement, de se bien conduyre avec icelle sa Saincteté, le roy d'Angleterre et les Véniciens, en brief temps on rendroit l'Empereur si très bas et las qu'il auroit de grâce de venir et d'entendre à faire tout ce que l'on vouldroit. J'ay dict à sa Saincteté, Madame, que je le vous escriproye et que, s'il luy plaisoit, je l'escriproye au Roy par quelque bon moyen qu'on a. Sadicte Saincteté m'a respondu que aussi il le fera entendre audict Seigneur et toutes choses bien au long par ledict Légat ou aultrement.

C'est, Madame, la substance de tout le propoz qu'il a pleu à sa Saincteté nous tenir touchant les affaires (1).

Madame, nostredict sainct Père m'a aussi dict avoir lectres de la court d'Espaigne du cinq^{me}, par lesquelles l'on l'advertit que le Roy se portoit très bien grâces à Dieu, dont sa Saincteté monstre avoir singulier plaisir. Aussi luy escript le Légat Madame la Duchesse avoir visité la royne de Portugal et de la grosse amytié d'entre elles, qui tenoit aucuns en oppinion que cela pourroit causer quelque accord, et mesmement que aucuns aussy tenoient encores que l'Empereur seroit pour se depporter ou abaisser aucunement de

____

(1) Fin du chiffre.

son oppinion touchant le duché de Bourgongne. Il y a aussi, Madame, lectres par deçà de grans personnaiges de ladicte court, qui escripvent que c'est une chose incroyable de l'amour et affection grande que tous les grans seigneurs d'Espaigne et autres monstrent et portent au Roy et du grant honneur qu'ilz luy font, faisant de luy une estime la plus grande du monde. Et, pour ce, Madame, que vous estes de tout trop myeulx informée et des grans démonstrations qu'ilz ont faictes durant la maladye dudict Seigneur, je me déporteray vous en dire autre.

Madame, pour ce que dernièrement j'ay escript à Monsʳ de Tholose touchant l'affaire de sa promotion à la dignité cardinallé et que je suis sœur qu'il vous aura fait entendre le ⁺out, n'est besoing que je vous en face réplicque. J'en ay ce jourdhuy encores parlé à sa Saincteté, qui continue au mesme propoz et de bonne sorte selon sa façon de parler. Je baillay samedi passé à Monsʳ le Conte les lectres que escripviez à sa Saincteté à ceste fin, qui les luy présenta. Je luy recorderay vous en escripre par la première dépesche.

Madame, il n'y a pour le présent autre, sinon que je vous supplie très humblement qu'il vous plaise avoir souvenance de mon petit estat et affaire, et, s'il vous plaist, avoir compassion et regard au temps de près de quatre ans qu'il y a que aucune provision n'y a esté mysé ne donnée, combien que j'en aye esté icy l'espasse de deux et plus, comme vous, Madame, scavez, quasi tout seul, et en ce temps passé deux conclaves, qui n'a esté sans despens, danger et travail. Et néantmoins, n'ay laissé de faire aux entretènemens à moy commys et autres choses trop plus que ma débile et petite puissance me portoit, et ainsi continueray tant qu'il me sera au monde possible et que le plaisir du Roy et vostre sera que je le face. A toutes lesquelles choses vous plaira, Madame, avoir considération et faire donner à tout le moings quelque provision, ainsi que vostre bon plaisir sera par vostre grâce et rectitude, qui est tout ce en quoy après Dieu j'ay toute ma fyance. Je me seroye très voulentiers déporté, Madame, de vous donner fascherie de ce propoz, mais, comme forcé et contrainct et pour la chasse que l'on me donne, me convient nécessairement le faire, vous suppliant, Madame, estre vostre bon plaisir me pardonner.

Madame, nostre très sainct Père m'a chargé vous escripre qu'il vous prié que vueillez avoir souvenance de Monsʳ le bailly de Sᵗ Estienne, son chambrier secret et plus près de sa personne, et qu'il vous plaise l'avoir pour recommandé touchant la promesse qu'il

vous a pleu luy faire pour la récompense d'ung nommé de Birago
pour une commanderie qui est au duché de Milan. J'ay bien
congneu, Madame, que sa Saincteté en aura grant plaisir.

Madame, me recommandant tant et si très humblement que faire
je puis à vostre bonne grâce, je prie à Dieu le Créateur qu'il vous
doint très bonne et longue vie.

De Rome, ce xxve jour d'octobre mvcxxv.

Vostre très humble et très obéissant serviteur.

NICOLAS RAINCE.

XXXIV

30 octobre 1525.

Brinon et Jean-Joachim à Madame.

Ar. Nat. J 965, 3, 6; BREWER, iv, 1729. — Original.

Au dos : A Madame. — Du pénultime jour d'octobre.

Madame, le mardy xxiiiime de ce moys me suys trouvé à More
vers Monsr le cardinal d'York, actendant le roy d'Angleterre qui y
devoit ce jour arriver avec la royne, lequel seigneur Cardinal me
a parlé de troys choses.

La première a esté de l'extrême maladie du Roy, de sa bieneurée
convalescence, de la visitation de l'Empereur, de l'arrivée et récep-
ption honnorable de Madame la Duchesse, de la longue communication entre l'esleu Empereur et madicte Dame la Duchesse à
Tholède et la relaxation du Roy et permission de povoir prendre
son esbat jusques à dix milles ès environs de Madric. Et icy
endroit est tumbé sur le propos de la paix, disant que, ceste paix
entendue, l'Empereur et son Conseil s'estoient adoulciz et modérez
et quelque peu descenduz de leur première haultesse, tant envers
la personne du Roy que vers les conditions de sa délivrance et
aussy vers le royaulme de France. Contre lequel par cy-devant
ilz avoyent tenu propoz de vouloir faire la guerre sur le temps
nouveau, et avoient envoyé pour la commission, exhortans le
roy d'Angleterre de non faire la paix avec vous et l'asseurant
que le Roy ne seroit délivré ne auroit son royaulme en paix que
le roy d'Angleterre ne eût bonne partie des terres qu'il demandoit
en France, et que l'Empereur vouloit diminuer du sien pour augmenter la part du roy d'Angleterre; que, ceste paix entendue, il
avoit changé ce propoz. Le semblable avoit faict quant à l'Ytalie :

car il offroit et vouloit appointer avec les Vénitiens, asseurer le
Pape et les potentatz d'Ytalie et faire et traicter condition honneste
quant à son voyage pour aller prendre la couronne impériale à
Romme.

La seconde, que l'Empereur et ses gens avoient refféré aux ambassadeurs d'Angleterre que l'archevesque de Embrun et Montmorency avoient dict à l'Empereur et à son Conseil que, sans les
appeler, ne tenir compte de eulx, ne faire aucune mention de
messire Charles de Bourbon, ilz avoient faict la paix avec le roy
d'Angleterre à meilleures et plus advantageuses conditions pour les
Françoys qu'ilz ne avoient jamais faict, et que le roy d'Angleterre
avoit moins eu par ce traictié que par tous les aultres précédens, et
qu'ilz estoient amys des amys et ennemys des ennemys, et que le
Cardinal l'avoit faict en despit de l'Empereur et de quelques parolles que l'Empereur avoit dict de luy, et qu'ilz ne devoient différer
de passer oultre à conclure entre eulx sans avoir regard ne considération au Roy son maistre, ravallans comme il disoit l'estime,
l'auctorité et dignité dudit Roy et l'effect et conséquence de ceste
paix. Toutes lesquelles choses il avoit trouvées estranges, tant pour
ce qu'il ne faisoit pour nous de diminuer vers l'Empereur la puissance et auctorité du roy d'Angleterre et encores moins l'importance
et conséquence de ceste paix, mais faisoit et venoit fort à propoz
de faire bannière de l'un et de l'autre pour parvenir à noz fins et
mesmement à redresser et prospérer noz affaires ; et que c'estoit
mal entendre à ceulx qui le disoient et faisoient, et cognoissoient
mal ceulx à qui ilz avoient à besongner, que ces parolles de mes-
prison irritoient les roys et grandz princes plus que nulles autres,
et que l'on se en devoit garder. Quant à luy, il procédoit syncére-
ment, ouvertement et de bonne foy, et que l'on devoit avoir regard
à ce que l'on disoit de luy et ne le charger sans cause. Que encores
ne cessoient les Espagnolz à subtillement practiquer, sinon pour
rompre, car ilz ne scauroient, au moins pour empescher qu'il
n'y eust bonne intelligence entre les deux Roys et leurs royaulmes
et parvenir à quelques fins que nous ne entendions pas. A ceste
cause seroit saigement faict de y penser. Disant oultre que l'on
avoit escript et rapporté que le Roy mesme avoit dict qu'il ne
avoit point faict de paix plus commode pour luy que ceste présente,
mais que les parolles du Roy estoient honnestes et véritables, eu
regard au temps auquel la paix a esté faicte et à la préparation et
disposition de sa délivrance, qui, par le moyen de ceste paix, a esté
facilitée et se en fera à plus honneste raison. Mais il avoit esté

escript en Espaigne que messire Grégoire de Casal estoit passé par
vous, Madame, et avoit dict de mauvaises parolles de l'Empereur;
que c'estoit chose qui ne povoit estre procédée que de France, et
pour Dieu qu'on fust advisé pour l'advenir, et qu'il fust sceu dont
pouvoient venir toutes ces parolles.

A quoy luy fust dict, commençant aux parolles du Roy, que le
Roy, qui estoit prince saige, vertueux et recognoissant, ayant receu
ceste honnesteté du roy d'Angleterre que de l'avoir voulu secourir
en sa nécessité et, pour le favoriser et ayder, avoir faict paix et amytié avec luy estant hors de son royaulme et en captivité comme il
estoit et soy estre le premier déclairé son amy, ne povoit à moins
que de priser et hault louer et estimer ceste salutaire paix et en
toutes façons se en démonstrer satisfaict, tant pour la commodité et
utillité d'icelle que par toutes autres voyes. Qu'il estoit à considérer
de quelle main lesdictes parolles estoient semées, et de quelle
sourse elles procédoient, et à quelle fin elles se rapportoient. La
main qui les semoit estoit ennemye, malveillante, non seulement
suspeçonnée, mais certainement pleine de dédaing et de hayne
mortelle et capitalle à l'encontre de nous; la sourse, corrumpue
et envenymée de l'indignation et irritation conceue de l'effect de
ceste saincte paix, qui leur avoit fort réfréné leur ambition et
abaissé leur haultesse et les contraignoit de embrasser et suyvre
la raison; la fin, pour brouiller ou tascher à rumpre ceste paix
qui leur sembloit encores tendre et délicate, au moins à empescher l'intelligence d'entre nous et tousjours faire leur pourfict du
roy d'Angleterre, retarder le payement de ce qu'ilz luy devoient et
en tyrer tousjours quelque chose, et, en change de ces parolles, en
avoir et tyrer d'eulx autres aigres et poignantes pour de leur part
les redire aux nostres et par ces rapportz nous mectre en aigreur et
en picque les ungz à l'encontre des autres. Et que, par l'expérience
du passé, ilz pouvoient juger et cognoistre quelle foy et quelle
vérité il y avoit en la parolle des Espagnolz, et quelle marchandise
ils soulloient mener de vent et de parolles vaines, tant envers eulx
que vers tous les aultres. Et que la qualité des personnaiges qu'ilz
chargent, sobres en parler et bien advisez en leur faict et chacun
d'eulx affectionnez à la paix d'Angleterre, joincte avec les autres
respectz, descouvroient assés à quelle fin avoit esté faicte l'invention
desdictz propoz. Suppliant ledict seigneur Cardinal que en ce il
luy pleût uzer de sa prudence, vertu et discrétion acoustumée,
rejecter et mectre lesdictes parolles vaines soubz le pied comme
elles devoient estre, et en ce conseiller et conforter le Roy son maistre,

ainsy que faire se devoit par la loy de vraye amytié. Quant à messire
Grégoire, que le temps ne povoit porter que sa venue vers vous,
Madame, et encores moins ses propoz eussent esté entenduz en
Espaigne, et que néantmoins de tout vous advertirois à ce qu'il
vous pleût faire enquérir de la vérité, et, s'il en estoit besoing, y
faire donner ordre.

La réplicque de mondict seigneur le Cardinal a esté qu'il ne croyoit
ne voulloit croyre lesdictes parolles, mais que leurs ambassadeurs
ne les avoient escriptes sans cause, et que, en faisant office de amy
et serviteur, il vous en vouloit bien advertir, ainsy que de toutes
autres choses il avoit commencé à faire.

Le tiers, qu'il avoit esté d'advis que l'article de non deffendre
ce qui avoit esté usurpé depuis le traictié faict à Londres l'an mil v^c
xviii ne fust publié, et que néantmoins la publication en avoit esté
faicte et en termes plus amples que ne portoit le traictié, dont ceulx
de Flandres avoient faict grand cas.

La réponse a esté, que puisque la paix estoit accordée, il ne se
povoit empescher qu'elle ne fust entièrement et véritablement publiée, et que ledict article, en la forme qu'il estoit couché, estoit si
très raisonnable et équitable que les Flamengz ne autres ne se en
povoient ne debvoient douloir ne malcontenter.

Depuis, et le xxvie ensuyvant vostre dernier pacquet receu, mandé
du roy d'Angleterre et de mondit seigneur le Cardinal, me retiray
vers eulx à More, où ilz me feirent grande et honnorable chère.
Et, après disner, présentay audit Roy voz lectres et luy fiz vos
recommandations et déclaray ce que les journées précédentes je
avois prédict à mondit seigneur le Cardinal touchant le faict de
ceste paix, c'est assavoir l'ayse, démonstration et joye universal,
tant de vous, Madame, que des princes et seigneurs et de tous les
Estatz de France, sans oublyer le contentement et gratitude du Roy,
duquel je luy déclairay la maladie et la convalescence, dont il estoit
jà adverty par messagier exprès venu et despêché d'Hespaigne.

Sa response fust qu'il estoit très joyeulx et plus que de nulle
autre chose de la bonne santé et convalescence du Roy très chrestien, son bon frère et allié, que Dieu par sa bonté avoit voulu
conserver à la chrestienté, et que ce eust esté ung très grand dommage si ung tel prince et si vertueux fust mort, et que Dieu l'avoit
réservé à quelque bonne et grande chose pour son service et pour
le bien universal. Et en cest endroict demanda comme vous portiés,
Madame, vous plaignant fort de l'angoisse et emnuy que vous aviés
eu durant ceste triste et par trop doloreuse nouvelle. Et il luy fust

dict que en ceste doleur extrême l'union que vous aviés veue entre les princes et seigneurs du royaulme, avec délibération de vivre et mourir soubz l'obéissance de Mons\r le Dauphin, et l'espoir de la constance et fermeté de ceste paix, avec l'intégrité et provision du royaulme, vous avoit merveilleusement consolée. Et il dict qu'il avoit tousjours veu les Françoys vrays et loyaulx à leur prince, et que, depuis ceste dernière victoire, l'expérience en a esté faicte plus grande que jamais; car, le Roy prins, un des plus grandz princes de France son ennemy, tous les princes chrestiens animez contre le royaulme, les affaires en France grandz, il ne s'est trouvé prince, seigneur, ne homme de nom en France qui ayt branlé, chose singulière et admirable pour tout le monde.

Après, a demandé que l'on disoit de la délivrance du Roy. Je luy av respondu que voz lectres ne en faisoient mention, mais que par lectres particulières me avoit esté escript que l'on espéroit son retour dedens ung moys en France. Et à face joyeuse il me dict : « Dieu le veuille; si ne sort de ce pays d'Hespaigne, il ne recouvrera jà santé, car l'ayr y est mal sain. » Se plaignant y avoir perdu ung de ses bons serviteurs, chevalier de son Ordre et des premiers de sa maison, le S\r Vignefilde, et que l'évesque de Londres ambassadeur y avoit esté en dangier de mort et le doyen de sa Chapelle fort mallade, et qu'il n'avoit nul des siens qui y peust demourer en santé, tant leur estoit la disposition de l'ayr contraire; et que le Roy luy sembloit participer de complexion coléric et néantmoins qu'il estoit ung petit chargé, et que l'ayr d'Hespaigne n'estoit bon ne propre à l'une ne à l'autre des qualités, et qu'il seroit joyeulx qu'il fust bientost délivré. Et, si fust tombé en ses mains, il ne l'eût pas si longuement tenu.

Et que la guerre qui a esté entre eulx ne a esté pour hayne ou malveillance qu'il ayt eu en la personne du Roy, car il n'avoit jamais hay sa personne, mais pour saulver le serment qu'il avoit faict par le traictié, stimulé par le Pape, l'Empereur et les autres princes, à qui il avoit promis ayde si le Roy leur faisoit la guerre. Et que ainsy l'avoit prédict au Roy, estant appuyé sur son lict, assiz en sa tante près de Guynes, le priant qui se donnast garde de le contraindre à luy faire la guerre à l'appétit de aultruy, comme forcé luy seroit et à son grand desplaisir de faire si rompoit et entreprenoit contre les autres. Ce que j'ay dict que le Roy très chrétien ne avoit faict. Et il a dict que il avoit trouvé le contraire et quelques autres parolles du duc d'Albanie et du non-payement de la somme accordée, mais qu'il n'en parleroit jamais et que cela estoit passé et qu'il n'y vouloit plus penser, veue la paix, laquelle avoit esté faicte pure et simple entre eulx, non complicquée ne mestre avec autres, trop plus aisée à tenir et observer d'une part et d'autre que la précédente, de laquelle pourra procéder la conséquence de ung autre traictié par lequel toutes occasions et racines de vieilles querelles pourroient estre extainctes et perpétuellement extirpées.

Et que, le Roy retourné en son royaulme, encores espère-il le veoir une ioys en son privé, à moyen appareil, sans user de ces grandes cérimonies, et luy faire et dire chose qui le contentera et qui sera pourfictable pour leurs royaulmes et pour toute la chrétienté; au bien et pourfict de laquelle, en recognoissance des grâces que Dieu leur avoit faict et pour leur acquit comme roys chrétiens, il estoit bien besoing de faire quelque bonne chose, tant pour purger et nettoyer ces erreurs qui pullulent que pour réfréner l'orgueil et la puissance du grand ennemy des chrétiens, qui de temps en temps gaigne pays sur eulx et plus fera si les roys et princes chrétiens ne se entendent et assemblent pour de toutes leurs forces y faire ce qu'ilz sont tenus. Et en ceste voulonté dict estre né et dès son jeune âge l'avoir eue et conceue en son cœur, et, quelque maladie qui luy soit venue, s'est tousjours fyé en Dieu qu'il ne mourroit point jusques à ce qu'il eust exécuté ceste bonne volunté. Et que de sa part il se contente de son royaulme, désirant que le Roy son frère le face ainsy de la sienne, considérant que Dieu luy a donné beau, grand, plaisant, opulent et abundant royaulme et pays amples qui luy doivent souffire, et se donner garde de ce jeune conseil qui est souvent cause de faire ruyner et affoller les princes, les enflambant à vindectes, à nouvelles conquestes, guerres et entreprises, sans bien penser à la suyte. Aussy se doit garder de ung tas d'Italiens, coustumiés de forger inventions et faindre milles choses, non pour le pourfict du prince qu'il persuadent, mais pour parvenir à leurs fins ou pour élever leur part, ou pour avoir auctorité au pays, ou se venger de leurs ennemys, ou autrement faire leur pourfict.

Que le Roy son frère se garde de rompre de sa part, il n'y avoit apparence qu'il voulsît rompre de la sienne, car, si, en ce temps où il a veu le Roy prisonnier, l'Empereur son allié, Bourbon sur ses piedz et aultres choses assés à main, il ne a reffusé honnestes conditions de paix, doit-on penser que, le Roy son frère confermé en son royaulme, il luy voulsist faire la guerre; homme ne le scauroit juger. Et quant à Bourbon, combien que en guerre on se ayde de tous moyens, néantmoins la vérité est, et ainsy se trouvera, que, devant qu'il entendist quelque chose de sa volurité, là practique estoit desjà menée et fermée entre l'Empereur faisant pour eulx deux et ledict de Bourbon, et, quelque chose qu'il y eust, jamais ne avoit eu le cueur de user de l'œuvre dudict de Bourbon, qui avoit tousjours milité avec les gens de l'Empereur, sans jamais l'avoir appelé pour militer et se trouver avec les siens.

Et, retournant sur le faict de la paix, a dict qu'il ne failloit point doubter que la paix ne fust pourfictable et ne eust esté aggréable en l'un et en l'autre des royaulmes, demandant à quoy il tenoit que les ratifications et obligations promises et accordées n'estoient encores venues.

La response a esté qu'il avoit volu cincq sortes et formes de ratifications et obligations : l'obligation et ratification du Roy, qui estoit en Hespaigne, détenu comme il scavoit, et avoit esté longuement et extrêmement malade et jusques à puis n'a guères qu'il commençoit à venir à convalescence ; les obligations et ratifications de vous, Madame, qui estoient jà faictes ; les obligations et ratifications des princes et seigneurs de France semez et dispersez en plusieurs lieux ; les obligations des grosses villes de France de une frontière à l'autre, chacune desquelles avoit voulu et vouloit veoir et entendre les traictiez ; le décret des quatre Parlemens, qui s'estoient levez au moyen des vacations, et icy endroict luy ay déclairé ce qui avoit esté faict pour les réassembler ; la ratification des Estatz de Normandie et de Languedoc, qui se assemblent par mistère et où il fault solennité, forme et façon de faire grande et qui requiert du temps. Que le terme couroit jusques à la fin de novembre, lequel n'estoit encores escheu. Que le payement premier, qui est ung des principaulx poinctz, estoit jà faict. Que vous, Madame, m'aviés escript, et ainsy l'espérons, que le tout se parferoit et envoyeroit dedens le terme et qu'il n'y auroit faute ne difficulté ; et sur ceste parolle et confidence avés consenty de me lyer, et, combien que mon estat fust médiocre, néantmoins ma personne me estoit aussy prochaine et aussy chère que du plus grand prince et seigneur du monde. Sur ce, dict le Roy qu'il entendoit bien que, si nous ne eussions entendu comme les choses se pourroient faire, nous ne nous y fussions obligez.

Après, dict que, peu après la prinse du Roy, le doyen de sa Chapelle, son ambassadeur, vint congratuler l'Empereur et, en la présence de son Chancellier, luy dict que au moyen de ceste prise il voyoit les choses bien disposées et que ung chascun pourroit bien avoir sa raison ; et que ledict Chancellier print la parolle et luy dict que l'Empereur feroit ses affaires et qu'ilz feissent les leurs, si bon leur sembloit. Et pour ce, oultre les autres regardz qu'il avoit eus, ne avoit volu différer de faire son affaire à part; dont il disoit l'Empereur, le traictié veu, avoir dict non estre mal content, mais, puisque le roy d'Angleterre avoit faict son traictié, qu'il feroit le sien de sa part. Et que l'Empereur estoit son affin et confédéré, combien que, quant il seroit question de faire la guerre, jaçoit ce que le passé y ayt eu grand inimitiez entre les deux nations de France et d'Angleterre, néantmoins de présent les gentilzhommes et le populaire de ses pays de trop plus grande gayeté de cueur feroient la guerre aux Flamengz que aux François, et que néantmoins il espéroit qu'il n'y auroit guerre d'un cousté ne d'autre.

Le discourz fust en responses et remonstrances assés long, mais je ne pense riens omys en tous les propoz qui furent dictz par le roy d'Angleterre. Et ce jour arrivé moy Joachin du retour de Calaiz de faire le premier payement.

Et le lendemain XXVIIe, derechef convinsmes avec mondict seigneur le Cardinal audict lieu de More. Qui nous nota derechef les principaux points du raisonnement de la journée précédente en nous déclairant et confermant la bonne volunté du Roy son maistre, lequel ne avoit tenu compte du rapport des Hespaignolz, desquelz il entendoit la malice et les fins pour les avoir practiqués et l'expérience du passé; toutesvoys vous prioit, Madame, de y faire avoir l'œil pour le temps advenir.

Après, tumba sur ce que messire Grégoire de Casal avoit escript, et nous communicqua toutes ses lectres; et sembloit par ses propoz goûter l'ordre pris pour l'offensive et se y encliner et accorder sans aucune difficulté.

Ce faict, entra en quelques propoz que moy, Brinon, ne vous puis escripre, pour ce qu'il me feist promectre que ne vous en manderois riens.

Finablement, parlasmes des prisonniers de guerre qui doivent estre deslivrez d'une part et d'autre; et accorda que, Gillefort délivré, tous les prisonniers estans ès prisons d'Angleterre fussent mis à plaine délivrance en payant leur vivre seullement.

Parlasmes aussy des obligations qu'il nous devoit transporter et délivrer, ou à Anthoine Cavaller l'un des marchans, si la paction faicte avec luy soubz vostre bon plaisir vous estoit aggréable. Il s'excusa de prime face sur l'absence du thrésorier. Nous luy remonstrames que son commis principal nommé Fouller estoit présent. Il fust appellé et avec luy fust accordé que le garand, c'est-à-dire la seureté du transport, seroit faict et les obligations mises en ses mains ou de Bonnisy, mais que la délivrance ne se en feroit jusques à ce que les ratifications et obligations promises fussent par nous fournies et délivrées. Et à la vérité, le propoz d'entre nous a tousjours esté tel que, en délivrant lesdictes ratifications, ilz nous délivreront les obligations.

A ceste cause, si les ratifications ne se apportent promptement, faudra faire provision de ailleurs pour ce payement de novembre. A quoy il vous plaira, Madame, faire donner ordre, vous advertissant que le bruict des difficultez faictes sur les ratifications des villes et décret des Parlemens commence à fort courir de par deçà; qui ne nous engendre petite perplexité. Nous nous en recommandons très humblement à votre bonne grâce et vous supplions derechef qu'il vous plaise ordonner que nous soions au vray informez de toutes choses, et que ce qui a esté faict par vous, Madame, et, s'il est possible, la lectre du Roy avec les aultres despesches passées, nous soyent incontinent envoyées sans différer pour ce qu'il se trouve en difficulté. Et nous ne omectrons riens de par deçà de ce qu'il se pourra faire, plus pour le bien de la chose que pour la seureté de noz personnes.

La lectre de la seureté des arrérages et don deuz à Monsr le Cardinal nous sera, s'il vous plaist, envoyée ; laquelle nous ne délivrerons que nous ne soions saisiz de la ratification du roy d'Angleterre. Priant Dieu, Madame, qu'il vous doint très bonne vie et longue.

De Londres, ce pénultième jour d'octobre.

Vos très humbles et très obéissantz serviteurs.

BRINON et JOAN JOACHIN.

XXXV

Novembre 1525.

Remontrances des États de Normandie.

Ar. Nat. J 965,5,4; BREWER, IV, 1603. — Expédition originale.

Au dos : Pour Monsr le Chancelier. — Ce sont les difficultez que les gens des trois Estatz de Normandie peuvent faire à la ratiffication du traicté d'Angleterre.

S'ensuyt les difficultez que peuvent faire les gens des trois Estatz sur le faict de la ratification des concordatz envoyez par Madame.

Et premièrement.

Ratiffication équipolle à obligation, et d'avant toute obligation se qui est faict par l'homme est voluntère, mais après obligation voluntère est convertie en nécessère.

Secundo.

Sy les troys Estatz ratiffient et par conséquant se obligent, *ergo* l'estat de l'Église demeure obligé de l'estat de Noblesse et par conséquant le tiers estat.

Sur ce point dict l'Église deux choses: premièrement, que son estat ne se peut assembler que en forme généralle ne se obliger à quelque chose paier sans qu'il entrevienne l'auctorité du sainct Siège apostólicque.

La Noblesse dit que de tout temps s'est ung estat libre et imune de succides et imposicions et que bonnement ne se pevent obliger; et quant telle obligation seroit nécessère, pour autant qu'il touche entièrement l'estat de Noblesse, requis seroit d'assembler tous les nobles du pays pour y assenter ou dissenter et procuration valable.

Le tiers estat dict que, puisque l'Église et la Noblesse chascun pour son estat ne se pevent ne veullent obliger, pas ne seroit raison que tous seuls fussent obligez, et aussy que l'obligation d'un tout seul estat ne satisferoit point auditz concordatz, actendu qu'il est requis que tous les troys Estatz *equaliter* ratiffient. Et, quant il commandroit les rattifier, impossible seroit de l'éxécuter ou payer actendu les importables charges qu'il a de présent et qui croissent de jour en jour, considéré aussi la grant pauvreté dudit estat s'il n'estoit que l'estat de l'Église et de Noblesse luy subvyne.

Et, si on dict que on n'entent poinct que icelle ratiffication obliget lesdictz Estatz, le tiers estat répond qu'il a bien apparu le contraire ces jours passez quant la crue de la taille de ce pays a esté causée sur le premier payement des Angloys.

Et dict le tiers estat que, si on luy faict paier d'avant qu'il soit obligé, à plus forte raison paier le devroit s'il avoit ratiffié, et que plus est on le lève par force contre le serment et promesse du prince, prévilèges et immunitez du pays de Normandie, lequel pays jamais ne le mérita et qui entre tous les pays du Roy c'est montré touzjours obéissant et jusques au lict et à la chemise, et, tendys qui l'ont peu faire, jamais n'escondirent le Roy de choses qui leur demandast. Et si disent de renfort que, si on peut lever deniers par force et sans leur voulenté toutes foys que on vouldra, il n'est mestier de ratiffication ou approbacion, car ilz seroyent serfz en tel cas et ung serf ne se peut obliger: aprouver ne ratiffier présupose libre condicion de l'homme.

L'estat de l'Église et de Noblesse disent qu'il ne leur sera jamais reproché d'estre cause originelle de telle jacture, obligacion et servitude à leursditz Estatz, et que aussi ne sont demueent fondez en procuracion pour ce fère, actendu qu'il ne s'est faict en Normandie aucunes convencions de l'estat de l'Église ne de l'estat de Noblesse, mais seullement a esté faicte seulle eslection des troys Estats en la manière acoustumée.

Et, si on respond qu'il suffit de la convencion des trois Estatz en la manière accoutumée, lesditz Estatz respondent que, jaçoit qu'il suffiroit de la part du Roy, de Madame et des Anglois, si ne suffiroit-il pas de la part desditz trois Estatz. Car en ce cas ilz demeurent (ilz demeurent) obligez lesdictz estatz de l'Église et de Noblesse sans jamais y avoir consenti. Et, pour ce que tout le monde n'entent pas comme lesditz trois Estats ont de coutume de soy assembler, il est à noter que l'estat de l'Église et de Noblesse n'y conviennent sinon que par forme de conseil et pour donner confort et ayde au tiers estat, qui seul se oblige à certaine somme de deniers requise et demandée par le Roy, et qu'il soit vray que telle convencion se feroit en telle sorte et par les bailliages chascun à part soy les troys Estatz s'entrent eslirent, l'Église eslict le Noble, et le Noble l'Esglise, et l'Église et le Noble eslirent le tiers estat, et pareillement le tiers estat eslict l'Esglise et le Noble. Et, pour ce, ses Estats ycy ne sont de la nature des autres, actendu qu'il est question d'approbacion et ratifficacion que ung chascun Estat y est obligé, requis seroit d'avoir de chascun desdictz Estatz certaine et particulière procuracion, et que les procuracions qu'ilz ont de coutume de porter ne sont vallables, car l'Église ne peult obliger le Noble, ne le Noble l'Esglise, ne le tiers estat.

Item, lesdits trois Estatz de Normandie sommèrement appréhendent deux choses. La première, s'est le faict de leur conscience, car ilz estiment ne povoir faire ladicte ratifficacion ainsy qu'ilz sont assemblez sans le péril de leurs âmes, actendu qu'ilz obligeroient ceulx qu'ilz n'entendirent jamais estre obligez. Secondement, ilz craignent la conséquance pour l'avenir, pour les expériances qu'ilz ont tous les jours de telz certains et semblables cas : car la coustume de France est que, depuis que le peuple a payé deux ou troys foys quelque tribut, il est à jamais continué, et ainsi ont esté levez tailles et autres subcides sur le peuple qui durent et dure-

ront jusques à la fin du mondé; et que plus est, la crue causée
sur le premier payement des Anglois, non obstant l'impuissance
et contredict du peuple, a esté levée, non par forme de crue, mais
myse avecques le corps de la taille, qui est bien monstrer évy-
dament que on veult que le peuple le paye. Et, quant le tiers
estat ne la pourra plus porter, comme jà il y est bien disposé,
actendu les nécessitez qui croistront de jour en jour comme ilz ont
faict par si-davant et qu'ilz en ont véhémente présumption, en tel
cas où ledit tiers estat ne le peust payer, justement on devoit avoir
recours à l'estat de l'Esglise et de Noblesse en leur mectant devant
les oieulx leur faict et obligacion.

Il est à noter pour conclusion que au mandement de Madame
il y a deux motz qui implicquent contradission. Car il est dict que
les trois Estatz se assembleront en la manière acoustumée et puis
il dict après « ayans povoir »; par quoy, par les raisons cy-devant
dictes, les troys Estatz ainsi assemblez à la manière acoustumée
n'ont aucun povoir et seroit requis du moins que l'estat général de
l'Esglise de Normandie assemblast pour passer *ad hos fines* procuration vallable, l'estat de Noblesse en soy, et le tiers estat pareillement, et puis se assembler les troys Estatz ensemble et faire *quid
justum est.*

<h2 style="text-align:center">XXXVI</h2>

17 novembre 1525.

Robertet à Brinon et à Jean Joachim.

Ar. Nat. J 965, 4, 24 (dans J 966). — Original.

Au dos : A Messrs le chancellier d'Alençon et de Vaulx, conseilliers
du Roy et ambassadeurs en Angleterre.

Messrs, le commencement de ma lectre sera de vous asseurer de
la bonne santé du Roy, qui se peut dire et tenir à chose miraculeuse
et de Dieu et non d'autre procédée, car oncques homme sans totallement passer le pas ne se trouva en l'extrémité où il s'est trouvé.
Dieu lui doint parfaicte convalescence, avecques longue vie et brief
retour en son royaume; ce qu'on espère plus par le moyen et aide
de son bon frère et amy le roy d'Angleterre et de Monsr révérendissime Cardinal et Légat en Angleterre que de nulz aultres.

Messrs, ce porteur, serviteur de Monsr le duc de Suffort, a esté
entièrement dépesché de ce qu'il demandoit et qui luy estoit néces-

sère pour le fait du douaire de la royne Marie, et s'en va bien content, comme vous entendrez par luy.

Messrs, Madame a entendu la venue devers elle de Messrs les ambassadeurs d'Angleterre qui viennent devers elle. A ceste cause, elle a envoié devers eulx pour les recueillir et conduire jusques icy et les faire honnorer et traicter sur le chemyn comme il appartient et qu'elle désire. Et désirant madicte Dame entendre oultre cela nouvelles de la bonne santé et prospérité du roy d'Angleterre et de Monsr le Légat, elle dépeschera dedens troys ou quatre jours Monsr Douarty pour aller devers eulx avecques charge de leur faire entendre toutes choses. Cependant, j'ai bien voulu vous faire la présente et par icelles vous faire savoir que Madame fait très bonne chère.

Et, au demourant, entendez que on fait la plus grande dilligence qu'il est possible de faire pour vous satisfaire de ce à quoy vous estes tenuz, vous advisant que Madame vous vouldroit icy, Monsr le Chancellier, et souvent vous y a désiré. Maiz, quant à vous, Monsr de Vaulx, il fault que vous ne bougiez, et ainsy vous en prie le Roy, comme vous scaurez entendre par ce que mondit Sr Douarty vous portera.

Messrs, après tout, vous me commanderez vos bons plaisirs pour les acomplir, me recommandant à vostre bonne grâce tant que je puis, priant Dieu, Messrs, qu'il vous doint très bonne et longue vie.

De Lyon, ce viie de novembre.

Je vous envoie ce qui m'est venu de Venize, que vous baillerez à son ambassadeur.

Votre humble serviteur.

ROBERTET.

XXXVII

17 novembre 1525.

Robertet à Brinon.

Ar. Nat. J 965, 4, 12 (dans J 966) ; BREWER, IV, 1770. — Original.

Au dos : Messrs, Messrs le chancellier d'Alençon et de Vaulx, conseilliers et ambassadeurs du Roy en Angleterre.

Messrs, sachans qu'il fault tenir promesse et que ce qui a esté traicté, conclud et arresté par vous en Angleterre soit acomply et entièrement observé, on a fait depuis la conclusion des traictez toute la plus grande et extresme dilligence qu'il a esté possible de recouvrer les rattificacions, obligacions des princes et villes de ce royaume contenues audict traicté. Maiz entendez que, à cause des censures, il s'y est trouvé de la difficulté et longueur, tellement que jusques icy on n'a peu obtenir que la publicacion et approbacion des cours de Parlement de Paris et Rouen, et fault envoyer les traictez à Thoulouze et Bourdeaulx pour faire le semblable, ce qui se fait en toute diligence. On a recouvert les obligacions des princes et celles de ceste ville de Lyon et Thoulouze; on est après les autres et s'i fait ce que l'on peut et fera; maiz entendez que Paris s'est très mal acquicté. Toutesfoys, je ne faitz point de doubte que le tout ne soit bien tost expédié et envoyé devers vous comme chose plus que nécessaire, et principallement ce second payement, qui est le principal. Sy vous voyez que cependant on vous doyve envoyer ce qui est en noz mains et qui est fait, mandez le et il ce fera; vous advisant que Madame n'a moindre voulonté de vous satisfaire à tout ce qu'il vous fault pour vous mectre en totalle liberté que vous avez. Car vous, Monsr le Chancellier, luy faictes faulte et à toute la compaignie, de laquelle vous estes icy souvent désiré et souhaicté. Et, quant à vous, Monsr de Vaulx, le Roy a escript et mandé à Madame qu'elle vous escripve que vous ne vueillez partir d'Angleterre encores pour quelque temps, et que, s'il est besoing oultre vostre demeure y envoyer quelque autre ambassadeur avecques vous et que Monsr le cardinal d'Yort le trouvast bon, il se fera; maiz surtout le Roy désire que vous ne bougez, tant content et tant satisfait de vous et de voz services qu'il n'est possible de plus.

Messrs, Madame a dépesché Monsr Douarty, gouverneur de Clermont, que vous congnoissez, par le commandement du Roy, pour de sa part et de celle de madicte Dame visiter le roy d'Angleterre son bon frère et Monsr le Cardinal, comme vous entendrez par luy. Il vous communicquera ses instructions et tout ce qu'il porte venu d'Espaigne, qu'il vous plaira veoir pour en faire entendre audit seigneur roy d'Angleterre et Cardinal ce que vous trouverez bon selon les termes et propoz qu'ilz vous en ont tenuz, et mesmement en ce qui peut toucher les offres que Madame la Duchesse a faictes pour la délivrance dudit Seigneur, laquelle n'a esté acceptée comme vous voyez. Il y a aussi les demandes faictes par l'Empereur, qui sont haultes, desraisonnables et telles qu'elles ne se povoient honnestement acepter. Par quoy, madicte Dame la Duchesse est partie d'avecques ledit Empereur sans riens faire et retournée devers le Roy pour le consoler, conforter et restaurer de sa grande et griefve malladie qu'il a eue et le servir comme elle a très songneusement fait jusques icy.

Messrs, quant à la santé dudit seigneur, elle est très bien, maiz encores y est la foiblesse très grande demourée; et, au regard de celle de Madame, elle ne sauroit mieulx estre qu'elle est, délibérée de soy contregarder et conserver, non tant pour elle que pour le service du Roy et du royaume. Et, sur ce, je feray fin, suppliant le Créateur, Messrs, qu'il vous doint très bonne et longue vie.

De Saint Just sur Lyon, le XVIIe jour de novembre.

En voulant clorre la présante, don André est arrivé, lequel vous sera renvoié après avoir veu ce qu'il porte.

Votre humble serviteur.

ROBERTET.

XXXVIII

18 novembre 1525.

Robertet à Brinon et à Jean-Joachim.

Ar. Nat. J 965, 4, 23 (dans J 966). — Original.

Au dos : A Messrs, Messrs le chancellier d'Alençon et de Vaulx, conseilliers du Roy et ambassadeurs en Angleterre.

Messrs, ce porteur a esté dépesché pour le second paiement, comme vous entendrez par luy, et luy a esté baillé la seureté que demande Monsr le cardinal d'Yort telle que la mynute que avez envoiée contient. Et, quant au fait d'Escosse, Monsr le Chancellier a pris cela à sa charge pour en faire l'exppédicion suivant ce que avez escript. Et, au regart des rattificacions et obligacions, on a esté d'oppinion que dom André devoit demourer, pour, après les avoir recouvrés, les porter, ou le tout ou ce qui seroit recouvert.

Au demourant, je vous advertiz que hier partit d'icy Monsr Douarty, lequel Madame, par le commandement du Roy, envoie devers le roy d'Angleterre et Monsr le Cardinal, principallement pour les visiter de sa part et rapporter audit seigneur de leurs bonnes nouvelles, car le Roy veult et désire que ainsy se face.

Messrs, il est présentement venu nouvelles à Madame comme le duc de Bar se porte mieulx qu'il n'a encores fait, que le marquis de Pesquière est très fort malade et en grant dangier de mort, et que toute la Lombardie est merveilleusement esmeue contre les

Espaignolz, tant haïz et tant hodiez en l'estat de Millan qu'il n'est possible de plus et jusques à les hascher en pièces s'ilz pevent, et, comme chose aisée, le feront s'ilz le veullent entreprendre. Le Moron est tousjours prisonnier. Maiz ledit duc de Bar n'a jamaiz voulu bailler le chasteau de Millan audit Marquis, lequel l'a recherché par tous les moyens qu'il a peu; et, voiant sa fin et son intencion, ledit Duc l'a très bien pourveu de gens et de vivres pour ung long temps. Vous advisant que pour la conclusion de la ligue s'est fait et fait continuellement tout ce qui se peut et doyt fère, et me semble que, continuant mondit seigneur le Cardinal à conforter le Pape et la Seigneurie, qu'elle se parfera promptement, et mesmement qu'ilz font grand fondement sur le roy d'Angleterre et luy.

Messrs, je vous envoie plusieurs pacquetz qui m'ont esté envoiez de Venise pour leur ambassadeur; je vous supplie les luy faire bailler et me commander voz bons plaisirs pour les acomplir.

A Sainct Just, hastivement, ce xviiie de novembre, de vostre humble serviteur.

ROBERTET.

XXXIX

18 novembre 1525.

L'évêque de Bayeux à Madame.

B. N. ms. Dupuy 452, f° 163. — Original.

Au dos : A Madame.

Madame, jeudy mattin, qui fut le ixme de ce présent, arriva par devers moy en Véronne Monsr de Rabodanges, et, veu ce qu'il me portoit et de luy entendu ce que de la part de Vostre Majesté il me commandoit, tout soubdain j'é envoyé en ceste ville le pacquet adressé à Monsr le conte de Carpy, affin que il luy fust incontinent envoyé, par ainsy que à toute diligence fust fait, à celle fin que sa Seigneurie peussist disposer le Pape et entendre le vouloir et résolution de sa Saincteté, sans laquelle j'estoye certain que ceste Seigneurie ne se vouldroit totallement résouldre.

Ce fait, je m'en vins en ceste ville, où je arriviz dimenche dernier passé, et le lundy matin ensuivant me présenté alladicte Seigneurie. Alla quelle me efforcé, avec toutes ycelles parolles et raisons que je sceuz alléguer, leur donner à cognoistre combien fust la malignité des Espaignolz et pareillement combien fust la bonté et foi de

Vostre Majesté et de toute la nation françoyse, non obstant que
tout ce cy est assés évidentment aperceu, tant par les expériences
passées que par ycelles qu'on voit à présent. Et ne leur teuz chose
qui me vensist en faintésie pour leur donner bien entendre en quel
dangier se trouvoit Italye et quelle obligation ilz doibvoyent avoir
à Vostre Majesté pour les bonnes et grandes offres que elle faisoit
pour deffendre ladicte Italye. Et leur exposé en soubstance les offres
et demandes de Vostre Majesté en ycelle manière qui me sembla
le mieulx et plus à propoz.

Ceste Seigneurie, après avoir dit tout plain d'honnorables et
amyables parolles du Roy très chrestien mon souverain seigneur,
de Vostre Majesté et de vostre royaume, concleust alla fin que je
leur baillasse par escript voz offres et demandes et pareillement les
pouvoirs, affin que ilz peusissent le tout bien considérer et le faire
voir à leur députés qui ont à délibérer sur ceste matière. Et, par
ainsy, la matinée suivante leur fust le tout baillé, réservé que ne me
sembla bien de faire aucune particulière mention des choses de
Gennes, et ce car je suis certain que ycy et à Romme eust donné
grand suspecon et eussent creu que vous eussiés encor envie de
travailler pour l'advenir Italie.

Ne ay-je faicte aussy particulière mention des L^{te} mille ducatz
que voulés pour an d'ycelluy qui sera duc de Millan, car, en estant
le duc de Bar assieigé en le chasteau et en si grand dangier comme
il est de perdre la duché dudit Millan, il seroit possyble d'en avoir
par aventure plus grosse somme. Suffist, que si une foys je auray à
capituler, que je ne concluray de Millan pour moins de L^{te} mille et
de Naples C^m. Le conté d'Ast ay demandé résoluement. Ne a esté
faicte aucune mention de renoncer aux tiltres desdits Millan et
Naples, et ce pour faire du tout le mieulx qu'on pourra s'il fauldra
venir à la capitulation. Et Vostre Majesté soit asseurée que s'on
aura à venir ycy à capituler que je fairay tout mon pouvoir pour
faire les conditions de France meilleures qu'il me sera possyble.
Je ne scay sy mondit seigneur le conte de Carpy aura esté de mon
oppinion touchant lesdits articles ou vrayment il les aura monstrés
en la façon qu'ilz ont esté envoyés de France. Je lui ay escript ce
que j'ai fait ycy et les raisons qui m'on induict à ainsy faire.

Madame, à la Seigneurie ne sembla que fust point à propos de la
matière qui se traicte, ne à moy aussy, que mondit Sr de Rabodanges
se présentast à elle; car telle chose on ne pouvoit faire sy non
publicquement, et ce que se traicte, tant plus on le faira secrétement,
il en vauldra mieulx pour chascun des partiés. Mais, affin que la

Seigneurie entendeist mieulx la bonne intention de Vostre Majesté, je luy apprésenté la lectre de créance en ledit de Rabodanges et fis qu'elle veist l'instruction de ce qu'il pourtoit, de la quelle choses ces Seigneurs sont demourés très contentz et satisfaictz.

Madame, en ayent moy sollicité d'avoir quelque responce de ceste Seigneurie pour la pouvoir escripre à Vostre Majesté, aujourdhuy nous l'ont baillée. Laquelle en substance est qu'ilz sont très contentz de venir à la conclusion de la lygue avec ycelles conditions que Vostre Majesté a envoyées, et qu'ilz ne désyrent aultre chose plus que la libération du Roy, pour laquelle ilz feront toutjours de tout leur pouvoir; mais ce sera au cas que le Pape vueille luy aussy entrer et contribuer à cestedicte lygue, en allégant que eulx toutz seulz ne pourroyent faire ne maintenir ycelluy nombre des gentz de guerre que Vostre Majesté demande.

A présent, fault actendre de scavoir ce que ledit conte de Carpy aura bessoigné et fait avec le Pape ; et on a espoir le pouvoir entendre par tout demain. Suffist que ycy on a faict et impétré tout ce que Vostre Majesté désire.

Madame, en ayant moy demandé à ceste Seigneurie, sy le Pape failloit à entrer en ceste lygue et confédéracion, sy elle se contenteroit le faire en se contentant de ce Vostre Majesté, m'a respondu qu'elle ne me pouvoit à ce faire responce, car on n'en a jamais parlé en leur Conseil, mais qu'on attendeist d'entendre la résolucion du Pape et que selon ycelle on pourroit puis après mieulx en diviser.

Madame, il me semble voir ceste Seigneurie ainsy bien animée contre les Espaignolz et ainsy bien disposée à vous faire service, que au cas que le Pape ne veulsist entrer en ceste confédéracion et que Vostre Majesté adjouxtast quelque aide davantaige plus d'ycelle qu'elle veult maintenant bailler, que d'aventure elle toute seule y entreroyt.

Madame, ès articles qui m'ont esté envoyés on ne faict aucune mention des horsyssus et bannis à présent de Millan. Plaira à Vostre Majesté de sa grâce de me faire adviser, que sy on aura à capituler ycy, en quelle manière je me auray à gouverner en cestuy affaire ycy.

Madame, affin que Vostre Majesté entende en quelle manière sont passées les choses entre le duc de Bar et le marquis de Pescquare, vous envoye avec cestes les demandes et responces faictes d'ung cousté et d'aultre. Depuis, on a entendu comment ledit Marquis a mis dedens Millan quasy toutes les gentz impérialles et a comencé à faire emfermer le chasteau ; et dit-on qu'il veult faire aussy fortifier Millan. Ledit Marquis est fort malade et

on ne pense point qu'il puisse eschapper longuement qu'il n'aille
de vie à trespas.

Madame, allaffaire des Grisons, ceste Seigneurie me dit avoir
bessogné de tout leur possyble envers le duc de Bar affin qu'il
s'accordast avec lesdits Grisons, et qu'il eust faict voulentiers, mais
qu'il ne pouvoit, car il n'estoit point obéy; et que cest traicté estoit
conduict par le Moron, lequel on extime qu'il ait esté toutjours
d'accord avec les Impériaulx et que luy mesmes ayt pourchassé de
se faire prendre ; et le chastelain de Chiavennes n'obéyt point audit
Duc, mais audit Moron.

Madame, je ne veulx prétermectre de dire avec toute révérence
comment je me persuade et suis d'oppinion que, incontinent que
l'esleu en Empereur aura entendu qu'il ait esté mise la main aux
choses de Millan, aussy tost il traictera nouveaulx traictés et partis
d'accord pour la délivrance du Roy. Et ce ne faira pour aultre effect
que pour vous faire abandonner cestuy traicté d'Italye et affin que
on le laisse totallement devenir seigneur et maistre du duché dudit
Millan, pour pouvoir puis après tant plus nous nuire. Laquelle chose
sy luy vient à bien, il est certain que en peu de temps sera seigneur
et maistre des toutes Itales ou à tout le moins en disposera à son
appétit, laquelle chose de quelle importance seroit à France Vostre
Majesté le cognoist. Et vous supplye, Madame, très humblement,
que sy cognoissés que ès choses passées ne vous ay dit aucune
mentirye de ce qui est advenu, que me veuillés croire de ce que
ores vous dis et que pensyés que la force et non aucun autre accord
a à délivrer le Roy. Ce dis-je selon mon oppinion.

Madame, je retiendray ycy Monsr de Rabodanges jusques à tant
que j'aye la totalle résolution de cest traicté, excepté s'il n'escheust
aultre chose de conséquence pour laquelle il faulsist le renvoyer.

Madame, ycy ont print grand plaisir d'avoir entendu la délibération que Vostre Majesté a prinse touchant le passer du duc de
Ferrare, et plus grand plaisir prendroyent de voir qu'il fust en sa
maison.

Madame, affin que Vostre Majesté voye que pour luy faire
service je n'ay respect à personne, vous envoye avec cestes ung
double des lectres lesquelles ay escriptes et dès hier envoyées à
Monsr le Dataire, affin que il les monstre au Pape. Et Vostre Majesté
cuide que je n'en ay dit pas ung mot moins ycy à la Seigneurie.

Madame, après m'estre le plus humblement qu'il m'est possyble
recomandé à Vostre Majesté, supplye à Dieu luy donner telle
joye qu'elle désire et très bonne et très longue vie.

Escript à Venise, ce xviiime jour de Novembre 1525.

Madame, après vous avoir escript ce que dessus, j'ay retins ces présentes jusques aujourdhuy, qui est le xxme dudit moys, en espérant d'havoir quelques nouvelles de Monsr le conte de Carpy. Et par ainsy, toute à cest heure, ay eue de sa seigneurie la présente lectre que vous envoye avec cestes, affin que Vostre Majesté entende comment les choses vont à Romme.

Madame, j'ay esté advisé comment depuis naguières à Romme a esté dépesché ung corrier qui s'en va en Espaigne, lequel porte la dispence pour le mariaige de l'esleu en Empereur avec la seur du roy de Portugal.

De Vostre Majesté, très humble et très obéyssant serviteur et chappelain.

El vescovo de Baieux.

XL

21 novembre 1525.

Le même à la même.

B. N. ms. Dupuy 452, f° 160. — Original.

Au dos : A Madame.

Madame, la Sérénité du Prince et la Seigneurie m'ont à ce matin faict entendre comment, par les lectres qu'ilz ont de leur ambassadeur demourant en Romme, sont advertiz que nostre sainct Père est bien délibéré de venir à la conclusion de la lygue et confédéracion et de faire toutes choses à luy possybles pour la délivrance du Roy. Laquelle ne voit que puisse autrement avoir lieu si non avec mectre l'esleu en Empereur en nécessité, ainsy que pour certain on le mectra si de Vostre Majesté ne vient la faulte.

Et par aultant ycelle ne doibt faillir de contenter sa Sainteté en ce qu'elle demande, mesmes de le asseurer de l'argent pour troys ou quatre moys advenir, sans lequel je crainez que sadicte Sainteté ne se vouldra jamais descouvrir, car elle craindra toutjours, que si ledit esleu Empereur vous promeist la délivrance du Roy, que Vostre Majesté ne abandonast ceste ligue, en saichant que vous ne la faictes à autre fin que pour la délivrance de sa Majesté. Dont, Madame, il se doibt faire toutes choses pour descouvrir une foys le Pape et ceste Seigneurie, lesquelx, après qu'ilz seront descouvertz, fairont plus pour la ruine de l'Empereur de ce que Vostre

Majesté scauroit désirer ; et extime que la France ne despendit
jamais argent qui luy apportast tant de prouffit ne d'honneur que
faira cestuy ycy. Alla quelle chose quand Vostre Majesté feist
difficulté, certainement le tout seroit gasté ; car le Pape imagineroit
d'estre trompé et n'en penseroit pas moins ceste Seigneurie. Car en
voulant-on faire à bon essiant et payer ce que on promect, de petite
importance est à Vostre Majesté les asseurer et remectre la somme
en Italye, en ayant-on à la parfin à la remectre.

Et telle provision est requis de la faire soubdainement. Car il est
impossible que cestuy traicté ne viegne à la notice de l'Empereur,
et, en estant-il adverty, faira toutz les propoz au Pape et à ceste
Seigneurie. Et facillement pourroit advenir qu'il promectera de
remectre ès mains du Pape la duché de Millan, en alléguant et
soy excusant que tout ce qui a esté jusques au présent faict a esté
sans son sceu et contre son vouloir. Car bien cognoit sa Majesté
que contre ceste ligue ne pourra tenir ledit duché et qu'il mect
le royaume de Naples en évident dangier, oultre les aultres travaulx
qu'il peust recevoir des plusieurs autres coustés.

Et, si de par deçà sera apercheu que Vostre Majesté viegne bien
délibérée et de franc courraige à ceste emprise, je suis certain que,
quand bien le Pape faillist de soy confédérer, ce que je croiz que
ne faira, ceste Seigneurie ne faillira de soy unir elle seule avec
France. Mais, quand aussy on s'appercheust que Vostre Majesté
feist difficultés à ce que on luy demande maintenant, en estant à si
grand vostre prouffit, ung chascun craindroit que eussiés quelque
aultre espérance pour la délivrance du Roy, et par ainsy ung chascun
penseroit à se sauver au mieulx qu'il pourroit.

Par l'amour de Dieu, Madame, ne vueillés perdre telle occassion,
laquelle à mon oppinion seulement vous demoure pour la délivrance
du Roy et pour la conservation de vostre royaume. Et, s'il vous
semble de ne adjouxter foy à ce que touts jours vous ay escript et
vous escript à présent, cuidés à tout le moins aux manières que
l'Empereur a jusques ycy usé pour vous tromper; et saichés que ne
luy fauldront d'autres moyens semblables mais que le vueillés
croire.

Madame, je suis adverty que le conte de Carpy vous a escript
par l'autre chemyn les difficultés qui fait nostre très sainct Père
et ce que sa Saincteté demande, alla quelle chose je me reporte. Et
extime qu'il aura aussy déciffré l'article touchant les vi^m hommes
de pied et les xii galères. Les quelles choses en estant mestier de
les payer de la somme de xl^m ducatz, et que le Pape désirast que,

non obstant ledit payement, la totalle somme fust remise ycy et
à Romme, je serois d'oppinion que le feissiés faire pour ne mectre
aucune doubte et dilation en cestuy traicté. Car se pourroit remectre
toute o partie de ladicte somme ès mains de voz ministres de par
deçà, les queulx l'eussent à despendre juxte l'obligation des articles;
et par ainsy ne pourriés aucunement doubter que voz hommes de
pied et galées ne fussent payés selon l'ordre et obligation de la
ligue.

Madame, la Seigneurie escript ces lectres en Angleterre pour le
commun prouffit, et par aultant elle prie Vostre Majesté luy faire
grâce les envoyer à toute diligence.

Madame, en m'estant recomandé tant et si humblement qu'il
m'est possyble à Vostre Majesté, supplie au Créateur luy donner
l'accomplissement de ses nobles désirs.

Escript à Venise, le xxime de novembre 1525.

Vostre très humble et très obéyssant serviteur et chapelain.

El vescovo de Baieux.

XLI

26 novembre 1525.

Madame à Brinon et à Jean-Joachim.

Ar. Nat. J 965, 4, 6 ; BREWER, iv, 1783, et GAYANGOS, iii, 281. — Original.

Au dos : A Messrs les Chancellier et de Vaulx, conseilliers du
Roy et ambassadeurs en Angleterre.

Monsr le Chancellier et vous Mons' de Vaulx. Combien que,
depuis la conclusion des traictez faitz en Angleterre, il ayt esté
jusques icy fait la plus grande dilligence que possible a esté pour
recouvrer, tant des cours de Parlement de ce royaume, des princes,
des villes et Estatz de Normendie et Languedoc, les ratiffications
et obligacions contenues èsdits traictez, ce néantmoins, il ne s'est
peu bonnement fère que le tout ayt esté recouvert, et en reste
une partie à faire, principallement pour la distence des lieux où il a
convenu et convient fère poursuicte pour les recouvrer. Toutesfoys,
désirant satisfère entièrement à tout ce que par vous a esté promis
en faisant lesdictz traictez, je ne cesseray que le tout ne soit fait et
entièrement acomply. Maiz il ne se pourra bonnement faire dedans
le temps préfix et contenu audit traicté.

A ceste cause, vous le remonstrerez à Mons' le cardinal d'Yort mon bon filz, affin qu'il entende et congnoisse, que s'il y a quelque faulte, qu'elle n'est procédée ne venue de moy, et que je n'aye et tout le royaume bonne voulonté d'entretenir, garder et observer entièrement lesditz traictez; maiz est procédée de ceulx qui ont eu la charge d'aller par les pays et provinces de cedit royaume pour les recouvrer. Luy priant fère prolonger au roy d'Angleterre le terme préfix èsdits traictez de satisfaire èsdictes ratiffications jusques au xv° jour de janvier prouchainement venant, ou, à tout le moins, le premier d'icelluy. Dedans lequel temps je ferai fère telle et si bonne dilligence partout qu'il sera entièrement satisfait à ce que on est tenu, et n'y aura point de faulte.

Et cependent, affin que vous congnoissez et puissez monstrer audit Cardinal ce qui est desjà fait, je vous envoye les obligacions faictes par les princes et bons personnaiges dudit royaume, celles des villes de Thoulouze, Lyon et Amyens, et ce que les Estatz de Languedoc ont fait : que vous luy baillerez si le veult recepvoir, prenant telle recongnoissance que vous verrez estre convenable, comme faire se doyt en tel cas. Et, oultre cela, luy ferez bien entendre que l'argent du paiement qui se doyt fère en ce moys est prest pour estre fait au temps, lieu et ainsi qu'il est convenu par ledit traicté, qui est le principal et ce que pour l'eure présente importe le plus.

Et, pour ce, vous poursuivrez en la meilleure et plus honneste forme que faire pourrez ladicte prolongacion, en laquelle ne se peut ne doyt faire difficulté aucune. Toutesfoys, quant on la vous feroit, ce que je ne puis croyre, faisant fère ledit paiement comme on fera et ayant fait tout ce qu'il s'est peu faire, vous pourriez penser qu'il procéderoit de mauvaise voulonté et de prendre sur cela quelque occasion de roupture. A quoy je vous prie avoir bon regart, par façon que ce qui a desjà esté payé et sera en cedit paiement ne soit perdu. Maiz surtout, conduisez l'affaire prudemment et sagement, comme vous avez fait le principal et que j'ay en vous parfaicte fiance.

Au surplus, Mess's, j'ay en toute dilligence envoyé Charpaignes à Thoulouze et Bourdeaulx pour fère publier, accepter et enregistrer ès cours de Parlement lesdits traictez en ensuivant ce que celles de Paris et Rouen ont fait. Et après je les vous envoyeray pour les bailler, et recouvrer ceulx du roy d'Angleterre, actendant ce qui restera.

Au demourant, je vous advise que, par ce qui m'est dernièrement venu d'Espaigne, le Roy fait très bonne chière, aiant recouvert l'appétit, le repos et sa première et acoustumée force, le tenant en bonne et parfaicte santé et hors de tout péril et dangier. Et ont esté rappellez Messrs d'Ambrun et premier Président pour reprendre les communications qui avoient esté faictes de la délivrance dudict Seigneur. Et cependent, ma fille est demourée avecques luy pour continuer à le consoler et servir, comme elle a fait jusques à présent; dont il avoit bon besoing, comme vous povez penser. De ce qui se fera vous serez incontinent advertiz pour le faire entendre à mondit seigneur le Cardinal.

Vous advisant au reste que j'ay entendu de bon et seur lieu que les affaires de l'Empereur ne sont bien en Itallye, maiz en grant trouble; et pour ceste raison a mis et mect toute la paine et dilligence qu'il a peu et peut de gaigner le Pape et par son moyen la Seigneurie de Venise. Toutesfoys, jusques icy, ilz sont demourez fermes et en bonne voulonté d'entrer en ceste ligue et la conclurre de leur part comme ilz dient ; et, quant à la myenne, suivant l'adviz et bon conseil du roy d'Angleterre et de mondit seigneur le Cardinal, j'ay envoyé povoirs amples, bons et souffisans pour y mectre fin. Maiz, pour autant que toute l'Ytallye ha grande espérance audit roy d'Angleterre et audit seigneur Cardinal pour les avoir congneuz aymer et désirer la liberté et conservation d'icelle, ilz vouldroient et désirent qu'il pleust audit seigneur roy d'Angleterre entrer en ladicte ligue et pour ce fère envoyer povoir à son ambassadeur estant à Rome. Ce que vous remonstrerez audit seigneur Cardinal, en le persuadant, pour le bien universel de toute la chrétienté et bien de paix, y vouloir entendre et souvent escripre et fère escripre au Pape et à Venise qu'ilz concluent ladicte ligue, sans plus deslayer, ne dissimuler, ne eulx arrester à ce qui leur est proposé et mis en avant par l'Empereur. Lequel, par les effectz de ses ministres, on peut clèrement juger qu'il aspire non seullement à sa couronnacion, mais à soy fère monarque et mectre pour le premier en totalle subjection l'Ytallye, et avecques le temps tout le demourant de ladicte chrétienté.

Vous advertirez aussi ledit Cardinal du mariaige fait par ledit Empereur avecques la seur du roy de Portugal, principallement pour par icelle recouvrer une somme d'argent qui luy a esté offerte, de laquelle il pense fère son voyaige de Romme. Lequel ne luy sera si facile qu'il cuyde, ladicte ligue faicte et estant le Roy fort par la mer comme il sera.

Cest après disnée, les ambassadeurs dudit roy d'Angleterre sont arrivez icy. Je les ay fait honnorer et recueillir comme venans de la part du meilleur et principal amy et allyé que le Roy et le royaume ayent.

Messrs, pour fin de lectre vous me ferez incontinent savoir de voz nouvelles et responce sur ce que je vous escriptz et vous me ferez plaisir. Priant Dieu qu'il vous ait en sa garde.

Escript à Saint Just sur Lyon, le xxvime jour de novembre.

LOYSE. ROBERTET.

XLII

28 novembre 1525.

La même aux mêmes.

Ar. Nat. J 965, 4, 3 (dans J 966); BREWER IV, 1788, et GAYANGOS, III, 283. — Original.

Au dos : A Messrs les chancellier d'Alençon et de Vaulx, conseilliers du Roy et ambassadeurs en Angleterre.

Monsr le Chancellier et vous Monsr de Vaulx. Depuis mes autres lectres escriptes, j'ai souvent communiqué et fait communiquer avecques les ambassadeurs du roy d'Angleterre, et, après lesdictes communications, satisfait à ce dont ilz m'ont requiz : et, en ce faisant, passé la condampnacion devant le juge écclésiasticque pour l'obligacion des deniers accordez par le traictié, et depuis, en la grant esglise de Sainct Jehan de Lyon fait le serement de la paix en telle solempnité qu'elle le mérite. De quoy j'ay bien voullu vous advertir, pour autant que lesditz ambassadeurs escripvent et envoyent ung courrier devers ledit roy d'Angleterre pour luy faire entendre et à Monsr le cardinal d'Yorct ce que dessus et la forme qui a esté tenue aux actes qui jusqu'icy ont esté faitz pour l'exécution des deppendences de ladicte paix. De quoy ilz se sont tenuz et tiennent trèz contens ; et seront encores plus quant ilz partiront, car on les traictera en toutes choses si bien, si honnestement et grandement qu'ilz auront cause d'en faire honnorable et bon rapport à leur retour.

Au demourant, vous mectrez paine de tant faire qu'il plaise au roy d'Angleterre de prolonger le terme de satisfaire aux ratifficacions qui encores ne sont recouvertes jusque au xvme de février, sy faire se peult, sinon jusques au xvme de janvier ; que pendant icelluy on mectra paine de recouvrer; et, ainsi que on les recouvrera, on les vous envoiera. Lesdits ambassadeurs, auxquelz j'en ay fait parler, en escripvent présentement, comme vous pourrez entendre. Vous advisant qu'il s'est trouvé à faire lesdictes ratificacions quelque difficulté, et mesmement par ceulx de Paris, non des bons et grans personnages, maiz des marchans et menu peuple, le tout par faulte d'entendre ce qu'on leur demande.

Au reste, par ce que j'ay encores eu d'Espaigne le Roy fait très bonne chère et va de jour en jour en soy fortiffiant, tenant ferme à ne voulloir riens bailler de terre, maiz bien honneste raençon d'argent, suyvant le bon conseil de mondit seigneur le cardinal d'Yort. De ce qui surviendra cy-après vous serez tousjours adverty. Priant Dieu, Messrs, qu'il vous ait en sa garde.

Escript à Saint Just sur Lyon, le xxviiime jour de novembre.

LOYSE.ROBERTET.

XLIII

28 novembre 1525.

Robertet aux mêmes.

Ar. Nat. J 965, 4, 20 (dans J 966). — Original.

Au dos : A Messrs, Messrs le chancellier d'Alençon et de Vaulx, conseilliers du Roy et de Madame.

Messrs, pour ce que Madame vous escript amplement, comme il vous plaira veoir, et aussy que dom André, porteur de cestes, vous saura bien dire, tant de l'arrivée icy de Messrs les ambassadeurs du roy d'Angleterre, de leur recueil, traictement, solempnité tenue au serment de la paix et autres actes qui ont esté faitz pour icelle, je ne vous feray longue lectre ; et aussy, Messrs, pour me trouver ung peu travaillé de quelque commancement de fièvre (1) je ne sauroys. Par quoy vostre plaisir sera m'en tenir pour excusé pour ceste foys.

Messrs, je ne vous envoie point l'obligacion de la ville d'Amyens, pour ce que Monsr de Brienne, qui l'a, la gardera et garde pour monstrer à ceulx de Paris et de Rouen, qui ne veullent entendre ce que vault ladicte paix. Toustesfoys, après toutes difficultez, sy ne faitz-je point de doubte que ne passeront outre. Il y a quelques advocatz en théologie qui les tiennent en ceste oppinion où ilz en sont.

(1) Une lettre du 13 décembre (J 965, 4, 19) nous apprend qu'à cette date Robertet était encore « continuellement travaillé de sa colicque ».

Messrs, vous ferez plaisir et service à Madame d'obtenir ceste prolongacion qu'on demande jusques au 15me de février, sy fère ce peut, sy non pour le plus long terme que vous pourrez. A quoy semble qu'on ne doyt faire difficulté, veu qu'on continue les paiemens et qu'on n'y veult faillir.

Messrs, vous me commanderez tousjours voz bons plaisirs pour les acomplir, me recommandant humblement à voz bonnes grâces, priant Dieu, Messrs, que vous doint bonne et longue vie.

A Sainct Just sur Lyon, ce xxviiime de novembre.

Vostre humble serviteur.

ROBERTET.

XLIV

30 novembre 1525.

Duprat aux mêmes.

Ar. Nat. J 965, 1, 13. — Original.

Au dos : A Messrs le chancellier d'Allençon et Jehan Joachin, ambassadeurs de Madame en Angleterre. — Le dernier jour de novembre.

Messrs, par les lectres que Madame vous escript scaurez en quel estat sont les affaires de par deçà.

Touchant ce que devez fournir à la fin de ce moys, elle vous envoye ce qui a été dépesché. Le demourant se pourra recouvrer par cy-après, en ayant le délay que madicte Dame escript, et n'y aura point de faulte, *quod mora purgabitur* sans leurs intérestz et dommaiges.

Au demourant, Messrs les ambassadeurs qui sont icy ont porté ung formulaire de l'exécution des summissions de la Chambre apostolicque, clause de *nisi*, summission et prorogacion du juge ordinaire avec la sentence que doit proférer, où y a interdict et aussi aux summissions. Nous leur avons remonstré que icelluy formulaire n'estoit conforme à l'obligation. Si nous ont demandé si aviez envoyé le double dudit formulaire accordé. Leur a esté respondu que non. Leur finalle résolution a esté, après plusieurs disputes, qu'ilz n'avoient puissance de changer ung A pour ung B et que ne leur eust esté baillé de ceste sorte s'il n'eust esté accordé ainsi en Angleterre. Et, d'autant que de mectre l'affaire en délay eust peu causer quelque conséquence dangereuse, ainsi que

pouvez assez entendre, sans autrement le vous escripre Madame a
ordonné leur accorder ce qu'ilz demandoient, avec la promesse
qu'ilz nous ont faicte, qui a esté mise par escript en lectre privée,
qui ne les oblige en riens ; le tout consiste si ceulx de par delà
vouldront garder l'honnesteté ou non. Qui sera fin, après m'estre
recommandé de très bon cueur à vous, priant Dieu vous donner
santé et longue vie.

A Sainct Just, le dernier jour de novembre.

Vostre bon frère et amy.

> A., ar. de Sens, chancelier de France.

XLV

Décembre 1525.

Madame à l'évèque de Bayeux.

B. N. ms. Dupuy 573, f⁰ˢ 1 et 4. — Brouillon original avec des corrections
de la main de Robertet.

Au dos : Lectres missives de Madame à Monsʳ de Bayeulx
touchant la ligue d'Ytallye. A Lyon, décembre vᶜ xxv.

Monsʳ de Bayeulx, j'ay receu voz lectres des xix et xx du passé,
par lesquelles m'escripvez ce que avez fait avec la Seigneurie sur
les instructions et pouvoirs que vous avoys envoiez pour conclurre
la ligue et confédéracion entre nostre sainct Père, la Seigneurie
de Venise et moy, afin de parvenir à une paix universelle et
délivrance de mon seigneur et filz. Où vous estes tant bien
acquicté qu'il n'est possible de mieulx ; dont mondit seigneur et
filz et moy vous en sommes tenuz et avons cause de nous contanter.

J'ay receu lectres de mon cousin le conte de Carpy touchant ledit
affaire ; qui m'escript les difficultez sur lesquelles nostredit sainct
Père se fonde, sans oblier celle de la seureté des quarente mille
ducatz dont m'escripvez. Je luy faiz ample response sur le tout, et
croy que, icelle veue, sa Sainctteté se contantera. Je vous en envoye
le double, affin que soyés adverty de toutes choses pour les faire
entendre à ladicte Seigneurie ; et si y a plusieurs articles ausdictes
lectres servans à ce que m'escripvez.

Au demeurant, quant à ce que m'escripvez, que là où le Pape
[ne] vouldroit entrer en ladicte ligue, que la Seigneurie y pourroit
entendre en baillant quelque chose davantage de ma part pour

soustenir la guerre, vous entretiendrez ce propos et scaurez en quelle forme vouldroient cappituler avec moy, et me le ferez scavoir, et je vous feray prompte response. Toutesfois, je croy que nostredit sainct Père, actendu la commodité que luy pourra revenir de ladicte ligue, ne fera difficulté y entrer (1).

Monsr de Bayeulx, vous ferez mes recommandacions à la Seigneurie et les remercierez de ma part du bon et entier vouloir que je congnois ilz ont à la délivrance de mon seigneur et filz. Et leur direz que ma fille s'en retourne et a laissé mondit seigneur et filz en très bonne disposition et sancté, délibéré de prandre la fortune où il est comme magnanime prince doit faire et en sorte que sa personne n'en vauldra moins. L'Empereur ne s'est jamais voulu condescendre à la raison, quelzques honnestes offres que luy aient esté faictes. J'espère que Dieu ne le obliera et fera délivré par autre voye.

Quant aux foryssuz dont m'escripvez, les instructions précédentes envoiées par delà pour cest affaire, èsquelles les dernières se refèrent, portent ce que est à faire sur cela, comme j'escriptz à mondit cousin le conte de Carpy, dont vous en envoye ung double.

Et à Dieu, Monsr de Bayeulx, qui vous tiegne en sa saincte garde.

Escript à Lyon, le... (2).

---

(1) Tout ce paragraphe est écrit en marge de la main de Robertet pour remplacer la phrase suivante biffée par lui. « Au demeurant, quant à ce que me faictes scavoir que, ores que nostre sainct Père ne vouldroit entrer en icelle ligue, que peult estre la Seigneurie y entreroit seulle pourveu que lui augmentasse l'aide que doiz fournir pour faire la guerre, — et, quant à cella, ce me seroit chose difficille pour les affaires qu'ay d'ailleurs, et croiez que m'y suis mise si avant pour le désir que ay de veoir une paix universelle en la Chrétienté et délivrance de mondit seigneur et filz qu'il ne m'est possible de plus, — toutesfois, si le principal pourparlé venoit à rompre, je me résouldray en cela pour vous y saistisfaire. »

(2) Le même ms. 573 contient, intercalé entre les deux parties de cette lettre, un modèle de commission au nom du comte de Carpy, portant qu'il aura pour traiter avec le Pape les mêmes pouvoirs que l'évêque de Bayeux pour traiter avec les Vénitiens.

XLVI

26 décembre 1525.

Robertet à Brinon.

Ar. Nat. J 965, 2, 9 (dans J 966). — Original.

Au dos : A Monsr de Villaines, chancellier d'Alençon.

Monsr, depuis mes autres lectres escriptes j'ay receu les vostres derrenières, avecques celles de Madame que je luy ay incontinent présentées. Et, après les avoir veues, je vous asseure qu'elle a emploié une bonne grosse demye heure à non seullement magniffier, extimer, louer et priser la prudence et le grant nombre de bonnes et vertueuses pars qu'elle congnoist estre en Monsr révérendissime cardinal et légat en Angleterre, maiz tenant et réputant le Roy son maistre bien eureux et tenu à Dieu de luy avoir donné ung tel serviteur et mondit seigneur le Légat de ce que sondit maistre le congnoist et répute tel, et que l'expérience des affères qui sont passez par leurs mains, de l'un comme de sage maistre, et de l'autre comme de bon, vigilant, loyal et seur serviteur (1). Et croiez que sur ce ont esté faitz plusieurs discours de tous ceulx qui ont eu cy-devant maniement et administration des estatz des princes ; maiz Monsr le Cardinal a le premier lieu et le plus extimé de tous les autres, au jugement de tous et principallement de madicte Dame.

Monsr, les adviz de mondit seigneur le Cardinal ont esté à madicte Dame non seullement très agréables maiz telz qu'elle veult, entend et commande que en tout et partout ilz soyent ensuiviz ; car on ne peut en iceulx aucune chose adjouster, ny oster, ny diminuer.

Monsr, Madame est ceste après diner partie pour aller à Tournon au devant de Madame sa fille. Je suis demouré icy avecques Monsr le Chancellier pour dépescher le fait de Rome et y envoier ce qu'il a pleu à mondit seigneur le Cardinal envoier adressant aux ambassadeurs du roy d'Angleterre. Ce fini, je m'en iray devers elle.

Monsr, messire Jehan Jaquin sera icy demain, et, pour ceste cause, Messrs les ambassadeurs d'Angleterre là viendront et parleront à luy avant que desloger. Et après, suyvront madicte Dame, laquelle

(1) *Sic.* La proposition doit être complétée par un verbe. On pourrait suppléer *le démontre.*

a escript aux bonnes villes par où ilz passeront que soient honnorez, recueilliz et traictez comme l'amytié et alliance de leur maistre le mérite.

Monsr, pour ceste heure je ne vous puis dire autre chose, fors que, s'il vous plaist aucune chose me commander, elle sera de bon cueur accomplie, me recommandant très humblement à vostre bonne grâce, priant Dieu, Monsr, qu'il vous doint très bonne et longue vie.

De Sainct Just sur Lyon, ce xxvime de décembre.

Nous sommes après à dépescher Charpaignes, par lequel on vous escripra plus amplement, aiant ouy Monsr de Vaulx.

Vostre très humble serviteur.

ROBERTET.

XLVII

27 décembre 1525.

Le même au même.

Ar. Nat. J 965, 2, 7 (dans J 966). — Original.

Au dos : A Monsr de Villaines, chancellier d'Alençon, premier président de Rouen et du Conseil de Madame.

Monsr, vous avez veu ce que derrenièrement Madame vous a escript. Depuis elle a entendu la venue de Monsr de Vaulx, lequel estoit arrivé à Paris, et, pour povoir estre icy dedens demain ou vendredi, madicte Dame n'a voulu autrement vous escripre, actendant sa venue, et aussy qu'il lui semble que n'estoit aucune chose survenue qui le méritast, fors la venue de Madame la Duchesse à Nerbonne en très bonne santé avecques toute sa compaignie et povoir sauf-conduyt sy lymité qu'elle a esté contrainte, pour entrer dedens le royaulme avant l'expiration de la trêve, qui sera le derrenier de ce moys, ne faire aucun séjour en chemyn. Et encores luy ont esté faictes difficultez et doubtes de passer par Parpignan pour gaigner quelques jours sur la trêve. Et je vous asseure de sadicte santé (et) et venue en ce royaulme sans aucune perte ne dommaige. Madame part demain et va au devant d'elle jusques à Tournon. Et mayne avecques elle Messrs les ambassadeurs d'Angleterre, ausquelz se fera par ce pays de Daulphiné le mieulx que l'on pourra, car Madame désire, veult et entend qu'ilz soyent bien et honnorablement traictez et recueilliz par tous les lieux où ilz passeront.

Monsr, vous avez bien fait d'avoir fait refformer l'obligacion des villes ; ausquelles pour cette heure ne se fera plus de difficulté, comme nous espérons, car celle qui y a esté jusques icy n'a esté que par faulte de bien entendre.

Monsr, nous avons desjà troys belles et bonnes mulles et l'on est après à les acoustrer. Madame en veult encores recouvrer une, pour faire présent au roy d'Angleterre des deux et à Monsr le cardinal d'Yort des deux autres. Elles seront trouvées bonnes, belles et de bonne sorte et assés bien acoustrées (1).

Monsr, je vous envoie ung pacquet de Messrs les ambassadeurs pour mondit seigneur le Cardinal. Il a longuement demouré à estre porté jusques à Boulongne par la faulte de noz postes qui ne se sont bien acquittés ; maiz soiez asseuré que doresnavant autre provision et ordre y sera donné, comme il est très requis.

Monsr, vostre plaisir sera croire que, pour vous retirer de là et satisfaire à ce qu'on est tenu, sera fait tout ce que possible sera et n'y aura point de faulte ; car entendez que vostre retour est très fort désiré. Cependant vostre plaisir sera me commander vos bons plaisirs pour les acomplir, me recommandant très humblement à vostre bonne grâce.

A Sainct Just sur Lyon, ce xxviime de décembre.

Vostre humble serviteur.

ROBERTET.

XLVIII

30 décembre 1525.

Jean-Joachim à Brinon.

Ar. Nat. J 965, 4, 18 (dans J 966). — Original.

Au dos : A Monsr, mio excellentissimo Signore, Monsr de Vellaynes, cancellero d'Alanzon, primo presidente de Roan, primo consilero de Madama Regente in Francia et suo ambassatore in Angliterra.

Signor mio osservantissimo. El mercur' vigilia de Sanct'Homa, Monsr d'Varty et me passamo el mar' più infretta che non haremo voluto ; quel medeximo giorno, a le viiii hor' de notte, entramo a

____

(1) Sur cette affaire des mules, cf. le même au même, 13 décembre, Ar. Nat. J 965, 4, 19 (dans J 966), ci-dessous P. J., n°s LVIII et LXII, et les lettres d'Henri VIII du 22 mai 1526 et de Wolsey du 20, B. N. ms, II, 2963, f°s 6 et 8.

Bologna. El giovedi mattina, lassato Monsr d'Varty per venirsene a sue giornate, da lui mi party. Et el sabato matina a le VIII hor' fui in Parixi, ove trovay maestro Nicolas Anechin, veramente matura et savia persona, et a luy date le novelle et presentata la lettera de V. Excellencia, parlay de la matteria a me per ley comessa. Su laquale hebemo Monsr le Provost de merchanti; et a lui date le particular' et comune lettere de V. Excel^{cia}, tanto trovate bone et tanto laudate quanto yo possi dire, parlamo de la detta causa. Et de quella mi detenò minutamente un longo conto, rimostrando qualmente su' l principio la fussi malissimo condutta, dal che naquè un tristo mezo, et, se cum l'industria et dexterità non si fussi reparato, un fine pessimo ne serebe avenuto. Ma, perche, senza nova comessione de Madama, non si posseva trattar', mi confortorno che parlatone à Monsr presidente Le Vista, et in quel modo che loro in questo fatto veramente per quanto mi parvè conoscere benissimo disposti, ordinormo yo mene venisse a Madama avertendola del bono animo loro.

Cossi parlato al predetto Monsr Presidente, nel che consumay tuto el sabato, in fine, la dominia a le VIII hor' mi party, et, fatto el Natale a San Matturino, quà son arrivato giovedi sera. Ma, per non lassar' questo proposito senza conclusione, dico ch'el predetto Monsr Le Vista, doppo l'haver' assay laudata la lettera da V. Excel^{cia} scripta al Proposto et Eschiviny, laquale parvè al detto Proposto ch'io gli mostrassi, et dopoy l'haverla ringraciata del ponto levato in l'obligatione, cioè che *bona particularium non obligarentur*, mi dixè che, anchora che questo affar' fussi stato a Parixi mal condutto et cossi malignato che l'era fatto molto difficile, nientedemeno, su la nova comessione de Madame, ch'el s'expedirebe in la forma reformata. Del che mi fecè bonissimo animo, et, domandatame la forma o reformacion accordata, gli la lassay. Fui similmente cum Monsr de Vilaroy che mi confermò el medeximo. A Monsr de Memoransi non parlay, per esser' luy ben XX giorny o circa lontano da Parixi, ma, per sigillar' la lettera sua, el predetto Monsr de Villaroy sene presè la cura. Passata ch' abia Parisi l'obligacione, Roano, Orliens et Tors non farano difficultà ; cossi m'hano detto a Parigi.

Quà arrivato, trovay Madama partita per andar' a Tornon al davanty de Madama Duchessa, laquale a Beses in Linguadoch ha fatto la sua festa de Natale, et a Tornon doverà esser' el IIII o circa de genaro. Andaymene da Monsr thesaurario Robertet, per ordine del quale, doppo l'havergli presentata la lettera de V. Excel^{cia} et avertitolo del tuto, menanday a la detta Madama, trovata a San Saphorino. Et, a sua Maestà presentata la lettera de V. Excel^cia, dixi la causa del mio viagio, per dirgli el demorante in compagnia de le signori ambassatori d'Angliterra et in loro compagnia presentar' le lettere de quel serenissimo Re et de Monsr reverendissimo Legato. Cossi preso ordine che loro et yo martedi si trovasinno ver ley a San Valer, mene ritornay qui, fatto el tuto intender' al prefati S^ri ambassatori, cum li quelli del tutto avertiti prima erò longamente stato. Et doman si partiremo per Viena, afin de trovarsi el marte a San Valer a exponer' le comune comessione.

A Monsr Cancellero, benche hogi l'habia seguitato iiii lege che sene va ver Tornon, non ho possuto presentarme. Il che serà come più presto possibil sia.

De la riposta che Madama farà a le proposty consigli del serenissimo Re et de Monsr Reverendissimo V. Excel^cia subito serà avertita. Ma sapia ley che li scripti soy, nati de li discorsi et consigli de li detti serenissimo Re et Monsr reverendissimo Cardinale, sono stati laudatissimi, et come prudentissimi per parte de Madama serano messi in opera. Et de già resolucion si vede fatta del non far alchuna prorogacion de tregua cum l'Imperator' ne cum Madama Margerita.

Quanto a la liga Ittaliana, seguitando Madama el consilio de Monsr Reverendissimo, mandò la posanza a Roma. Su laquale Monsr de Carpy, per ordine del Papa, formò la capitulatione. Et stimando ch' el Papa l'havessi cossi a segnar', come havea dato intencione, non solo non l'ha segnata, ma, solicitato da fra Nicolo et da li agenti de l'Imperator', cum loro ha fatto un' altra praticha. Per mezo de laquale, se l'Imperator' lasserà la duchia de Milano al duca de Barri, ad altro Ittaliano o a Monsr de Borbon et romperà l'armata sua che de presente tiene in Ittalia, el Papa apponterà cum luy et li articuli sul apontacione *hincinde* fatti resterano saldy et fermy. A la perfection de li detti doy capi, lassar' la duchia et rompere l'armata, el Papa ha datto doy mexi de tempo a l'Imperator', cum la conditione de dar' a l'Imperator' ajuto de iiii^c homini d'arme et de iii^m homini de piede in caso che, durante el detto tempo de doy mexi, comenzati el xvii del presente, l'Imperator', stati et armata sua d'Ittalia fusse alchunamente molestate, da chi si vogli et contra quel si voglia. Obligatose a non far' alchuna liga o confederacione cum Francia ne cum altri, durante el detto tempo de ii mexi. De questa continencia et in tal tempo usata, come sieno rimasti mal contenti li ministri de quel serenissimo Re, de questa

Maestà et de Veneciani, V. Excel^{cia} lo potrà judichare. Del rimedio che si pensi yo non so parlarne, per esser' venuta questa non bona novella il medeximo giorno ch'io arrivay; et de quella Madama non serà avertita prima de domany.

V. Excell^{cia} de tute queste cose serà avertita dal reverendissimo Monsr, al quale el cavallero da Casale cum questa despachia pienamente scrive. Ma, se quel serenissimo Re declarar' si volese, tanta è l'oppinione de S. Maestà apresso d'ogniuno, che cosa ch'avesi fatto el Papa al mio creder' non tinirebe, et, cosi, questa santa opera resterebe perfecta; de laquale, et la restitucione del Re nostro signore, et l'universale pace, senza dubio, procederebe. Ma, se li principi christiani non aprirano meglio gli ochii et non si risentirano a bon'hora a impedir' la grandeza et pensiero de l'Imperator', tendente, come manifesto si vede, a la monarchia, credemi V. Excel^{cia} che, quando vorrano poy, non potrano; et certo è, ch' andando, come va, la cosa a la riversa, mi dubito ch' el pensiero de l'Imperator' sortirà el suo effecto. El Papa, che più de l'altri doverebe temer', pare ch' ajuti a più poter' el suo maledamno et ruyna, che sia ben el vero, dicono alchuni, ch' el vogli far' cardinale el cancellero de Spagna.

Parlando cum Madama, el proposito mi tirò a parlar' del fatto de la reyna Maria, et, parlando de ley, gli dixi de la contexa usata a Redinge, laqual cosa fu trovata bonissima et accordata. Resterà che Monsr de Longasale ricuperi la lettera.

Monsr Carpagna ritorno de Bordeos, benissimo expedito, et quà si trova cum dexiderio de venir' ver V. Excel^{cia}.

El contenuto del memoriale de V. Excel^{cia} procurarò exequire, et de cyoch' averò fato l'advertirò. Ma po ch' io sono arrivato, che mo sono xxxxviii hor' apresente, un' hora de riposo non ho havuto.

El Re christianissimo, Dio laudato, si porta bene et ogni giorno più ricupera le pristine forze. S'expetta fra viii giorni, o prima, Monsr marescal de Memoransi, colquale harimo meglior novelle.

Del duca de Barry o de Milano, quantunche tal volta mostry non so che de meglioramento, s'intende ch'el possi pocho più viver' et l'infirmità sua si dice incurabile; de già persò la major parte de sentimenti in le membra. El Morrone anchora sta pryonero in Pavia. El predetto Duca de tuto 'l stato poch' altro tene che le forteze de Milano et de Cremona.

Le forze de Spagnoli in Ittalia, al vero, non sono oltra x^m homini de piede, iiii^m spagnoli, iiii^m anzchenechi, ii^m ittaliani, tutti mal pagati, viiic lanze et alchuni cavali ligieri. Vedi V. Excellencia che bella occasione volen perder' el Papa et Veneciani.

V. Excelcia vederà quanto scrive Monsr Sebastiano per l'inclusa sua, datta a la Rochiela. Da Parixi yo gli scripsi, afin che del tutto quà mi facese certo, per avertirne V. Excelcia.

A Madama de Vilaynes, che si trova a Vilaynes, scripsi de Parixi et manday le lettere de V. Excellencia ; non passerò ch' io non la vedi inseme cum lo Sre Brinon.

Trovay Luca mio et el receptor' d'Avranches a Bevilla et a Bertol cum li denari del secondo pagamento ; et frà giovedi xxi decembre spero in Dyo che a Cales serano arrivati a bon salvamento et fatto el pagamento.

V. Excelcia sia pregata advertir' Monsr Reverendissimo et Illustrissimo del mio arrivar' quà et de quella parte del mio scriver' che a ley parerà.

La noche de Natale, a San Maturino yo ricevey la posta de V. Excelcia expedita el xxi, et quella, cum Risbano caduceator' inglese che me la portè, inviay a Monsr d'Aluya, che la ricevutè el giovedi matina et yo arrivay la sera.

Ben fu che V. Excelcia havessi la convenuta prorogacione.

La despachia per Roma, del predetto Risbano portata, a Roma sicuramente se manda a l'ambassatori del serenissimo re d'Angliterra.

Monsr, yo son stato più longo de qual ch' io voleva, et percio tanto più preso V. Excelcia a perdonare, et de la mia inepta, mal scripta et pegio composta lettera mancho che la può se conturbar'. Et in bona sua gracia humilmente ricomandando fazo fine.

De Lyon, xxx decembre 1525.

D. v. Excelcia humillimo et obedientissimo servitore.

JOAN JOACHIN.

V. Excelcia harà aligate le lettere del Sre Cavallero, date a Roma el xx, et le lettere de li ambassatori inglesi, hogi date qui. Et, se Monsr Thesaurario no gli scrive, procede per esser' in procinto del partirse per andar' da Madama ; a V. Signoria si ricomanda et la prega perdonarle; m'a comandato ch' io gli expedischa sta posta cum la presente da sua Signoria vedutta. Et un corriero s'expedisce a Roma cum le lettere de quel serenissimo Re et de Monsr Cardinale.

Detto humillimo et obedientissimo servitore.

JOAN JOACHIN.

XLIX

13 janvier 1526.

Le même au même.

Ar. Nat. J 966 (sans cote). — Original.

Osservantissimo mio Signore. Da Lyon l'ultimo del passato scripsi a V. Excel^{cia}; et, cum tutto che la mi comandasse et yo promettessi darli spesso de le mie lettere, da qual tempo niuna lettera gli ho scripto. Causa nè stato l'interdiction proceduta da l'indispoxicion de Madama, laquale in questo vilagio lunedi noche primo giorno de l'anno de tal sorte fu assaglita de la gotta in un ginochio, piede et in una mano ch' infina questo giorno non s'è mossa de letto. Et per alchun' tempo, non senza febre, heri manch' acerbo mostrandosi el dolore, dexiderosa d'intender' le bone novelle, prudenti ricordi et bon consiglii del reverend^{mo} et illust^{mo} Mon^r Cardinale, a se domandati li ambasatori inglesi et yo in loro compania, da sua Maestà, benche in letto, hebemo grattissima et longissima audiencia. Et da quella fu presa la risolucione che V. Excel^{cia} vederà per l'inclusa, a minor suo fastidio mandata aperta, perche sia datta chiusa al Reverendissimo.

Et, ritornando a Madama, dicho ch'el dolor' hogi si vede cossi cessato che la judichamo del tutto libera per tornarsene a Lyon, ove spero ch'ela serà lunedy o martedy portata in leticha.

Veneciani, c'hano havuto molesto quanto el Papa ha fatto cum l'Imperator', fano intender' a Madama che senza el Papa entrerano in liga cum S. Maestà et cum el serenissimo re d'Angleterra. Prenderano l'arme et farano la guerra a l'inimici, per la guerra designando ii^m lanze, xxx^m homini de piede et una banda d'artilleria; pagerano la terza parte de la spesa de la guerra, et l'altre doe terze parte da Madama et d'al serenissimo re d'Angliterra vorrebeno che fussino pagate; se d'armata de mar' serà questione, dicono dover' contribuire per la parte che parerà honesta et conveniente.

Sopre queste nove domande et aperture, lunedi o martedi partirà Mon^r Fylwlielmo; et, per haverne el parere et consilio de reverend^{mo} Mon^r Cardinale, per parlarne a la presencia, et per intender' de l'intencion de quel serenissimo Re et sua, forsi che ben tosto mi troverò da V. Excel^{cia}, mandato da Madama; il che me guardarà dal far' più longa lettera.

Carpagna non portò, com'io anunciay et luy me dixè, l'obligacion' de Bordeos. Presè luy el futuro per el passato : dixero doverla far' et mandar' a Madama. Dopoy, inteso che Parixi non havea fatto, sopracedettero, per far' come Parixi farà.

L'aprobacione de li parlamenti interamente sono fatte. Quella del stato de Normandia se tempterà hora, et, per tal causa, Mon^r Gran senescalcho et Mon^r de Lyxieux, mandati da Madama, sene vano in Normandia. Se l'infirmità del predetto Mon^r Gran seneschal non havesse impedito, serebeno già sul fatto ; a cyo non si trovando alchun riparo, per esser' necessario che tal personagio in un tal et cossi importante caso si trovi, bisogna haver' paciencia.

Se Paris, com' io spero, farà l'obligacione, Roan, Orliens, Tors et Bordeo non dovean far' difficultà, maximamente secondo la riformacione. Dio vogli che Parixi faczi ; del che non mi tengo già sicuro, per esser' stata la cosa del principio mal guidata et nel mezo da l'ignoranti forte malignata. Quella et l'altra de Roano, per quanto intendo, ricerchavano la presentia de V. Excellencia, da laquale le difficille et dubie cose facille et certe si serebeno rese. Carpagna cum tutte le provixion' necessarie parte in dilligencia doman per Parixi.

Yo porterò meco tutte l'obligacion et ratificacion da Madama, inseme cum lo tratato; et spero portar' a V. Excel^{cia} denary per la sue spese, et a li hostaigi qualch' ajuto.

Madama Duchessa cum la sua comittiva arrivò quà mercuredi sera.

De Spagna, doppo l'ultime lettere de xviii del passato, non habiamo alchuna novella; il che tiene Madama in anxicttà.

La tregua cum l'Imperator' non fu prorogata ne si prorogerà. Li nostri de Nerbona, ogni di, fanno correrie sul paese nemico.

El duca de Barry si tiene nel castello de Milano da Spagnoli assediato. Antonio de Leva si dice malato et grave.

Mi smintichay mandar' a V. Excel^{cia} la lettera de m^{ro} Sebastian Salvago ; del quale poy non ho aviso. Prima ch'io parti, doverò sentir' de le sue novelle per portarle a V. Excellencia. In sto mezo mando la lettera.

Li aligatti doy piegi de lettere, per l'ambassatore Veneciano da Venecia stati recomandati a Mon^r d'Aluya, V. Excel^{cia} serà contenta farli ben dare. Et ley saperà ch'el predetto Monsignor, hora occupato, non gli scrive, et percio m'ha comandato fare le sue ricomandacione a V. Excel^{cia}, in bona gracia de laquale humilmente me ricomandò.

A Rociglion, xiii jenaro 1526.

Mon^r, yo son de l'opinione ch'io fui et replicay per la lettera

scripta da Dobra a V. Excel^cia, ch' alchuna de le convenute obligacione et ratificacion' separatamente non si dia, anche tutte in un
trattato, afin d'havere la ratificacion et solemnità de quel serenissimo Re; et le raxon mie son le medexime ch'io dixi.

D. V. Excel^cia humillimo et obedientissimo servitore.

JOACHIN.

L

18janvier 1526.

Instructions de Fitz-William.

Ar. Nat. J 965, 5, 12 (brouillon original de la main de Robertet); B. M.
ms. Cott. Calig. D ix, f^os (141) 149 à (144) 152 (original!; BREWER, iv, 1905.

Au dos : Mémoire fait par Monsr le Chancellier et baillé du
commandement de Madame à l'ambassadeur d'Angleterre quand
s'en est allé, pour, de la part de Madame, remonstrer le contenu
audit roy d'Angleterre, affin de le faire condescendre au traictié que
Madame entend faire avec les Vénitiens et autres potentaz d'Ytallye.
Vienne en Daulphiné, janvier v^cxxv.

Madame, mère du Roy très chrestien, Régente en France, ensuivant le conseil de très hault et très puissant prince Henry, par la
grâce de Dieu roy d'Angleterre, son très cher seigneur et cousin, et
de très révérend père en Dieu Monsr le Cardinal, archevesque
d'Yorc, légat en Angleterre, auroit mandé à ses ambassadeurs,
tant à Rome, où est le conte de Carpy, que à Venise, où est l'évesque
de Bayeulx, de parler à nostre saint Père et Seigneurie de Venise
affin de faire cappituler et traicter ensemble une ligue défensive et
offensive, tant pour parvenir à une paix universelle, délivrance de
son très cher Seigneur et filz que pour mectre en liberté l'Ytallye, et
aussi pour empescher la grandeur de l'Empereur, qui tasche, ainsi
que chascun peult assez clairement congnoistre, se faire monarque.
Et avoit esté audit affaire procédé si avant que les articles avoient
esté accordez d'ung cousté et d'autre. Et se devoit dresser promptement une armée de trente mille hommes de pied, deux mil hommes
d'armes à la mode de France, avec bonne bande d'artillerie et
munitions nécessaires. Et contribuoit madicte Dame, pour sa cocte
part ferme de la soulde et entretènement de ladicte armée, quarante
mille ducatz par moys, cinq cens hommes d'armes souldoiez par
elle, six mille bons hommes de pied souldoiez de partie desditz

quarante mille ducatz, et pour la guerre de la marine bailloit douze
gallères sub tiers soudouiez du sien : qui estoit par moys, lesdictes
douze gallères soixante et douze mille livres, les cinq cens hommes
d'armes seize mille cinq cens livres, et lesdits quarante mille ducatz,
qui est en somme toute cent soixante huit mille cinq cens livres par
moys ; et oultre, les renonciations que faisoit de Milan et de Napples.

Et, estans lesditz articles prestz à signer, seroit arrivé à Rome ung
gentilhomme venant d'Espaigne, lequel, avec le duc de Sixe et
arcevesque de Cappoue, auroient induit le Pape à différer ladicte
conclusion et signature pour deux moys, qui escherront au xiiiime
jour du moys de février prochain venant. Et luy promyrent que dans
iceulx deux moys l'Empereur bailleroit entièrement la duché de
Milan au duc de Bar et feroit retirer ses gens d'armes, c'est assavoir
les gens de pied lansquenetz en Allemagne, les gens à cheval à
Napples et ceux de pied espagnolz à la Sécille contre les infidelles ;
et, ce fait, se tascheroit à faire une paix universelle. Et, là où ledit
Empereur dans icellui temps n'auroit fourny à ladicte promesse, le
Pape concluroit la ligue que dessus avec France et Venise.

Lesdictes convenances n'ont esté trouvées bonnes, ne du cousté de
madicte Dame, ne par ceulx de la Seigneurie. D'autant que l'opportunité s'estoit adonnée et que facilement et à peu de deniers
l'armée dudit Empereur eust esté deffaicte ; dont s'en feussent ensuiviz les effectz que chascun peut congnoistre et entendre. Et fût
provenue la cause d'icelle deffaicte d'autant qu'avoient perdu leur
chef, dont estoient estonnez grandement, n'avoient aucuns deniers
ne moien pour en avoir, et la soulde de longtemps leur estoit deue.
Tout le peuple d'Ytallye, tant guelphes que gibelins, pour les
maulx qu'ilz ont souffert d'eulx, leur porte un grand hayne. Et avec
ce, de présent sont peu de gens. A ceste cause, ladicte Seigneurie,
sans soy arrester au Pape, voyant et considérant l'émynent péril
qui pourroit advenir, non seullement à ceux d'Ytallye, mais à toute
la chrestienté, si ladicte ligue ne se faisoit et si à heure ne se obvyoit
aux entreprinses dudit Empereur, a mandé à madicte Dame que,
si le plaisir du roy d'Angleterre et d'elle estoit faire une ligue avec
eulx ensuivant les articles qu'ilz ont envoiez, que de leur part ilz
traicteroient et contribueroient pour le tiers.

Lesquelles choses madicte Dame a communiquées aux ambassadeurs dudit roy d'Angleterre estans lès elle, et les a priez
bien fort de le vouloir faire entendre au Roy leur maistre et à mondit
seigneur le cardinal d'Yorc, affin que leur plaisir soit de considérer
l'estat des affaires que de présent occurrent et ont lieu en la

chrestienté, èsquelz si promptement n'y est remédyé, est à doubter et craindre que la liberté, que chascun doibt plus extimer que la mort, sera en brief estaincte et que les (que les) roys, princes, seigneurs et communaultez seront subjuguez et ruynez par celuy que, non content du sien, veult occuper l'aultruy et se faire monarque. Et sur ce, fault avoir regard qu'il tient en ses mains le roy de France très chrestien, lequel n'a voulu deslivrer, quelques offres que on luy ait sceu faire, qui monstre assez à quelle fin il tend. D'autre part, il a tasché par tous les moiens à luy possibles rompre la ligue qui se devoit faire en Ytallye et tendoit à la paix universelle, d'autant qu'il veult et entend tousjours entretenir la guerre. Et quant a veu qu'il ne pourroit entièrement rumpre icelle ligue, l'a subtillement dilayée de deux moys, affin que, durant iceulx, pourveust d'un chef à son armée, la renforçast de gens et d'argent, qu'il espère avoir de son mariage de Portugal. Et, si auxdictes fins n'est remédyé, se chascun s'endort, ayant lui Milan et Napples et faignant de s'en aller couronner, est à croyre qu'il emportera et subjuguera l'Ytallye, et, icelle eue, ne cessera jusques aura le demeurant de la chrestienté.

Madicte Dame et icelle Seigneurie de Venise considèrent et ont regard ès choses susdictes. Mais que peuvent-ilz faire seuls? Icellui seigneur et roy d'Angleterre et ledit cardinal d'Yorc prévoient pareillement et sagement ce que dessus, ainsi que Madame a congneu, tant par la dépesche de Casal envoyée auxdictes fins à Romme, que par les lectres que ledit seigneur Cardinal a escript présentement aux ambassadeurs dudit roy d'Angleterre à Romme. Et par ainsi, si leur plaisir estoit que, ayans à cueur la protection et la liberté de la chrestienté, désirant la paix universelle d'ycelle, la deslivrance du Roy très chrestien, et affin que la guerre se feist avec les infidelles, et que par succession de temps mesmes ne turmbast ès raez et filé où promptement vont tumber les autres, et pour plus facilement recouvrer dudit Empereur ce que luy doit, que son plaisir soit entrer en ladicte ligue et contribuer pour ung tiers, est à croyre et espérer certainement que facilement ledit Empereur, pour conserver son propre, perdra la voulenté de prendre l'autruy et, par ce moien, sera contrainct parvenir à une paix universelle, deslivrera le Roy très chrestien avec honnestes condicions, et se pourra prendre quelque conclusion pour la guerre des infidelles; et mesmement que le Pape et autres potentatz d'Ytallye sans nul doubte se mectront en ladicte ligue s'ilz voient que ledit seigneur roy d'Angleterre s'y soit mys.

Ne fault qu'il doubte à se déclairer contre l'Empereur, d'autant que la cause pour laquelle le fait est tant justiffiée et raisonnable que plus ne pourroit. A laquelle ycelluy Empereur peult obvier en se contantant du sien, ne quérant avoir l'autruy, deslivrant le Roy très chrestien avec honnestes condicions, satisfaisant audit seigneur roy d'Angleterre de ce qu'il luy doibt, promectant n'aller à Romme sinon en son simple estat comme feirent Sigismont et Frédéric ses prédécesseurs, pour éviter que l'estat d'Ytallye ne soit de nouveau troublé. Lesquelles monitions sont si très justes et raisonnables que plus ne pourroient, et telles que, s'il les refuse, justement et raisonnablement l'on pourra prendre les armes contre luy, et sera une saincte et fructueuse œuvre, et ceulx qui y tiendront la main auront l'amour, grâce de Dieu et du monde et parviendront à leur obtat. Et, oultre, ne fault craindre icelle déclaration, car ledit seigneur roy d'Angleterre se déclaire assez en voulant promectre au Pape que madicte Dame tiendra ce qu'elle promectra, dont madicte Dame le remercye bien fort. Et ne croit madicte Dame que le seigneur roy d'Angleterre se voulsist arrester à l'argent que conviendra fraier; d'autant que, grâces à Nostre Seigneur, il en est bien aise, et ne se scauroit emploier en meilleure ne plus salutaire œuvre, et si sera remboursé sur les acquêtz qui se pourront faire ; et avec ce, Casal son ambassadeur a dit, ainsi qu'elle a sceu par le cousté de Venise, qu'il frayeroit voulentiers vingt cinq mille ducatz par moys. Et ne fault oblier l'obligation perpétuelle que ledit seigneur Roy très chrestien aura envers ycelluy seigneur roy d'Angleterre et cardinal d'Yorc, et aussi tout le royaume, de ce qu'il aura esté cause de la délivrance dudit Seigneur, en sorte que jamais n'emploieront ledit seigneur Roy très chrestien en chose qu'il ne soit prompt, prest et appareillé de la faire pour l'amour d'eulx.

Faict à Sainct Just sur Lyon, le xviiime jour de janvier l'an mil cinq cens xxv.

LOYSE.   ROBERTET.

LI

18 janvier 1526.

Madame au comte de Carpi.

B. N. ms. fr. 3091, f°s 6 et 7. — Original.

Mon cousin, après vous avoir envoyé ma finalle résolution et conclusion touchant le traicté pourparlé entre nostre sainct Père, Vénitiens et moy et depuis escript de accellérer l'euvre, ay receu voz lectres par lesquelles me mandez ce que nostredit sainct Père a traicté avec l'Empereur et les causes qui l'ont meu de ce faire. Sa

Saincteté m'en escript ung bref. S'il eust pleu à icelle, ainsi que me mandez, mectre aux articles la délivrance de mon Seigneur et filz comme la duchié de Milan, eusse eu cause me contenter. Maiz les articles, ainsi qu'ilz sont passez, tendent totallement au prouffit de l'Empereur et sont contre le bien de sa Saincteté, Vénitiens et moy. D'autant que n'aurons jamaiz la faculté d'exécuter nostre entreprinse telle que avons à présent. La mort du marquis de Pescare les avoit fort estonnez et estoient sans argent et chef, hays d'ung chacun et peu de nombre. Dans le temps de deux moys ledit Empereur se rennforcera de l'argent qu'il espère recouvrer de Portugal et de ses pays, envoyera quelque bon chef en Itallye et renforcera son armée de gens et si fortiffiera quelques villes pour retirer son armée où nécessité le contraindroit, qui sera occasion de prolonger la guerre.

Mon cousin, pour le désir que j'ay à la [délivrance et..... de] mondit Seigneur et filz, combien que eusse seullement promis douze gallères pour le fait de la marine, toutesfoiz, comprins cela, faitz dressé une grosse armée sur mer bien équippée de toutes choses, qui eust grandement servy à l'euvre encommancée.

Je ne voy en ceste affaire que ung remède, si nostre sainct Père le treuve bon, lequel est honneste et raisonnable, et par icelluy contraindra l'Empereur à luy tenir ce qu'il luy a promis, et, au deffault de ce faire, son excusacion de prendre les armes sera la plus justiffiée et raisonnable qui se pourroit dire : c'est assavoir que dès à présent se face le traicté de la ligue et confédéracion encommancée et tel que avons entre nous conclud et advisé, que l'effect soit suspendu jusques au temps qu'il a accordé à l'Empereur et que, si dans icelluy l'Empereur ne tient ce qu'il luy a promis et ne délivre le Roy avecques honnestes condicions, sans la délivrance duquel la paix universelle ne se peut faire, ledit traicté de ligue sortira son effect et sera mis à exécution ; et pareillement, où ledit Empereur dans ledit temps se vouldroit faire plus fort en Itallye qu'il n'est à présent, qui seroit déclaracion de ne voulloir tenir sa promesse, dès lors ledit traicté fait entre nous se pourroit exécuter. Si le plaisir de sa Saincteté est que les choses se concluent ainsi, il parviendra plus facillement à ce qu'il demande que autrement et ne luy scauroit-on imputer chose qui ne soit honneste et raisonnable. Et, où nostre sainct Père ne trouveroit ceste ouverture bonne, me donnera occasion de penser qu'il y a quelque autre chose qui n'est venue à congnoissance.

La guerre a assez longuement duré ; il [seroit] bien temps d'y mectre fin. Je feray ce qu'il me sera possible pour y parvenir, remectant le demourant à Dieu, auquel gist mon espérance. Et, s'il vient à tant qu'il faille mectre la main aux armes, les effectz sont casuelz et souventesfoiz est advenu que, à ceulx qui ne veullent entendre à la raison, la malheureté tombe sur eulz.

Mon cousin, je croy que vous avez fait ce qu'il vous a esté possible de destourner le Pape de faire ce qu'il a fait et qu'il vous a grandement despleu quant les choses ne sont venues ainsi comme les désiriez. Je vous prie de entendre, en ce que possible vous sera, la fin où tend nostredit saint Père et si sa Saincteté a l'ymaginacion que vous m'escripvez que mondit Seigneur et filz pour sa délivrance l'abandonnera et par ainsi demeurera délaissé de tous deux. Vous luy pourrez dire et asseurer que mondit Seigneur et filz ne fera jamaiz riens contre ne au préjudice de l'Église et que, se sa Saincteté voulloit percister en ceste souspeçon, je luy manderay quelque personnage de foy par lequel je luy feray dire choses qui luy donneront occasion de penser le contraire et le divertir de la souspeçon qu'il a de mondit Seigneur et filz.

Mon cousin, j'escriptz à sa Saincteté en respondant au bref qu'elle m'a escript; ma réponce se refert à ce que vous escriptz.

Au demourant, quant à ce que m'escripvez de traicter avec la Seigneurie de Venise et leur envoyer vᵢxx mil ducatz, ma délibéracion est de traicter avec eulx, ainsi que leur ay fait entendre en respondant à ce que m'ont mandé, et espère, avec l'ayde de Dieu, que ferons un tel effort que noz ennemys trouveront qu'ilz ne sont où ilz pensent [estre].

Mon cousin, ma fille est arrivée d'Espaigne et est icy avec moy. On m'a dit que le bruyt court en Itallye et ailleurs que mondit Seigneur et filz est d'accord avec l'Empereur. Ce sont parolles pour parvenir à ses fins. Je croy que les sages qui congnoissent les faintes espaignolles n'en croyent riens.

Priant Dieu, mon cousin, qui vous tiegne en sa saincte garde.

Escript à Saint Just sur Lyon, le xviiiᵉ jour de janvier.

LOYSE.ROBERTET.

LII

19 janvier 1526.

Jean-Joachim à Brinon.

Ar. Nat. J 965, 2, 11 (dans J 966). — Original.

Au dos : All excellentissimo mio Signor osservantissimo, el signor de Veillaines, primo presidente di Roan, primo consegliero di Madama Regente, cancelero d'Alanzon et ambasciatore di Francia in Angliterra.

Signor mio observantissimo. Da Ronciglion el tredece del presente scrissi a V. Excellencia quanto al' hora conveniva. Ho poi ricevuto le doe sue humanissime lettere, l'una del v, l'altra del viiii ; et, a quelle hora respondendo, imprima dico che a Madama, si come son stati l'altri, fu accettissimo el discorso per Monsre revermo Legato fatto a V. Excelcia, del quale et de la sua bona voluntà verso lei dil Re christianissimo et sua liberation, appresso l'havere molto ringratiata sua Signoria reverma, la prefata Madama quella prega al voler cosi continoar', come de lei spera, confida et si promette.

Monsre Figulelm', bene espedito de lettere et d'instruttion de Madama, hoggi s'è partito de quà per condurse a la maggior diligentia ch' el potrà da Monsre revermo Legato. Et, perche V. Excelcia da lui il tutto intenderà et vederà, penso per questo mancho fastidirla con sta mia lettera, in conclusion' però dicendo che, attesa la diffidentia che mostrano haver' el Papa et Venetiani, se quel serenissimo Re, segondo la lor domanda et desiderio, volesse cusi declararse in la liga, com' el nostro bisogno, anzi de la comun' et universal' causa, veramenti sarebe, tal declaration', con alcuna contribution', renderebe la cosa, non solo de difficile facile et de dubia certa, ma in ogni sua parte, segondo l'aviso et juditio generale, de periculosa secura la farebe; et, da quella saldata et messa in opera, più sicuramenti si potrebe intendere in l'altra impresa da qual lato persuasa; in execution de la quale, se questa d'Italia non procede o non concorre, mi par' veder' grande difficultà. Adunque, V. Excelcia, che meglio di me intende l'importantia d'il negotio, per la conclusion' de quello saperà molto ben fare et le conveniente persuasioni et le opportune remostrance. Et intenderà ch' infin' aqui le ministri de l'Imperator' non fanno pur un solo segno di voler dissolver' l'esercito che tengono in Lombardia, anzi, ogni di più stringendo el castelo di Milano da loro assediato et serrato, intendeno al fortificare et con ogni diligentia vittuagliar' le terre de la Duchia come Lodi, Cremona, Pavia et l'altre terre guardabile; il che si fa più chiari che l'Imperator', secondo la domanda del Papa, fra il tempo di dui mesi a lui assignati et che spirano el xiiiio del seguente mese, non dissolverà l'armata sua et meno lasserà la duchia di Milan' pacifica al duca di Barii ; dalche troppo chiaramente si cognosce de l'intention' et animo suo, disposto et tendente à la monarchia. Ma se l'imprese et disegni soi, con l'auttorità et possanza di quel serenmo Re, mosso

de l'opra et industria et providentia de Mons^{re} rever^{mo} Legato, non
seranno, et in tempo, impediti, pentendosene poi, quando vorranno,
benche con maggior spesa et sforzo, a gran pena che possino
impedirli.

L'ultime nove que Madama hebbe di Spagna, si come scrissi a
V. Excellencia, capitorno el xviii dil passato, ne da quel tempo
s'è inteso alcuna novella del Re christ^{mo}, il che tiene Madama et
la corte in quella ansietà che V. Excellencia può pensare. Doppo la
tregua spirata, per haver' novelle, s'è fatto prova de mandar alcun'
in Spagna et gli è stato negato el passo, ne di Spagna alcun' viene
o arriva quà. Da che procedi questa gran clausura et el tanto star
sanza novelle, benche si facci molti judicii, in fatto non si può ben
intendere. Altri, nel libro del poter essere discurrendo, molte cose
pensan', molto differente et dissimile da quelle novelle d'accordo,
pace et mariagio che V. Excel^{cia} dice esser capitate a Londra; de le
quelle quà non fu ne è alcun sentor'; et, se le fussero, pur in praticha,
non che concluse, rason vorrebe che su quelle ci fusse ogn' hora
corrierii et gentilhomini in posta. Dio vogli che tutto vadi bene !

Mons^{re} d'Umiers ultimamente consenti a una prorogation di
tregua o astinentia d'arme dal canto di Fiandra per quindeci giorni,
et questo fecè a fin che in quel termine el potesse provedere et
aprestar' et far pagar' la gente di guerra deputata in guardia et
diffesa di quelli confini.

Madama arrivò quà martedi sera, et, Dio laudato, sua Maestà si
trova bene, insieme con Madama Duchessa, de le quelle V. Excellencia è molto desiderata.

Càrpagna, come dixi, parti per Paris con le provision' necessarie
per haver' l'obligation' convenuta. Se Pari farà, d'il che, per esser
stata la cosa su 'l principio mal condutta, sono anchora in dubbio,
penso che Roan, Orliens, Tors et Bordeaulx non faran' difficultà.
Mons^{re} Senescalcho et de Lisiurs tosto partiran' per Normandia
per tenir li Stati, ne in questo credi V. Excel^{cia} si può far maggior
diligentia. Io porterò meco tutte le rattification di Madama et le
confirmation di tutti li parlamenti, et ogn' altra obligation expettata
parimente porterò a V. Excellencia, afin ch' el tutto inseme et non
altramente per ley sia datto et consignato.

Io spero fra quatro o sei giorni al più tardi dover' esser spedito da
Madama per condurmi in diligentia da Mons^{re} reverend^{mo} Legato;
in sto mezzo, supplico V. Excell^{cia} far' avertita sua Signoria reve-
rend^{ma} et in bona sua gracia tenermi humilmenti racomandato.

Mons^{re} mio d'Aluia, che m'ha comandato far' le sue racomandation a V. Excellencia. Si trova cusi ocupato che a lei non può presentemente scrivere et, per tanto prega V. Excellencia che per hora questa gli basti, facendoli intendere che, per comandamento et provisione da Madama, Mons^{re} de Gilifort fu meso in libertà et con Risban' araldo inglese sene vene in Ingliterra; ma le spese sue d'il viver' per **xx** mesi, in contemplacion di Mons^{ro} reverend^{mo} Legato, de la borsa di Madama son state pagate. Il che V. Excellencia potrà fare intender' a sua Signoria reverend^{ma}, supplicando quella al voler' ch' el medesimo sia fatto al povero Vellars, cosi povero che, de tutto'l suo ben' mobile et immobile, la dotte de la moglie compresa, a gran pena si cavarebe cento franchi.

Io sono ogn' hora in espettation delle novelle di Mons^{re} de Beau-begni et de maestro Sebastian Salvago, li quelli ultimamente, per quanto ho inteso, non che da loro habbia altre che l'incluse lettere, erano a Sanctes. Li signori ambasciatori inglesi a V. Excellencia rendeno multiplicate affettuose recomandation'. Et in bona sua gracia humilmente racomandandome, la pregarò rendere le mie multiplicate racomandation alli mei signori et patri maestro Larch et maestro Francesco.

De Lion, il **xix** de genaro **MDXXVI.**

S'a V. Excellencia parerà quel che pare quà mostrar' questo scriver' a Mons^{re} reverend^{mo} et illust^{mo} Legato cum dir' a sua Signoria reverend^{ma} et illust^{ma} che, se non gli scrivo, procede da doe capi, l'uno che Mons^{re} Filgulielm' la reguaglierà amplamente del tutto, l'altro che de boche yo spero ben tosto dover' suplire.

D. V. Excellencia humillimo servitore.

JOAN JOACHIN.

LIII

28 janvier 1526.

Madame à Brinon.

Ar. Nat. J 965, 4, 8 (dans J 966), et Rec. Of. BREWER, IV, 1929. — Original aux Ar. Nat., et copie de la main du secrétaire de Brinon au Rec. Of.

Au dos : A Monsr le chancellier d'Alençon, conseillier du Roy et ambassadeur en Angleterre.

Monsr le Chancellier. Après avoir demouré quarente jours sans avoir nouvelles du Roy, ce matin est icy arrivé le mareschal de Montmorency, lequel, entre autres choses, m'a dit que la conclusion de la paix et délivrance du Roy est faicte et arrestée. Maiz il ne

m'a sceu dire les condicions contenues en icelles, pour estre party
soudainement et n'avoir voullu actendre les escriptures faictes sur
ce. Par quoy, je ne vous puis, pour ceste heure, faire entendre les
particularitez de ladicte paix jusques à ce qu'elles soient venues en
mes mains ; qui sera bien tost, pour autant que, avant le partement
dudit Mareschal, le Roy avoit ordonné la despesche de celluy qui
devoit venir devers moy avecques lesdictes escriptures.

A ceste cause, je vous prie faire le tout bien entendre à Monsr le
Cardinal mon bon filz, et au roy d'Angleterre, s'il est de cest adviz ;
en les asseurant que, lesdictes escriptures venues, je dépescheray
le Sr de Vaulx, mon maistre d'ostel, pour aller en toute dilligence par delà, par lequel ledit seigneur roy d'Angleterre et Cardinal entendront amplement toutes choses, comme à son arrivée
devers vous il vous dira. Cependent, vous mercierez ledit seigneur
Cardinal des bons, sages et prudens advertissemens, adviz et
oppinions qu'il me donne de jour en jour. En quoy je congnoiz de
plus en plus l'amour, affection et grant zelle qu'il a au bien du Roy,
de ses affaires et ceulx de son royaume ; qui nous rend tous envers
luy très tenuz et obligez ; luy priant y voulloir continuer et persévérer, comme on a en luy parfaicte fiance.

Au demourant, on est après à recouvrer ce qui reste pour satisfaire aux obligacions qui doyvent estre baillées audit seigneur roy
d'Angleterre pour le fait des traictez faitz avecques luy, comme
savez. Et s'i est jusques icy fait et encore fera toute extrême
dilligence, car c'est chose de laquelle je me veuil acquicter, comme
raison est et que je le désire. Mais je vous prie remonstrer audit
seigneur Cardinal que les Estatz de Normendie ne se pevent
tenir ny assembler que ce ne soit le moys de mars prouchain, tant
pour la foulle et despence que c'est au pays que pour les bons
personnages que j'ay depputez pour y assister de par moy, et
mesmement le Grant séneschal, évesque de Lisieux et autres qui
ont crédit et auctorité audit pays tel que vous savez ; lesquelz plus
tost n'y pevent estre. Par quoy il est besoing qu'on entende la
cause qui y fera quelque petit retardement, qui est telle que je vous
escriptz cy-dessus ; asseurant ledit seigneur Cardinal que, en tout
et par tout, seront satisfaites et accomplies toutes choses promises
pour l'entretènement de ladicte paix et traictez faitz. Mais, oultre
cela, toutes autres honnestes choses qui se pourront faire pour les
corroborer, maintenir et perpétuellement asseurer d'une part et
d'autre se feront toutes et quantes foyz que ledit seigneur Cardinal
advisera et trouvera bon qu'il se doyve faire.

Au surplus, je vous advise, Monsr le Chancellier, que, ayant demouré icy le temps que vous savez que je y ay esté, désirant veoir ce qui peut sortir de cestedicte paix et quelz effectz elle portera, je me délibère partir mardy prouchain pour aller à Bloys veoir la compaignie qui y est, et là prendre résolucion de ce que j'auray et devray faire. De laquelle, incontinent, je vous donneray adviz pour en advertir ledit seigneur Cardinal mon bon filz, envers lequel vous ferez mes bonnes, affectueuses et cordialles recommandacions. Priant Dieu, Monsr le Chancellier, qu'il vous ait en sa saincte garde.

Escript à Saint Just sur Lyon, le xxviiie jour de janvier.

Je ne vueil oblier vous escripre que ledit Mareschal m'a dit que les ambassadeurs dudit seigneur roy d'Angleterre se sont tant honnestement acquictez, tant à tenir main et pourchasser la délivrance du Roy que en toutes autres choses qu'ilz ont peu congnoistre y povoir ayder et servir, qu'il ne seroit possible de mieulx, et tellement qu'ilz en sont grandement à recommander. Et, pour ceste cause, vous le ferez bien entendre audit seigneur Cardinal ; en mercyant encore ung coup ledit seigneur roy d'Angleterre et luy de ce bon et ouvert office que lesditz ambassadeurs ont fait, qui est venu et procédé principallement de luy, comme je suis bien asseurée.

LOYSE.   ROBERTET.

LIV

30 janvier 1526.

Jean-Joachim à Brinon.

Ar. Nat. J 965, 2, 12 (dans J 966). — Original.

Au dos : A lo illustre mio Signore osservantissimo, el signor de Veillaines, d'Autolli et de Medan, primo presidente de Roan, primo consigliero de Madama Regente, cancellero da Lanson et ambassator' in Angliterra.

Signor mio osservantisimo. L'ultima ch'io scrissi a V. Excelcia fu del xviiii, et da qual tempo, essendomi trovato mal disposto, benc'habbi ricevuto le doe sue humanissime lettere di xiii et xvi, no ho possuto scrivergli, il che trovandomi bene hora faccio.

Li prudentissimi discorsi, ricordi et consigli del reverendmo et illustmo Monre Legato, da V. Exelcia pienamente scritti a Madama,

furon'accettissimi a sua Maestà, et da quella, et de Mon^{ro} mio d'Aluya, et da chi gl'intese, furon'grandamente stimati et somamente lau-
dati. Quelli seguitando et a fin de venire a una conclusion, in sto mezo
espettando da quel serenissimo Re et dal prefato reverendissimo
Monsignore resolution de la dispacchia et instruttion fatta a Mon^{re}
Filgulielm, Madama ordinò che fussi scritto a Venetia. Ma, quanto
al Papa, quà siamo stati ogni di più chiari che sua Santità non
solo non havesse animo d'entrar' in liga, ma non pur' volontà
d'intender' in cosa chel potesse alcunamente occupar', non che
meter' in alcuna sorte di pericolo, come quel che par' non mancho
disposto ch' inclinato al voler' niente fare, si come di boccha V.
Excel^{cia} da me più chiaramente intenderà.

Mentre che Madama stava con tutta la corte in quella ansietà
del christianissimo Re nostro Signore, che, per non haver' de si
longo tempo lettere ne novelle, V. Excel^{cia} può judicare, arrivò qui,
et fu lunedi matina XXII del presente, un' gentilhomo o servitor' dil
principe d'Orangia, partito da la corte di Spagna, se ben mi racordo,
el XIII, che disse come l'aponttamento tra l'Imperator et Re christianissimo cum la liberacion de S. Maestà sen' andava per concluso et
che in brevi giorni con la certa conclusion de Madril per venire in
Francia dovea partire Mon^{re} marescal de Memoransi. Et, benche
questo gentilhomo o servitor portase a l'ambassator' de l'Imperator'
qui una simplice breve lettera del secretario Alamano che diceva
l'aponttamento per non manchar, nientedimeno egli era cusi pocho
creduto et cusi suspetto chel fu sotto guardia tenuto. La dominica
poi arrivò el prefato Mon^{re} Marescal, che dixe el Re christianissimo
portarse bene et somariamente l'aponttamento andarsene per fatto
et che le necessarie scritture si formavano per essere a suo tempo
mandate a Madama, la qual, su questa novela, doman' partirà per
Bles et deindi, secondo gl'avisi, si tirerà verso Baiona. Et a me ha
comandato ch'io la seguiti, afin che, de camin' et da quel loco ove
la riceverà la total conclusion et scritture, la mi possa con quella
expedire per avertire interamente quel serenissimo Re, Mon^{re}
reverend^{mo} et illust^{mo} Legato et V. Excel^{cia}.

Obediendo adonque, io seguiterò et de quel che sopravenirà
renderò certa V. Excel^{cia}. Ne gli tacerò cio ch'io penso, cioè ch'el
modo dal Papa tenuto con Madama et che teneva in Spagna el suo
Legato et ambassatore, in fatto tutto diverso et contrario da le
parole che sua Santità dava a quel serenissimo Re, a Mon^{re}
reverend^{mo} legato d'Angliterra et a Madama, sia stata potissima
causa far' condescender' el christianissimo Re, da la sua speranza

et praticha de liga italiana frustrato et de cio ben avisato, consentire
a questo aponttamento et acordio.

Madama, arrivato che fu el prefato Mon^re Marescal, subito
mandò Mon^re Duvarti a Lion' a pregar il signor ambassator di
Ingliterra ch'andassi ver lei a San Justo, afin d'intender' le novele
dal detto Mon^re Marescal portate de Spagna. Andò, et io in sua
compagnia. Le novele, affettuose parole et gratie ch' Madama gli
disse et la grande et perpetua obligation chel Re christianissimo,
sua sussesion et lei haveano et haver' intendeano al serenissimo
re d'Angliterra et al reverend^mo et illustrissimo Mon^re Legato, da
li quelli et non d'altri dixe lei riconoscer' la liberation et restitution
del Re christianissimo, se pur la seguirà come si spera, io non dirò,
stimando ch'el predetto signor ambassatore debba el tutto computta-
mente scrivere. Ma, de molte cordial recomandation' et gratie, da
la parte del christianissimo Re in mia presentia fatte per el detto
Mon^re Marescal al predetto Mon^re ambassatore in persona de li
soi serenissimo Re et Mon^re reverend^mo Legato, questa sola dirò
che sua christianissima Maestà, dal benefitio in questa sua adversità
ricevuto, tiene el serenissimo re d'Angliterra non solo per bene-
fattor' et fratelo, ma per patre, dal quale, appresso a Dio, se gli figlioli
hano l'essere, sua Maestà intenderà haver' la libertà et restitutione
al regno ; et tiene Mon^re reverend^mo Legato per suo gran patre, da
sua Signoria reverend^ma essendogli stato dato, non solo el bon
patre, ma, dal suo prudentissimo et affettuossissimo consiglio et
opera, spera et ad ogni sua adversità presente si promette fine.

Io scrissi et replicai a V. Excel^cia del dubio ch'io havevo (1)
de li signori Parisini circa la ratification et obligation convenuta.
El thesorier Carpagna, come scrissi, con la despachia di Madama
andò là ; et al misterio et solemnità in la casa de la villa intro-
venero Mon^re conte de San Pol governator', Mon^re de Memoransi,
Mon^re d'Es et altri gran personagi et presidenti ; et finalmente, dopo
longo examine, consideration' et disputa, li detti signori, al comandamento de Madama obediendo, con minor difficultà ch'io non
stimai, acordorno l'obligation del modo che vederà V. Excel^cia per
l'inclusa copia, niente o ben pocho variata da la minuta ultimamente
convenuta, laquale ho qui monstrata al signore ambassator' d'Angliterra. In questa forma et questa et l'altre d'Orliens, Roan, Tours
et Bordeaux, le quelle, al creder' mi, Parisini imitar' vorrano, spero
meco portar' insieme con tutte l'altre restante ratification' et obli-

____

(1) *Sic.* Il faut sans doute lire *havera*, bien que la forme *haveco* soit aussi
admissible.

gation', reservato quella del Stato de Normandia, laquale prima
de marzo non s'haverà, per non si posser prima tenere li detti Stati,
per li quali Mon^{re} Gran senescal et gl' altri segnori heri partirono
de qui.

Da maestro Sebastian Selvago ho ricevuto l'alligate lettere, per
le quale V. Excel^{cia} vederà ch'el recettor' de Chiartres ha fatto ogni
possibile impedimento a la causa, tanto a fin che li procuratori
de la illust^{ma} Regina non havessino l'actuale et reale possession'
quanto in prohibir' che non levassino li denari per li quatro mesi
corsi doppo la conclusion' del trattato. Finalmente, non possendo
li detti procuratori meglio fare, per mancho male et danno de la
causa, hanno convenuto in tal conclusion' che questa fiera, li
pagamenti de la qual serano a marzo, li detti procuratori potrano
haver' dal detto recettor' intorno a xv^m franchi. Pretende el detto
recettor' doe cose : la una continoar' l'afferma in virtù del suo bail
per tutto questo presente anno, l'altra che gli sia fatto una gran
ricompensa, per rason del danno ricevuto a causa de la guerra. Et
maestro Nicola Lalamant, oltre el favor' et consiglio circa l'impedimento per lui dato a l'altro, domanda per se stesso su l'afferma del
quarto del sale, et continoatione, et recompensa non piccola. In
questo stato son le cose. Io anderò a Bles et là a la presentia meglio
intenderò *quid agendum* per avertire dil tutto V. Excel^{cia}.

In bona gracia de laquale, quanto più humilmente posso, tanto
me racomando.

Da Lion, xxx de genaro MDXXVI.

D. V. Excel^{cia} humillimo et obedientissimo servitore.

JOAN JOACHIN.

V. Excel^{cia} serà pregata dare a l'ambassatore Venetiano l'alligato
piego de lettere, stato mandato da Venetia a Mon^{re} mio d'Aluya. Et
l'altro gran piego, ch'io mando a V. Excel^{cia}, contiene l'intimation
de la pace, insieme con la qualification al re de Scotia et la
nomination del re de Danmarch. V. Excel^{cia} l'una et l'altra lettera
troverà modo potere ben mandar' et in Scotia et in Danmarch per
via de mercanti. L'altre lettere a l'altri principi et potentati amici et
nominati, et segondo el suo a me fatto ricordo, son state espedite et
ben mandate.

Et bench' el predetto Mon^r mio d'Aluya amplamente scriva a
V. Excel^{cia}, nientedimeno sua Signoria m' ha comandato fargli le
sue ben cordiale recomandacioni, cum dirgli che ley sia a la corte
et dexiderata et cum bon cor' expetata.

Monsignor', el mover' de la corte ritarderà cossi le nostre tutte expedittioni, ch' impossibile mi par' fra'l tempo convenuto xv de febrero posser' tener' promessa et consignar' quel che resta. Et pertanto, bench' io pensi che V. Excel^cia debba pensar' domandar' un'necessaria et conveniente dilatione, ho voluto, a satisfation' mia, ricordar' et pregar' V. Excel^cia al domandar' et ottener' tal dilatione, laquale, ateso la dispoxicion del tempo et la difficultà de Parixini et la consuetudine del Stato de Normandia, raxonevolmente non può esser' denegata per x° marzo, sel tuto non si potrà haver.

Per quanto intendo, la minuta de la lettera missiva chel christianissimo Re dovea far' non si trova; per il che è necessario che V. Excel^cia cum la prima despachia manda a Mon^r d'Aluya nova minuta, a cyo che su quella habiamo la convenuta lettera, laquale incontinente s'haverà. Et, se V. Excel^cia mandasi una forma de quella ratificacion in lettera patente que sua christianissima [Maestà] debe far', non serebe che a proposito.

Carpagna, ritornato de Parixi in posta per haver' la promessa et indemnità da Parixini domandata a Madama, et laquale haverà, fa tal diligentia che senza luy la farmo male.

Mon^r, yo credo che Mon^r Cancellero, si come m'ha promesso expedirà sta sera l'indemnità de Parixini domandata. Laquale domando duplicata, afin d'haver la loro obligacion secondo la nostra minuta, se gli è possibile, quanto che non, nel modo ch'io correxi quella che loro intendeno far', laquale se nel modo corretto si potrà haver' stimo que V. Excel^cia troverà bona et costi l'haveranno acceptissima; et qui aligero el dopio d'essa correttione cum ricomandarme de nova in bona gracia de V. Excel^cia et humilmente pregarla a ricomandarme humilmente in bona gracia del reverend^mo et illust^mo Signore Legato.

Mon^r Rychiardo Gilforte si trova quà libero senza haver pagato alchuna cossa per le spese de xx mesi, lequelle, come dixi, da Madama son state pagate. Stimo chel sene vogli andar' in Spagna a la corte de l'Imperator' senza venir' in Angleterra.

De la prorogacion che V. Excel^cia ottenerà serà ben' non farne moto quà. Questo dico afin de rendergli più diligente.

D. V. Excel^cia humillimo et obediente servitore.

J. JOACHIN.

LV

30 janvier 1526

Robertet à Brinon (1).

Ar. Nat. Musée, n° 578. — Original.

Au dos : A Monsr, Monsr le chancellier d'Alençon.

Monsr, je ne vous feray longue lectre pour autant que je ne vous puis dire plus que ce que Madame vous escript et aussy que Monsr de Vaulx partira bien tost pour aller par delà bien instruit et informé de toutes choses. D'autre part, Monsr, il m'est tumbé ung quaterre sur les yeulx tel qu'il me contrainct fère fin, mais ce ne sera sans très humblement me recommander à vostre bonne grâce, priant Dieu, Monsr, qu'il vous doint bonne et longue vie.

De Saint Just sur Lyon, ce pénultième de janvier.

Madame la Duchesse fait très bonne chère et est bien guérie de sa cheute.

Votre très humble serviteur.

ROBERTET.

LVI

11 février 1526.

Brinon à Madame.

B. N. ms. Dupuy 452, f° 63. — Original.

Au dos : A Madame.

Madame, depuis mes lectres du dernier jour de janvier, Monsr le révérendissime cardinal d'York, continuant en son bon office acoustumé, me a familiairement communiqué ce qui luy est venu de Rome, de Flandres et de ailleurs.

Et, à la première conférence, me a dit que les affaires de l'Empereur commançoient à desfavoriser en Italye. Tant par ce que, non obstant le traictié d'entre le Pape et l'Empereur, les Vénitiens estoient demourés et s'estoient démonstrés fermes et fort constantz

(1) Nous n'aurions pas imprimé cette lettre, d'un intérêt assez médiocre en somme, si elle n'avait été analysée de la manière la plus fantaisiste dans le *Musée des Archives*.

en leurs premiers propoz. Car, reserchez de entrer en ce traictié et accepter la compréhension du Pape, avoient fait response qu'ilz avoient aultres traictiés et confédérations avec l'Empereur assés et qui ne leur en failloit point de nouveaulz. Et, pour ce que les gens de l'Empereur avoient meslé avec le doulz de leurs propoz quelque aigreur de menasses de la conjunction des forces de France et d'Hespaigne, avoient dit que, qui les voudroient assaillir, ilz estoient pour se deffendre et de François et de Hespaignolz, et, davantaige, qui vouldroit jouer à destruire, ilz en scavoient les moyens comme les aultres. Et disoit-on à Rome qu'ilz avoient jà envoyé ung ambassadeur devers le Turc qui leur avoit présenté gens, navires et argent pour leur secours. Plus, que le duc de Bar, qui sembloit advantaigé et favorisé par ce traictié, ne s'estoit voulu fyer ès promesses des Hespaignolz et tenoit tousjours bon et fort au chasteau de Milan ; que les Hespaignolz estans en Italie, de ce estonnés, avoient escript à l'Empereur qui leur envoyast nouvelle et plus grosse force ou accordast avec les Françoys ; car, si faisoient descente en Italie, ilz ne estoient pour leur respondre, ayant contre eulx les Vénitians. Que le Pape avoit souffert que le Capuan dit en sa présence à messire Grégoire de Casal que le roy de Angleterre avoit fait injure à l'Empereur de faire l'appoinctement avec vous sans son consentement, mais que messire Grégoire luy avoit si raisonnablement et vertueusement respondu que le Capuan vaincu avoit confessé que le roy de Angleterre le avoit peu faire, mais que l'Empereur en estoit malcontent. Et qu'il croioit assés le malcontentement, pour ce que l'Empereur et son conseil en avoient déclairé quelque chose à leurs ambassadeurs, leur reprochant, puisque leur maistre avoit appoincté avec vous sans avoir eu le consentement de l'Empereur, il avoit rompu les traictiés et que sans son consentement l'Empereur se povoit marier et si povoit traictier et accorder où bon luy sembleroit ; et, en démonstrant ledit malcontentement par l'effect, ne avoit voulu entendre au payement de ce que leur debvoit ne prendre termes pour le faire, combien qu'il ait promis et juré si souvent et tant sollennellement et dernièrement entre les mains dudit seigneur Cardinal soubz submission de censures. Que la collère avoit esté si grande que on avoit menassé ledit seigneur Cardinal de tuer, mais que, grâces à Dieu, il faisoit peu de cas de telles menasses et qu'il estoit bien loing de leur puissance ; que, avant qu'il fût ung an, il espéroit qu'ilz auroient peu de povoir en Alemaigne et què leur auctorité décherroit en beaucoup de aultres lieuz.

Sur le propoz desquelles menasses luy ay dit que, apuyé comme il estoit de deux si puissantes columnes, que l'on povoit dire les plus fortes de la chrétienté, c'est assavoir du Roy très chrestien et du Roy son maistre, il seroit malaysé à abatre.

Et il a dit qu'il n'en avoit point de paour avec quelques aultres grandes parolles.

Et, pour le regard de Flandres, dit que les Flamens estoient malcontens de ce gouvernement et disoient à bouche ouverte qu'ilz ⧫⧫⧫ vouloient avoir la paix et que la résistence que par cy-devant ilz avoient faicte à la force de France estoit plus au moyen et soubz la seureté et confiance de l'espaulle que leur faisoit et du secours que leur donnoit le roy et royaulme de Angleterre que par l'espoir de la puissance et deffense de l'Empereur. Veu que ce pied leur estoit coupé, ilz ne vouloient plus de guerre ne bailler argent pour la faire. Et, quant au ressort du Parlement de Paris, avoient tenu semblables propoz que par cy-devant, c'est assavoir qu'ilz n'avoient point de justice en Flandres et qu'ilz en trouvoient à Paris, dont ilz ne vouloient perdre le remède du ressort. Et que, qui ne entenderoit à leurs parolles et que les François fissent effort, il fauldroit qu'ilz les recogneussent et se rengeassent avec eulx.

Que ces propoz ne avoient pas dépleu au Roy son maistre, lequel ne estoit pour souffrir la personne du Roy son frère estre longuement ainsi détenue ne l'insolence et ingratitude de ces manières de gens, pour lesquelz il avoit tant fait que, sans précompter plusieurs grandes despenses, ilz luy estoient demourez en debte de près de ung milion d'or, dont ilz ne avoient que parchemin et parolle, car ilz leur avoient rendu leurs bagues et gaiges qu'ilz en avoient baillez.

Que le Roy son maistre vous avoit en révérence et extimation merveilleusement grande et qu'il avoit esté fort joyeuz de vostre convalescence et souvent avoit répété ces parolles : « O quel dommaige ce seroit, non seulement pour le royaulme de France, mais pour toute la chrestienté, de perdre une telle, si vertueuse et saige Dame, à laquelle Dieu fera la grâce, si elle vit et que vous ne y murés pas, de faire et maintenir la paix entre les princes chrestiens! Si elle estoit à dire, je ne scey qu'il en adviendroit. » Ce sont les propres parolles récitées par mondit seigneur le Cardinal.

Depuis ceste conférence, ledit seigneur Cardinal me a envoyé deux lectres missives.

Les unes originales, escriptes à Rome par le cardinal Campeige, dactées du dixième janvier, qui luy mandoit que le jour précédent, qui estoit le ixe, lectres estoient venues d'Hespaigne par lesquelles on faisoit scavoir la concorde entre le Roy et l'Empereur avec les conditions qui ensuient : c'est assavoir, que le Roy espouseroit Madame Aliénor, seur de l'Empereur, Monsr le Daulphin l'infante de Portugal, fille de Madame Aliénor ; le duché de Bourgongne seroit rendu à l'Empereur et quelques villes dudit duché baillées en dot à madicte Dame Aliénor, avec promesse de restituer lesdictes villes à l'Empereur ou cas que du mariage du Roy et de madicte Dame Aliénor ne sortissent nulz enfans ; et que le Roy renonçoit en faveur de l'Empereur aux querelles du royaulme de Naples et de Milan ; et que, s'il avoit besoin de gens de cheval et de argent pour prandre la couronne impériale et pour faire la guerre au Turc, le Roy seroit tenu de luy en subvenir ; et que, pour l'observance desdictes promesses, Monsr le Daulphin, Messrs de Orléans et de Angoulesme seroient baillez pour ostaiges. Et que les François ne le vouloient croyre et disoient que ces nouvelles se semoient pour anéantir leurs pratiques.

Aultres lectres sont venues de Flandres, signées de la main de Madame Marguerite et contresignées de un secrétaire, adressans à son ambassadeur en ce pays, dactées du xxixe janvier. Par lesquelles madicte Dame Marguerite escripvoit que, tant par lectres du secrétaire messire Jehan Lallemand, de messire Jehan Perrenon que par lectres de vous, Madame, et du seigneur de Praet, son ambassadeur en France, avoit sceu que le xiiiie dudit mois de janvier l'appoinctement avoit esté fait et conclud entre le Roy et l'Empereur au grand honneur de l'Empereur, dont on luy debvoit cy-après escripre les conditions.

La seconde conférence fut hier de relevée, après le rapport du seigneur F. Wilan, qui a esté grand et honorable, ouy. Par laquelle en premier lieu mondit seigneur le Cardinal sommairement me récita l'honneur le recueil, les bonnes chères et la libéralité dont on avoit usé vers ledit seigneur de F. Wilan pour l'honneur du Roy son maistre, ensemble les bonnes et gracieuses parolles qu'il vous avoit pleu de vostre grâce luy mander par ledit F. Wilan ; de toutes lesquelles choses le Roy son maistre avoit esté très content et plus que satisfait et de sa part l'obligation qu'il vous reconnoissoit debvoir et qu'il auroit et feroit avoir en mémoire perpétuelle en estoit fort augmentée.

Et, quant à la charge dudit F. Wilan, qu'elle consistoit en trois pointz principaulz :

Le premier estoit sur le fait de la ligue de Italie, en laquelle le Roy son maistre estoit semons de entrer et contribuer pour ung tiers, quoy que soit jusques à la somme de vingt cinq mil ducatz. Et, si ne y vouloit encores entrer, au moins qu'il voulsist contribuer pour ladicte somme ou telle aultre somme qu'il adviseroit. Et si, pour le présent, il ne vouloit entendre à l'ung ne à l'aultre, qu'il vousist faire que le Pape et les Vénitiens y entrassent sans difficulté; et, pour les lever de suspeçon, qu'il vousist respondre ou se faire fort pour vous de l'acomplissement des chapitres de la ligue. A toutes lesquelles choses il disoit avoir plainement satisfaict par la confé‑ rence de Ellatan, que je vous ay bien au long escripte par Luc le xvıı^e du moys de janvier. Et que, suivent l'offre et submission de respondre ou se faire fort pour vous, Madame, il avoit fait une dépesche à Venise, adressant au frère de messire Grégoire de Casal, leur ambassadeur, par laquelle il leur avoit escript et mandé asseurer la Seigneurie de par le Roy son maistre, et, pour ce faire, luy avoit envoyé povoir spécial; dont il se attendoit qu'il vous plairoit luy faire une contre-lectre de indemnité. Je présuppose qu'il escripra à l'ambassadeur pour vous en faire la remonstrance.

Le second point estoit vostre advis touchant la rompture du costé de Flandres, que le roy de Angleterre et ledit seigneur Cardinal ont trouvé assés raisonnable. Je vous escriptz les parolles ainsi qu'elles ont esté couchées.

Le tiers, quant au fait des ratifications des villes, que vous avez derechef promis dedans le terme prorogé ou peu après, fors celle des Estatz de Normandie, qui leur a esté très agréable. Et, sur ce point ledit seigneur Cardinal me a dit qu'il trouveroit le moyen de retarder l'élongnement du Roy son maistre de la place de Grenvuys, où il est de présent, pour ung huit ou dix jours, attendent lesdictes ratifications, pour, icelles apportées, parfaire la solennité du serment en ceste ville de Londres à la grand église cathédralle de Sainct Pol, où il espère célébrer la messe et donner sa bénédiction. Dont je l'ay remercié; et, usant de l'oportunité, luy ay remonstré que ces assemblées de Estatz sont fort longues et qu'il y va beaucoup de temps, que Messrs le Grand séneschal et de Lizieus, commis‑ saires députés pour tenir la convention, avoient esté mallades et ne pourroient estre si tost en Normandie, le supliant, fournissant les aultres ratifications, il ne vousist différer la sollennité, et, en les luy baillant, mectre en mes mains les ratifications du Roy son maistre pour les vous porter et solliciter le fait desditz Estatz, s'il en estoit besoing. Ce que finablement il a promis et accordé de faire, se confiant en vostre parolle ; et, me cuydant faire plaisir, y a adjousté, et en la promesse que je luy en faisois.

A ceste cause, Madame, pour le deffault de la ratifflcation desditz Estatz, ne fauldra différer de envoyer les aultres pièces. J'é retenu devers moy toutes celles que me avez par cy-devant envoyés, sans en excepter une seulle, pour luy fournir le tout ensemble et le rendre plus facille à gaigner, s'il en défailloit quelcune en luy en délivrant si bon nombre.

Quant à la lectre promise, escripte et signée de la main du Roy, si celle qui a esté promise, signée de sa main, ne se aporte, il se contentera pour le présent en luy envoyant le blanc emply.

Madame, lesdictz articles vuydés, ainsi que dit est, ledit seigneur Cardinal est entré au propoz de ces lectres et me a récité ce que luy en avoit escript leur ambassadeur, me disant et réitérant plusieurs foys que, en quelque sorte que la personne du Roy soit mise en liberté et restituée en son royaulme, il en sera joyeulx plus que de chose qui luy sceut advenir. Je luy ay respondu que par la lectre de M*me* Marguerite les brusies cy-devant publiées estoient découvertes, car tout ce que on avoit semé estoit de date précédente le XIIII*e* ; et que, si je eusse eu quelque chose dudit appoinctement, je ne l'eusse pas celé au Roy son maistre ne à luy, comme à ceulx que je cognoissois singulièrement désirer l'ayse et la délivrance de la personne du Roy ; et que, si vous en eussiés eu certaine nouvelle, il estoit vraisemblable que vous le leur eussiés plus tost mandé que fait scavoir à M*me* Marguerite pour le leur escripre. Si la nouvelle est véritable, que Dieu doint et veuille par sa saincte grâce, il vous plaira leur en faire part.

Très humblement me recommandant à vostre bonne grâce et priant Dieu qu'il vous doint très bonne vie et longue.

De Londres, le XI*e* jour de fébvrier.

Vostre très humble et très obéissant subject et serviteur.

BRINON.

LVII

14 février 1526.

Le même à la même.

B. N. ms. Dupuy 462, f° 61. — Original.

Au dos : A Madame.

Madame, la joyeuse et désirée nouvelle de la délivrance du Roy et conclusion de la paix entendue par la lectre qu'il vous a pleu escripre du xxviiie janvier, cy aportée le xiie de ce moys, a estée incontinent portée à Monsr révérendissime cardinal d'York, qui autant en avoit eu de l'ambassadeur. Dont il me a fort congratulé et démonstré face et contenance fort joyeuse.

Je luy ay faict voz affectueuses et cordiales recommandations, tenu les bonnes parolles et fait les grandz merciz mentionez en vosdictes lectres. Qu'il a humainement et humblement receuz et en honneur et deue révérence vous en a remercié avec bonnes parolles, disant entre aultres choses que depuys dix ans il ne avoit ouy nouvelle qui plus luy eût donné de joye que de entendre la délivrance de la personne du Roy, tant pour l'amour et révérence qui luy porte, pour la joye et consolation qu'il sceit que ce vous sera que pour l'utilité et nécessité de toute la chrestienté.

Après, a demandé si je avoye riens entendu des conditions et particularités de ladicte délivrance, et que on en disoit beaucoup de choses. Et je luy ay fait responce que non et que le mareschal de Montmorency ne les avoit sceu dire, mais que Monsr de Vaulx vous suivoit pour, si tost qu'elles seroient venues à vostre main, les leur aporter, les en faire certains et amplement advertir de toutes choses. Et il a dit que, en quelque sorte que les choses soient accordées, elles luy plairont, puisque la personne du Roy se délivre, mais si avec bonnes conditions, elles luy seront très agréables. Et ce qu'il demande des particularités n'est pour suspeçon qu'il ait que le Roy et vous ayés accordé chose qui soit au préjudice et à la diminution de ceste amytié et alliance, saichant que le Roy son maistre y est nommé des deux parties et cognoissant le Roy si vertueuz et si magnanime et tant bon prince, vous, Madame, si très saige et tant véritable dame que pour riens vous ne le vouldriés faire. Ne semblablement ne les demande pour aprouver ne réprouver la forme des conventions, sachant que ce n'est pas leur affaire, et au Roy et à vous est de faire et disposer du vostre comme il vous plaist, mais seulement pour entendre en amitié comme les choses vont et là-dessus faire fondement de quelque bonne chose qui soit et serve, non seulement à la conservation et manutention, mais augmentation de ceste amitié, laquelle il désire de plus en plus asseurer, conserver, faire et rendre de tout son povoir durable et perpétuelle.

Bien a dit, Madame, que luy semble que vous, qui estes prudente et clervoyante en toutes choses, pour plusieurs bons respectz que vous povez entendre, ne debvez despérer le Pape ne les Vénicians: quant au Pape, quelque chose qui ait esté faicte, que pour le présent le debvés doulcement entretenir et par bonnes et gracieuses parolles, ainsi que le scaurés bien faire, dont vous cognoistrez cy-après ung grand fruict ; au regard des Vénitians, ne les getter du tout hors de espoir pour les inconvéniens qui en pourroient advenir et ce que le futur pourra produire et aussi en quelque recognoissance du bon office qu'ilz semblent avoir fait et encores plus voulu faire pour la délivrance du Roy et aultres choses qui importoient à la conservation de son royaulme.

Et, quant au Roy son maistre, il est de advis, Madame, que, si vous plaist luy escripre unes belles et bonnes lectres, et au Roy semblablement à sa bienvenue en France, que ce sera très bien fait.

Et, sans parler par adulation, onques Salomon en sa grand lumière de sapience ne se comporta plus saigement en affaire que vous estes‑comportée en la poursuite et conduite de la désirée délivrance de la personne du Roy. En quoy avez monstré une profonde prudence, longue et asseurée expérience, conduite non pareille et dextérité merveilleusement grande. Et que vous en debvez bien louer et remercier Dieu, qui est le père de lumière et duquel descend et procède la clarté et affluence de telles et si belles grâces.

Et le lendemain XIIIe, mandé par le roy de Angleterre par l'advertissement de mondit seigneur le Cardinal, suis allé le matin par devers luy en la compaignée de maistre Weston, gouverneur des Ysles, au chasteau de Grenvuys, où il estoit, distant de quatre mille de Londres. Et la révérence et voz recommandations faictes, la teneur aussi de voz lectres déclairée et merciemens faitz selon le contenu en icelles, il me a gratieusement congratulé de la délivrance de la personne du Roy, qu'il avoit tousjours cordialement et affectueusement désirée, inquérant des qualités et conditions de la paix. Auquel j'é fait response comme à Monsr le Cardinal et ce qu'il me estoit escript par vosdictes lectres. Et, il me a dit que l'on parloit fort du mariage de Madame Aliénor, auquel il disoit avoir grande risque : car, si l'Empereur, qui estoit flouet et maladif, et domp Fernande, qui ne avoit point de enffans, mouroient sans lignée, Madame Aliénor, qui estoit leur seur aisnée, emporteroit toute la succession, qui n'estoit pas petite chose.

Après le disner, a réitéré sadicte congratulation, louant vostre prudence, qu'il a dit assés advisée et considérée pour ne se laisser prendre de parolles, ne lascher ou abandonner ce que vous avez à la main, parlant des pratiques de Italie, si vous ne voyés le jeu bien asseuré du costé de l'Hespaigne.

Après, me a remercié, comme vostre ambassadeur et indigne en ceste part vous représentant, fort doulcement et gratieusement du grand et honorable recueuil que vous avez fait et fait faire à ses ambassadeurs, des traictemens, bonnes chères, présens et aultres gracieusetés qu'il vous a pleu de faire au seigneur de F. Wilam, thrésaurier de sa maison, pour l'honneur de luy.

Et a bien pris ce qui a esté fait à Paris et l'ordre que vous avez donné pour les Estatz de Normandie. Pour la retardation desquelz Estatz il ne différera de parfaire la sollennité des sermens ne de fournir et bailler ses ratifications ainsi que me a dit et promis mondit seigneur le Cardinal. Mais il vous plaira faire envoyer en toute diligence les aultres pièces ; car le séjour que fait le roy de Angleterre au lieu de Grenvuys se fait soubz l'actente desdictes pièces et espérance de la briesve perfection de ce qu'il reste, et non pour aultre cause. Aultrement il seroit en voye pour aller à Uxonfort et delà plus avant dedans le pays.

Madame, il vous plaira me tenir en vostre bonne grâce, à laquelle très humblement me recommende, priant Dieu qu'il vous doint très bonne vie et longue.

De Londres, le xiiiie jour de fébvrier.

Vostre très humble et très óbéissant subject et serviteur,

BRINON.

LVIII

16 février 1526.

Madame à Brinon.

Ar. Nat. J 965, 4, 7 (dans J 966) ; BREWER, IV 1981. — Original.

Au dos : A Monsr le chancellier d'Alençon, conseillier du Roy et ambassadeur en Angleterre.

Monsr le Chancellier. J'ay veu par les dernières lectres que vous m'avez escriptes les bons et honnestes propoz que Monsr le cardinal d'Yort, mon bon filz, vous a tenuz et le grant zèle et affection qu'il a à l'entretènement de ceste bonne amytié, confédération et allience qui est entre le Roy son maistre et le Roy mon seigneur et filz, et au bien, conduicte et addresse de leurs communs affaires. De quoy je ne le sauroys assez ne tant que je ne le désire très affectueusement mercier. Toutesfoys, vous l'en remercierez et, avecques toutes les meilleures et plus acommodées parolles que vous pourrez, luy

ferez bien entendre le grant contentement que ce m'a esté et est de
le veoir en ceste bonne volonté continuer et persévérer. Le priant et
requérant, comme celluy en qui le Roy et moy avons entière et
parfaicte fiance, il veuille toutjours privément, franchement et
ouvertement nous conseiller, aider et adresser en ce qu'il luy
semblera que nous avons à faire; car, pour avoir congnoissance de
son sens, de sa prudence, bonté et longue expérience, on mectra
paine de l'ensuivre entièrement.

Au surplus, je vous advise que, suivant ce que je vous ay escript
de Lyon avant mon partement, j'ay dépesché le Sr de Vaulx,
mon conseillier et maître d'ostel, pour aller par delà, et partira dedens
deux jours (1), bien justement comme toutes choses sont passées
jusqués icy et principallement à Madril où s'est faicte la conclusion
de la paix. Par quoy, et que la souffisance dudit Sr de Vaulx
est telle que vous la congnoissez, il me semble remectre toutes
choses à son arrivée devers vous et ne vous dire riens davantaige,
fors que je m'en pars présentement pour me rendre à Bayonne le
dixième de mars prochain venant pour me trouver à la délivrance
du Roy assignée à ce jour là.

Au demourant, j'ay faict partir ung escuyer d'escuierie du Roy
pour mener et conduire quatre mulles par delà, c'est assavoir deux
pour le roy d'Angleterre et deux autres pour mondit seigneur le
Cardinal. Et, s'il y avoit quelque autre chose en ce royaume où ilz
prinssent plaisir, il leur en seroit satisfait de très bon cueur. Priant
Dieu, Monsr le Chancellier, qu'il vous ait en sa saincte garde.

Escript à Bloys, le xvie jour de février.

LOYSE.   ROBERTET.

LIX

2 avril 1526.

Brinon à Robertet.

Ar. Nat. J 965, 1, 1. — Original.

Au dos : A Monsr, Monsr d'Alluye et de Bury, conseillier du Roy
et thrésaurier de France.

Monsr, par les lectres que je escriptz à Madame pourrez amplement et bien au long entendre le discours du roy d'Angleterre et

(1) *Sic.* Il doit y avoir là une lacune de quelques mots.

de Monsr le révérendissime cardinal d'York sur la joyeuse nouvelle de la délivrance de la personne du Roy, dont ilz me ont fait fort grand feste.

Nostre prorogacion eschet au xe jour de ce moys, et ne a voulu Monsr le Cardinal accorder la perfection de l'œuvre, tant en la solennité que ratification patente, si non en fournissant la ratification des Estatz de Normandie ou, en lieu d'icelle et pour suploier à la deffaulte, la ratification du Roy en patent selon la forme qui a esté plusieurs foys envoiée. Puis qui la fault fournir, le Roy ne a intérest de le faire dès à présent ou de le différer d'icy à trois moys. Il a esté escript qu'il a pleu au Roy de l'accorder. Si ainsy est, je présupose que vous en aurez eu le commandement. Il vous plaira, Monsr, pour le bien de la chose, qui est de plus grande importance que l'on ne pense, en faire la dépesche et faire donner ordre qu'elle soyt instamment envoyée, me recommandant humblement à vos bonnes grâces.

Les autres ratifications sont en mes mains, fors la ratification de la ville de Bordeaulz que Monsr de Vaulx a retenue, et est icy attendu à très grande dévotion. Monsr, pour fin de lectre, je prie Nostre Seigneur vous donner bonne vie et longue.

A Londres, le second jour de avril.

Votre très humble serviteur.

BRINON.

LX

17 avril 1526.

Jean-Joachim à Brinon.

Ar. Nat. J 966 (sans cote). — Original.

Au dos: A lo illustrissimo Signore mio oservantissimo, el signor de Veyllaynes, d'Autolio et de Medan, primo presidente de Roan, primo consellero de Madama, cancellero d'Alanzon et ambassatore in Angliterra. — Antoncort.

Signor mio oservantissimo. Dopo ch'io expedi el correro a V. Excel^{cia} cum la novella del retorno del christ^{mo} Re nostro signore, non ho scripto, stimando ogni jorno dover' essere spachiato, per venir' a V. Excel^{cia}. Quest' expeditione, da la Santa septimana, da la Pasqua, da le devotione et grandissime occupatione del Re et de

Madama, et anche da l'indispoxicione de Madama, fu ritardata et
contra la voglia de S. Maestà, del xvii de marzo, che ley entrò nel
suo regno, fin' al sabato vii d'aprile, che a Baxars da loro Maestà
yo fui del tuto expedito; et la dominica a Bordeos da Mon' Canzellero
hebi cyoche mi manchava. Con essa despachia, la dominica sera,
viii del presente, partito da Bordeos, quà a Dyo laude in questo ponto
mi trovo, cum animo venir' a V. Excel^cia per far' l'humil mia riverencia a Mon' reverend^mo et illustrissimo Legato, s'io non fusse
tenuto da chi mi dice che S. Signoria reverend^ma et illust^ma et V.
Excel^cia sta sera serano quà. Adunche, per saper' cyo ch'io debbe
far', mando Filipe et con esso le lettere de li signori ambassatori
inglesi por Mon' Reverend^mo et Illust^mo, a la cuy bona gracia
finch'io suplirò cum l'humil mia riverencia, supplico V. Excel^cia
farme humilmente ricomandato.

Ho mecho l'obligacione del Re secondo la minuta da V. Excel^cia
mandata, colationata cum quella ch'ano li signori ambassàtori et
de verbo ad verbum tutta et tutto simille. El juramento a questa
hora cum l'altre solemnità interamente debbe havere fatto S. Maestà.
Ho mecho l'obligacion de Bordeos, la promessa de mano de S.
Maestà, et altre lettere per el serenissimo Re suo bon fratello et
per Mon' Reverend^mo et Illust^mo suo bon amico et patre; cum
quelle comessione, trattato de Spagna, et altro che V. Excel^cia
intenderà.

A rimostrar' com' io ho ben caminato, dico esser' stato un giorno
e mezo a Chiatelerault, ove ho si ben ordinato l'affar' de la signora
reyna Maria che de l'officio de V. Excel^cia et opera mia si potrà
ben contentare. A Paris un altro giorno son stato et dato tal' ordine
a questo pagamento ch' al primo de giugno, a Dyo piacer, serà
fatto a Cales secondo l'ordinario costume, et, senza l'expedittion
intera del deto pagamento non mi volsi partir da la corte. Fece la
riverencia a Madama Presidente et vixitay el signor Joan Brinon
et dama Margarita, che si ricomandano a V. Excel^cia et si portano
optimamente. Per el theologo pagay lxxii scudi et Carpagna incontray a Chiatelerault.

S'io son stato più tardo che V. Excel^cia non expettava et ch'io
non harey voluto, prego ley, et al perdonarme, et al credersi che non
fu mia colpa.

Ma, quanto la sia amata, stimata et expettata dal Re, da
Madama, da Madama Duchessa et da Mon' d'Aluya, questo gli
dirò a la presentia.

Et, cossi facendo fine per riposarme, alquanto me ricomando

humilmente in bona gracia de V. Signoria, de maestro Francisco et del mio patre Larch.

A un hor', a Blachefrères, de matina, xvii aprile.

Recomandome a Mon^r de Jaucort et a Mon^r de Beobegni.

D. V. Excel^{cia} obedientissimo et humillimo servitore.

Jo. Joachin.

LXI

Mai 1526.

Wolsey à Madame.

Rec. Of. Brewer, iv, 2036. — Copie contemporaine.

Au dos : The copy of Lord's letters to the Mylady Regent (1).

Madame ma très honorée mère, après mes plus humbles recommendacions, ceste ma lectre sera pour advertir vostre bonne grâce du grant réjouyssement et consolacion que non seullement le Roy mon maistre et moy, mais aussy toute la noblesse et subgiectz de ce royaulme, prenons tant de la délyvrance du Roy vostre filz de tela dangiers et cruel entertènement qu'il a eubz en Espaigne que aussi de son retournement en France et parfaicte recouvrance de sa santé; laquelle chose indubitablement a esté conduicte et menée à effect par vostre grande prudence et dextérité à vostre honneur et perpétuelle glory et louenge.

Et, Madame ma bonne mère, puys qu'il a pleu à Dieu tout puissant par vostre haulte providence restituer le Roy vosdict filz si politiquement et discrétement en sondict royaulme, je ne faiz doubte que par vostre excellent sagesse vouldrez porvoyr que, par nul enchantement ou blandissantes ouvertures soubz lesquelles latite venimeuses et pernicieuses intencions, le dishonorable et desraisonnable traicté violentement extorqué de vostrdict filz, duquel il est deschargé en honneur et conscience devant Dieu et le monde, ne soit en nulle part observé ou perfourmé. Auquel porpoz je pensse Dieu vouldra pourveoir la concurrance de tous princes crestiens y occurir, empescher et résister la tirannyse et ambicion de ceulx qui n'ont regard à l'honneur de Dieu et counsail des amys.

Comme j'ay plus au large communecqué mon opynion, tant aux

(1) On remarquera dans cette pièce, évidemment rédigée par un Anglais, nombre d'incorrections et d'idiotismes.

prémisses que autres choses concernant la seure et ferme conjunction de ces deux princes, à vostre très féal conseiller le chancelier d'Alençon (1). Lequel je vous assure, Madame ma très honorée mère, s'est si sagement, discrétement et politiquement maintenu, acquité et modéré que ce n'a seullement redondé à grant honneur du Roy vostre filz et de vous, mais aussy au singulier contentement du Roy mon maistre et tous les nobles de son royaulme. Et, si ce eust peu avoir esté à vostre plaisir, j'eusse fort ennuy porté son département jusques à ce que les affaires d'entre ces deux princes eussent esté menées à parfaicte conclusion ; à la conduicte desquelles je ne pourroye deviser instrument plus propre ou conduisable ne plus agréable à mon intencion. Priant à ceste cause vostre bonne grâce, Madame ma très honorée mère, avoir ses amples déserts et mérites en vostre singuler recommendacion selon que condignement il appartient ; et, de temps à autre, me commandre voz bons plaisirs, lesquelz de cordial voulloir et affeccion je seray très joyeux d'accomplir comme celluy qui est et à jamais sera (2).....

LXII

17 mai 1526.

Jean-Joachim à Brinon.

Ar. Nat. J 965, 2, 13 (dans J 966). — Original.

Au dos : A Monr mio Signore oservantissimo, el signore de Veyllaynes, d'Autolio et de Medan, primo presidente de Roan, primo consilero de Madama, cancellero [de] Lanzon. — A Paris.

Oservantissimo mio Signore. Al mio ritorno de Dobra, incontray el gentilhome figliolo de maestro Wet, da questo serenissimo Re mandato in diligencia a la corte del Christianissimo, et cum lui scripsi a Monr mio d'Aluya et a V. Excelcia, laquale a Bologna doverà haver' ricevuto la lettera.

Veni poy quà la dominica sera, ove, per la prima novella intexi la morte del nostro ambassatore veneciano, seguita el sabato sera et de peste. Vedi V. Excelcia qual sorte fu la sua d'haver' havuto seco a tavola el mercuredi, che ley parti di quà, el secretario vene-

---

(1) *Sic.* La phrase est incomplète.
(2) Les formules finales manquent.

ciano, ch'alhora havea l'ambassatore in letto cum la peste, senza
ch'el bon secretario el sapesse, benche de peste, VIII giorni innanzi,
tre servitori fussero morti in casa de l'ambassatore. Ma qual fortuna
fu la mia non mi trovar quà alhora chel povero ambassatore era
più gravato, qual, per l'amicicia nostra, senza dubio, non solo harey
vixitato, ma abraciato, confortando l'amico. Hor' Dio habia ricevuta
l'anima sua et guardar' noy si degni. Et de l'ajuto de S. Maestà
habiamo quà major bisogno, ateso che la peste sevisse mirabil-
mente, perilche el Re s'è discostato et Mon^r Reverend^{mo} hogi ha
fatto el medeximo.

Non ho por anchora havuto da maestro. Themixio el contratto o
instrumento promesso. Spero percio haverlo doman, et havutolo
manderò a V. Excel^{cia}. L'obligacion convenute spero ricever'
doman o sabato, et ricevute soliciterò el Cavallero perche compischa
la convencione, et del seguito V. Excel^{cia} serà avertita.

Parlay a Mon^r Reverend^{mo} per le expedition de la causa de
merchanti et hebi bona risposta che la farebe expedir'; cossi soliciterò. A maestro Moro et maestro Jean Dans parlay por favor' del
povero yoyghero de Roano; m' hano deto haver in man loro le
baghe et m' hano datta bonissima speranza.

Le mule furono martedi al Re presentate a Grynuchii le doe; et
l'altre doe hery a Mon^r Reverend^{mo} a Westmester. A l'un' et a
l'altro le furono acceptissime et le gracie rese ornoro el dono.

S'a V. Excel^{cia} piacese far' parlar' a Mon^r de Noyant, nepote de
fu Mon' presidente Beony, perche suo piacere fusse ricevere et in
sua casa de la rua de Zarbonicha tenere a scolo honesto el nepote de
Mon^r Reverend^{mo} (1), inseme cum v altre persone deputate al servicio
suo, et fra quelle tre dottori de bona vita, V. Excel^{cia} d'ottener'
questo farebe al predetto Mon^r Reverend^{mo} cosa grattissima. De
cyo yo scrivo a Ryciardo del Bene et Mon^r Dottor scrive al predetto
Mon^r Noyant amico suo; ma, adjungendonisi el favor' de V.
Excel^{cia}, non si dubita che li scolastici serano ricevuti et hospitati.

De novo poy la partenza de V. Excel^{cia} non è altro. Mon^r
Reverend^{mo} a quella si ricomanda di bon cor' et cum dexidero
expetta che la sia in corte a trattar' come la saperà quel de che S.
Signoria reverend^{ma} et questa Maestà gli parloro.

El signor d'Ampton cossi ben solicita la sua despachia, che
presto partirà cum la procuracion' por la ferma; et V. Excel^{cia} in
quella procuracion per la prima serà nominata, et a V. Excel^{cia} el

_____

(1) Thos. Wynter, en réalité fils naturel de Wolsey, qui devint plus tard
doyen de Wells.

deto d'Ampton dritto sene viene. Penso que ley, a la richiesta et pregiera de la signora Reyna, non ricuserà de indrizar' la causa per laquale yo scriverò a maestro Sebastiano. Et, quanto a li officii, yo spero che rimarrano unde la ferma si fazi cum l'Alamant, come per altra più largamente dirò (1).

Et in bona gracia de V. Excel^{cia} humilmente ricomandandome a Madama Presidente, a Mon^r de Jaucort, de Beobegni, al signore Joan Brinon et dama Margerita, fazo fine.

A Londres, xvii magio 1526.

D. V. Excel^{cia} humillimo et obedientissimo servitore.

JO. JOACHIN.

Questa mando cum uno che va a Lyone et in Ittalia.

---

(1) Un billet de J. Joachim du 12 mai (J 965, 4, 17), contient la phrase suivante : « V. Excellencia si ricordi de la lettera che contensi el moto de li officii del doario, et a la corte havera l'altre in tal proposito per Monsr Cardinale, Reyna et Duca. »

TABLE DE CONCORDANCE

DES ANCIENNES ET DES NOUVELLES COTES

DES ARCHIVES NATIONALES

Les cotes des pièces utilisées dans le présent mémoire ayant été modifiées, notre ami, M. Viard, archiviste aux Archives Nationales, a eu la complaisance de nous fournir les éléments du tableau de concordance ci-dessous :

$$
\begin{aligned}
&\text{J 965 , 1 , 1} &= \quad &\text{J 965 , } 2^6 \\
&\text{J 965 , 1 , 2} &= \quad &\text{J 965 , } 2^7 \\
&\text{J 965 , 1 , 13} &\quad &\text{(n'a pas été retrouvé)} \\
&\text{J 965 , 2 , 2} &= \quad &\text{J 966 , } 40^4 \\
\text{(1)}\ &\text{J 965 , 2 , 3} &= \quad &\text{J 966 , } 23^{10} \\
&\text{J 965 , 2 , 5} &= \quad &\text{J 966 , } 40^7 \\
&\text{J 965 , 2 , 6} &= \quad &\text{J 966 , } 40^8 \\
&\text{J 965 , 2 , 7} &= \quad &\text{J 966 , } 40^9 \\
&\text{J 965 , 2 , 9} &= \quad &\text{J 966 , } 40^{11} \\
&\text{J 965 , 2 , 10} &= \quad &\text{J 966 , } 40^{12} \\
&\text{J 965 , 2 , 11} &= \quad &\text{J 966 , } 23^6 \\
&\text{J 965 , 2 , 12} &= \quad &\text{J 966 , } 23^5 \\
&\text{J 965 , 2 , 13} &= \quad &\text{J 966 , } 23^1 \\
&\text{J 965 , 2 , 16} &= \quad &\text{J 966 , } 40^{13} \\
&\text{J 965 , 3 , 1} &= \quad &\text{J 965 , } 3^1 \\
&\text{J 965 , 3 , 2} &= \quad &\text{J 965 , } 3^2 \\
&\text{J 965 , 3 , 3} &= \quad &\text{J 965 , } 3^3 \\
&\text{J 965 , 3 , 4} &= \quad &\text{J 965 , } 3^4 \\
&\text{J 965 , 3 , 6} &= \quad &\text{J 965 , } 3^5 \\
&\text{J 965 , 3 , 8} &= \quad &\text{J 965 , } 3^9 \\
&\text{J 965 , 4 , 2} &= \quad &\text{J 966 , } 43^2
\end{aligned}
$$

(1) Par suite d'une erreur typographique, à la page 350, cette pièce est cotée J 965 , 1 , 3, au lieu de J 965, 2 , 3.

J 965 , 4 , 3 = J 966 , 43[3]
J 965 , 4 , 4 = J 966 , 43[4]
J 965 , 4 , 5 = J 966 , 43[5]
J 965 , 4 , 6 = J 966 , 43[6]
J 965 , 4 , 7 = J 966 , 43[7]
J 965 , 4 , 8 = J 966 , 43[8]
J 965 , 4 , 9 = J 966 , 43[9]
J 965 , 4 , 10 = J 966 , 43[10]
J 965 , 4 , 12 = J 966 , 40[14]
J 965 , 4 , 14 = J 965 , 2[10]
J 965 , 4 , 16 = J 966 , 23[3]
J 965 , 4 , 18 = J 966 , 23[11]
J 965 , 4 , 19 = J 966 , 40[16]
J 965 , 4 , 20 = J 966 , 40[17]
J 965 , 4 , 21 = J 966 , 43[12]
J 965 , 4 , 23 = J 966 , 40[18]
J 965 , 4 , 24 = J 966 , 40[19]
J 965 , 5 , 4 = J 965 , 2[13]
J 965 , 5 , 6 = J 965 , 2[15]
J 965 , 5 , 12 = J 965 , 2[19]

En outre, la lettre du 13 janvier 1526 (n° XLIX), qui n'avait pas de cote dans l'ancien classement, porte dans le nouveau la cote J 966 , 23[12]. Celle du 17 avril (n° LXII), également sans cote, n'a pas été retrouvée.

FIN DE L'INDEX ALPHABÉTIQUE

TABLE DES MATIÈRES

FIN DE LA TABLE DES MATIÈRES

CHALON-SUR-SAÔNE, IMPRIMERIE DE L. MARCEAU

le 5 Juin

Études romanes dédiées à Gaston Paris par ses élèves français et ses
élèves étrangers, des pays de langue française. Gr. in-8°.   20 fr.

Fertiault (F.). Dictionnaire du langage populaire verduno-chalonnais
(Saône-et-Loire), 1ʳᵉ livraison. In-8°.   2 fr. 50.

Flamenca (Le roman de), publié d'après le manuscrit unique de Carcassonne,
avec introduction, sommaire, notes et glossaire par P. Meyer. Gr. in-8°. 8 fr.

Godefroy (F.). Dictionnaire de l'ancienne langue française et de tous ses
dialectes du xiᵉ au xvᵉ siècle, composé d'après le dépouillement de tous
les plus importants documents manuscrits ou imprimés qui se trouvent
dans les grandes bibliothèques de la France et de l'Europe, et dans les
principales archives départementales, municipales, hospitalières ou privées.
   L'ouvrage complet se composera de 100 livraisons de 10 feuilles gr. in-4°
à trois colonnes au prix de 5 fr. chacune. 68 sont en vente.

Gréban (A.). Le mystère de la Passion, publié d'après les mss. de Paris,
avec une introduction et un glossaire par G. Paris et G. Raynaud. 1 fort
vol. gr. in-8° à 2 col.   25 fr.

Haillant (N.). Essai sur un patois vosgien. Dictionnaire phonétique et
étymologique. In-8°.   10 fr.

— Flore populaire des Vosges. In-8°.   4 fr.

Hatoulet (J.) et **Picot (E.).** Proverbes basques et béarnais recueillis et
accompagnés d'un vocabulaire et de quelques proverbes dans les autres
dialectes du Midi. In-8°.   6fr.

Kawczynski (M.). Essai comparatif sur l'origine et l'histoire des rythmes.
In-8°.   5 fr.

La Loje (P. de). Glossaire du Bas-Béri. 1ᵉʳ fascicule. In-4°. Prix d'abonnement pour 12 fascicules mensuels.   3 fr. 50

Langlois (E.). De artibus rhetoricæ sive de artibus poeticis in Francia ante
litterarum renovationem editis quibus versificationis nostræ leges expli-
cantur. In-8°.   6 fr.

Liptay (A.). Langue catholique. Projet d'un idiome international sans cons-
truction grammaticale. In-8°.   4 fr.

Loth (J.). Chrestomathie bretonne (armoricain, gallois, cornique), 1ʳᵉ partie :
Breton armoricain. Gr. in-8°.   10 fr.

— Vocabulaire vieux breton avec commentaire contenant toutes les gloses
en vieux breton, gallois, cornique, armoricain connues. Précédé d'une
introduction sur la phonétique du vieux breton et sur l'âge et la provenance
des gloses. Gr. in-8°.   10 fr.

Marchot (P.). Le patois de Saint-Hubert (Luxembourg belge). In-8°. 2 fr. 50

Meyer (P.). Documents manuscrits de l'ancienne littérature de la France,
conservés dans les bibliothèques de la Grande-Bretagne. Première partie.
Londres (Musée britannique), Durham, Edimbourg, Glascow, Oxford
(Bodléienne). 1 vol. in-8°.   6 fr.

Morel-Fatio (A.). La Comedia espagnole du xviiᵉ siècle. Cours de langues
et littératures de l'Europe méridionale au Collège de France. Leçon d'ouverture. In-8°.   1 fr. 50

Paris (G.). Étude sur le rôle de l'accent latin dans la langue française.
In-8°.   4 fr.

— Dissertation critique sur le poème latin de Ligurinus attribué à Gunther.
In-8°.   2 fr.

— Les contes orientaux dans la littérature française du moyen âge.
In-8°.   1 fr.

— Les Chants populaires du Piémont. In-4°.   2 fr. 50

— Le Juif errant en Italie. In-4°.   1 fr. 25

Parmentier (L.). Les substantifs et les adjectifs en ΕΣ dans la langue
d'Homère et d'Hésiode. Gr. in-8°.   5 fr.

Les anciens poètes de la France. publiés sous les auspices du Ministère
de l'Instruction publique par **F. Guessard.** 10 vol. In-12 cart., le vol. 5 fr.

Recueil d'anciens textes bas-latins, provençaux et français, accompagnés
de deux glossaires et publiés par P. Meyer. 1ʳᵉ partie : bas-latin, provençal. Gr. in-8°.   6 fr.

— 2ᵉ partie : vieux français. Gr. in-8°.   6 fr.

Scheler (A.). Dictionnaire d'étymologie française, d'après les résultats de la
science moderne. 3ᵉ édit. revue et augmentée. In-4°.   18 fr.

Schwob (M.) et Guieysse (G.). Étude sur l'argot français. Gr. in-8°. 1 fr. 50

Soniou Breiz-Izel. Chansons populaires de la Basse-Bretagne recueillies et traduites par F.-M. Luzel, avec la collaboration de A. Le Braz. 2 vol. In-8°. 16 fr.

Stecher (J.). Jean Lemaire de Belges, sa vie et ses œuvres. In-8°. 3 fr.

Suchier (H.). Le français et le provençal, traduit par P. Monet. In-8°. 6 fr.

Timmermans (A.). Traité de l'onomatopée, ou clef étymologique pour les racines irréductibles. In-8°. 4 fr.

Tobler (A.). Le vers français, ancien et moderne. Traduit par K. Breul et L. Sudre, avec une préface de G. Paris. In-8°. 3 fr.

Vie (la) de saint Alexis, poème du xi° siècle. Texte critique par G. Paris. Petit in-8°. 1 fr. 50

Zanardelli (T.). L'Étrusque, l'Ombrien et l'Osque dans quelques-uns de leurs rapports avec l'Italien. Gr. in-8°. 4 fr.

Bougot (A.). Rivalité d'Eschine et Demosthène. In-8°. 4 fr.

Correspondance de Madame, Duchesse d'Orléans (1672-1722). Traduction et notes par Ernest Jaeglé. Deuxième édition revue et augmentée. 3 vol., petit in-8°, ornés d'un portrait de la Duchesse. 10 fr. 50

Fournier (A.). Napoléon premier, traduit par E. Jaeglé. Tome 1ᵉʳ (1769-1802). In-8°. 3 fr. 50

Lamprecht (C.). Études sur l'état économique de la France pendant la première partie du moyen âge, traduit de l'allemand, par A. Marignan. Gr. in-8°. 12 fr.

Morel-Fatio (A.). Études sur l'Espagne. 2 vol. petit in-8°. 8 fr. 50

Philippson (M.). Histoire du règne de Marie Stuart. Tomes I et II, 2 vol. In-8°. 12 fr.

Sortais (G.). Ilios et Iliade. Les ruines d'Ilios, — la formation de l'Iliade. Essai de restauration de l'Iliade primitive, — l'Olympe et l'art homériques. In-8° avec une carte. 5 fr.

Stoffel. Guerre de César et d'Arioviste et premières opérations de César en l'an 702. In-4°, avec 2 cartes et plans. 30 fr.
— Histoire de Jules César. Guerre civile. 2 vol. in-4° avec atlas. 100 fr.

Revue celtique, fondée par M. H. Gaidoz et publiée sous la direction de M. H. d'Arbois de Jubainville, avec le concours de MM. J. Loth, E. Ernault, et de plusieurs savants des Iles Britanniques et du Continent. — Prix d'abonnement : Paris, 20 fr.; départements et Union postale, 22 fr.
La collection complète des 12 volumes (1870 à 1891 inclus). Au lieu de 240 fr. net 190 fr.

Revue de philologie française et provençale. Recueil trimestriel publié par L. Clédat. — Prix d'abonnement : Paris, 15 fr.; Départements et Union postale, 16 fr.

Romania, recueil trimestriel consacré à l'étude des langues et des littératures romanes, publié par MM. Paul Meyer et Gaston Paris. — Prix d'abonnement : Paris, 20 fr.; départements et Union postale, 22 fr.
La collection complète (1872-1891 inclus) y compris la table des dix premières années, 520 fr.

Revue bibliographique et critique des langues et littératures romanes, paraissant tous les mois sous la direction de MM. G. Huet, G. Zannoni et E. Ebering. Prix d'abonnement : Paris, 16 fr.; départements et Union postale, 17 fr.

Revue des Bibliothèques. Recueil mensuel publié sous la direction de M. E. Chatelain. Prix d'abonnement : Paris, 15 fr.; départements et Union postale, 17 fr.

Le Moyen Age, Bulletin mensuel d'histoire et de philologie, dirigé par MM. A. Marignan et M. Wilmotte. — Prix d'abonnement : Paris, 8 fr.; départements et Union postale, 9 fr.

Mémoires de la Société de linguistique de Paris. Tomes I à VII complets. 168 fr.